한국민방개척사

나남
nanam

나남신서 1608

한국민방개척사

2011년 11월 30일 발행
2011년 11월 30일 1쇄

지은이_ 최화웅 · 백성기 · 곽근수
발행자_ 趙相浩
발행처_ (주) 나남
주소_ 413-756 경기도 파주시 교하읍
출판도시 518-4
전화_ (031) 955-4600 (代), FAX : (031) 955-4555
등록_ 제 1-71호(1979.5.12)
홈페이지_ http://www.nanam.net
전자우편_ post@nanam.net

ISBN 978-89-300-8608-0
ISBN 978-89-300-8001-9 (세트)
책값은 뒤표지에 있습니다.

이 책은 한국언론진흥재단의 단체 지원사업으로 출간되었습니다.

나남신서 · 1608

한국민방개척사

최화웅 · 백성기 · 곽근수

나남
nanam

The History of Pioneering of Korean Commercial Broadcasting

by

Choi, Hwa Ung · Baik, Sung Ki · Kwak, Kun Soo

nanam

추천사

강 상 현 (연세대 교수)

후배 방송인에 의해 부활한 민방 개척의 초심

국내 최초의 민간상업방송이 '부산MBC'란 것은 이미 잘 알려져 있는 일이다.

국내 언론사(言論史)나 방송사(放送史)를 얘기할 때 거의 빠지지 않고 언급되는 것 중의 하나가 국내 최초의 민방이 1959년 부산MBC에 의해서 시작되었다는 사실이다. 그러나 대부분의 경우는 그것으로 끝이다. 구체적인 부연설명이나 추가적인 언급은 별로 없다. 왜 그 시기에, 누구에 의해서, 어떤 계기로, 어떤 준비과정을 거쳐 부산에서 민간상업방송이 시작되었고, 그 뒤 어떤 어려움이나 성과가 무엇이었는지 별로 알려진 게 없다. 더구나 '방송' 하면 대부분 서울 혹은 중앙을 생각하는 것이 지금까지의 일반적 관행인데, 하필이면 왜 민방이 서울이 아닌 부산에서 시작됐는지 그것이 궁금할 법도 했다. 그럼에도 그동안에는 그에 대한 명확한 답변을 듣기 어려웠다. 그냥 '부산'에서 시작됐나 보다 하는 정도였다. 언론사학자들도 많은 경우, 국내 신문의 역사나 지방신문의 역사에 대해서는 이런저런 연구를 많이 수행했다. 각 지역에 거주하는 언론사학자들은 그 지역에 살다보니 해당 지역신문의 발생과 발전에 관한 연구는 나름대로 축적했다. 그러나 지역방송의 역사와 관련해서는 상대적으로 연구가 소홀했다. 실제 많은 경우, 국내 지역방송은 일제하에서 시작된 총독부 경성방송의 지역 중계방송에 불과했고 해방 후에도 상당기간은 국영방송이나 다름없는 KBS의 지역국에 머물렀다. 그러니 지역방송의 독자적인 생성과 발전이라는 시각에서 지역방송의 역사를 다루는 데는 본질적인 한계가 있었다.

그러나 부산MBC의 경우는 여러 면에서 달랐다.

지역사회의 사업가와 전문방송인이 뜻을 합쳐서 지역의 필요와 지역민의 요구에 부합하는 지역방송을 만들었고, 나아가 그러한 경험적 토대와 인적 자원에 의해 후일 서울을 비롯한 국내 각 지역 민간 상업방송이 확대, 발전하는 토대가 되었다. 부산MBC는 또한 국가 내적으로는 당시 정부의 직접적인 통제와 영향권하에 있던 국영 KBS와 달리 시민의 편에서, 시민의 요구를 반영하는 보다 자유로운 방송, 빠르고 정확한 방송이라는 새로운 방송모델을 만들어냈고 실제 많은 성과를 거두었다. 아울러 대외적으로는 당시 일본 방송의 전파 침투가 심했던 부산 지역에서 그에 대응하기 위한 명분으로 민방이 출범했다는 점에서도 그 나름의 역사적 의의를 갖는 것이다. 게다가 국내 최초의 민방인 부산MBC는 출범 직후 터진 자유당의 부정선거와 그에 반대하는 유권자들의 반대시위를 현장에서 밀착 중계하고, 특히 3 · 15 마산의거와 4 · 19 혁명과정 내내 자유당 정권에 저항하는 시민의 편에서, 시위현장에 직접 뛰어 들어가 생생한 현장중계를 감행함으로써 민주언론으로서의 현장성과 임장감 넘치는 방송저널리즘을 구현한 빛나는 전통을 가지고 있다. 방송 편성에서도 정부의 간섭과 요구를 반영하는 관제형 편성이 아니라, 당시 지역민과 청취자의 관심을 적극 반영하고 그들의 참여를 확대하는 수용자 중심형 편성모델을 꾸준히 지향해 나갔다. 그리고 광고수입에 의존할 수밖에 없는 상업방송으로서 기업의 광고유치를 위한 각종 이벤트 개최와 함께 대중 취향을 고려한 인기 있는 다양한 방송광고나 CM(송)을 개발, 방송하기도 했다.

결국 국내 최초의 민방인 부산MBC의 초기 방송저널리즘 모델과 편성 및 광고모델은 그 후에 생긴 국내의 여러 민간상업방송이 따르게 된 여러 가지 전범(典範)을 제공했다고 볼 수 있을 것이다. 따라서 부산MBC의 출범과 초기 개척과정에 대한 연구는 곧 국내 민간방송의 초기 개척사 연구에 다름 아니라고 할 것이다.

이런 점에서 최화웅, 백성기, 곽근수 세 분에 의해 공동저술, 발간된 《한국민방 개척사》는 한편에서 보면 국내 최초의 민방인 부산MBC의 초기 방송사라고 볼 수 있지만, 이를 다른 한편에서 좀더 넓게 보면 이 책은 바로 국내 민영방송의 초기 개척사를 그대로 보여주는 것이다. 특히 이들 3인은 부산MBC의 초기 역사와 관련하여 그동안 여기저기 흩어져 있고 산견(散見)되던 사료들을 폭넓게 수집하고, 관련인물들을 일일이 만나 그들의 구술증언을 채집하는 등 관련자료를 모으고 정리하는 데 많은 노력을 쏟았다. 바로 초기 민방 개척기의 구체적이고 값진 얘기들이 이 책에 생생하게 체계적으로 잘 정리되어 있다. 이 책을 읽다보면 그러한 노력의 흔적이 곳곳에 배어 있음을 쉽게 느낄 수 있을 것이다. 이미 부산MBC에서 오랜 기간 근무한 경험을 가지고 있던 이들 은퇴자 3인이 국내 초기 민방개척사 정리의 필요성에 공감하고, 공동작업에 착수한 것은 참으로 귀하고 고마운 일이다. 자신이 몸담았던 회사에 대한 애정이 없이는 불가능한 일이다. 그것은 곧 방송에 대한 애정이기도 하다.

바로 이러한 작업을 통해 방송의 황무지에서 민방을 꽃피웠던 선배들의 초심과 그들의 초기 노력들이 하나의 역사로 되살아나게 된 것이다. 마치 한 알의 밀알처럼 던져졌던 그들의 민방개척 노력이 바로 자신들의 후배 방송인들에 의해 새롭게 부활하게 된 셈이다. 민방을 개척한 선배들이 있었기에 오늘 후배들이 건재하듯, 바로 그 후배들에 의해 선배들이 했던 수고로운 일의 역사적 가치가 비로소 재평가받게 되었다. 그리고 초기 민방개척사의 교훈에 빗대어 오늘날 국내 민영상업방송이 처한 현실과 한계를 평가하고 반성하는 계기로 삼을 수 있을 것이다.

이 책은 또한 학술적으로도 국내 민방개척사 연구만이 아니라 국내 방송의 역사, 나아가 국내 언론사와 문화사 연구에도 귀한 자료가 될 것이라고 확신한다. 끝으로 이 책의 출간을 위해 귀한 일을 한 세 분께 격려와 함께 축하의 박수를 보낸다.

머리말

한국 민방의 원류를 찾아서

우리나라에서는 부산MBC의 개국으로 비로소 민방시대가 열린 것이다. 그로부터 반세기의 세월이 흐르는 동안 부산MBC를 기점으로 구축된 방송망은 전국을 커버하는 민방 최대의 위용을 갖췄다. 그러나 MBC의 속을 들여다보면 마치 얽히고설킨 실타래 같다. '과연 누가 실질적인 MBC의 방송권을 장악하고 있는가?' '과연 누가 MBC의 방송권을 행사하는가?' 하는 문제를 두고 따져보지 않았고 밝히려 들지 못했다. 아니 여태껏 제대로 한 번 옳게 따져서 가리지 않았던 것이다. 민방의 소유문제를 새삼 제기하는 것은 방송의 정체성과 자율성을 좌우하는 핵심이기 때문이고 방송의 자율성을 제기하는 것은 방송이 권력으로부터 자유로워야 하는 생태적 성격을 결정하는 잣대이기 때문이다.

부산MBC는 향토자영업자의 소자본으로 개국한 순수 민간방송이다. 부산MBC는 개국초기부터 환경감시와 비판기능, 그리고 대안제시를 통한 언론 고유의 사명에 충실했던 사실은 3·15 마산의거로부터 4·19 혁명에 이르는 과정에서 확인할 수 있다. 그랬던 부산MBC가 5·16 장학회에 흡수된 이후 여태껏 '주인 잃은 회사'가 되어 세파에 부대끼는 미아처럼 버려져 있는 것이다. 한때는 무주공산 같은 MBC의 주인을 찾자는 주장이 나오기도 했으나 권력변환에 따라 여태껏 우물가의 공론이 될 뿐이다.

일반적으로 설립주체와 자금출처를 민방의 성격을 규정하는 잣대로 삼는다. 부산MBC의 설립주체와 자금출처 그리고 소유권은 정부기관이나 재벌, 또는 종교단체나 외국자본이 아니라 부산지역 인사의 사재로 출발한 라디오방송이다. 최창봉과 강현두는 《우리방송 100년》[1] 에서 "부산MBC는 우리나라 최초의 민간상업방송이다"라고 밝힌 바 있고, 한진만과 박천일 등이 쓴 《방송론》[2] 에서는 "1959년 4월 15일 주식회사 부산문화방송국이 주파수 1035 ㎑ 호출부호 HLKU, 출력 1 ㎾로 개국하였는데, 이는 한국 최초의 국내자본에 의한 민간상업방송"이라고 했다.

민간상업방송인 부산MBC는 개국과 함께 극심한 경영난을 겪으면서도 자유언론의 기치를 높이 들고 현실비판에 뛰어든 라디오매체였다. 그 배경에는 민주화를 열망하는 시대정신과 국민의 요구가 뒷받침되었고 개국요원들의 개척정신과 창의력이 밑거름이 되었다. 오직 이승만 정부를 미화시키고 정권의 대변자 역할에 바빴던 국영방송 KBS가 4·19 혁명과정에서 입을 굳게 다물었다가 1960년 4월 19일 오후 3시 '국무원 공고 제 38호'로 서울과 부산을 비롯한 전국 5개 도시에 비상계엄령[3] 을 선포한다는 공고와 4월 26일 이승만 대통령의

---

1) 최창봉·강현두, 《우리 방송 100년》(현암사, 2001), 114쪽.

2) 한진만·박천일, 《방송론》(커뮤니케이션북스, 2007), 81쪽.

3) 계간지 〈방송〉 1960년 여름호에 수록된 "4월 민주혁명과 방송"에 따르면 "KBS는 4월 19일 오후 3시부터 밤 10시 45분까지 7시간 45분 동안 정규방송을 중단한 채 레코드음악을 내보내면서 중간중간에 스폿으로

하야성명을 방송했을 뿐이다. 34일 동안이나 계속된 3·15에서 4·19에 이르는 불법부정선거 규탄시위에는 아예 귀 막고 눈을 감은 채 민심을 외면했다.

부산MBC 개국요원들은 독재의 광기로 서슬 피런 자유당 말기, 어깨엔 녹음기를 메고 손에 마이크를 든 자유언론의 의(義)로운 투사로서 국민과 함께 시위현장에 뛰어들어 마침내 역사상 첫 민주화운동을 성공시켰다. 그 힘은 목숨을 걸고 독재에 항거한 국민의 편에 서서 그들의 열망을 대변한 결과였다. 우리를 둘러싼 언론환경이 예나 이제나 달라진 게 없는 상황에서 잊혀져가는 한국 최초의 민방, 부산MBC의 개국공간을 새삼 되짚어보는 것은 양심과 표현의 자유에 따라 권력과 자본으로부터 독립하여 공정성과 사회적 책임을 다하고 공익적 역할에 충실했던 민방개척기의 행태를 거울삼아 오늘을 성찰하기 위함이다.

부산MBC는 최초의 상업방송으로 개국한 우리나라 민방의 뿌리다. 부산MBC가 개국과 더불어 방송언론의 기능과 사회적 소명을 감

비상계엄령 선포소식을 전했다. 그때의 아나운서 멘트는 "학생 여러분, 그리고 시민 여러분, 일부 학생들과 시민들의 이성을 잃은 행위는 지금 여러분들의 부모형제들에게 두려움을 주고 있습니다. 여러분, 우리는 다 같이 6·25 남침의 민족적인 비극을 겪어온 동포들입니다. 우리의 마음은 한결같습니다. 우리의 지나친 행동으로 사회질서가 어지러워지고 국가와 동족의 재산이 부서진다면 그 얼마나 슬픈 일입니까? 지금까지 방송을 들으셔서 아시는 바와 같이 정부에서는 사회질서를 어지럽히는 일부 학생과 시민들의 데모를 가라앉히기 위해 오늘 오후 5시를 기해 비상계엄령을 내렸습니다. 여러분의 자녀 가운데 학생이 있으면 데모에 참가하지 못하도록 타일러주시기 바랍니다. (후략)"라고 반복했다. 한편 HLKU 부산MBC는 현장중계와 임시뉴스로 충실히 보도했으며 뉴스 룸이 없던 HLKY 기독교방송은 신문기사를 인용 보도해 국민의 귀를 모았다고 쓰고 있다.

당했던 일은 이미 잘 알려진 일이다. 그러나 중앙집권체제 아래 우리나라 제2 도시, 부산이 주변화되어 변방에 머물고 독재권력에 항거했던 부산MBC의 역사마저 업신여김을 당하기 일쑤였다. 그 세월의 흐름 속에 언론관련 문헌이나 자료에서조차 고작 한두 문장, 길어야 몇 줄 정도 구색을 맞추는 정도의 푸대접과 홀대를 받아온 것이다. 심지어 지방언론출신 연구원들이 집필한 연구보고서[4] 에서마저 이런 일이 자주 빚어졌다. 한국언론연구원 연구보고서 96-3 〈한국지방언론의 발전방안〉에서 "1961년 서울문화방송이 탄생한 이후 지역별로 직할국 형태의 민간방송국이 설립되기 시작했다. 물론 서울문화방송보다 먼저 개국한 지방방송으로 부산문화방송을 들 수 있기는 하다"라는 서울중심의 서술에 그쳤고, 한국언론연구원 총서 12권 '한국의 언론'[5] 에서 서강대 신문방송학과 유재천 교수가 집필한《한국언론의 생성과 발전과정》"제 5장 제 1공화국 시대의 언론, 제 3절 민간상업방송의 도입" 말미에서 단 한 문장으로 "1956년 4월에는 부산문화방송이 개국함으로써 최초의 민간상업 라디오방송이 시작됐다"고 개국연도까지 틀리게 표기했다.

정치적 서울공화국시대, 방송 여의도시대에 왜 부산MBC의 개국공간을 세삼 되새기려는가? 그 이유는 부산MBC는 개국 이후 국민을 탄압한 자유당 독재를 비판한 최초의 방송언론이었고, 3·15 마산의 거로부터 4·19 혁명에 이르는 과정에서 오직 침묵으로 일관했던 국영방송 KBS에 비해 현장중심의 사실보도와 현장중계방송으로 방송

4) 한국언론연구원, 〈한국지방언론의 발전방안〉, "제 5장 지방방송의 발전방안," 1996, 130쪽 참조.

5) 한국언론연구원, 《한국언론의 생성과 발전과정》, 언론연구원 총서 12권, 1991, 50쪽 참조.

저널리즘을 꽃피운 역사와 전통을 살펴보기 위함이다. 그러나 부산MBC는 그 빛나는 역사와 전통을 끝까지 지켜내려는 힘을 다 하지 못한 채 5·16 군사정변 이후 치욕스런 예속의 길로 접어들고 말았다. 권력변환의 격랑과 방송환경 변화의 여울에 휩쓸려 몸을 가누지 못한 잘못, 시류와 상업주의에 영합한 일그러진 우리의 자화상 앞에 스스로 마주보고자 하는 것이다.

이 책에서는 1957년 8월 체신부에 부산MBC 설립 허가원을 제출한 때로부터 경영권이 군사정권에 빼앗겨 5·16 장학회로 귀속되는 1962년 7월까지 만 5년 동안의 험난했던 개국공간과 개국주역들을 추적했다. 부산MBC의 개국공간을 살피는 동안 진실보다 탐욕과 자사이기주의에 매몰되어 자화자찬에 머물기 쉬운 사사(社史)의 수준을 뛰어넘으려고 나름의 애를 썼다. 하나뿐인 역사적 사실을 객관적인 시선으로 바라보려는 자세가 우리나라 민방개척시기의 역사를 탐구하는 노력으로 이어지기를 바라는 마음이 있었기 때문에 가능한 일이었다. 이러한 우리의 노력은 사실확인과 균형감각을 잃지 않은 자세로 공식기록과 동시대인의 증언을 통해 지난날의 모습을 제대로 재현하고자 했다. 그 연장선상에서 미래를 짚어보려는 집념의 끈 또한 놓지 않았다. 수구언론의 횡포와 국영방송 독점체제에 과감히 종언을 고한 부산MBC의 개국은 우리나라 최초로 '현장을 그대로 전해주는 살아 있는 현장방송과 사실보도'의 기치를 높이 들었던 것이다. 오직 국민의 힘으로 추진된 민주화운동에 모아진 열망은 '양심에 따라 말하고 행동할 수 있는 기본인권의 확장'이었고 시대정신은 '어떠한 권력으로부터도 독립된 자유언론의 확보'였다고 하겠다. 지금은 그 어느 때보다 자유와 진실을 추구해야 할 언론정신과 방송이념의 회복이 시급한 시기이기 때문이다.

최화웅이 집필한 제 1장 “민방 탄생의 신화”에서는 부산MBC 개국의 시대상황과 방송환경, 그리고 민방을 개척한 사람들의 꿈과 현실, 혁명을 중계한 민방의 전설과 소통의 도구인 방송언론의 사명과 역할을 짚어보았다. 특히 부산MBC의 개국역사인 제 1장 “민방 탄생의 신화”에서는 반세기 전 부산MBC의 개국이라는 방송언론의 프리즘을 통해서 보여준 스펙트럼이 오늘날 우리가 겪고 있는 방송현실에 어떤 영향을 미쳤는지 현재 우리의 삶과 존재의미에 초점을 맞췄다. 저널리즘이 생명력을 잃어버린 이 시대에 부산MBC의 개국공간을 재조명한 것은 민방개척의 산실이기 때문이다. 백성기가 집필한 제 2장 “민방의 편성”에서는 부산MBC 개국 초창기 프로그램의 편성과 특성을 분석했다. 개국 당시 부산MBC 편성에서 ‘필요한 것’(*needs*) 보다 ‘원하는 것’(*wants*) 을 공급하려고 했던 편성환경을 함께 살폈다. 마지막으로 곽근수가 집필한 제 3장 “광고방송의 전설”에서는 방송광고가 처음 등장한 당시 무에서 유를 창조해 나간 모험과 시련의 세월을 돌아보았다. 나아가서 기억 저쪽으로 사라져가는 초창기 방송광고의 틀을 짰던 CM제작자들의 뒷이야기와 증언을 담으려 애썼다.

끝으로 이 저술은 2009년 4월 부산MBC가 시상한 ‘제 10회 부산문화대상의 연구비 지원’과 한국언론진흥재단의 출판지원으로 나오게 되었음을 밝히는 한편 추천의 글을 보내주신 연세대 강상현 교수님과 이 책을 간행한 나남출판 조상호 사장님께 감사드린다.

2011년 11월

최 화 웅

나남신서 · 1608

한국민방개척사

차 례

제 1 장

민방 탄생의 신화

최화웅

1. 민방시대를 연 부산MBC

19세기 말 전자매체가 일으킨 파문은 인류사회를 뒤흔들어 놓았다. 라디오에 이어 텔레비전이 주도한 방송의 역사는 전자매체의 발달과 그 궤를 같이하면서 지구를 하나의 작은 마을로 만든다. 1865년 영국의 제임스 맥스웰(James Maxwell)이 자연계에 전자파가 존재한다고 주장했고, 1888년 독일의 하이인리 헤르츠(Heinrich Hertz)가 마침내 그 전자파를 찾아냈으며, 1895년 이탈리아의 굴리엘모 마르코니(Guglielmo Marconi)가 전자파를 이용하여 자신이 사는 곳으로부터 10마일 떨어진 곳까지 연결선 없이 모스부호를 보냄으로써 전신(*telegraph*)의 발명을 완성하기에 이른다. 마르코니는 이를 계기로 영국에 이어 미국에 무선전신회사를 설립하고 초기 라디오 발전을 주도하게 된다. 그 일을 두고 세상 사람들은 마르코니를 '라디오의 아버지'라고 부른다. 마르코니의 전신발명은 인류사회의 형태와 문명, 문화를 근본적으로 바꾸어 놓았다. 한 세기가 지나 지구촌(*The Global Village*)이라는 용어를 처음 들고 나온 커뮤니케이션 이론가 마셜 매클루언

(Mashall McLuhan)은 '미디어는 메시지다'라는 미디어이론으로 인간의 확장과 새로운 삶의 환경변화를 내다본 바 있다. 미래를 앞서간 미디어학자들의 창의성은 기발하고 대담하다. 그래서 난해하다.

항구도시 부산이 민방의 메카이듯 라디오의 실용화는 갯마을 뱃사람들로부터 시작되었다. 미국의 경우 1910년 "승객 50명 이상을 승선시킬 수 있는 선박은 잘 작동하는 라디오 커뮤니케이션을 위한 효율적인 장치를 갖추지 않는 한 항구를 떠날 수 없다"고 규정한 선박무선법(Wireless Ship Act of 1910)을 제정한 때로 거슬러 올라간다. 사람들이 라디오의 존재를 인식하게 된 계기는 타이타닉호의 침몰사건이었다. 1912년 4월 10일 영국 사우샘프턴에서 뉴욕을 향해 처녀 출항한 타이타닉호가 대서양을 횡단하다 빙산과 부딪혀 침몰하는 상황을 뉴욕에 있는 마르코니 무선전신회사에 긴급히 타전하자 이를 받은 무선기사 사르노프에 의해서 사건발생과 동시에 세상에 알려지게 된 것이다.[1)]

세계에서 처음 방송전파가 발사된 곳은 미국으로 1920년 1월 2일이었다. 일본에서는 1925년 3월 22일 동경방송국이 개국했다. 우리나라에서는 1925년 11월 조선총독부 체신국 구내 무선방송실험실에서 출력 50W로 무선실험방송이 실시된 이후 조선총독부가 체신국 산하에 경성방송국[2)]을 설립하여 1927년 2월 16일부터 방송이 시작되

---

1) 유재천 외 10인, 《매스커뮤니케이션의 이해》(커뮤니케이션북스, 2010), 40~41쪽.

2) 경성방송국은 1926년 11월 30일 사단법인 경성방송국이 발족되어 이듬해 2월 16일 호출부호 JODK, 출력 1㎾로 일본방송의 중계를 전제로 한 일본어 라디오방송이었다. 그러나 일제는 1932년 4월 7일 JODK를 사단법인 한성방송협회로 이름을 바꾸고 1933년 4월 26일 출력을 10㎾로 증강하는 한편 제 2방송으로 한국어 방송을 시작했다. 1935년 9월 21일 부산방송국의 개국을 시작으로 평양, 청진, 함흥, 대구, 강릉, 청주 등

었다. 경성방송국이 처음 방송을 개시할 때는 영국 마르코니회사에서 제공한 6Q형 1㎾ 송신기로 호출부호 JOKD, 주파수 690㎑로 방송했다.[3] JODK 경성방송국의 전치부호(前置符號) 'JO'는 ITU(International Telecommunication Union, 국제무선통신회의)가 일찍이 일본에 부여한 것으로 호출부호 JODK 경성방송국은 일본방송이다. 호출부호 가운데 전치부호에 해당하는 'JO'는 일본 국내나 식민지 방송국에서 사용한 것으로 일본 방송국임을 가리키는 증표이기 때문이다. 1947년 9월 3일 미국 뉴저지 주 애틀랜타에서 개최된 ITU(국제무선통신회의)에서 우리나라에 'HL'이라는 전치부호를 할당함으로써 우리 방송이 비로소 자주성을 갖게 되었다. 훗날 우리는 이 날을 방송의 날로 정하고 해마다 기념하고 있다. 그 이후 1948년 8월 15일 정부 수립 두 달 전인 6월 1일자로 미군정청 장관의 명령으로 공보부가 장악하고 있던 방송국제도가 폐지되고 조선방송협회 주도로 방송사업이 운영 관리된다.

경성방송국은 우리나라와 일본 두 나라 말을 같은 채널에서 방송하는 혼합방송으로 출발했다. 처음에는 국어와 일어의 방송시간 비율이 1 대 3이었으나 이를 비판하는 목소리가 높아지자 그해 7월부터 2 대 3으로 한국어 방송을 늘리게 된다. 당시 청취자는 모두 1,440명으로 한국인 청취자수는 고작 275명뿐이었다. 경성방송국은 일제치하 내내 '일본인 우선, 민족분열 조장, 민족문화 말살'이라는 3대원칙에 근거한 일제 지배이데올로기를 전파하는 역할을 담당했다.[4] 그러

에 방송국을 차례로 세웠다. 당시 제 1방송은 일본어 방송으로 뉴스와 경제보도, 제 2방송은 한국어 방송으로 주로 창, 민요, 동화를 편성했다. 월 수신료는 1946년 10원, 1947년 5월부터 40원을 징수했다.

3) 한국통신학회, 〈전기통신 100년사〉의 제 4장 "일제치하의 자가전용통신, 제 3절 방송통신 제 1항 라디오방송의 개시," 1985.

니 경성방송국은 우리가 필요로 하고, 우리가 원하며, 우리를 위한 방송이 아니라 조선총독부가 한반도 지배를 위한 내선일체(內鮮一體), 심전개발(心田開發), 황민화운동(皇民化運動) 등 민족의 정통성을 부정하는 역할에 충실했고 창시개명(創氏改名)과 한국어 사용금지 등 민족문화를 말살시키는 일에 앞장섰다. 또 일제가 도발한 만주사변(1931), 중일전쟁(1937), 태평양전쟁(1941)의 당위성을 역설하고 승전을 고취하는 침략전쟁의 선전도구로 활용했다. 경성방송국은 일본인 거주자를 위해 일본방송을 주로 중계하면서 틈틈이 한국어로 물가시세를 비롯한 경제시황, 일기예보, 공지사항을 방송하다가 1933년 4월 26일부터 하루 16시간씩 이중방송을 실시하게 된다. 이중방송은 제1방송과 제2방송으로 주파수를 분리하여 제1방송은 일본어로 제2방송은 우리말로 방송했다. 총독부는 우리말 방송을 실시하면서 엄격한 통제를 가하기 시작했다.[5] 우리말 방송을 담당하는 제2방송과에는 심지어 방송 차단기를 설치해 언제라도 일제의 비위에 거슬리는 방송이 나갈 경우 즉각 중단할 수 있도록 대비했다.

제2차 세계대전이 끝나자 1945년 9월 8일 미 제24군이 인천에 진주한 날 밤 경성방송국을 시작으로 38선 이남에 있는 10개 방송국을 접수하고 엄격한 통제아래 방송을 장악했다. 일제가 떠난 자리에 미군정이 들어선 것이다. 9월 14일 수도의 명칭이 경성에서 서울로 바뀜에 따라 경성방송국의 이름이 서울중앙방송국으로 바뀌었을 뿐 광복을 계기로 자주적인 방송을 할 수 있었던 것이 아니라 또 다른 외세의 감독과 통제를 받게 되었다.[6] 1946년 3월에는 방송협회 산하 모든 방송국이 국영화되었다. 방송국의 기술과 업무를 제외한 현업

---

4) 강준만, 《한국언론과 민주주의의 위기》(동아일보사, 1992), 186쪽.
5) 김민환, 《한국언론사》(나남, 2006), 277쪽.
6) 황유성, 《초창기 한국방송의 특성》(법문사, 2008), 51쪽.

이 미군정청 공보부로 이관되고 모든 방송국이 정부기관으로 개편된 것이다. 일제는 "방송을 일본 군국주의체제나 식민정책의 효율적 운영을 위한 도구로, 미군정하의 방송정책은 미군의 점령정책의 효과적인 수행을 위한 홍보수단으로"7) 이용했다. 일제 강점기 동안의 18년 6개월에 걸친 경성방송국 시절과 3년간 미군정기 방송시기를 두고 '정통성 있는 한국방송으로 볼 수 있는지의 여부'에 대해서는 역사학자와 방송학자들 사이에 인식이 다르고 아직껏 해석과 평가가 엇갈리고 있다. 그러나 주한 미 점령군 사령관 존 하지(John R. Hodge) 중장은 경성방송국을 접수한 지 사흘 만인 9월 11일 기자회견을 통해 앞으로 언론에 대해서는 어떠한 간섭도 하지 않겠다는 '절대적인 언론자유의 보장'에 대한 선언과 함께 라디오방송을 언론으로 규정하기에8) 이른다.

우리나라에서 방송이 시작된 것을 언제로 볼 것이냐 하고 기점을 정하는 문제는 방송사관과 정통성의 확립과 방송문화의 전통을 잇는 데 있어서 매우 중요한 일이다. 그러나 우리는 그동안 일제 강점기와 미군정기, 그리고 8·15광복 이후 정부수립으로 구분되는 한국방송의 시원(始原)을 가리는 연구만 다양했을 뿐 이렇다 할 결말을 맺지 못하고 있다. 우리의 방송역사는 1948년 정부수립 이후 제헌국회에서 제정한 정부조직법에 따라 KBS 라디오방송이 공보처의 일개 부서로 흡수되었다는 역사기록이 유일한 논거이다. KBS는 그 뒤 한국방송의 모태가 된다. 정부수립 직후인 1948년 9월 처음 발표된 '언론정책 7개항'9)을 발표하고 불안한 기반을 다지기 위해 금지조항을 내놓

7) 최영묵, 《한국방송정책론》(논형, 2010), 77쪽.

8) 황유성, 앞의 책, 49쪽.

9) 당시 언론정책은 7개 조항으로 1) 대한민국의 국시, 국책을 위반하는 기사. 2) 정부를 모략하는 기사. 3) 공산당과 이북괴뢰를 인정 내지 비

았다. KBS는 1949년에 제정된 '방송사업 특별회계법'에 따라 청취료 수입을 그대로 세입으로 잡았다. 이어 1950년 4월 10일 법률 제125호로 공포된 '지방방송국설치법'은 국영 KBS의 지방방송국 설치와 소속 공무원의 정원을 정한 근거가 된다. 지방방송국설치법은 서울중앙방송국을 비롯한 10개 지방방송국의 직원을 공무원으로 한다는 내용이었다. 당시 KBS 직원들은 아나운서와 기자까지도 공보처에 편입시키고 방송국 직원의 신분은 주사(主事), 서기(書記)와 같은 공무원 직급을 가졌다. 1953년 8월 직제개편을 통해 비로소 공보처의 방송관리 기능과 방송현업 기능이 구분된다. 국영방송이 처음부터 국민의 알 권리를 충족시키고 환경감시와 비판기능, 그리고 건전한 여론형성과 반영이라는 언론의 고유기능을 수행하기보다는 정권이 바뀔 때마다 정권홍보 수단으로 휘둘리기 시작한 첫 출발이 '지방방송국설치법'에 근거하는 것이다.

우리나라 민방의 산실은 부산이었다.

1959년 4월 15일 부산MBC 개국은 우리나라 민방시대의 개막을 알리는 역사적인 사건이었다. 방송사적으로 볼 때는 우리나라 방송이 국영과 민영체제로 재편되는 순간이기도 했다. 1954년 12월 15일 부산MBC보다 4년 4개월 앞서 기독교방송(HLKY)이 서울에서 개국함으로써 우리나라에서 사실상 민간방송 시대가 개막된다. 그러나 기독교방송은 설립자금과 방송기자재를 미국 기독교단체로부터 원조받아 세우고 미국인 선교사 오토 디캠프(Otto E. Decamp)가 방송국장을 맡는다. 기독교방송은 선교를 목적으로 하는 특수방송이다. 그

호하는 기사. 4) 허위의 사실을 날조 선동하는 기사. 5) 우방과의 국교를 저해하고 국위를 손상시키는 기사. 6) 자극적인 논조나 보도로써 민심을 격앙, 소란하게 하고 민심에 악영향을 끼치는 기사. 7) 국가의 기밀을 누설하는 기사를 금지시켰다.

뒤 1956년 5월 12일 첫 전파를 발사한 우리나라 최초의 민간상업TV 방송 KORCAD(HLKZ-TV), 고려텔레비전[10]은 1959년 2월 2일 새벽, 원인이 밝혀지지 않은 화재로 2년 9개월의 짧은 생을 마치고 만다. HLKZ-TV의 사장은 미국인 조셉 밀러(Joseph Miller), 초대 국장에는 윤태영이었다. 부산MBC에 앞서 개국한 기독교방송과 고려텔레비전, 그리고 1956년 12월 23일 인천에서 개국한 국제복음주의 방송국(지금의 극동방송), HLKX의 방송책임자도 외국인이었다.[11]

부산MBC는 현존하는 우리나라 최초의 순수 민방이다. 우리나라에서 민방이 시작되면서 국영과 민영의 가장 큰 차이는 청취료 징수에 있었다. 국영은 광복 이듬해인 1946년에는 가구당 월 10원을 받다가 1947년 5월부터는 40원을 받았다.[12] 방송경영의 재원은 국영이 오늘날도 청취료에 의존하고 있으며 민방은 순수하게 광고수입으로 충당하고 특수방송인 종교방송은 후원금이나 외국의 도움으로 유지된다.

자유언론의 신화가 된 부산MBC는 개국 2년 8개월 만인 1961년 12월 2일 수도 서울에 MBC 한국문화방송을 세우게 된다. 이어 1963년부터 대구, 광주, 대전, 전주에 차례로 지방국을 설치해 나갔다. 한편 1963년 4월 25일 DBS 동아방송에 이어 1964년 5월 9일 RSB 라디오서울의 개국으로 민간상업방송이 꽃을 피운 민방 1기는 권력의 절대적인 영향 아래 놓인 국영방송 독점체제를 무너뜨리고 공정성

10) 고려텔레비전은 1956년 5월 12일 개국한 우리나라 최초의 민간상업TV 방송인 KORCAD-TV(Korea RCA Distributor-TV)를 말한다. RCA(Radio Corporation of America)의 방송장비로 세계에서 열다섯 번째로 개국했다. 이듬해인 1957년 5월 6일 〈한국일보〉 장기영 사장에게 양도되어 'DBC-대한방송주식회사'로 개명되었다.

11) 정순일, 《한국방송의 어제와 오늘》(나남, 1991), 13쪽.

12) 위의 책, 18쪽.

과 독립성을 바탕으로 국민의 요구를 수용하는 체질개선을 이뤄나갔다. 이에 따라 방송정책의 필요성 또한 대두되기 시작했다. 텔레비전 방송이 등장한 민방 제1기를 돌이켜보면 자유당 독재체제와 군사정권에 의해 장악된 방송의 제자리를 찾기 위한 이른바 방송의 독립성과 공정성, 그리고 민주화라는 시대정신을 담아내야 했던 파란만장한 시기였다. 특히 1970년 5·16장학회와 천주교 원주교구가 원주 MBC를 공동설립하면서 촉발한 권력과 교회의 갈등에서 엿볼 수 있었던 당시 정치사회문제에 대한 새로운 현상은 민방 제1기에 진행된 민주화운동에 충격파를 던졌다.

민방 제2기는 1990년 4월 15일 PBC 평화방송과 5월 1일 BBS 불교방송에 이어 1991년 3월 20일 SBS 서울방송이 개국하면서 문을 열었다. 이와 함께 1995년 3월 1일 CATV에 이어 뉴미디어가 속속 등장했다. 5월에는 1단계로 부산, 대구, 대전, 광주에 4개 지역 민방이 개국하고 2단계는 1997년 이후 울산, 전주, 청주, 강원, 제주 등 5개 지역에 지역민방이 확장되어 모두 9개 지역민방사가 SBS 서울방송의 네트워크를 형성하게 된다. 1995년 8월 5일 우리나라 최초의 방송통신 복합위성인 무궁화 1호 발사로 위성방송이 등장하고 위성통신기술이 방송을 주도하다시피 했다. 민방 제2기를 연 종교방송의 잇단 개국이 이어진 가운데 1998년 11월 30일에는 WBS 원음방송까지 가세하면서 방송환경은 다매체 다채널시대로 급속히 재편되었다. 특히 디지털 기술에 의한 매체 테크놀로지와 IT산업의 눈부신 발전은 우리사회를 유비쿼터스 환경으로 진일보시키면서 정보시대의 문을 활짝 열었다. 예나 지금이나 어느 시대건 권력과 자본은 방송을 장악하려고 했다. 민방시대가 열린 지 반세기를 지나 민방 제3기에 들어선 2009년 7월 국회에서 집권 한나라당이 새로운 미디어법을 단독으로 통과시켰다. 정부 여당은 방송의 공정성과 독립성을 보장하기보다는 어떻게 하면 방송을 장악할 수 있느냐 하는 데에 초점을 두고 공방을 벌였다. 바꾸어 말하면 권력은 언론을 장악하여 언론으로 하여금 여론을 이끌 수 있는 권력홍보수단으로 활용하기에 유리한 미디어 구도로 만들어가려고 혈안이 된 것이다.

지금도 공영방송에서는 방송이 사회적 다원성을 추구하는 '사회적 거울'의 역할을 하려고 방송인들이 방송독립과 언론자유를 외치는 현실이다. 반세기의 세월이 흘러 민방 제 3기에 들어서는 시점에 "최시중 방송통신위원장이 주도하는 제 1기 방통위가 정치적 계산으로 공영방송 사장 교체를 통한 방송장악과 조중동 종편방송 허가라는 쌍두마차를 견인하고 있다"[13]는 평가와 함께 방통위의 의사결정 구조에 대한 비판이 쏟아졌다. 모든 방송을 '정권의 나팔수'로 만들려는 방송정책에 대한 비판이 쏟아지는 상황에서 종합편성채널과 보도전문채널의 신규허가를 서둘렀다. 비판의 시각은 친여성향의 메이저 신문사가 방송까지 겸영하는 것은 여론 독과점을 초래해 건전한 여론형성이나 민주주의 발전에 부정적 영향을 줄 것이라는 우려와 염려 속에 "신문사가 방송을 지배하면 저널리즘을 상실하게 된다"는 주장까지 나왔다. 더구나 신문시장을 지배하는 〈조선일보〉와 〈중앙일보〉, 〈동아일보〉가 방송시장에 진입할 경우 광고물량의 쏠림현상을 어떻게 할 것이냐 하는 문제가 제기된 것이다. '신문이 지상파의 10%, 종합편성채널과 보도전문채널의 30%까지 지분을 소유할 수 있도록 한' 방송법의 개정안은 겉으로 내세운 '소유규제 완화를 통한 미디어산업 활성화'라는 명분보다 '공영방송을 장악하려는 미디어법의 강행처리'라는 비판에 직면한 것이다.

---

13) 2011년 1월 12일 민주언론시민연합 주최 '최시중체제 방통위 3년 평가' 토론회에서 동아대 김동민 강사의 주제발표 요지.

방송통신위원회에 의한 종합편성채널과 보도전문채널 사업자 선정의 현실은 정치적 논리에 따라 우왕좌왕하는 방송정책의 현실을 그대로 반영한 것이다. 신규채널의 허가를 통해 새로운 방송시장에 진입하려는 민방 제3기는 민영 미디어렙(방송광고판매대행사)의 등장이 예상되는 가운데 이미 DMB와 IPTV 등 방송과 통신의 융합에 의한 새로운 매체와 채널이 기하급수적으로 등장하고 있다. 지금 우리가 겪는 미디어환경 변화는 방송통신의 융합으로부터 탈TV시대의 변화[14]에 이르기까지 광범하기 이를 데 없다. 방송통신의 융합은 문자, 음성, 영상, 데이터 등 아날로그 정보가 디지털 정보로 전환됨에 따라 방송과 통신의 경계가 사라지는 상황이다.

방송과 통신의 결합과 융합현상은 전통적인 전파매체인 방송의 운영방식과 사업영역을 획기적으로 변화시킨다. 더구나 네트워크 융합은 방송과 통신망의 대역을 놀랍게 확대시킬 것이다. 이제 곧 문자, 음성, 동영상 등 다양한 정보형태와 서비스를 하나의 네트워크에서 처리되는 시대가 열리고 있기 때문이다. 나아가서 출입처에서 나오는 정보를 공급자의 잣대로 선별보도하는 기성 언론과 달리 수용자의 관점에서 필요성과 중요도를 평가하려는 경향이 이미 나타나고 있다. 그것이 곧 싸이월드, 미투데이, 마이스페이스, 페이스북, 트위터 등 유·무선 인터넷을 통해 불특정 타인과 네트워크를 형성하는 '거대한 네트워크 미디어'인 소셜미디어(*social media*)이다. 뉴미디어로 폭발하고 있는 소셜미디어는 이제 기성 언론이라는 매개자를 거치지 않고 소셜미디어 사용자들 사이에서 뉴스를 생산하고 유통시키는 모든 과정을 아우르는 현상이 우리 앞에 펼쳐지고 있는 것이다. 소셜미디어가 전통미디어의 의제설정력에 버금가는 언론매체로 정체성을 구축해가

14) 최화웅, 《탈TV시대의 이해》(해오름, 1997), 19~24쪽 참조.

고 있는 것이다. 소셜미디어는 수많은 독자, 시청자들이 거미줄처럼 얽혀 실시간으로 소통하는 개방형 미디어로 미디어의 패러다임을 바꾸어 놓고 있다. 즉, '개인이 미디어'인 참여미디어 시대를 전개시키고 있다.

이러한 상황에서도 방송정책 결정과정은 지배와 통제에 눈이 어두워 미래를 내다보지 못하고 통치권력과 언론자본이 결탁하여 새로운 방송시장에 진입하려는 잇속을 유감없이 들어내 보이고 있다. 사실을 바탕으로 하는 진실 대신 탐욕과 자사 이익을 앞세운 언론의 빗나간 상업주의와 패권주의의 그림자가 짙게 깔려 있다.

지난날 우리가 민주주의를 확보 유지하려고 이승만 독재정권에 항거하며 투쟁했던 민방 제 1기는 그 혼란스러웠던 시대상황에서도 국민과 함께 호흡하는 국민의 방송으로서 국민이 원하지 않는 정권을 타파, 폐지할 수 있다는 국민의 힘을 명쾌하게 보여준 한 시대였다. 부산MBC의 개국신화를 낳은 민방 제 1기는 권력으로부터의 독립과 국민의 알권리 충족, 방송언론의 공정성 확립과 독립성 유지, 그리고 정권의 대변자로 권력의 비위를 맞추려는 국영방송체제를 뛰어넘어 민주사회를 지향하는 시대정신을 지켜온 시기였다고 하겠다.

2. 부산, 민방의 텃밭이 되다

부산은 뭍이 끝나고 바다가 시작되는 곳.

부산은 유라시아 대륙의 끄트머리에 자리잡은 아름다운 갯마을이다.

부산항은 세계를 향해 가슴을 열어 드나듦의 넉넉함이 노상 출렁이고 윤슬이 눈부신 곳이다. 부산사람의 기질은 너와 나를 만나는 삶의 역동성과 개방적인 바다를 닮은 해양성이다. 부산은 사람과 사람이 만나고 헤어지는 설렘의 현장으로 귀환동포와 피난행렬이 파도처럼 이어지고 부대낀 곳이기도 하다. 예부터 부산은 바다 건너 왜구의 노략질과 일제의 침략, 개화의 기운과 선진문화의 거센 파도가 덮치면서 밀수품과 방송전파가 왜색문화를 거침없이 풀어놓았다. 그 역사의 소용돌이 속에 부산은 광복과 6·25전쟁으로 야기된 혼란과 불안에 짓눌려 가난에 찌든 사람들로 넘쳐났다.

광복 당시 부산 인구는 일본인 거주자 6만여 명이 퇴거하여 28만여 명 남짓했다. 그러나 일본, 중국, 동남아와 태평양 지역으로부터 돌아온 귀환동포로 1949년에는 47만 명으로 불어났다. 6·25전쟁 이듬해인 1951년에는 84만여 명으로 급증하고[15] 1953년 100만 명을 넘어선 부산인구는 1960년 들어서는 150만 명을 육박했다. 상주인구 2~30만 명을 적정인구로 계획된 도시기능에 비하면 발 디딜 틈 없는 포화상태가 된 것이다. 급격한 인구증가로 판자촌이 산등성이까지 기어 올라가 밤이면 부산의 스카이라인은 마치 거대한 크리스마스트리를 만들어 놓았다. 어두운 밤 부산항에 들어오는 배에서 바라보는 부산의 야경은 판자촌에서 새어나오는 불빛이 마치 즐비한 고층건물

15) 〈부산통계연보〉에 따르면 1951년의 부산 인구는 844,134명이다.

로 보이더라는 말이 결코 낯설지 않다. 1920~1930년대부터 형성된 산동네 판자촌은 집 없는 부두노동자와 노무자들이 모여든 곳으로 타향살이 설움이 벤 곳으로 피난민의 발길이 이어지면서 감천동과 아미동, 보수동과 대청동, 영주동과 초량동, 수정동과 좌천동, 범일동과 범천동, 당감동과 문현동, 우암동과 감만동에 이르기까지 이마를 맞대고 엎드린 판자촌이 부산항을 마치 병풍처럼 둘러쳤다. 산동네 판자촌은 8·15광복과 6·25전쟁을 거치는 어지러웠던 역사가 만들어 놓은 삶의 흔적이다. 부산의 산동네 판자촌은 서민들의 생존을 위한 최소한의 공간, 원초적 생활공간으로 형성된 곳이다.

부산은 6·25전쟁 때 더 이상 물러설 수 없는 국토의 마지막 보루였다. 당시 부산은 잃어버린 국토를 되찾기 위해 총반격을 가하기 위한 교두보였다. 부산은 두 차례의 임시수도[16]가 되어 더 물러 설 수 없었던 나라의 존립을 지킨 곳이기 때문이다. 그 당시 KBS 서울중앙방송국은 1·4 후퇴와 함께 부산으로 내려와 '자유대한의 소리, 대한민국중앙방송국'이라는 긴 콜사인으로 어렵고 힘든 피난시절을 구차하게 보내야 했었다. 부산은 정치적으로 광복 이후 민주주의 도입기에 독버섯처럼 핀 이승만 정권에 온몸으로 항거해 무너뜨린 곳이고, 경제적으로는 1인당 국민소득[17] 미화 80달러에도 미치지 못하는 어려움 속에서도 그 수많은 피난민을 넉넉하게 품고 수출입을 통한 경제부흥의 발판이 된 현장이다.

그러나 1953년 1월 국제시장 대화재를 시작으로 11월 부산역전 대

16) 제 1차 임시수도: 1950년 8월 18일~10월 27일.
제 2차 임시수도: 1951년 1월 4일~1953년 8월 15일.

17) 한국은행 〈경제통계연보〉에 따르면 '1인당 국민소득 추이'는 1957년 74달러, 1958년 80달러, 1959년 81달러, 1960년 현재 1인당 국민소득이 79달러로 나타났다.

화재, 이듬해 4월 좌천동 대화재와 11월 용두산 대화재, 그리고 1956년 8월 두 번째 국제시장 대화재 등 잇단 화재로 전후 경제부흥의 텃밭을 송두리째 날려버린 부산은 '불의 도시'라는 오명만 안았다. 당시 수출입의 견인차였던 국제화학, 태화고무, 삼화고무, 동양고무, 보생고무를 중심으로 신발산업이 서서히 기운을 차리기 시작하고 시장통 빈대떡집과 골목길 다방에서는 고달픈 피난살이를 겪던 문화예술인들의 감성이 전후의 현실과 꿈을 아우른 휴머니즘과 창의성을 꽃피운 곳도 부산이었다.

당시 라디오는 광석검파기 시대와 진공관 시대를 거쳐 서서히 트랜지스터가 보급되기 시작하는 때였다. 피난시절 서민들이 구호물자에 매달려 구차하고 서럽게 살 때에도 부유층 안방에서는 '제니스 라디오'(ZENITH Trans Oceanic)로 방송을 들었다. 미군과 함께 들어온 제니스 라디오는 대양을 가로질러 방송을 들을 수 있는 당대 최고급 진공관식 라디오였다. PX를 통해 흘러나와 암거래되는 제니스 라디오를 사려면 한 가마에 4백 환하던 쌀 50가마 값을 치러야 했다. 이보다 저렴한 RCA와 에머슨 라디오, 밀수로 들어오는 일제 라디오도 없어서 못 팔 지경이었다. 그만큼 생활은 고달파도 오락과 정보에 대한 욕구는 강했던 시기였다.

미국산 진공관식 '제니스' 라디오

초창기 라디오는 한 가정의 중요한 가전제품 1호였고 저녁밥을 먹고 나면 온 가족들이 모여앉아 당시 청취자의 귀를 모았던 조남사의 〈청실홍실〉, 한운사의 〈이 생명 다 하도록〉을 비롯한 〈산 넘어 바다 건너〉 등 라디오 연속극을 듣는 것이 하루를 마감하는 중요한 일과였다. 가정의 중심매체였던 라디오는 소형 트랜지스터화에 따라 휴대하기 간편하고 다른 일을 하면서도 들을 수 있는 나름의 자유로운 휴대용 특성 때문에 새로운 영역을 넓혀나갔다.

부산MBC가 개국을 앞두고 시험전파 수신카드를 접수한 결과 전파의 청취범위(*Service Area*)가 진공관 4구 라디오로는 부산을 비롯하여 마산, 밀양, 양산, 진해, 충무, 여수까지로 나타났고 멀리는 바다 건너 제주도에 이르렀다. 이 지역의 라디오 보유대수는 5만 2천여 대로 추산되었다. 그러나 2년 뒤 1961년 공보부가 실시한 '전국 홍보매체 실태조사'[18]에서 부산을 포함한 경남지역의 라디오 보유대수가 4만 3천 468대로 전국 라디오 실 보급대수 22만 8천 대의 약 15%를 차지했다. 미군부대 PX에서 흘러나오는 미제 라디오와 일본으로부터 밀수입되는 소형 트랜지스터라디오가 넘쳐나던 1958년 당시 내무부 통계국 자료에 따르면 전국의 라디오 보유대수는 78만 989대에 달했다.

1958년 들어서는 천우사가 네덜란드 필립스 부품을 수입해 라디오를 조립하기 시작했다. 삼양전기에 이어 1959년 11월 15일부터는 부산 초읍동에 자리잡고 있던 금성사 부산공장에서 국산 진공관식 라디오 '골드스타 A-501'를 생산한 데 이어 트랜지스터라디오를 양산하기 시작했다. 라디오의 국산화는 라디오의 대중화를 몰고 오면서 삽시간에 대중

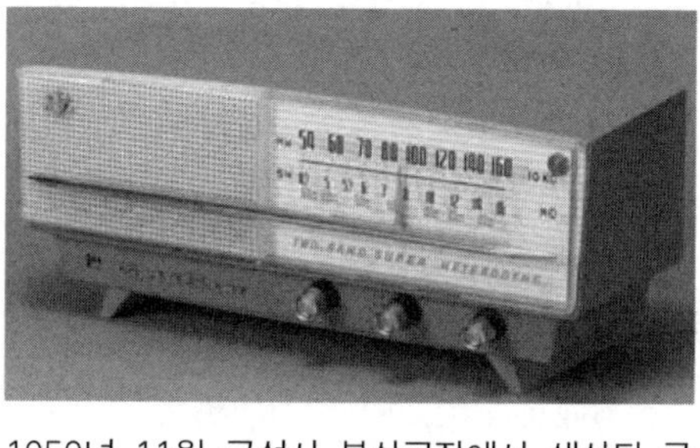

1959년 11월 금성사 부산공장에서 생산된 국산 진공관식 라디오 '골드스타 A-501'

18) 공보부가 1961년 9월 3일부터 12월 31일 사이에 10일 동안 실시한 '전국 홍보매체 실태조사'에서 부산MBC가 개국하던 1959년도 경상남도의 라디오 보유대수는 4만 3천 468대로 나타났다.

매체에 의한 커뮤니케이션의 실현이 소통으로 이어졌다. 당시는 활동사진, 즉 무성영화가 대중문화의 꽃이었다. 그러나 라디오 값이 워낙 비싸 농어촌에서는 ON/OFF만 가능한 채 다이얼 선택권이 없는 스피커로 국영방송 KBS를 중계하던 앰프방송,[19] 즉, 유선라디오방송을 듣는 것이 고작이었다. 당시 라디오방송은 주로 이승만 정부의 반공, 반일정책을 홍보하고 이승만 대통령을 일방적으로 찬양 고무하기에 바빴다. 그 결과 국영방송 KBS는 많은 국민들로부터 재미없는 소리통으로 간주되어 대중가요나 연속드라마가 아니면 외면당하기 일쑤였다.

이웃 일본에서는 1951년 11월 민간상업방송인 아사히〔朝日〕방송이 개국한 데 이어 12월에는 부산과 인접한 규슈〔九州〕 RKB방송이 개국하고 1954년에 개국한 규슈아사히방송(KBC) 등 일본 상업방송 전파가 부산을 비롯한 남해안으로 거침없이 밀려 들어왔다. 당시 일본어를 알아들을 수 있는 사람들은 KBS보다 일본방송을 더 많이 들어 한때는 일본방송 청취율이 30%에 달했다. 부산에서는 1935년 9월 21일 개국한 KBS 부산방송국[20]에 이어 1959년 4월 15일 부산MBC의

---

19) 라디오가 본격적으로 보급되기 전인 1950년대 중반부터 농어촌 마을에 앰플리파이어(증폭기)를 설치하고 집집마다 스피커를 매달아 라디오방송을 들었던 것이 앰프방송이었다. 앰프방송은 방송국을 선택할 수 있는 다이얼 선택권은 없고 오직 켜고 끌 수 있는 스위치만 달려 있는 유선라디오방송이다. 1957년부터 정부는 정책홍보를 위해 앰프촌 사업을 전개하다가 5·16군사정변 이후 1961년 8월 24일 '유선방송 수신관리법'을 공포하여 앰프촌 사업을 본격화하였다.

20) 부산방송국은 1935년 9월 21일 호출부호 JBAK, 주파수 1030㎑, 공중선 전력 250W로 개국한 우리나라 최초의 지방방송으로 제1방송이었다. 1935년 9월 24일 〈동아일보〉의 개국기사는 "부산방송국은 지난 21일 오후 1시에 부산공회당에서 부산부내 관민 유지 수백 명을 초청하여 성대한 개국식을 거행하였는데 (중략) 식을 마치고 여흥으로 부산 권번 예

개국과 같은 해 12월 23일 HLKY 기독교방송 부산방송국이 호출부호 HLKD, 출력 250W, 주파수 1475 ㎑로 방송을 개시하면서 부산에서는 국영인 KBS와 민방인 MBC, 그리고 특수방송인 CBS가 라디오 3 파전을 형성하면서 치열한 청취율 경쟁을 벌였다. 부산MBC가 창사 53주년을 앞둔 이 시기에 우리나라 민방 제 1기를 새삼 되돌아보는 것은 민방을 개척한 선각자들의 전례 없는 도전의지와 개척정신을 되새겨봄으로써 우리가 직면하는 '미디어 대란'이라는 언론현실을 성찰하고 방송저널리즘의 미래를 내다보려는 데 의미를 두는 것이다.

기의 출연으로 연회에 들어갔는데, 이제부터 부산에도 단식 방송이나마 라디오를 친근하게 들을 수 있게 되었다"라고 썼다. 부산방송국의 호출부호는 광복 이후인 1947년 9월 3일 미국 애틀랜타에서 열린 국제전기통신연합회의에서 우리나라가 'HL'이라는 호출부호를 배정받음으로써 JBAK를 폐기하고 1947년 10월 1일부터 HLKB로 호출부호를 바꿨다. 이를 계기로 독립된 호출부호를 배정받은 날을 기념하여 1978년부터 그 날을 '방송의 날'로 정해 기념하고 있다.

3. 민방 탄생의 배경을 돌아본다

부산은 민방을 탄생시킨 텃밭이었다.

부산MBC의 개국 초창기 역사는 바로 우리나라에서 민방이 문을 연 시기였다. 부산은 MBC의 개국 텃밭으로 2년 8개월 만에 서울에 한국MBC를 개국시킨 산실이 되었다. 이를 계기로 MBC는 20개 계열사로 하여금 전국방송망을 형성한 우리나라 최대 민방네트워크를 갖추었다. 제1공화국 때 방송관련법이라고는 KBS의 운영관리와 행정에 필요한 '지방방송국설치법'과 '방송사업 특별회계법'뿐이었고 KBS의 기획과 실무를 규정하는 '방송의 일반적 기준에 관한 내규'[21]

21) 노정팔, 《한국방송과 50년》(나남, 1995)에 따르면 '방송의 일반적 기준에 관한 내규'는 1958년 1월 25일 오재경 공보실장, 이규일 방송관리국장 등과 KBS PD였던 노정팔을 비롯한 현업자들이 우리나라 방송사상 처음으로 제정한 방송의 기본방침과 그 한계를 밝힌 13항목이다. 그 내용은 ① 모든 방송은 민주주의 발전에 기여하고 민족문화 향상에 공헌하며 국민의 복지증진에 이바지하는 것이어야 한다. ② 방송은 교양오락 등 모든 순서를 통해서 자주적 판단을 기르고 독립정신을 기르는 것이어야 한다. ③ 방송은 국시에 위배되거나 적에게 이로운 것이어서는 안 된다. ④ 방송은 사회의 공기로서 공정성을 잃거나 부정확 것이어서는 안 된다. ⑤ 방송은 어떠한 순서를 막론하고 가장 과학적이고 합리적이어야 한다. 미신을 조장하거나 긍정하는 내용이어서는 안 된다. ⑥ 방송은 공공질서를 문란케 하거나 미풍양속을 해하는 것이어서는 안 된다. 인심을 불안하게 하거나 공포에 빠지게 해도 안 된다. ⑦ 방송은 종교, 인종, 지방 등에 대해 편견을 가지게 해서는 안 된다. ⑧ 방송은 어느 개인이나 특정한 단체를 선전하거나 광고해서는 안 된다. 또한 개인의 인격을 존중하고 명예를 훼손시켜도 안 된다. ⑨ 방송은 요행을 바라거나 도박심을 조장해서는 안 된다. ⑩ 방송은 신체의 불구를 희롱하거나 직업을 멸시하는 내용이어서는 안 된다. ⑪ 방송은 저속하거나 불건전한 것이어

가 고작이었다. 당시 국영방송의 관리운영에 급급한 나머지 민방은 미처 생각하지도 못한 시기에 우리나라에서 처음으로 민방이 탄생하게 된 부산의 지역적 특성과 방송환경, 그리고 정치적 상황을 살펴보기로 한다.

1) 지역적 특성

부산은 북쪽으로 휴전선을 사이에 두고 북한과 대치하고 남으로는 일본과 대한해협을 국경으로 둔 곳이다. 부산과 일본 대마도는 고작 50여㎞ 떨어진 가까운 거리로 일본방송의 전파가 거침없이 월경(*spillover*) 했다. 방송인 노정팔[22]은 《한국방송과 50년》에서 부산MBC 개국 당시의 부산상황을 이렇게 썼다. "부산MBC가 개국하기까지는 많은 사람들이 일본방송을 들었다. 거리를 지나다니다 보면 일본방송 소리가 높이 울렸다. 부산 앞바다 건너에는 바로 대마도가 있어 '이즈하라'에서 발사하는 방송이 아무 장애도 없는 바다를 건너오기 때문에 아주 깨끗하게 들을 수 있었다. 뿐만 아니라 일본 후쿠오카에는 NHK 외에도 일본 민방이 많이 탄생하여 청취자의 구미에 맞는 재미

서는 안 된다. 항상 일정한 수준을 확보하고 품위를 잃지 않아야 한다. ⑫ 방송은 항상 표준말을 쓰되 알기 쉽고 바르게 써야 한다. 오락방송에서는 사투리를 쓸 수 있으나 그 지방 사람의 반감을 사는 것이어서는 안 된다. ⑬ 방송은 항상 많은 청취자의 뜻을 반영시켜야 한다.

22) 노정팔(盧正八, 1919. 8. 28~2002. 7. 31)은 함남 갑산 출신으로 만주 하얼빈농대를 졸업하고, 1945년 11월 서울중앙방송국 해방 1기 공채방송요원(아나운서)으로 방송계에 입문한 이후 1962년 1월 16일 KBS 부산방송국장을 거쳐 1963년 서울국제방송국장, 1976년 부산MBC 전무, 1988년 한국방송공사 이사장을 역임했다. 2001년 방송인 명예의 전당에 헌정되었다.

있는 방송을 새롭게 보내주니 듣지 않을 수가 없었다. 당시 부산은 방송에서는 마치 일본 땅에 온 것 같은 느낌을 주었던 것이다." 제1공화국 시기는 미디어의 보급, 특히 접촉에서 일제 강점기의 영향이 상당부분 존속했던 기간이었다고 보는 학자들도 있었다.[23] 광복 10년이 지난 1956년 조사에서 방송사별 청취율은 서울중앙방송 41%, 기독교방송 33%, 미군방송 17%, 일본방송 9%로 나타났다. 일본방송 청취는 1955년도 조사에서는 24%였으며 1957년 12월 전국 초중고교 교사들을 대상으로 실시한 조사에서는 일본방송 청취가 기독교방송 청취보다 더 많았던 것으로 나타났다. 일본방송의 청취율은 부산MBC의 개국을 계기로 1950년대 말부터 급격히 줄어들었다.[24]

부산은 마산, 울산과 더불어 정치적으로 야성이 강하고 한편으로는 진보혁신 성향이 짙은 지역이었다. 부산은 6·25전쟁 때 북한 공산군이 유일하게 들어오지 못한 곳으로 직접적인 전쟁피해는 없었으나 두 차례에 걸친 임시수도 구실을 하는 동안 어느 곳보다 정치의식이 높았고 혁신계 정당인 진보당[25]이 조봉암,[26] 서상일, 박기출,[27]

---

23) 김영희, "제1공화국시기 수용자의 매체 접촉경향," 〈한국언론학보〉 47권 6호(2003년 12월), 317쪽.

24) 위의 책, 318쪽.

25) 진보당은 1956년 1월 26일 혁신계 인사들과 함께 진보당추진위원회를 구성하고 "우리 민족의 자주독립과 민주주의 쟁취의 역사적 성업인 3·1운동의 숭고한 정신을 다시 환기 계승하여 우리가 당면한 민주수호와 조국통일 사업을 수행할 수 있는 혁신적인 신당을 조직하고자 이제 분연히 일어섰다"는 창당발기취지문과 "우리는 공산독재는 물론 자본가와 부패분자의 독재도 배격하고 민주주의체제를 확립하여 책임 있는 혁신정치를 실현한다"는 등 4개항의 강령을 발표했다. 당시 진보당은 이승만의 북진통일론을 배격하고 평화통일론을 폈으며 공산 독재와 자본, 특권계급의 독재를 배격하고 제3의 길인 사회민주주의를 추구했다. 그해 5월 15일 제3대 대통령 선거에서 조봉암이 대통령 후보로 지명된 끝에 이승만의

김성숙, 박용의, 신숙, 이동화, 장지필, 김인태 등이 진보성향의 등

장기집권체제에 강력한 위협으로 등장했다. 그해 11월 10일 '평화통일론'과 '노동독재도 자본독재도 거부'라는 민주사회주의를 표방하고 창당대회를 통해 당 위원장에 조봉암, 부위원장에 박기출, 김달호를 선출하고 민생개혁 등 각종 혁신정책을 잇따라 내놓으면서 자유당의 북진통일론에 대립각을 세웠다. 이러한 상황에서 이승만 정권의 1958년 1월 12일 새벽 진보당 간부들에 대한 일제 검거가 시작된 이튿날 검찰은 진보당이 북한의 주장과 흡사한 국제연합 감시하의 남북한 총선거를 주장하였고 북한 간첩들과 접선하여 공작금을 받았으며 당국과 결탁하여 국가전복을 획책했다는 이른바 진보당사건을 발표하기에 앞서 조봉암 외 당 간사장 윤길중을 비롯하여 박기출, 김달호, 신창균, 조규희, 이명하, 조규택, 전세룡, 이상두, 권대복, 이동화 등을 국가보안법 위반 혐의로 구속하여 창당 15개월 만에 정당등록이 취소되고 1958년 2월 25일 소멸되었다.

26) 조봉암(曺奉岩)은 1899년 강화에서 태어나 보통학교와 농업학교를 졸업하고 군청에서 일하다가 상경하여 YMCA 중학부에서 1년간 수학한 후 20살에 3·1운동에 참가하였다가 서대문형무소에서 1년간 복역하였고 1925년 조선공산당 창당의 주역으로 1932년 일경에 체포되어 신의주 감옥에서 7년간 옥고를 치르는 동안 고문과 동상으로 손가락 7개가 잘려나갔다. 일본 주오(中央)대학에서 1년 동안 정치학을 공부하고 비밀결사 흑도회(黑道會)에 참여하여 사회주의사상에 입각한 독립쟁취를 목적으로 항일운동을 하다가 귀국한다. 1923년부터 2년 동안 모스크바 동방노력자공산대학에서 수학하고 1925년 조선공산당에 참여하였으며 그 후 노동총연맹조선총동맹을 조직하여 문화부책으로 활동하다가 상하이에 가서 코민테른 원동부(遠東部) 조선대표에 임명되고 ML당을 조직하여 활동하다가 일경에 검거되어 신의주형무소에서 7년 동안 복역한다. 광복 이후 조선공산당 중앙간부 겸 인천지구 민전(民戰)의장에 취임했다. 1946년 박헌영을 비판하는 공개서한을 발표하고 조선공산당을 탈당하게 된다. 1948년 제헌국회의원에 당선되고 농지개혁을 성공시킨 초대 농림부장관을 역임했으며 1950년 제2대 국회의원에 재선되어 국회부의장에 선출되었다. 그는 1952년 제2대 대통령에 출마 79만여 표를 얻고 1956년 제3대 대통령에 출마하여 '평화통일과 피해대중의 단결'을 공약으로 내세워 전체 유권자의 23.8%인 216만 표를 획득했다. 서울에서 이승만의 득표율이 유권자의 3분의 1밖에 되지 않았고 대구, 진주, 울

지를 틀 수 있었다. 6·25전쟁 이후 피난정부와 국회활동이 부산에

산, 진해 등지에서는 조봉암이 이승만보다 더 많은 표를 얻는 파란을 일으켰다. 그해 진보당의 창당위원장으로 정당활동을 하다가 민의원 총선을 넉 달 앞둔 1958년 1월 간첩혐의 등으로 불법감금 기소되었지만 1심에서 권총소지죄로 징역 5년, 나머지 진보당 간부 7명에게는 무죄가 선고되었다. 그러나 이승만 정권의 압력을 받은 항소심 재판부는 사형을 선고했고, 1959년 2월 27일 대법원 판결에서 사형을 선고받고 사흘 뒤 재심을 청구했으나 기각된 지 17시간 만인 1959년 7월 31일 오전 10시 30분, 당시 홍진기 법무장관의 명령에 따라 서울고등검찰청의 안문경 검사가 서대문형무소 사형집행장에서 형을 집행했다. 지난 2007년 9월 진실·화해를 위한 과거사정리위원회에서는 조봉암 사건을 "평화통일을 주장하는 조봉암이 이승만 정권에 위협적인 정치인으로 부상하자 진보당과 조봉암을 제거하려는 의도로 표적수사에 나서 처형에 이르게 한 반인권적 정치탄압 사건"으로 규정하고 국가 차원의 사과와 피해구제, 명예회복을 위한 적절한 조처를 권고한 바 있다. 이듬해 8월 조봉암의 유족들은 재심을 청구했다. 이에 대해 대법원 전원합의체는 2010년 10월 29일 "당시 법률에 의하면 육군특무대는 민간인을 수사할 수 없는데도 조봉암과 양이섭을 간첩혐의로 입건해 피의자로 신문했다"며, "이는 법률위반일 뿐만 아니라 직권남용에 해당한다"고 재심 개시이유를 밝혔다. 2011년 1월 20일 대법원 전원합의체(주심 박시환 대법관)는 진보당의 당수로 북한과 내통해 평화통일을 주장했다는 혐의로 처형된 죽산 조봉암의 재심사건 선고공판에서 대법관 13명 전원 일치의견으로 그가 형장의 이슬로 사라진 지 52년 만에 무죄를 선고했다. 그러나 이 과정에서 조봉암을 기소했던 검찰은 "뚜렷한 증거 없이 과거의 판결을 뒤집는 것은 옳지 않다"며 시대에 역행하는 '재심개시 반대 의견서'를 대법원에 내기도 했다.

27) 박기출(朴己出)은 1909년 부산에서 태어나 동래고보를 졸업한 후 일본 도쿄의학전문학교를 거쳐 1942년 규슈제국대학에서 의학박사학위를 취득했다. 부산 초량동에서 박기출외과를 운영하면서 민족자주연맹과 통일독립연맹 경남위원장으로 활약하다 1956년 조봉암 등 혁신계 인사들과 함께 진보당을 창당 본격적인 정치활동을 시작하였으나 이른바 진보당사건으로 구속되었다가 무죄로 풀려났다. 1967년 제7대 국회의원 선거에서 신민당 소속으로 출마하여 당선되고, 1971년 제7대 대통령 선거

서 이뤄짐으로써 부산은 한때 우리나라 정치 1번지로써 역할을 했던 곳이다. 더구나 〈부산일보〉, 〈국제신문〉, 〈민주신보〉, 〈자유민보〉 등 부산에서 발행되는 비판적인 일간지가 민주교사 노릇을 톡톡히 했다. 정보에 목말랐던 당시 라디오에서 간단한 시사해설 프로그램을 통한 정치평론과 해설을 한 것은 청취자에게 현실정치 사례를 중심으로 정치학습의 장을 마련해준 셈이다. 당시 부산에서는 국회의원 선거에서 야당후보가 휩쓸다시피 한 선거결과를 지금과 비교하면 격세지감을 느끼게 한다. 부산에서 민방을 설립하려고 뛰어든 김상용과 정환옥은 개인이 민방을 세우는 것을 우려하던 정치인과 체신부 관리들에게 부산과 남해안으로 월경하는 일본방송전파를 막고 민족문화를 지키겠다는 설립이념을 그 당위성으로 내세웠던 것이다.

2) 방송 환경

부산은 방송사적 측면에서 볼 때 두 가지의 기록을 가진 곳이다. 그 하나는 1935년 9월 21일 우리나라 최초의 지방방송국인 부산방송국이 부산시 중구 대청동 1가 10번지 복병산 기슭에 터를 잡고 호출부호 JBAK, 주파수 1030 ㎑, 공중선 전력 250W로 방송을 시작한 일이다. 다른 하나는 우리나라 최초의 민방 부산MBC가 순수 지역민에 의해서 개국한 곳이다. 당시 부산에 처음으로 지방방송국을 세운 경성방송국은 일본 도쿄에서 방송하는 일본방송을 중계하는 단일방송[28]이

에서 국민당의 대통령 후보로 출마하였으나 낙선했다. 그후 일본으로 건너가 의사생활을 하다가 귀국하여 대한의학협회장과 민족통일문제연구원 이사장을 역임하다 1977년 세상을 떠났다.

28) 단일방송은 일명 단식방송이라고도 하는데, 우리나라에서 처음 방송이 시작되던 시기에 경성방송국이 일본방송을 그대로 중계하던 방식을 말한다. 즉, 단일방송은 한 방송국에서 하나의 채널로만 송출하는 것이고

었다. 서울에서는 1933년 4월 26일부터 우리말 전담방송인 제2방송을 출력 10㎾, 주파수 610㎑로 시작했다. 부산에서는 부산방송국 개국에 앞서 1935년 7월 17일 당시 경상남도 동래군 서면 대연리(지금의 남구 대연동)에 '동래수신중계소'를 세우고 수신소에서 받은 일본방송을 유선케이블로 서울 정동연주소로 보내는 일을 했다.[29] 수신중계소로부터 직선거리 약 5㎞ 떨어진 부산방송국까지는 케이블을 통해 병렬로 접촉시켰다.[30] 부산방송국은 단일방송으로 출발하여 서울에서 방송하는 우리말 프로그램을 중계하는 이중방송을 하다 광복을 맞게 된다.

광복 이후 부산KBS는 시설부족으로 해외용인 단파로 중앙방송을 중계하는 일이 많아 '찌익찌익' 하는 잡음이 많았고 수신전파의 강도가 급격하게 변화하는 페이딩(*fading*) 현상으로 라디오를 듣기가 여간 불편하지 않았다. 그래서 부산사람들은 상태가 나쁜 국영방송을 마다하고 일본방송을 들으면서 "우리는 왜 저렇게 맑고 깨끗한 방송을 할 수 없을까?" 하는 불만을 토로하곤 했었다. 1960년대 초 부산방송국장을 역임했던 노정팔은 "당시 부산은 방송권역으로는 마치 일본땅에 온 것 같은 느낌을 주었던 것이다. 그러나 1959년 4월 부산문화방송이 개국하면서 많은 다이얼을 돌려놓을 수 있었다. 그런데 KBS 방송만은 상태가 좋지 않아 들으래야 들을 수가 없었던 것이다"라고 증언했다.[31] 이런 방송환경이 부산에서 민방을 탄생시킨 배경이 된

이중방송은 한 방송국에서 제1방송, 제2방송 하는 등 2개 이상의 채널로 방송하는 것을 말한다. 우리나라 방송사에서는 흔히 단일방송시기를 1927년 경성방송국 개국으로부터 1954년 CBS개국 전까지로 본다.

29) 부산MBC 개국요원 박인규 조정과장의 증언.

30) 한국방송공사(KBS), 《한국방송사》(1977), 116~117쪽.

31) 노정팔, 《한국방송과 50년》(나남, 1995), 394쪽.

것이다.

3) 정치적 상황

부산에서 민방이 탄생한 배경은 지역적 특성이나 방송환경 못지않게 당시의 정치상황이 부산MBC의 설립이념과 맞아떨어진 점이다. 제 1공화국은 이승만 대통령이 재임하던 1948년부터 1960년까지 12년 동안 자유당 집권 기간이었다. 1948년 7월 20일 제헌국회에서 실시된 정·부통령 선거에서 대통령 이승만, 부통령에 이시영이 당선되고 나흘 뒤 취임식에 이어 광복 3주년을 맞아 정부수립 선포식을 거행함으로써 제 1공화국이 출범하게 된다. 제 1공화국은 1960년 4·19혁명으로 1960년 6월 15일 제 2공화국이 탄생하기까지 존속한 우리나라 최초의 공화헌정체제였다. 이승만 정권은 1948년 10월에 발족한 '반민족행위특별조사위원회'를 집요하게 견제하거나 친일반민족행위자에 대한 척결을 방해하다가 1949년 8월 31일 마침내 반민특위를 해체하기에 이른다. 그 뒤 반발하는 국민여론을 통제하기 위한 방법으로 극단적인 반일감정을 불러일으키며 독재의 길을 재촉하게 된 것이다.

제 1공화국을 비극으로 몰고 간 현장이 부산지역이었다. 6·25전쟁을 겪는 동안 수도가 부산으로 옮겨온 상황에서도 이승만 정권은 민심의 수습이나 사회안정을 통한 전후복구보다 오히려 자신의 재집권 야욕에 불타 전시상황을 공안정국으로 몰아가면서 독재체제를 강화하는 데 혈안이 되었다. 이승만 대통령은 제 2대 총선결과 재선이 어려워지자 자유당을 창당하고 대통령 직선제 개헌을 밀어붙였다. 1952년 발췌개헌 처리를 둘러싸고 정부와 국회의 충돌로 야당 국회의원의 불법납치연금을 일삼던 이승만 정권은 경찰, 군, 폭력조직을 동원해 무리하게 개헌을 관철시킨 이른바 부산정치파동을 일으킨다. 1954년 11월 29일 초대 대통령의 중임제한 규정을 철폐하기 위해 '사사오입개헌'을 밀어붙였다. 그해 12월 24일 민주당과 무소속 의원 80여 명이 국회 본회의장에서 무기한 농성에 들어가자 경위권을 발동한 끝에 야당의원들을 끌어내고 자유당 의원들만으로 신국가보안법을 강제로 통과시킨 '2·4정치파동'을 지켜본 민심은 정부로부터 멀어질 만큼 멀어져갔다. 그 결과 이승만은 끝내 돌아올 수 없는 독재자의 다리를 건너게 된 것이다. 이승만의 정치적 어젠다는 오직 독점적 장기집권이라는 지배이데올로기의 노예가 되었다.

당시의 사회상은 대통령이 방귀를 뀌면 내부의 치명적인 적이었던 측근, 간신배들이 말했다는 "각하 시원하시겠습니다"가 항간에 크게 유행했다. 그만큼 공직사회나 측근들은 아첨과 아부로 추종을 일삼았고 대통령이 유일하게 서민을 접촉할 수 있는 기회인 이발을 할 때마저 이발사로 하여금 물가가 싸고 세상이 살기 좋은 것처럼 거짓말을 하게 예행연습까지 시켰다고 한다. 심지어 이승만 대통령이 진해만 저도에서 여름휴가를 즐기며 낚시할 때는 잠수부를 물속에 들여보내 낚시에 고기를 끼워줬다는 얘기는 당대 최고의 웃음거리였다. 더구나 이승만 대통령 생일이 든 4월이면 각급학교에서는 대통령을 미화 찬양하는 웅변대회와 글짓기가 경쟁적으로 열리고 대통령이 행차하는 도로변 학교에서는 학생들이 삽과 빗자루를 들고 나와 진종일 노면정비작업과 청소를 하고 태극기를 흔들며 영접하는 행사에 동원되었다. 제1공화국을 겉으로 보기에는 민주주의를 지향하는 공화헌정체제처럼 보였지만 속으로는 독재권력의 독점적 지배에 공직사회는 간신배 같은 측근 공직자들이 자신의 사리사욕을 채우기 위해 국민의 삶을 무자비하게 짓밟은 시기였다.

제1공화국은 반공(反共)과 반일(反日)정책으로 일관했다. 6·25

전쟁중인 임시수도 부산에서 이승만 대통령은 평화선[32]을 선포한 데 이어 1952년 10월 14일 대통령 긴급명령 제 12호로 '포획심판령'을 공포한다. 이듬해에는 180톤급 경비정 6척으로 부산에서 한국해양경찰대를 창설하기에 이른다. 당시 바다에 평화선을 쳐놓고 "일본이 이를 준수하지 않으면 일전도 불사하겠다"고 선포했다. 강경일변도로 밀어붙인 제 1공화국의 대일외교와 국내 정치상황은 부산MBC의 개국이념과 그 맥을 같이 했다. 한국방송협회가 주최한 한국방송 70주년 기념 심포지엄의 "제 1부 한국방송 70년의 회고와 반성" 중에서 제 1주제 한국방송 70년의 정치, 경제적 특성[33]을 맡은 강대인[34]은 "부산MBC의 허가는 부산지방의 일본방송의 영향에 대한 정부의 염려와 김상용 등 기업인의 요구가 맞아떨어진 결과였다"고 주장했고, 원로 방송인 정순일[35]은 《한국방송의 어제와 오늘》[36]을 통해 "우리도 일

32) 이승만 대통령이 선포한 평화선은 일본에서는 '이승만 라인'이라고 불렀다. 1952년 1월 18일 선포된 평화선은 한일 간 어업분쟁에서 대한민국의 주장에 의한 방위수역을 설정함으로써 연안수역을 보호하고 수산자원과 광물, 공산주의 국가로부터의 안보와 인근 국가로부터의 해양주권을 주장한 것으로 오늘날 '배타적 경제수역'과 비슷한 개념이다.

33) (사)한국방송협회가 1997년 9월 23일 한국프레스센터 국제회의장에서 주최한 한국방송 70주년 기념 심포지엄 제 1부 한국방송 70년의 회고와 반성에서 제 1주제 한국방송 70년의 정치, 경제적 특성을 맡은 계명대 강대인 교수가 발제한 내용.

34) 강대인(姜大仁)은 기독교방송 편성부장과 기획실장을 거쳐 계명대 신문방송학과 교수로 재직한 방송실무와 이론을 겸비한 방송학자로서 《언론의 4이론》과 《문화제국주의》를 번역하고 공저로 《방송제작론》과 《민중과 자유언론》 등이 있다.

35) 정순일(鄭淳日)은 1934년 3월 11일 서울에서 태어나 고려대를 졸업하고 1956년 불과 22세의 나이로 〈한국일보〉를 통해 방송평론가로 등장하였고 서울국제방송을 거쳐 1962년 말 서울MBC로 들어온 뒤 정환옥 전무에 의해 1963년 주일 동경특파원으로 발탁되었다가 편성국장과 총무

본처럼 민간상업방송을 한번 해보자"는 설립자의 생각과 "저런 방송을 내게 해서 일본 전파의 침투를 한번 막아보자는 정부의 생각이 일치한 것"이라고 보았다.

월경하는 일본 방송의 전파를 막아보겠다는 부산MBC 설립자의 생각이나 일본이 평화선을 지키지 않으면 일전도 불사하겠다는 이승만 대통령의 대일정책이 나온 시대상황이 맞아떨어진 것이다. 1958년 봄 개국요원 확보를 위해 서울에서 김상용이 최창봉을 만나 나눈 대화[37] 중에 최창봉이 "왜 방송을 하려고 하느냐?"고 묻자 김상용이 "부산에서 깨끗하게 잘 들리고 재미있는 일본 민방처럼 우리도 민방을 하고 싶었다"고 밝힌 말이 이를 뒷받침해 준다.

부산에 민방을 세우려는 움직임이 본격화한 것은 1957년 초였다. 이승만 대통령이 이끄는 제1공화국은 반공반일 사상을 통치수단으로 내세워 권위주의적 탄압을 일삼을 때였다. 제1공화국시대는 마치 "국가는 집중되고 조직된 형태의 폭력을 대변한다"는 간디의 말을 상기시키기에 충분했다. 한국 언론의 성격을 규정할 수 있는 결정적인 요인은 국가권력이다. 정부로부터 방송국 설립허가를 받는 일은 새길을 내는 만큼 힘들고 어려웠다. 당시 부산MBC가 내세운 명분과 설립동기를 살펴보면 이승만 정부가 구사하는 통치수단의 연장선상에서 볼 때 반일사상과 맥을 같이 한 것을 확인할 수 있다. 개국기념식에서 설립자 김상용은 기념사를 통해서 "우리들은 민족적인 견지에

국장을 지내고 1973년 다시 KBS에서 국제국장과 보도본부장을 지냈으며 1991년 8월 체험적 방송현대사 《한국방송의 어제와 오늘》을 펴냈다. 2009년 방송인 명예의 전당에 헌정되었다.

36) 정순일, 《한국방송의 어제와 오늘》(나남, 1991), 48쪽.

37) 동아일보사가 2010년 1월 20일 펴낸 최창봉의 《방송과 나》 285쪽 'HLKU 부산문화방송 개국 전후'의 증언.

서 일본방송과 대결할 수 있는 우리나라 최초의 획기적인 민방의 창업을 보게 되었다"고 밝혔다.

《부산MBC 10년사》에서 밝힌 부산에 민방을 설립하려는 명분은

> 첫째, 한국에 침투해 들어오는 일본 상업방송의 전파를 견제하기 위해서는 이에 대응할 건전한 민간상업방송이 설립되어야 할 국가적, 시대적 필요성이 절실한 단계에 있고,
> 둘째, 부산지방은 일본 상업방송의 영향으로 일반 청취자들의 상업방송에 대한 이해가 국내 어느 지역보다 높은 수준에 있어 상업방송 설립의 소지가 마련된 셈으로 부산지방의 산업발전과 함께 상업방송이 기업으로 성공할 전망이 있으며,
> 셋째, 모든 문화활동이 중앙편중적인 실정하에서 부산에 상업방송을 설립하여 지방문화 발전에 기여한다는 것은 부산출신 기업인으로서 보람 있는 일이 된다는 등으로 분석, 전망한 때문이었다

라고 정리하고 있다.[38)]

김상용이 개국 인사말에서 밝혔듯이 이승만 정권이 해방 이후 국민감정을 등에 업고 통치수단으로 내세웠던 반일사상을 개국의 명분으로 삼았던 것이다. 자유당 정권의 국영방송독점체제에 부산에서 민방의 설립허가를 받아낼 수 있었던 것은 시기적으로 볼 때 이승만 대통령의 반일사상을 적절히 활용하고 공감대를 이룬 결과였다.

---

38) 김대상, 《부산언론사의 재조명: 신문언론과 방송언론의 맥락》(뉴워드사, 2004), 94쪽.

4. 민방을 개척한 사람들

방송의 3요소를 흔히 3M이라고 한다. 그 말은 방송을 제대로 하려면 훌륭한 방송전문인력(*Man*)과 좋은 방송기기(*Machine*), 그리고 충분한 설립비용과 운용자금(*Money*)이 있어야 한다는 뜻이다. 흔히 사람을 방송의 원자재라고 말한다. 그 말은 곧 방송의 중심에 사람이 있다는 말일 것이다. 방송의 3요소인 사람, 기기, 자금 어느 것 하나 중요하지 않은 것이 없겠지만 방송을 운용하는 사람의 자질이 가장 중요하다는 말이기도 하다. 부산MBC 개국 주체의 성격과 자금조달 측면을 살펴보면 정부기관이나 종교단체가 아닌 순수한 부산지역 민간인에 의해 출발하고 있다. 우리나라 최초의 민방, 부산MBC의 개국은 한 발 앞선 생각으로 도전했던 민방 개척자들이 있었기에 가능한 일이었다. 그들은 진실, 정의, 원칙, 근면성실, 책임, 그런 보편적인 삶의 가치를 지지하면서 처음부터 끝까지 옳다고 생각하는 대로 한결같이 말하고 쓰고 행동했던 자랑스러운 방송인들이었다. 그들은 스스로 지켰던 보편적 가치를 바탕으로 민주기량을 유감없이 발휘하면서 민방을 이끈 창사이념의 정수가 되었다.

1) 자본과 기술의 만남

조선방송협회 부산방송국 기술자 출신 정환옥이 경영하던 기아무선사[39]는 당시 부산지역 방송인들이 자주 드나들며 우리네 방송현실

---

39) 정환옥이 1951년 부산시 중구 광복동 2가 33-1번지에서 문을 연 기아무선사는 부산MBC 설립의 산실이었다. 지금은 그 자리에 4층 건물이 들어서서 제일모직 빈폴광복점이 들어서 있다.

에 대한 견해를 나누고 일본 방송계의 동향과 기술발전에 관한 정보를 교환하던 곳이었다. 정환옥이 신창동 이웃에 사는 사업가 김상용으로부터 1956년[40] 어느 날 대청동 백화당 카바레의 실내 오디오 시설을 의뢰받으면서 교분을 맺게 된다. 그들은 첫 만남을 통해 서로의 깊은 속내를 얘기하는 인연을 맺은 뒤 새로운 사업을 모색하는 중요한 시기에 대화의 상대가 된 것이다. 젊은 날 김상용은 택시기사, 요정과 카바레, 장의사 등 평생 안 해본 일이 없을 만큼 몸을 아끼지 않았다. 그러나 나이가 들수록 사회적으로 존경받으면서 명예롭게 여생을 보낼 수 있는 새로운 사업을 구상하기에 이르렀다.

사업가 김상용은 어떻게 해서라도 방송국을 한번 세워서 돈을 벌어 보겠다는 야심찬 방송기술인 정환옥을 만나 "개처럼 번 돈 정승처럼 써보자"는 정환옥의 화려한 제의와 끈질긴 설득에 김상용은 방송사업으로 돈을 벌면서 명예로운 사회적 신분상승이라는 두 마리의 토끼를 동시에 잡겠다는 마음을 먹게 된다. 그것이 방송사업을 시작하게 된 동기였고 부산MBC 개국으로 가는 첫걸음이었다. 그러나 그들에게 민방설립의 꿈은 설립투자에 비해 위험부담이 큰 무모한 도전이었다.

우리나라 최초의 민방, 부산MBC의 개국은 한번 결심하면 물불을 가리지 않고 밀어붙이는 뚝심의 사나이 김상용과 오직 방송에 신들린 사람처럼 결코 곁눈질을 하지 않았던 외골수 방송기술인 정환옥, 이 두 사람의 만남이 "청하여라, 너희에게 주실 것이다. 찾아라, 너희가 얻을 것이다. 문을 두드려라, 너희에게 열릴 것이다"라는 성경구절처럼 신념을 갖고 청하고 찾으며 문을 두드린 끝에 열어 제친 것이 '민방을 향해 쏜 화살', 즉 '민방의 효시'였다. 그러나 광고수입으로 살

40) 김대상(金大商)은 《부산언론사의 재조명》(뉴워드사, 2004)에서 정환옥과 김상용은 1956년부터 방송국 설립을 모색했다고 기술했다.

창사 17주년을 맞아 세운 기념비석 '민방의 효시'

아남아야 하는 산업경제적 접근을 통해 방송경영을 꾸리면서 미래를 충분히 준비하지 않은 채 방송만 시작하면 사회적으로 대접도 받고 일확천금을 노릴 수 있는 이른바 '황금알을 낳는 거위'로 여긴 성급함이 결정적인 함정이었다. 결국 사전에 치밀한 준비 없이 의욕에 넘쳐 서둘렀던 개국은 개국 직후부터 극심한 경영난과 잦은 경영진의 교체가 겹치면서 많은 후유증을 낳았다.

부산MBC가 개국한 지 17년을 맞은 1976년 4월 15일 준공식을 가진 부산시 중구 중앙동 4가 88의 11번지 신사옥 뜰에 제3대 김종신[41] 사장은 '민방의 효시'라는 기념비석[42]을 세워 도전의 주추를 놓으면서 시련의 개국공간을

41) 김종신(金鐘信)은 1930년 10월 1일 경남 고성에서 태어났다. 부산상고와 동아대 법학과를 졸업하고 〈부산일보〉와 한국MBC 기자, 〈부산일보〉 편집부국장을 거쳐 청와대 사회언론담당 비서관에 이어 부산MBC 제3대 사장(1971년 6월 17일~1976년 10월 26일)을 역임했다. 저서로는 《영시의 횃불》과 《박정희 대통령》, 《박정희 대통령과 주변사람들》 등이 있다.

42) '民放의 嚆矢' 돌비석은 1자처럼 보이는 자연석으로 중앙동 신사옥 준공을 앞둔 1976년 초 평소 부산MBC가 민방의 효시임을 강조했던 제3대 김종신 사장이 당시 이우현 보도부장(제11대 사장 역임, 1994.3.3~1996.9.11)과 함께 천성산 기슭에서 채집한 돌을 목도로 옮긴 뒤 김종신 사장이 직접 글을 써서 새긴 것이다. 준공식에 참석한 5·16장학회 최석채 이사장은 김종신 사장에게 '민방의 효시'를 '민방의 요람'으로 고칠 것을 여러 차례 권유하는 등 '민방의 효시' 기념비를 두고 기 싸움을

돌아보려고 했다. 그후 중앙동 사옥이 매각되고 광안리 송신소에 보관 중이던 돌비석이 제 12대 유삼렬 사장(1996년 9월 11일~2001년 3월 6일) 재임 때 민락동 신축사옥으로 이전하면서 서예가 배재식(裵在植)의 글을 받아 다시 새겼다.

설립자 김상용(金相用)

부산MBC 설립자이자 초대 사장 김상용

1907년 9월 11일 마산에서 태어난 김상용은 유년시절을 어렵게 보냈다. 어릴 때는 어려운 가정형편으로 교육을 제대로 받지 못했으나 자립심이 강해 해보지 않은 일이 없었다. 일찍이 일본으로 건너가 자동차학원과 운수업체에서 기사로 일하다 부산으로 돌아온 그는 다이에이〔大榮〕택시회사 경영에 참여하기도 했다. 그러나 회사운영이 여의치 않아 그만둔 뒤 만주로 가서 양조업에 뛰어들었다가 생각만큼 재미를 보지 못하고 귀국하게 된다.

그때부터 부산 동래에서 '요정 백록관'과 '적선 장의사'를 운영하여 많은 돈을 벌기 시작한다. 1950년대 초에는 대청동 '백화당'에서 낮에는 예식장, 밤에는 카바레를 운영하면서 큰돈을 벌어들였다. "개같이 벌어서 정승같이 산다"는 속담처럼 김상용은 돈을 버는 일이라면 궂은일을 마다하지 않고 닥치는 대로 해냈다.

그러나 나이가 들수록 세무공무원과 인허가감독 공무원, 그리고 공갈기자들에게 시달리는 게 성가셨고 유흥접객업보다는 제조업으로 전

벌이기도 했다.

환해보려고 궁리하던 때였다. 개국 당시 송신소가 들어선 감만동 67번지 소재 2천여 평의 부지에 아연도금철판, 즉 도단양철지붕을 만드는 공장을 세우려는 사업을 구상하던 시기에 이웃에 살던 정환옥을 만난 것이다. 신창동 이웃에 살던 정환옥의 권유와 설득으로 처음에는 앰프방송인 유선라디오방송의 운영에 관심을 갖게 되었다. 결국 젊어서 못 배운 게 한이 되어 사회적으로 대접도 받고 명분이 서는 방송국 설립에 마음을 굳히게 된다. 한번 마음먹으면 물불을 가리지 않는 성격을 가졌던 김상용은 아연도금철판공장을 하려는 꿈을 접고 방송사업으로 마음을 고쳐먹은 뒤 틈틈이 일본방송을 듣고 일본에서 나오는 방송 관련서적을 구해다 나름의 공부를 했다. 그의 평소 성격을 잘 말해주듯 방송사업을 마음먹은 뒤로는 모든 재산을 처분해 차근차근 설립자금을 마련해나갔다. 자금이 모자랄 것 같아 살고 있던 주택마저 팔고 방송사옥[43] 4층 옥상에 가건물을 짓고 이사할 정도로 방송사업에 매달렸다. 심지어 부인은 낙찰 곗돈까지 끌어다 남편을 도우고 나섰다.

마침내 그는 1957년 8월 자신의 명의로 체신부에 방송국 설립허가원을 제출하고 1958년 10월 20일 부산MBC 초대사장을 맡는다. 부산상고를 나와 수리에 밝았던 동생 김종만을 전무에, 경남고등학교와 세브란스의대를 졸업한 장남 김영태[44]를 총무부장으로 앉혀 가족

---

43) 부산시 중구 중앙동 4가 29-3번지 부산MBC의 옛 사옥 앞에는 '부산문화방송 발상지'라는 표지석이 서 있다. 옛 사옥은 개국 이후 1975년 10월 15일까지 사용했는데, 지금은 건물을 리모델링하여 1층에는 일본음식점 '카모메'가 2층은 '둥지당구장'이 들어서 있다.

44) 김영태(金永泰)는 1930년 6월 27일 마산에서 태어난 김상용의 3남 3녀 중 장남으로 경남중고를 거쳐 세브란스의대를 졸업하였다. 그는 1959년 3월 20일 1차 부서배정 때 총무부장으로 임명되었다가 안성수 사장으로 교체된 이후 기구개편을 앞둔 1959년 10월 15일 퇴직했다. 1959년 말

경영체제를 꾸리고 방송실무에 밝은 정환옥을 현업동반자로 삼았다. 초창기 넘치는 의욕으로 개국요원 영입에 힘을 쏟았으나 개국 초기의 경영에 필요한 경영기법과 초기운영자금을 대비하지 못한 채 극심하게 불어 닥친 경영난을 이겨내지 못 했다. 개국 이후 광고수입이 예상에 미치지 못한 데다 시설확충과 기기도입 등으로 초기운용자금 수요만 늘어났다. 엎친 데 덮친 격으로 제작비와 인건비를 감당하기 어려워 개국초기부터 극심한 경영난에 봉착하게 된 것이다. 결국 1959년 9월 23일 경상남도 산업국장을 지낸 안성수를 2천만 환 투자조건으로 영입하여 사장자리를 넘겨주고 자신은 회장으로 경영 2선으로 물러난다. 김상용은 부산MBC 사주로서 1959년 4월 15일부터 그해 9월 23일까지 5개월 남짓 짧은 기간 초대사장으로 재직했다. 한편 안성수가 투자한 돈도 오랜 가뭄 끝에 내린 실비 같아서 채 한 달을 넘기지 못하고 바닥을 들어냈다.

회장으로 물러난 김상용은 동생 김종만 전무로 하여금 부산상고 동기동창인 김종한 〈부산일보〉 상무를 통해 〈부산일보〉 사주이자 조선견직 사장인 김지태에게 인수를 제의한 끝에 1959년 11월 27일 2억 몇 천만 환에 회사를 넘기게 된다. 이어 1960년 4월 11일 임시주주총회를 통해 자신과 김종만 전무는 부산MBC에서 완전히 손을 떼고 만다. 한편 김상용은 부산MBC 사장을 그만두기 석 달 전인 1959년 6월 18일 체신부로부터 호출부호 HLKC, 출력 5㎾, 주파수 905㎑의 서울문화방송국(HLKC) 설립허가를 받는다. 그 허가는 현재의 MBC로 개국하지 못하고 허가가 취소되고 만다. 그 이후 서울MBC라는 명칭과 주파수 900㎑는 현재의 MBC로 바뀌는 등 허가 설립과정이

업무부 여직원 김정희(金貞姬)와 결혼하여 슬하에 1남 3녀를 두었다. 그 뒤 영도 대평동에서 '세림의원'을 개원했다가 영도보건소장을 역임했다.

복잡해졌다. 김상용은 4·19혁명 이후 정국의 소용돌이 속에서 새로운 방송국 설립자금을 마련하기 위해 동분서주했으나 뜻을 이루지 못했다. 김상용이 극심한 경영난에 봉착한 끝에 부산MBC 사장을 그만두기 전부터 서울에 새로운 민방을 세우려는 움직임을 두고 "어딘지 석연치 않은 미스터리를 느낀다"는 반응도 있었다.[45] 서울에 계획했던 민방설립은 개인의 소자본으로는 실현할 수 없는 모험에 불과하다는 것을 깨달았을 때는 모든 것을 잃은 뒤였다. 훗날 그는 만나는 사람에게 "부산MBC를 헐값에 빼앗기고 말았다"는 푸념을 늘어놓았다고 한다. 그토록 억울해할 만큼 그에게 있어서 방송사업은 필생사업으로 애착과 미련을 가졌던가 보다.

부산MBC 설립자 김상용은 생각은 뻔한데 창업자금이 없어 민방사업의 꿈을 접어야 하는 어느 날 서울 동화빌딩 3층 사무실에서 만난 장남 김영태에게 벽에 걸린 두 장의 HLKU와 HLKC의 허가증을 가리키며 "봐라! 내 인생은 저놈의 방송국 허가증 두 장으로만 남았구나" 하고 탄식하더라고 전한다. 그 허가증은 1976년경 이귀영이 후배 신영일 아나운서의 주택을 구입하러 다닐 때 해양대 입구 맞은편 동삼동 주택가의 한 슬레이트집에서 만난 노부부가 바로 서울에서 방송국 설립을 포기한 뒤 부산으로 내려와 요양생활을 하던 병색 짙은 김상용의 마지막 모습이었다. 이귀영과 신영일도 그 집의 마루 벽에 KU와 KC의 허가증이 걸려있던 것을 보았다고 전한다. 그 뒤 김상용은 폐종양으로 투병하던 중 1978년 1월 22일 일생을 마감했다.

2001년 4월 15일 창사 42주년을 맞아 임직원 일동은 문화동산에 초대사장 김상용의 흉상을 세우고 부산MBC 개국의 의미를 되새겼다. 흉상 아랫단에는 "김상용 사장은 1959년 4월 15일 이 땅에 '문화

45) 정순일, 《한국방송의 어제와 오늘》(나남, 1991), 52~53쪽.

방송'이란 씨앗을 뿌리고 싹을 틔운 민간상업방송의 개척자이다. 그가 꽂아놓은 MBC의 깃발은 민주방송의 상징으로 전국에서 펄럭이고 있기에 오늘 우리는 창사 42주년을 맞아 문화방송을 탄생시킨 항도 부산의 이곳 문화동산에 그의 흉상을 세우고 선각자의 거룩한 뜻을 길이길이 기념하고자 한다"라고 썼다. 김상용, 그는 온전히 죽어 부산MBC를 세운 한 알의 밀알이 되었기에 우리나라에 민방을 개척한 선구자로 사람은 떠나고 없어도 이름 석 자를 남긴 것이다.

방송기술인 정환옥(鄭煥玉)

부산MBC 설립 산파역
정환옥

정환옥은 1920년 6월 13일 양산 물금에서 태어났다. 그는 일본 간사이〔關西〕상공학교를 졸업한 뒤 다시 도쿄〔東京〕무선학교를 다니면서 새롭게 떠오르는 전자매체의 총아, 라디오방송에 청운의 꿈을 품게 된다. 그가 1939년 조선방송협회에 입사한 이후 젊은 날의 꿈을 하나하나 펼쳐나가는 치밀한 전략가로 변신한다. 1942년부터 우리나라 최초의 지방방송국인 부산방송국에서 무선기술자로 일하기 시작한다. 그때에는 라디오수신기 보급과 서비스, 그리고 청취료 징수업무를 담당하면서 방송에 관한 이해와 실무경험을 폭넓게 쌓을 수 있었다. 이를 바탕으로 '부방(釜放)상담소'에 이어 1953년 11월 부산역전 대화재와 국제시장 대화재로 점포가 불타버리자 광복동에서 다시 '기아무선사'를 경영하게 된다. 누구보다 모험심과 추진력이 강했던 정환옥이 부산방송국을 퇴사한 이후 1951년 광복동에서 '부방상담소'를 경영할 때는 주로 확성기 대여와 앰프시설공사를 하며 지냈다. '기아무선사'를 경영하면서부터는 광복동 거리에 옥외스피커를 설치하고 KBS를 중계할 만큼 정환옥은 방송에 대한 남다른 열의와 넘치는 애정을 갖고 있었다. 정환옥은 무선사를 경영하는 동안 각종시설에 앰프설치공사를 하며 사업을 키워나갔다.

'기아무선사'는 라디오 판매와 확성기 대여는 물론 유선라디오방송을 위한 앰프시설을 하는 무선사로 선거철이면 제철을 만나 열심히 일하고 일하는 만큼 돈도 잘 벌었다. 평소 그는 일본 민방을 들으면서 우리나라에서도 민방을 설립해보려는 꿈을 키웠다. 방송설립의 매력에 푹 빠진 정환옥은 결국 부산MBC의 설립을 시작으로 서울, 대구, 대전MBC와 라디오서울을 차례로 개국하는 등 신들린 사람처럼 방송사업에 매진했다. 그는 부산MBC 개국 이후 방송가에서는 일명 '정환옥 사단'[46]이라고 불릴 만큼 당대에 빼어난 방송인들을 이끌고 다니면서 숱한 화제를 낳은 장본인이었다.

그가 김상용을 만난 것은 대청동 백화당 카바레의 오디오시설을 할 때였다. 본격적인 개국준비 과정에서 자수성가한 사람들의 행태에서 쉽게 찾아 볼 수 있듯이 김상용이 정환옥에 대한 신뢰심을 갖기 전에는 항상 마음속에 "저 사람을 믿을 수 있을까?" 하는 의구심을 가지고

46) 1959년 부산MBC 설립 실무자로서 업무부장 겸 상무로 일했던 정환옥이 부산MBC 개국 때 인연을 맺은 김영출, 이수열, 오사량, 전응덕, 박인규, 김영효, 변현규, 박재영, 조재필, 허보영, 이상기, 최광민, 이성규, 이상길, 최창식, 이성화, 윤미자 등을 두고 하는 말이다. 이들은 1961년 서울MBC 개국요원으로 옮겼다가 다시 1963년 동아방송, 1964년 라디오서울로 옮겨 가는 등 한국 민방의 선구자로 일하며 1960년대 라디오 전성시대를 꽃피운 전문방송인들이다. 이들 중에 박인규, 이상길, 최창식 등은 부산과 지방에 잔류했으나 대부분이 정환옥, 김영출, 전응덕을 중심으로 부산을 떠나 서울MBC와 동아방송, 라디오서울로 함께 옮겨다녔다고 해서 당시 방송가에서는 '게르만민족의 대이동'이니 '몽골족의 대륙이동', 혹은 '정환옥 사단의 이동'이라고 불렀다.

여러 방면에서 고민했던 흔적을 엿볼 수 있다. 그 한 예가 김상용의 가족경영에 대해 정환옥은 인맥경영으로 대응했던 점을 들 수 있다. 좀더 구체적으로 살펴보면 김상용은 동생 김종만과 장남 김영태를 경영의 핵심인 전무와 총무부장으로 곁에 두었다. 정환옥은 방송국 설립허가 과정부터 서울 진출을 위해서 마당발인 자신의 매부 김영출과 김영출의 매부이자 자유당소속 국회 보건사회 분과위원장인 김익기 의원과 관계를 갖고 일했다.

부산MBC의 인사기록에는 정환옥은 1958년 10월 20일부터 1965년 3월 5일까지 6년 5개월 동안 부산MBC의 업무부장 겸 취재역 상무를 역임한 것으로 되어 있다. 그러나 부산MBC 개국 당시부터 마음은 서울에 가 있었고 부산MBC 개국 두 달 뒤인 1959년 6월 18일 서울문화방송국(HLKC)의 설립허가를 김상용의 명의로 취득하는 작업을 직접 맡았다. 4·19혁명 이후 그는 서울MBC 설립을 위해 주로 서울에서 지내다시피 했다. 이 시기에 정환옥은 김상용과 벌여온 서울에 민방을 설립하겠다는 계획을 바꾸어 부산MBC를 인수한 〈부산일보〉 사주 김지태와 손을 잡는다. 김지태로부터 전권을 위임받은 뒤로는 아예 서울에 상주하면서 민방설립에만 매달려 동분서주했다. 그때의 이야기를 정환옥으로부터 직접 들어본다.

> 부산에 방송을 가지고 있으니까 새로운 방송국 설립허가가 유리할 줄 알았어요. 그러나 기대와는 달리 민주당 정부는 우리를 외면하고 〈동아일보〉, 가톨릭 계통, 그리고 장면 총리와 절친한 화가 고희동에게만 허가증을 발급해주고 우리에게는 허가를 내주지 않았어요. 그 뒤 막상 허가는 받았지만 설립자금이 없어서 난감해 하는 화가 고희동과 교섭하여 허가를 얻기 위해 쓴 비용을 물어주기로 하고 허가를 인계받았습니다. 그때 허가증은 '민간방송주식회사'라고 되어 있었지요.

여기서 말하는 방송국 허가는 HLKC의 허가가 취소된 이후 서울MBC의 설립을 위해 민주당 정권 때 새롭게 신청한 허가를 말한다.

1960년 12월부터 고희동으로부터 방송국 설립허가를 인수하여 MBC를 세우기 위해 정환옥은 경기도 시흥군 서면에 송신소 부지를 구입하였다. 1961년 4월 기공식 현장에서는 김영출, 최창봉, 김영효 등이 지켜보는 가운데 의욕에 찬 첫 삽을 들었다. 부산MBC 개국 때 방송부장으로 발탁하려다 뜻을 이루지 못한 최창봉[47]을 기어이 초대 방송부장으로 영입했다. 그는 서울MBC 개국을 위한 모든 마스터플랜의 수립과 시행을 맡아 시설부문과 방송인력 조직을 총괄적으로 추진한 산파역을 맡았다. 서울MBC 개국 당시 〈부산일보〉 출신 보도과 기자 고일환은 "정환옥은 인사동 사옥의 주조에서부터 스튜디오와 송신소 설계를 하나하나 혼자서 하다시피 했어요. 방송기종을 선택하고 구입을 추진한 것도 바로 그였습니다. 그가 방송에 미치지 않았다면 MBC가 태어나지 못했을 겁니다. 그는 방송에 미친 사람이었지요"라고 증언했고, 방송사가 김성호(金聖鎬)는 "정환옥은 우리나라의 민간방송을 건립하는 데 개척자적 역할을 한 인물이다. 흔히 말하는 민간방송의 개국공신이요, 방송국 제조가(製造家)라 할 수 있다"라고 썼다.

---

47) 최창봉(崔彰鳳)은 1925년 6월 12일 평안북도 의주 출신으로 고려대 영문학과를 졸업했다. 1956년 4월 김경옥, 차범석, 오사량 등과 창립한 '제작극회'에서 연출가로 활동하다 우리나라 제1호 방송PD로 고려텔레비전(HLKZ-TV) 연출과장으로 일할 때 부산MBC의 김상용 사장과 정환옥 상무로부터 방송부장으로 함께 일하자는 권유를 여러 차례 받았으나 끝내 사양한 바 있다. 그러나 회사의 배려로 1958년 10월 20일부터 1959년 9월 23일까지 부산MBC 개국 당시 취재역(이사)으로 등기되었다. 서울MBC 개국을 앞둔 1961년 1월 1일 개국준비요원 발령 1호로 방송부장에 부임했다.

정환옥은 서울MBC 초대 전무로 한국 민방의 초석을 깐 공로자였다. 한국영상콘텐츠진흥원은 정환옥의 이 같은 공로를 기려 2002년 5월 15일 서울 목동 방송회관에서 '참방송인'으로 선정된 원로방송인 8명과 함께 '방송인 명예의 전당'에 헌정했다. 김성호가 쓴 명예의 전당 헌정사에 다음과 같이 썼다.

> 정환옥은 1961년 2월 21일부터 1964년 3월 12일까지 3년 남짓, 서울MBC의 기틀을 굳건히 다진 후 TBC(동양방송)의 전신인 '라디오서울'로 스카우트되었다. 삼성그룹이 방송사업에 손을 뻗치면서 그의 노하우를 필요로 했다. 세 번째로 신생방송사 창립을 주도하게 되었다. 정환옥은 1964년 3월 12일부터 1965년 2월 1일까지 1년 가까이 동양방송의 전무로 재직하면서 '라디오서울'의 개국작업에 매진했다. MBC방송 핵심인력과 함께 이적하여 단시일 내 새로운 방송사를 만든 것이다. 정환옥은 전무의 직책으로 1964년 5월 9일 라디오서울 개국에 주조정실 송신기의 전원 스위치를 올림으로써 첫 전파를 탄생시켰다. 정환옥은 동양방송을 사임한 후, 사비를 투자해 '한국민간방송협회'를 창립했다. 그는 전무이사로 협회를 이끌면서 민간방송 3사에 방송기기 수입관세율을 대폭 인하하는 등의 기여를 했다.
>
> 그는 1968년 4월 남산 산정에 난립되어 있는 방송송신탑을 정리, 통합하기 위하여 '서울타워' 건립계획을 착수했다. 사업수완이 뛰어났던 그는 순조롭게 추진하여 7년여 만인 1975년 10월 거의 완공했다. 서울의 스카이라인이 바뀌고 남산에 새 명물인 타워가 세워졌다. 우리나라 최초의 종합전파탑이면서 관광센터가 건립된 것이다. 그는 이 사업을 위해 이미 한국전파탑주식회사를 설립하여 대표이사가 되었다. 그러나 유신독재정부는 마무리 공사를 중단시키고 1975년 12월 운영관리권을 강제로 체신부에 이관시켰다. 이러한 폭거의 배경에는 청와대의 뜰이 들여다보여 국가안보에 지장을 초래

한다는 이유였다.

그러나 정환옥은 민방의 개척자로서 부산MBC와 서울MBC에 이어 라디오서울을 세우고도 대표이사 사장을 제대로 한번 맡지 못한 채 상무와 전무에 머물러 만년 2인자로 지내야 했다. 그러다 처음으로 대표이사 사장이 되어 설립한 한국전파탑주식회사마저 정부에 빼앗기고 만다. 그러나 결코 꺾일 수 없는 그의 꿈은 '민방의 설립'이었고 그의 영원한 공적은 '민방설립의 산파역'으로 평가받고 있는 것이다. 이제 그는 아흔이 넘은 나이로 기력이 쇠하고 귀가 어두워진 몸으로 젊은 날의 꿈을 접은 채 그 한 많은 생을 서울 남산을 등진 경기도 양주시 대진요양원에서 한 많은 남산 쪽 하늘을 쳐다보고 있을 것이다.

2) 개국공신 5인방

부산MBC의 '개국공신 5인방'은 1959년 3월 20일자로 일괄 인사발령이 났지만 실제로는 1958년 가을부터 이미 개국준비에 참여한 방송인들이다. 그 중에서도 개국공신으로 빼놓을 수 없는 방송인은 이수열 방송부장을 비롯한 오사량 제작과장, 전응덕 보도과장, 박인규 조정과장, 최창호 송신과장 등이다. 개국을 앞두고 중견 방송요원 확보에 나섰던 정환옥은 최창봉으로부터 KBS에서 실무경험을 쌓은 전문방송인 이수열과 오사량을 소개받아 영입하고 전응덕과 박인규는 부산에서 스카우트했다. 오직 최창호만은 유일하게 선박통신기술자로 민간에서 발탁했으나 그도 젊은 날 북녘 방송국에서 일한 방송기술자였다. 방송제작 현업의 사령탑인 방송부장은 좀더 훌륭하고 능력을 갖춘 방송인을 찾으려는 욕심으로 처음에는 최창봉을 영입대상자로 점찍고 공을 들였으나 실패했다. 정환옥은 훗날 최창봉에 대해 "소문과 같이 성격이 원만하고 이론에 밝아 한눈에 반했다"고 말할 만큼 최창봉은 출중한 인물이었다. 우리나라 최초의 텔레비전 드라마 PD인 최창봉은 끈질긴 설득과 함께 인사발령을 내겠다고 매달렸으나 한사코 뿌리쳐 끝내 서운한 마음을 감추지 못한 정환옥이 "좋소, 그럼 내가 서울에서 한 번 할 테니 그때 봅시다"라는 의미심장한 말을 남겼다고 한다. 그 말을 실증하듯 1961년 서울MBC 개국 때 전무를 맡은 정환옥이 가장 먼저 최창봉을 방송부장으로 발탁했던 것이다. 부산MBC의 초대 방송부장으로 스카우트 제의받은 최창봉은 고려텔레비전을 인수한 〈한국일보〉 장기영 사장의 총애를 받던 때라 서울에서 생활하고 싶었고 텔레비전 PD에 더 매력을 느끼고 있었다. 그러나 부산MBC가 개국공신을 확보하는 데는 최창봉의 도움 또한 컸다. 그로부터 방송부장 이수열과 제작과장 오사량을 추천받아 비로소 진용을 갖출 수 있었다.

이수열(李壽烈) 방송부장

부산MBC 초대 방송부장 이수열

이수열은 1928년 3월 31일 경기도 문산에서 태어났다. 고려대 법과대학을 다닐 때부터 최창봉 등과 '고대 극회' 회원으로 활동했고 피난시절인 1952년 부산에서 한 시대를 풍미했던 임택근, 강찬선, 황우겸 등과 함께 KBS아나운서로 입사했다. 그는 환도 이후 고려텔레비전방송에서 사회자로 일하다가 최창봉의 추천으로 1959년 3월 20일 방송부장 서리 겸 편성과장으로 발탁되었다.

그는 방송부장을 거쳐 이사로 승진하여 1965년 8월 5일 라디오서울 방송부장으로 옮겨갈 때까지 만 5년 6개월을 부산MBC에서 열정을 쏟은 개국공신이다. 그는 개국 초창기 프로그램의 제작과 편성을 통해 기존 KBS의 벽과 틀을 허물고 새로운 민방의 가능성을 추구했던 방송인이었다. 그만큼 자유분방하고 창의적인 감각으로 기존의 KBS와는 근본적으로 차별화된 제작 분위기와 편성전략을 구사했다. 특히 그는 프로그램의 타이틀과 포맷구상에서 타의 추종을 불허했다. 더구나 일본어에 능통했던 그는 일본 민방의 제작형식을 비교검토하면서 새로운 형식의 프로그램을 만들어내고 세련된 기획과 아이디어로 파일럿프로그램을 제작할 때는 직접 대본을 쓰고 실황중계의 현장PD를 맡는 열의를 보였다. 설상영 전 제작부장은 그를 두고 “통념을 뛰어넘는 아이디어의 기발함과 전광석화 같은 창의력, 너무 현란해 눈부신 다양성으로 부산문화방송에 새 옷을 입힌 사람”이라고 회상했다. 청취자에게 각인된 부산MBC의 이미지와 캐릭터는 비로소 그로부터 비롯되었다고 해도 과장이 아닐 것이다.

또한 그는 방송광고의 개척자였다. 당시 우리나라 최초의 라디오 상업방송인 부산MBC에서는 업무부에서 광고주를 유치하면 CM은 방송부에서 제작했다. 당시 그의 기발한 창의력과 아이디어로 감칠맛 나는 생활 속의 CM을 만들어 낼 때마다 이를 지켜본 주위사람들이 혀를 내둘렀다고 한다. 그가 개발한 광고문은 훗날 민방광고의 모델이 되어 계승 발전되었다. 부산MBC가 1962년 7월 19일 경상남도지사를 통해 그를 문화훈장에 추천[48]하는 한편 보도과 조재필 기자

48) 부산MBC가 이수열 방송부장을 문화훈장 수상자로 추천하면서 “한국에 있어서는 가히 최초의 민간상업방송인으로서 다사다난했던 초창기적인 민간방송의 온갖 애로를 극복 타개해가며 창의 공부에 정력을 기울여서 오늘 같은 민간방송의 위치를 청취대중으로 하여금 자타가 공인할 수 있

를 방위포장에 추천했다.

회사가 열거했던 이수열의 공적을 첫째, 본 방송이 해외에서도 가청됨을 신경에 넣어 항상 정부공지사항을 적극 전달하여 국위선양에 힘쓰면서 국론통일과 여론을 지도하고, 둘째, 국민에게 다채롭고 즐거운 오락과 교양프로를 제공하고, 셋째, 어린이프로를 충실히 편성하여 자라나는 새싹의 윤기를 고취하고, 넷째, 시사해설을 적의 보도하여 국민의 우방관과 판단력을 배양하고, 다섯째, 민방이 지닌 독특한 생명인 상업선전문(CM)을 연구하여 국산품 애용 장려와 국력신장에 부응 기여했다고 밝혔다.

그는 학구파로 《한일 교양방송의 대비》라는 저서를 남겼으며 방송에 쏟은 공로로 1963년 제1회 부산시 문화상을 받기도 했다. 그는 부산MBC를 떠나 동양방송의 전신인 라디오서울 방송부장으로 자리를 옮겼다. 그 뒤 몇 차례 소유권과 회사명이 바뀌는 과정에서 그는 TBC-TV 부산국[49]에서 부국장으로 근무했고 중앙매스컴 문화사업국장을 거쳐, 1980년 전두환 정권에 의한 언론통폐합으로 KBS에 흡수됐을 때는 KBS연수원 교수와 기획심의위원을 거쳐 한동안 서울예전 교수를 지냈다. 민방 개척기의 전설적인 방송인 이수열은 1997년 10월 3일 한탄강으로 낚시를 나갔다가 실족사로 세상을 떠났다.

는 수준에 도달시킨 공적"이라고 다섯 가지 공적을 밝혔다.

49) TBC-TV 부산국은 동양방송 텔레비전방송국 부산직할국으로 1964년 12월 12일 호출부호 HLSX, 채널 9.5㎾로 개국한 우리나라 최초의 지방 민영텔레비전국이다. TBC-TV 부산국에는 개국 당시 부산MBC 개국요원이었던 이수열이 부국장, 허병열이 방송부장에, 조재필이 보도부장에 근무했다.

오사량(吳史良) 제작과장

초대 제작과장 오사량

오사량은 1925년 2월 9일 서울에서 태어났다. 서울대 음악대학의 전신인 경성음악전문학교에서 성악을 전공했으며 극단참여를 통해 이론과 실제에 뛰어난 연출가이자 자유분방한 연기자로 활동했다. KBS에서 드라마 연출가로 활동할 때는 일제가 왜곡한 우리 연극을 바로잡고 말살위기의 우리말을 되찾으려고 애썼다. 그는 유치진, 이해랑 등 일본유학파가 주축을 이룬 '신협'에 참여했다가 1956년 5월 최창봉, 김경옥 등과 함께 '제작극회'를 창단하여 소극장운동을 주도한 연극인이다. 당시 HLKZ에서 제작한 우리나라 최초의 TV드라마 〈사형수〉에 출연하는 등 방송극 창작에 열중하다가 최창봉의 추천으로 부산MBC 제작과장으로 발탁되었다. 그는 1959년 11월 2일까지 8개월 동안 부산MBC에서 인간의 상상력에 호소하는 라디오드라마를 제작하여 방송드라마 발전에 큰 족적을 남겼다.

그가 방송드라마를 연출한 실무경험을 살려 부산MBC에서 일할 때 방송국을 자신의 평소 신념을 실현하려는 실험무대로 삼아 꿈을 펼쳤다. 그 중 하나가 지역성을 살려야 한다는 생각으로 드라마제작에 부산 출신 작가의 작품과 지역 연기자를 과감히 발굴 기용했다. 이론과 실제를 바탕으로 하는 그의 노력이 시민강좌를 열기에 이르러 부산지역 대학연극에 신선한 충격이 되어 활성화되는 계기가 된다. 그는 또 사실주의 연기 훈련법의 대가인 러시아 연출가이자 배우이며 연극이론가였던 스타니 슬라프스키의 《배우수업》을 번역하였다. 개국 초기 눈코 뜰 새 없는 프로그램제작 현장을 지휘하면서도 작가 허환, 김소림, 문인성과 성우 최무화, 김효수, 방웅, 김규상, 이효선 등과 더불어 대청예식장에서 '방송문예강좌'를 개설하여 방송극 창작과 방송드라마에 관심을 둔 후진양성에 힘을 쏟았다.

한편 개국 4개월 만인 1959년 8월 15일 '제 1회 대학방송극 경연대회'를 개최하고 이듬해 12월 20일에는 제 2회 전국 대학방송극 경연대회를 개최하여 대학가에 연극 열기를 불어넣었다. 특히 전시적이고 획일적인 연극대사를 지양하고 삶이 배어있는 입말, 즉 구어체로 바꿔나가려는 노력에 심혈을 기울여 부산지역 연극계에 새 바람을 일으켰다. 개국 당시 라디오드라마의 편성비율이 높고 청취율이 높았던 것도 다 그의 열정과 노력이 있었기에 가능한 일이었다.

부산MBC를 떠나 서울로 돌아간 뒤에는 서울 드라마센터 사무국장, 서울연극학교 교수를 거쳐 서울예술대학 방송영상과 명예교수로 평생을 연출가, 연기자, 방송인, 교수로 살아가고 있다.

전응덕(全應德) 보도과장

전응덕 보도과장

전응덕은 1932년 6월 20일 서울에서 태어났다. 그는 잇단 대형화재로 민심이 흉흉해진 1950년대 초 부산으로 이동해온 육군 제879경비대대의 통신장교로 근무했다. 영도 영선초등학교에 주둔하고 있을 때 동아대 야간에 다닐 정도로 주경야독형의 의욕적인 젊은이였다. 그는 1954년 KBS 부산방송국의 공채아나운서로 입사하여 통신장교로 체험했던 통신기술을 공개방송과 중계방송에 활용해 발로 뛰며 바닥 민심을 뉴스와 보도프로그램에 반영하는 기지를 마음껏 발휘했다.

그는 예리하고 지적인 외모와 유창한 서울 말씨로 아나운서와 기자를 겸해 방송이론과 실무에 밝아 변화하는 방송의 미래를 내다보는 촉망받는 방송인이었다. 옛 KBS에서 퇴근길이면 판자촌이 즐비한 복병산기슭 골목길을 따라 광복동으로 내려와 옛 KBS 선배 정환옥이 경영하는 '기아무선사'에 자주 들렀다. 얘기를 나누다 허출해지는 날이면 뒷집인 서울깍두기로 자리를 옮기거나 남포동 골목의 빈대떡과 잔술을 같이 하는 기회가 잦았다. 그때 전응덕이 정환옥과 자주 다녔던 곳은 국제시장에 있던 카바레와 남포동 맥줏집, 납작집, 수복센터 등이었다. 그때쯤 부산에는 돈가스 경양식집이 하나 둘 생겨나기 시작하던 때였다. 그는 정환옥과 함께 김상용에게 민방사업의 참여를 설득하고 설립준비 단계에 함께 일하던 부산KBS의 엔지니어 박인규를 조정과장으로 영입하는 일을 도왔다. 1959년 4월 15일 오전 11시 국제극장에서 개최된 역사적인 부산MBC 개국기념식의 사회를 맡아 평소 갈고 닦은 기량을 발휘했으며 사라호 태풍과 비행기를 동원한 사건사고 취재, 자유당의 독재에 항거한 기자정신으로 3·15 마산의거로부터 4·19 혁명에 이르는 민주화 과정에 몸 바쳐 일한 방송언론인의 표상이었다. 그는 평소 "방송이 국민의 편에 설 때 어떠한 권력도 감히 손댈 수 없다"는 신념으로 방송언론을 묵묵히 실천한 개척자였고 자유언론은 언론인 스스로 지키려고 노력할 때 비로소 가능하다는 것을 몸소 체험하고 전해준 방송인이었다.

5·16 군사정변 직후 한동안 체포령과 추방령이 몰아쳐 언론계 또한 어느 해보다 무덥고 긴 여름을 보내야 했다. 1961년 5월 25일 비판세력을 사전에 제거하기 위한 예비검속에 걸려든 정치인과 언론인, 진보적 인사를 불순, 용공세력으로 몰아 체포령이 내렸을 때 당시 부산지역의 군·검·경 합동수사본부가 설치된 경남도경 정보과에 부산MBC의 이수열 방송부장과 함께 연행된 전응덕 보도과장은 한 달이

1961년 4월 25일 샛별출판사가 발행하고 〈국제신문사〉 논설위원 일동이 함께 지은 《중립의 이론》의 표지

넘도록 불법구금 상태에서 허위자백을 강요당하며 갖은 가혹행위를 겪었다. 당시 경남도경 정보과에는 〈부산일보〉 황용주 주필과 박두석, 김정한, 최종식 논설위원을 비롯한 이상우 편집국장이 체포되어 무려 60여 일 동안 조사를 받았다. 60여 일 동안의 조사 끝에 박두석과 최종식 논설위원은 구속되고 황용주 주필과 이상우 편집국장은 휴직 처분되었으며 최세경 상임논설위원과 김정한, 손풍산, 최종식 논설위원이 해임되는 등 무자비한 폭력 앞에 여지없이 해체되는 언론 상황이었다. 더구나 영세중립화 통일론인 《중립의 이론》[50]의 필진인 〈국제신문〉 주필 이병주와 논설위원 변노섭, 논설위원인 부산대 강영수 교수도 함께 허위자백을 강요당하며 협박과 구타에 시달렸다.

이병주는 1960년 12월호 〈새벽〉지에 게재된 '조국의 부재'와 1961년 1월 1일 〈국제신문〉에 게재한 '통일에 민족역량을 총집결하라'는 연두사를 《중립의 이론》에 다시 게재한 것이 필화를 입게 된 빌미가

50) 《중립의 이론》은 1961년 4월 25일 국제신문사 논설위원 일동이 함께 지은 것을 샛별출판사가 펴낸 단행본으로 내용은 전국 대학생 시국토론대회 입선 논문과 전 〈동아일보〉 주필 김삼규의 '중립화(中立化) 통한론(統韓論)을 해명한다'와 '통일 독립 공화국에의 길', 〈국제신문〉 주필 이병주의 '조국의 부재(不在)' 등 급진적인 중립통일방안을 제시해 당시 북진통일을 주장하는 정부방침과는 상반되는 중립(中立)이론을 내세워 5·16군사정변 이후 용공 좌파로 몰려 검거되어 곤혹을 치렀다.

되었다. '국토와 세월은 있는데 왜 우리에겐 조국이 없는가'라는 부제를 단 〈조국의 부재〉에서는 "조국이 없다"로 시작하여 "그러나 우리들 멀고 먼 조국에의 아침이여, 오호! 통절한 우리들 조국의 부재여!"로 끝맺는다. 이병주는 5·16군사정변 발생 나흘 만인 5월 20일 구속되어 그해 10월 30일 특수범죄처벌 위반과 형법상 이적죄로 기소되었다. 민주당 정권 때 집필한 몇 편의 글로 인해 용공으로 몰려 몇 해 동안 교도소에서 옥살이를 한 뒤 출감과 함께 소설가로서 사회에 복귀하게 된다. 그는 자신에게 씌워진 용공을 날조된 음모였다고 술회한 바 있다.[51]

훗날 김종한 전무는 인터뷰를 통해 이수열 부장의 부인 전숙자 여사가 남편의 억울함을 탄원하는 편지를 전해달라고 자신에게 맡긴 편지를 보관하다 석방되는 이수열 부장에게 전해주자 이 부장이 그 편지를 다 읽지 못하고 어깨를 들썩이며 한참동안 흐느껴 울어 보는 이의 눈시울을 적셨다고 전한다.

전응덕은 제작비가 적게 들고 기존 국영방송 KBS와 차별화할 수 있는 가장 손쉬운 뉴스와 보도프로그램 제작방법으로 현장방송을 통한 뉴스기능의 강화에 승부를 걸었다. 그는 스물여덟의 젊은 나이에 3·15 마산의거로부터 4·19 혁명을 성공적으로 이끈 보도책임자로써 "어디에서 그런 용기와 배짱이 나왔느냐?"고 물으면 지금도 변함없이 "강력한 민심의 지지야말로 방송을 지키는 힘"이라고 말한다. 당시의 방송은 국민의 방송이 아니라 비위를 맞추고 시키는 대로 고분고분하며 권력의 편에 서 있었다. 만약 4·19혁명이 실패했더라면 그는 일찍이 시위를 선동한 좌파 빨갱이로 몰려 옥살이를 하고 사회로부터 매장되었을 것이다. 당시의 상황으로는 독재시대는 거의 같은 현상

---

51) 김삼웅, 《한국필화사》(동광출판사, 1987), 90쪽.

이지만 정권을 비판하고 항거하면 “언제 어디로 끌려가 좌파 빨갱이로 몰려 갖은 죄목을 다 뒤집어쓰고 쇠고랑을 찰지 모르는 그런 불안하고 위험한 나날이었다”고 술회했다.

그는 공개방송 사회와 스포츠 캐스터로도 이름을 떨쳤다. 개국 이후 경영난으로 회사가 어려울 때는 업무부 선전과장 겸임으로 1년 남짓 광고주 확보에 힘을 보탰다. 1963년 9월 1일 서울MBC 보도과장, 라디오서울 보도과장, 동양방송 보도국장, 주일특파원을 거쳐 KBS 이사를 역임하고 현재 〈중앙일보〉와 (사)한국광고단체협의회 고문을 맡고 있으며 1995년 한국방송대상 공로상과 1997년 국민훈장 모란장을 받기도 했다.

지난 2002년 12월에는 방송, 신문, 광고인으로서 1인 3역의 맹렬 인생 50년을 정리한 저서 《이 사람아 목에 힘을 빼게》를 발간하면서 별책부록으로 “부산MBC의 4·19혁명 현장중계 CD”를 내놓아 부산MBC에 대한 깊은 애정을 잊지 못하고 있다. 그는 지금도 “우리나라에서 방송이 시작된 지 80여 년, 그 역사 속에서 방송이 언론의 역할을 처음으로 시작한 것은 1959년 부산MBC의 개국으로부터 비롯되었다”고 말한다. 3·15의거 그날, 28살 나이에 현장중계방송을 한 그의 카랑카랑한 목소리는 오늘도 마산시 양덕동 ‘3·15아트센터’ 제1전시실에서 들을 수 있다. 2009년 4월 15일 부산MBC 창사 50주년을 맞아 공로패를 받았으며 2010년 4월 19일 4·19혁명 50주년을 맞아서는 4·19혁명 유공자로 선정되어 부산MBC 출신 김우석, 김성조 등과 함께 건국공로포장을 받기도 했다.

제50주년 4·19혁명 기념사업회는 2010년 11월 30일 오후 2시 서울 종로구 세종로 세종문화회관에서 열린 4·19혁명 민주대상 시상식에서 3·15부정선거 규탄데모 현장을 생생하게 보도하여 4·19혁명의 도화선을 이뤄낸 공로로 전응덕 전 부산MBC 보도과장에게

'4·19혁명 정의상'을 수여했다. 4·19혁명 기념사업회는 전응덕 부산MBC 전 보도과장에 대해서 학생들의 시위현장 취재보도를 금지한 자유당 정부의 보도지침에도 불구하고 3·15부정선거를 규탄한 마산 데모현장과 부산은 물론 4월 18일 서울 고려대 학생시위 현장을 생생히 녹음해 방송하고 이를 NHK 등 해외 언론이 인용보도하게 함으로써 국제적인 여론을 일으킨 공로를 인정받았다. 이날 전응덕은 "언론이 민심의 한가운데 자리잡고 있으면 두려움이 없는 법"이라는 수상 소감을 밝혔다.

박인규(朴仁圭) 조정과장

박인규 조정과장

박인규는 1924년 4월 6일 못골로 불리는 부산 대연동에서 태어났다. 그의 학력은 사립 용연보통학교를 나온 게 전부다. 그러나 후덕한 인품에 체험을 통해 우러나온 아이디어로 중계방송과 지역 MBC 개국에 투신하여 헌신적으로 일한 방송기술인이다. 15살이 되던 1938년 자신이 태어나 자란 대연동에 세워진 조선방송협회 동래수신중계소에서 견습기술원 생활을 시작으로 방송계에 입문했다. 그때 그는 강의록으로 무선공학, 수학, 영어, 일어를 독학으로 공부해 1945년 공보처 소속 부산방송국 기술자로 입사해 광복 당시 부산방송국에서 근무했다. 한국인 기술자로 일했던 사람은 박인규를 비롯한 박한국, 이우봉, 지유상 등 모두 4명이었다.[52]

---

52) 김성호, 《한국방송인물지리지》(나남, 1997), 231쪽.

그는 1958년 늦봄 전응덕을 통해 정환옥이 부산에서 민방을 세운다는 귀띔과 함께 스카우트 제의를 받았다. 11월 8일 KBS 스튜디오에서 실시한 부산MBC 공채 1기 아나운서 선발시험에서 자신은 부조정실에서 자신이 직접 녹음한 신입사원들의 음성테스트 녹음테이프를 가지고 부산MBC로 자리를 옮겨와 조정과장을 맡았다. 처음 그가 담당한 일은 부산시 중구 중앙동 4가 29의 3번지 소재 콘크리트 4층 사옥을 연주소로 사용하기 위한 기술적 검토와 방송시설(스튜디오 2실, 아나운서 부스 1실, 조정실 1실, 공개홀 1실)을 갖추는 작업이었다.

개국을 4개월 여 앞둔 1958년 12월 미국 콜린스(Collins)사로부터 도입한 콘솔과 녹음기, 턴테이블과 마이크, 발전기와 전파수신기 등 방송기기가 부산항으로 통관하자 준공검사 일정에 맞춘 공사로 시험전파 발사에 이르는 공사를 차질 없이 치룬 사람이다. 공사기간 내내 밤샘을 하기가 예사였고 모자라는 부품을 구하느라 국제시장 전자상과 미군부대에서 흘러나온 진공관과 부품을 찾아 전국을 헤맸다. 특히 모든 프로그램을 자체 제작하던 개국 초기 부족한 스튜디오와 타이트한 제작시간 배정으로 프로듀서와 엔지니어 사이에 잦은 갈등과 불협화음이 생길 때마다 원만한 인품으로 서로를 다독거리며 이해시켜 처리하는 화합형 지도자였다.

특기할 일은 그가 1960년 4월 10일 진해 벚꽃잔치 공개방송을 마치고 정환옥 상무와 허병열 프로듀서, 최창식 아나운서와 함께 3·15 의거로 마치 도가니가 된 마산 시내를 둘러보기 위해 마산으로 넘어갔었다. 중계차를 마산 남성동 파출소 부근에 주차하려다 경찰과 시비가 벌어졌다. 이튿날 경남도경 출입 조재필 기자와 마산경찰서를 찾아가 항의하고 나오던 길에 마산KBS에 들렀다. 때마침 마산연주소와 진해송신소 사이에 직원들의 업무연락 중에 "마산항에서 실종된 김주열 주검이 떠올랐다"는 말을 엿듣게 된다. 그 말 한마디가 혁명과 특종의 단초가 되었다. 그 말을 전해들은 일행은 장석윤 기사가 운전하는 중계차를 타고 급히 마산중앙부두로 달렸다. 그때는 이미 김주열의 주검을 마산도립병원으로 옮겨진 뒤였다. 부두로부터 약 8백m 떨어진 도립병원 영안실로 달려가 김주열 군 주검을 확인하게 된다. 김주열 군 특종보도와 함께 그는 생생한 현장취재를 할 수 있었던 단서를 제공한 결정적인 제보자였다. 그는 4·19혁명의 도화선이 된 김주열 군의 주검을 확인하고 제2차 마산의거를 전국에 보도하기 위한 시위현장중계와 녹음을 담당했던 방송기술자이기도 했다.

특히 그는 전화선을 이용한 중계방송[53]의 선로구성에 아이디어가 빼어났던 기술자로 개국 당시 서울, 대전, 제주, 마산 등 전국을 중계권역으로 연결하는 솜씨를 자랑했다. 그는 정환옥과 함께 1960년 진주MBC의 전신인 진주민방 송신소 터를 잡기 위해 현장답사를 다녀왔으며, 1961년 9월 18일부터 사흘 동안은 대구MBC 설립에 따른 연주소와 송신소 터를 선정하는 작업에 참여하는 등 1960년대 초 지역MBC의 개국 때면 항상 선발대로 송신소 부지를 물색하는 현장조사에 나섰다. 그는 기술국장, 방송총국장, 이사를 두루 거쳤으며 1973년 3월부터 1년 2개월 동안 〈부산일보〉 이사로 선임되었고 부산MBC 자회사인 부산문화관광 대표이사를 역임했다. 1972년 방송의 날을 맞아 '한국민간방송 공로상'을 1978년에는 눌원언론상을 수상한

53) 현장중계방송은 크게 두 가지로 나눌 수 있다. 하나는 고정된 위치, 즉 행사장의 공개방송이나 경기장에서 이뤄지는 스포츠중계를 할 때는 예나 지금이나 전화선을 이용한다. 2개의 전화선을 확보해서 1개는 휴대용 콘솔이나 AMU(*audio mixing unit*)에 연결해서 방송하고 나머지 한 선은 연주소와 연락용으로 쓰게 된다. 그러나 현장중계방송이 움직이는 대상을 따라다니며 방송을 해야 할 경우 현장과 연주소를 연결할 수 있는 마이크로 웨이브회선인 STL(*studio transmitter link*)를 탑재한 이동방송차(FM카)가 무선으로 연결한다.

바 있다.

최창호(崔昌浩) 송신과장

최창호 송신과장

최창호는 1923년 1월 30일 함경북도 북청에서 태어났다. 물장수를 해서라도 자식공부를 시킨다는 높은 교육열을 자랑하는 고장에서 태어난 그는 중국 연길공업학교로 유학을 떠나 중국에서 공업학교를 졸업하고 연길방송국에서 기술자로 일하다 6·25전쟁을 앞두고 북한 공산군에 입대하게 된다. 당시 북한은 3·8선 부근에 대형 안테나를 세우고 강력한 출력의 대남방송을 실시했는데, 그때 북한의 대남방송시설이 워낙 강력해 도저히 대응할 수가 없었다. 당시 북한의 대남방송기술자가 바로 그였다고 한다. 그러나 6·25전쟁이 터지자 북한 공산군 해군소좌로 근무하던 그는 국군에 귀순하여 자유의 몸이 되었다. 작은 체구에 구부정한 모습으로 과묵했던 그는 평소 업무처리에서 책임감이 강하고 공사가 분명했다. 1·4후퇴 때 부산으로 내려와 무선기사로 선박통신시설을 하면서 빼어난 기술이 입소문으로 나돌았으나 정보기관의 감시와 사찰이 항상 그를 괴롭혔다. 평소 자갈치 선창에서는 그를 두고 책임감이 강하고 기술이 빼어나다는 소문이 나돈 끝에 그 소문을 전해들은 정환옥이 직접 발탁한 송신기술자였다. 그는 개국 준비과정에서 송신과장을 맡아 송신소 건설과 시험전파 발사를 위한 송신시설을 성공적으로 마무리했다.

그는 1959년 1월 15일 감만동 7번지 2천 평 부지에 터를 닦아 스튜디오와 부속실 등 송신소 신축공사를 마무리하였고 74m 높이의 송신안테나를 세우는 작업을 완수했다. 시험전파 발사를 두 달 남짓 남겨두고 해풍이 세찬 한겨울 허허벌판에서 송신소를 짓고 안테나를 세우는 난공사를 차질 없이 완수하는 동안 동료 기술인들의 존경과 신뢰를 한몸에 받았다. 특히 개국 5개월 만에 불어 닥친 제14호 태풍 사라호로 KBS 부산방송국을 비롯한 부산지역 공공기관의 모든 통신안테나가 넘어지고 부러져 통신이 두절되었으나 높이 74m의 부산MBC 송신안테나만은 건재했다. 그 이후 그의 재능이 방송계에 널리 알려져 화제가 되었다. 그는 울산MBC 개국 때 기술이사로 자리를 옮겼다가 상무를 거쳐 1971년 영해방송 창사준비 책임자로 내정되었다. 1971년 6월 30일에는 포항MBC 초대사장으로 선임되어 1981년 2월 17일까지 9년 8개월 동안 재임했다. 1980년 5월 하순 어느 날 신군부의 언론장악 과정에서 대구 소재 보안사로 끌려가 포기각서를 쓰고 서울MBC로 통합되는 과정을 겪게 된다. 그는 직원을 강제 해직시킨 일로 괴로워하며 외출마저 꺼려했다고 한다. 신군부 집권 이후 언론통폐합과정을 거쳐 1982년 2월 17일 10년 가까이 몸담았던 포항MBC를 그만둔 이후 사람을 만나는 것도 꺼려할 만큼 대인기피증에 시달렸다고 한다. 그 뒤 1987년 미국으로 이민을 떠나 무선기술자로 일하다 2008년 10월 세상을 떠나 영면에 들었다.

5. 부산MBC 개국하다

1) 방송국 설치허가

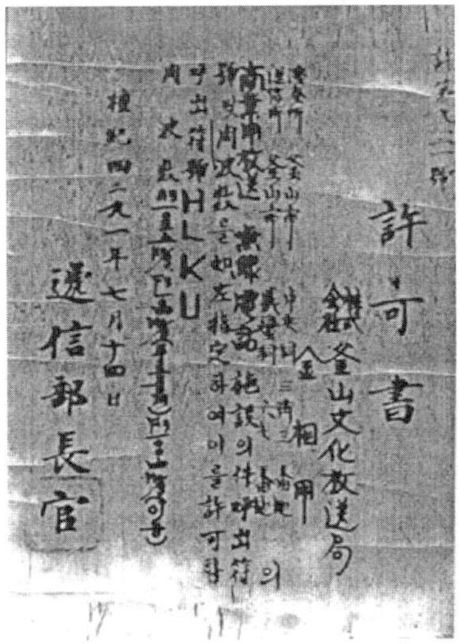
許可書
釜山文化放送局
HLKU
檀紀四二九一年七月十四日
遞信部長官

1959년 6월 18일 체신부가 허가한 부산문화방송 설립허가서

1957년 8월 김상용은 '방송국 설치 가허가 신청'을 냈으나 그해 12월 체신부는 이렇다 할 법적 근거 없이 미루어오던 허가를 '시설 및 구비조건 미비'라는 이유로 퇴자를 맞았다. 김상용은 민방설립이 난관에 봉착하자 이에 굴하지 않고 생각해낸 대응책으로 당시 자유당정권의 실력자와 부산지역의 유력인사를 중심으로 '부산문화방송국 창립발기인회'[54]를 조직했다. 창립발기인회를 통해 부산MBC의 설립 당위성을 이승만 대통령이 주창하던 반일사상과 남해안 일대로 월경해오던 일본 방송의 전파를 막아 민족문화를 지키겠다는 명분을 내세워 대정부 로비를 강화하는 한편 정환옥은 매부 김영출과 김영출의 매부인 당시 자유당의 실력자 김익기 의원의 정치적 역할, 김상용의 동생 김종만의 뒷받침으로 이듬해 1958년 1월 체신부에 재차 방송국 설치허가를 신청하여 1958년 7월 14일 마침내 '상업용 방송 무선전화시설허가서'를 받게 된다. 체신부

54) 1958년 10월 20일자 〈부산일보〉와 〈국제신문〉에 공고된 '주식회사 부산문화방송'의 발기인은 김상용(부산시 중앙동 3가 3번지), 김종만(부산시 부민동 2가 7번지), 정환옥(부산시 신창동 3가 2번지), 박장길(부산시 초량동 2가 32번지), 조풍연(서울시 돈암동 산 11의 9번지), 최의봉(서울시 공덕동 75의 195번지), 노성관(부산시 좌천동 484번지) 등 7인이었다.

의 허가는 체신 제9121호로 '상업용 방송 무선전화시설허가'와 체신 제9122호로 '상업용 방송 송신무선전화시설허가'를 발급하면서 호출부호 HLKU, 주파수 1035Kc/s 및 ST-link용 104Kc/s, 연락용 47.3Kc/s의 주파수 2개를 배당했다. 이러한 체신부의 허가에는 다음과 같은 조건이 붙어 있었다.55)

1. 본 시설은 그 목적 이외에 사용할 수 없다.
2. 공사가 완료되면 준공계를 제출하고 당부의 검사를 받아야 한다.
3. 시설의 내용을 변경코자 할 때는 사전에 허가를 받아야 한다.
4. 방송 시작 및 방송이 끝날 때에는 호출부호 및 호출명칭을 방송하여야 한다.
5. 주무장관으로부터 방송에 대한 지시가 있을 때에는 이에 순응하여야 한다.
6. 방송 종사자를 선·해임할 때에는 의규 제출하여야 한다.
7. 호출명칭은 '부산문화방송국'으로 지정한다.
8. 준공기간을 준수하여야 한다.
9. 법인체를 조직하여 허가 후 2개월 이내에 정관 및 등기초본을 제출하여야 한다.

2) 기기도입과 방송시설

체신부로부터 방송국 설치허가를 재차 신청한 뒤 6개월 만에 허가를 받고 8월 25일 서둘러 창립총회를 개최했다. 자본총액 2억 환, 총주식 2만 주, 1회 불입금을 1억 환으로 정하고 10월 20일에는 '주식회사 문화방송국'이라는 명칭으로 설립등기를 신문에 공고하기에 이른다. 회사 설립등기와 함께 경영진은 사옥마련과 송신소를 신축하는

55) 부산MBC, 《부산문화방송 10년사》(1969), 85쪽.

한편 우수한 방송인력 확보에 나섰다. 방송기기 도입과 함께 체신부의 시설준공검사일정에 맞춘 시설공사를 강행시켰다. 방송기기는 미국 국제원조처(ICA, International Cooperation Administration)의 자금을 이용해 미국 콜린스사에 미리 발주했다. 방송기기는 그 출력이 1kW 정도의 비교적 작은 것으로부터 출발해야 하기 때문에 설립허가가 나기 전인 1958년 6월에 이미 체신부와 공보부, 부흥부와 주한 경제조정관실(OEC) 등 관계기관과의 협의를 거쳐 같은 해 7월 10일 미국 콜린스사에 발주했다. 그러나 미국 현지에서 도입 방송기기의 선적이 늦어져 도착예정일보다 4개월이 늦은 1958년 12월 3일에야 1차분이 도착하고 18일에 2차분이 부산항에 들어왔다. 엎친 데 덮친 격으로 부산세관이 개관 이후 첫 방송기기 도입에 따른 통관업무의 미비로 통관절차와 품목에 대한 관세부과를 일일이 재무부 관세국에 문의하고 지시를 받아야 하는 사정이었다.

한편 회사 측은 창업자금이 없어 막대한 관세를 마련하지 못해 쩔쩔매는 2중고를 겪어야 했다. 궁리 끝에 한국방송선교회의 도움으로 도입된 방송기자재가 비영리 선교방송용 기기라고 내세워 이듬해 1월 17일 무관세로 통관하게 된다. 나머지 기기는 2월에야 3차분이 도착하는 바람에 세 차례에 걸쳐 준공검사를 연기하는 까다롭고 어려운 과정을 겪었다.

부산MBC 개국 당시 사옥(부산시 중구 중앙동 4가 29의 3번지 소재, 철근콘크리트 4층 건물)

한편 박인규 조정과장이 사옥(부산시 중구 중앙동 4가 29의 3번지 소재, 철근콘크리트 4층 건물)에 대한 기술검토와 연주소 내부 시설공사를 맡고 최창호 송신과장은 송신소(부산시 부산진구 감만동 67번지 부지 2천여 평) 신축공사와 송신시설공사를 각각 담당했다. 중앙동 사옥에는 1층 사무실과 2층 공개홀(198석)을 마련하고 3층에 스튜디오 2실, 아나운서 부스 1실, 조정실 1실에 콘솔 2대, 녹음기 7대, 턴테이블 4대, 마이크 10개를 비롯한 연락용 FM송수신기, 유도전압조정기, 중계용 증폭기, 발전기 등을 갖추었다. 개국을 3개월 앞둔 1959년 1월 15일 기공한 송신소 신축공사는 정지작업과 송신소 신축으로 스튜디오 1실, 조정실 1실, 송신실 1실, 부속실 1실 등을 갖추고 1 kW 송신기 1대, 변조감시기, 주파수감시기, 발전기를 비롯한 시설과 74m 높이의 자립식 철제송신탑공사를 성공적으로 마무리하고 2월 23일 시설준공검사를 받게 되었다.

개국 16년 9개월 만인 1975년 10월 16일 준공한 부산MBC 신사옥(부산시 중구 중앙동 4가 88의 11번지 소재, 지상 7층 건물)

방송시설 공사는 준공검사 일정에 쫓겨 해풍이 몰아치는 한겨울 혹한기에도 공사를 강행해야 하는 형편에 기술진의 어려움 또한 많았다. 더구나 방송기기의 도입시기가 늦어지자 필요한 기기와 부품을 일본으로부터 밀수입되거나 미군부대로부터 흘러나오는 부품을 구하기 위해 서울, 부산, 대구 등지를 오가며 동분서주했다. 오직 내 손으로 민방의 첫 전파를 쏘겠다는 개국기술요원들의 의욕에 찬 노력이 있었기에 그 짧은 기간에 개국에 이르는 준공검사와 시험전파 발사가 가능했다고 개국요원들은 입을 모은다.

1959년 4월 15일 부산시 중구 중앙동 4가 29의 3번지 4층 사옥에서 개국한 부산MBC는 16년 9개월 만인 1975년 10월 16일 중앙동 4가 88의 11번지에 새로 지은 지상 7층의 신사옥으로 이전하는 괄목할 만한 발전을 이룩하여 비로소 자기소유의 사옥을 갖는 기쁨을 맛볼 수 있었다. 중앙동 신사옥은 원래 650평의 부지 위에 18층 규모로 건축할 계획이었으나 5·16장학회가 건설비 조달 등을 이유로 승인이 나지 않아 지하 1층 지상 7층으로 축소 조정되었다. 부산MBC가 개국한 옛 사옥은 새 건물주가 최근 리모델링을 해 1층에는 일본전문음식점 '카모메'가 들어서고, 2층은 '둥지당구장'을 하고 있다. 우리나라 최초의 민방 개국 터 길모퉁이에는 '부산문화방송 발상지'임을 알려주는 표석이 홀로 서서 오가는 행인들에게 옛일을 말해주고 있다.

개국 당시 사옥 앞에 세운 표지석 '부산문화방송발상지'

3) 기구 확정과 개국요원 부서 배정

개국을 앞두고 방송요원의 확보에 나선 경영진은 서울을 바쁘게 오르내렸다. 당시 경영진은 민방의 성공여부가 능력 있는 개국요원의 확보에 달려 있다고 판단했기 때문이다. 정환옥이 생각한 개국요원은 먼저 KBS 부산방송국에서 방송실무경험을 쌓은 중견간부를 스카우트하고 좀더 유능한 전문방송인은 서울에서 발탁하기로 방침을 세웠다. 당시 방송 경력자는 유일하게 KBS에서 찾을 수밖에 없었던 것이다. 부산과 서울을 오가며 약 6개월 동안 노력한 끝에 부산에서는 보도과장 전응덕, 조정과장 박인규, 송신과장 최창호를 영입할 수 있었고 방송 현업간부인 방송부장 이수열과 제작과장 오사량은 최창봉의 추천으로 서울에서 영입했다. 개국 당시 방송 현업자들은 1인 다역으로 창사요원들은 근무시간과 여건을 따질 수 없었으며 궂은일도 마다하지 않는 근성을 가진 방송인들이었다.

인력확보는 체신부에 방송국 시설허가원을 제출하기에 앞서 1957년 8월부터 이미 시작되었다. 김상용과 정환옥, 김영출이 나서 초대 방송부장으로 영입하려던 대상자는 당시 고려텔레비전 최창봉 연출과장이었다. 최창봉은 1958년 봄 부산MBC 상무로 내정된 정환옥과 취재역 겸 서울지사장으로 내정된 김영출로부터 한동안 자주 만나 "방송부장직을 맡아 달라"는 제의를 받았다. 그러나 최창봉은 "나보다 더 나은 적임자를 천거하겠다"는 답변으로 지방에 내려가지 않으려는 지루한 실랑이를 벌였다. 서울로 다시 올라간 김상용이 최창봉을 만난 자리에서 "당장 부산으로 내려가자"고 강하게 몰아붙이자 "그러면 내가 내일 같이 일할 사람들을 데리고 나오겠다"는 약속을 하고 헤어졌다. 다음 날 약속장소에 최창봉의 모습은 끝내 보이지 않았다. 최창봉과 함께 부산에 내려와 민방설립 준비현장을 둘러본 적이 있었던 고려텔레비전 사회자 이수열과 KBS에서 드라마 연출을 하는 오사량이 대신 나온 것이다. 그들은 한 통의 편지를 김상용에게 전했다. 그 편지는 최창봉이 쓴 것으로 "두 사람에게 일을 맡기면 내가 내려가는 것 못지않게 방송을 잘해낼 것"이라는 내용이었다. 그는 또 김상용에게 간곡한 권유를 따를 수 없는 사정을 설명하는 변명으로 끝맺었다.

이런 과정을 거쳐 주요 간부요원에 대한 인선을 마무리하고 1958년 10월 27일자 〈서울신문〉과 10월 28일자 〈동아일보〉에 평사원급

방송요원 공개채용 모집광고를 냈다. 그 결과 전국에서 KBS출신 경력자와 대학졸업 예정자 등 모두 351명이 응모하여 높은 경쟁률로 민방 개국에 대한 뜨거운 반응을 보였다. 이들 응시자들은 11월 7일부터 3일 동안 KBS 부산방송국 스튜디오에서 아나운서 음성테스트와 동광초등학교에서 'HLKU 공채 1기 방송요원' 선발 필기시험을 거쳐 23명을 선발했다. 이때 KBS 종사자들이 민방에 대한 높은 관심을 가지고 대거 응시하자 공보처 이규일 방송관리국장은 부산MBC에 11월 6일자로 공문을 보내 "부산방송국 직원을 채용함은 방송인사를 문란케 하는 일"이라고 지적하는 어처구니없는 일까지 벌어졌다.

공채 1기생을 상대로 11월 17일부터 4일 동안 하루 3시간씩 12강좌로 마련한 단기기초강습을 실시했다.

HLKU의 진로: 김상용
기업경영상으로 본 광고: 김종만
방송에서 아나운서의 위치: 한희동
방송이 나가기까지: 전응덕
방송극론: 오사량
방송음악에 대하여: 오태균
방송과 문화: 한로단
방송문예 소고: 이주홍
방송과 신문 특히 방송기자에의 요구: 〈민주신보〉 편집국장
음향효과와 효과음악: 오사량
방송용어 ABC: 김일구
중계방송이란: 박인규가 각각 담당했다.

단기기초강습에 이어 12월 1일부터 하루 3시간씩 실습교육이 실시되었다. 약 3개월간 실시된 실습교육에서는 현업간부인 이수열 부장

이 편성을, 오사량 과장이 제작, 전응덕 과장이 보도와 아나운서, 박인규 과장이 조정과 연주소 주조정실 기술운영, 최창호 과장이 송신소 기술운영에 관한 기초실무교육을 맡아 개국요원에 대한 속성실무교육을 실시하여 현업투입을 서둘렀다.

단기기초강습에 이어 12월 1일부터 수습기간을 거친 20명을 1959년 3월 16일자로 준사원으로 인사발령했다. 이어 시험전파가 성공적으로 발사되어 개국분위기가 무르익어 가는 가운데 3월 20일에는 4부 11과 8계의 기구에 간부 11명과 제 1기 공채시험을 거친 합격자 23명 가운데 기초강습을 수료한 신입사원 20명을 비롯한 사원급 32명 등 모두 43명을 조직기구에 따라 각 부서에 배치했다. 개국을 앞둔 부서별 인사는 다음과 같다.

총무부장-김영태
업무부장-정환옥(상무 겸직)
서울지사장-김영출(상무 겸직. 사원 박영두)
서무과장-류창광(사원 박근호, 전주수, 장석영, 박지환)
조사기획과장-김원건(사원 김정희)
업무과장-조선준
편성과장-이수열(방송부장 서리, 사원 손형식, 곽진, 윤영석, 이용태, 김영효, 양순홍, 김혜순)
보도과장-전응덕(사원 최창식, 이성규, 이규홍, 박옥련, 윤미자, 이성화, 박재영, 이상철)
제작과장-오사량(사원 허승진, 변현규, 최경식, 최광민)
조정과장-박인규(사원 최삼수, 황규봉, 김양광)
송신과장-최창호(사원 정해돈, 천광남)

1959년 3월 20일 사원 인사발령에 이어 사옥 정문에서 김상용 사

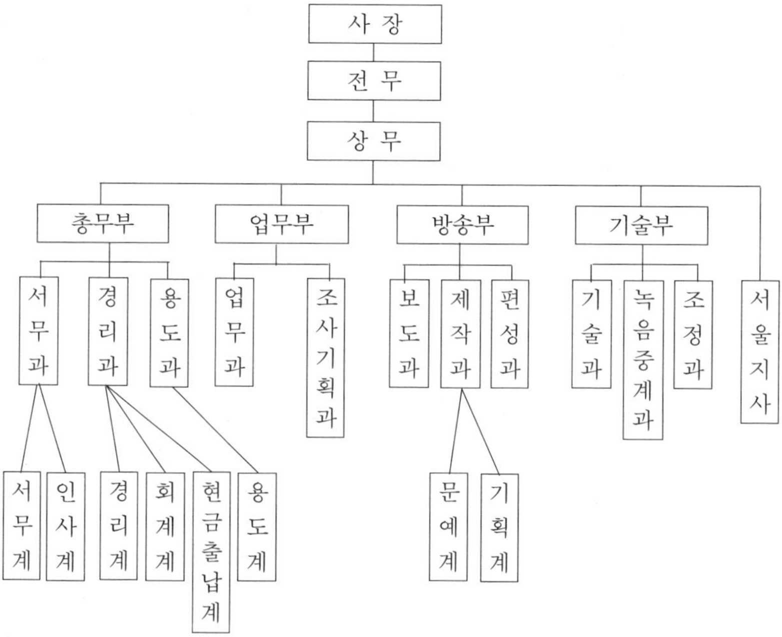

개국을 앞둔 1959년 3월 20일 인사발령과 함께 기념촬영한 개국요원들

장을 비롯한 개국요원들이 기념촬영을 했다. 개국요원들의 기념촬영은 성공적인 개국의 결의를 다지는 계기가 되었다. 한편 프로그램 제작을 위한 전속단체는 부산의 여건상 완벽한 조직구성이 어려워지자 오태균이 지휘하는 교향악단과 계약을 맺고 개국 때 'KU교향악단'이라는 이름으로 출연시키는 한편 허경구가 지휘하는 경음악단을 MBC 경음악단으로 활용하였다. 성우는 서울에서 이승길, 박순옥, 김효수를 전속극회 회원으로 스카우트하여 4월 19일자로 임용하고 개국을 앞둔 3월 28일과 29일 이틀 동안 부산시내 초등학교 3~5학년을 대상으로 '어린이 노래회'와 '어린이 극회' 회원을 공개모집해 실기와 면접을 거쳐 31명을 선발해 김무영의 지도로 각종 행사와 프로그램제작에 참여시켰다. 또한 개국 한 달 뒤인 5월 20일 양병철, 이정숙, 양우석, 최동휘, 곽영희, 유난옥, 김미자 등 전속가수 7명을 선발하여 전속가수실을 만들고 전속단체의 윤곽을 잡아나갔다.

4) 성공적인 시험전파 발사

1959년 1월 15일 감만동 송신소에 세워진 높이 74M의 철제 송신안테나

추운 겨우내 공중에 매달린 채 불철주야 시설공사를 강행한 끝에 1959년 2월 23일 체신부의 검사를 가까스로 마칠 수 있었다. 이어 3월 10일 체신부장관으로부터 전파발사에 관한 승인을 받아 주파수 1035Kc/s, 출력 1kW, 호출부호 HLKU로 시험전파를 발사하게 되었다. 처음에는 아침 7시 30분부터 8시 30분까지 오전에 1시간과 저녁 7시부터 밤 9시

까지 오후에 2시간, 하루 두 차례 3시간의 시험방송을 실시했다. 시험전파 발사가 신문과 KBS 부산방송을 통해 예고되자 민방에 대한 시민들의 관심과 반응은 폭발적이었다. 전국으로부터 3,536통의 수신카드가 날아드는 가운데 처음으로 채널선택의 자유를 가지게 된 부산지방 청취자들로부터 시험방송시간을 연장하라는 요구가 빗발쳤다. 시험방송 마지막 날인 3월 25일에는 방송시간을 저녁 7시부터 밤 10시까지 1시간 연장하기도 했다.

그러나 상업방송이 무엇인가에 대한 이해가 부족했던 사회경제적 환경을 고려하여 상업방송의 특성과 효용성, 그리고 이용방법을 알리는 홍보물을 만들어 각 업체에 배포하는 한편 시험방송을 통해 "즐거운 프로, 무료의 봉사, 방송으로 맺어진 가정과 공장", "즐거운 프로, 사기 좋은 안내, 당신이 사실 물건 라디오를 듣고서" 등의 계몽멘트를 만들어 국영방송 KBS가 수신료를 받는 유료인데 비해 무료 상업방송이라는 점을 강조하며 적극 홍보에 나섰다. 개국을 위한 업무개시와 함께 방송에 대한 책임과 윤리를 밝히는 6개항의 '도덕요강', 즉 윤리강령과 광고방송계약을 규정하는 9장 26조로 된 '방송약관'도 제정 발표했다.

▪ 부산문화방송 도덕요강

1. 본 방송은 사회도의와 국가가 제정한 관계법규에 의거 전파를 통하여 국민의 복지편의와 문화향상을 도모함을 그 사명으로 함.
2. 본 방송은 신입자의 정신, 제품 또는 봉사의 진실과 정확한 실태를 사회 일반에 호소하고 더욱 그 반응을 정당히 파악하여 그에 대한 국민의 신뢰를 획득함에 있음.
3. 본 방송은 일부 기업주들의 제품 또는 상품의 허위과장표현으로 인한 소비대중의 혼돈을 방지하고 그의 정당한 실황과 전달을 매개함에 있음.

4. 본 방송은 타를 중상하고 자기를 과대 또는 허위평가하는 방송 신입자를 절대 배격함.
5. 본 방송은 방송 신입자와 더불어 방송사항 및 제품 또는 상품에 대하여 그 책임을 확인함.
6. 본 방송 관계자는 상기한 방송윤리를 항상 유지하며 그 구체화에 최대의 성의와 노력을 경주하여야 함.

이밖에도 시간등급에 따른 방송요금을 정하고 업무사원들이 각 기업체를 방문해 방송을 통한 광고가 소비자들에게 제품선전과 상품판매에 미치는 효과와 판촉을 위한 정보제공이라는 방송광고의 긍정적인 측면을 설명하며 계약체결을 위해 열심히 뛰어다녔다. 그 결과 개국일까지 조선방직과 동산유지, 조선맥주와 경남모직 등 17개 업체와 계약을 체결할 수 있었다.

5) 역사적 개국기념식

부산MBC의 개국을 전후한 국내정세는 잇단 필화사건으로 언론인들이 구속되고 〈경향신문〉이 폐간되는 언론 현실이었다. 1958년 8월 1일 〈코리아타임즈〉 장수영 편집국장과 〈동아일보〉 국방부 출입기자 최원각이 필화사건으로 구속되고 1958년 8월호 〈사상계〉에 '생각하는 백성이라야 산다: 6·25 싸움이 주는 역사적 교훈'을 쓴 함석헌이 국가보안법 위반혐의로 구속되는 등 정부와 언론 간의 갈등이 극에 달했다. 그런 시기에 부산MBC는 시설준공과 함께 3월 10일부터 시험전파를 발사하자 힘을 받은 사원들은 개국준비에 전력투구했다. 부산MBC는 원만한 개국을 위해 김종만 전무를 위원장으로 '개국준비위원회'[56]를 구성하고 개국식과 축하공연에 대한 부서별 준비작업을 추진하는 한편 시내 각 일간지에 "본 방송국은 제반 준비를 완료하고 우리 문화생활의 합리화와 산업부흥을 위하여 문화보도기관에 부하된 사명을 완수하고자 드디어 개국식을 거행하게 되었다"는 취지의 광고문을 게재했다. 그리고 사가(〈HLKU의 노래〉)를 제정했다. 사가는 부산고등학교 국어교사이자 〈부산일보〉 논설위원인 살매 김태홍 시인이 노랫말을 쓰고 부산고등학교 음악교사인 이상근이 작곡을 맡았다. 2004년 4월 15일에는 문화동산에 '창사 사가 노래비'를 세우고 그 옆에 뮤직박스를 설치하여 누구라도 버튼만 누르면 김상규가 지휘하고 부산시립합창단이 노래하는 〈HLKU의 노래〉를 들을 수 있다.

1. 사랑의 꽃다발이다.
   사랑의 꽃다발이다.
   길은 열리고 태양은 솟구친다.
   너도 나도 모두들 손을 잡으면 우렁찬 합창은 누리를 싼다.
   골마다 집집마다 즐거움 나누는 우리들의 문화방송 HLKU
2. 희망의 날개다.
   희망의 날개다.
   꿈은 무지개 전설의 별이

56) '개국준비위원회'는 위원장 김종만, 부위원장 정환옥, 위원 김영태와 이수열, 임원에 오사량, 전응덕, 장일생, 김원건, 박인규, 류창굉으로 구성하고 실무부서를 기획, 진행, 연락, 안내, 경리, 보도 등 6개 부서로 나누어 부서별로 개국업무를 분담했다.

란다.
너도 나도 모두들 손을 잡고서 진달래 이 강산에 웃음이 핀다.
창마다 마을마다 기쁨을 나누는 우리들의 문화방송 HLKU

부산MBC 개국 안내 팸플릿

국제극장에 마련된 개국기념식장

개국기념식은 처음 1959년 3월 말에 갖기로 계획했다. 그러나 개국식장의 무대장치와 간판제작을 맡은 업자가 공사비를 받은 뒤 줄행랑을 치는 바람에 계획보다 보름이 늦은 4월 15일에야 겨우 개국 일자를 잡을 수 있었다. 개국 식장인 국제극장의 무대설치와 간판설치는 업자 대신 당시 이화여대 미술과 대학원생으로 부산 아미동 집에 내려와 있던 25살의 미모가 빼어났던 김정희[57]가 대신 맡고 직원들이 페인팅을 하는 등

57) 김정희(金貞姬)는 1935년 9월 27일 부산에서 태어나 부산시 서구 아미동 2가 32번지에 살았다. 그녀는 개국기념식장 무대설치를 맡은 업자가 공사도중 줄행랑을 치자 대신 무대설치를 완료하여 개국식을 무사히 치르게 한 공로로 1959년 5월 1일자로 업무부에 입사했다가 1959년 11월 25일 사직하였다. 이화여대 미대 대학원을 수료하고 1959년 말 부산MBC 초대사장 김상용의 아들이자 당시 총무부장인 김영태와 결혼한 사내 첫 커플이다. 슬하에 1남 3녀를 두었으며 결혼 후에는 부산대 미술과 한국화 전공교수로 활동하다 정년퇴직했다.

도움으로 완성할 수 있었다. 그는 개국식 2주일 뒤 업무과 준사원으로 특채되었다가 8월 20일 정사원으로 발령받았다. 당시 김원건 조사기획과장이 기안한 인사발령 품의서에서 김정희의 채용의견을 "앞으로 대외인사 특히 상공인 상대 서비스에 필요하다"고 밝히고 있다.

우여곡절 끝에 부산MBC는 1959년 4월 15일 새벽 6시 30분 개국을 알리는 정규방송이 전파를 탔다. 오전 11시부터는 국제극장에서 역사적인 개국 기념식을 거행하게 되었다. 전응덕 보도과장의 사회와 이성규 아나운서의 실황중계로 진행된 개국기념식은 개회선언과 국민의례에 이어 제갈삼이 지휘했던 경남여자고등학교 합창단이 사가 〈HLKU의 노래〉를 불러 민방의 개국을 세상에 알렸다. 김종만 전무의 경과보고에 이어 김상용 사장이 개국 기념사를 통해 자신의 소신을 이렇게 피력했다.

개국 기념사를 하는 초대사장 김상용

> 금반 不肖 이 사람이 主動이 되어 민간인으로서 이와 같은 民間放送局이란 創業을 이루게 되었음은 우리 發起人의 노력이 아니라 발기 후 2개星霜을 통해 갖은 隘路와 난관에 부딪칠 때마다 격려해주시고 이해해주시고 지도하여 주신 관계 要路와 陰으로 陽으로 우리의 힘을 북돋아 주신 여러분의 聲援의 결정이라 생각하여 감사의 말씀을 올리는 바 입니다.
>
> 그 나라 국민의 文化水準이 모든 사회생활의 民度가 되고 있다는 것은 별언을 요치 않습니다. 우리나라는 倭政 36년간의 侵略治

下에서 국민의 문화생활이 완전히 말살당한 바 있었으나 역사적인 해방을 맞이한 이후 建國 10주년을 맞이한 오늘에 이르기까지 政府가 國民文化의 향상에 각별한 施策을 베풀어왔습니다. 또한 선진 미국에서는 말할 것도 없거니와 敗戰國인 일본에서도 民間放送局은 106국에 달하여 민간방송이 국민의 복지와 편의에 이바지하고 국민생활에 지대한 역할을 담당하고 있습니다.

敗戰은 過去之事라고 외치고 있는 일본의 민간방송은 NHK, 즉 日本放送協會가 결국 라디오 보급을 겨우 6년간에 달성하여 마침내 미국 다음 가는 세계 제2의 電波國으로 등장했는데 이것을 생각할 적에 더욱이 일본이 교묘한 상업선전을 그들의 민간방송 전파를 통해 발사함으로써 우리 국민들의 일부가 무의식중에 그들의 방송을 통해 그네들의 상업선전에 현혹되고 있는 실정임을 생각할 때 우리나라 商業經濟 면에서는 물론이요 民族文化 면에서 중요한 문제라고 하지 않을 수 없는 것입니다. 이에 우리들은 민족적인 견지에서 此種 日本放送에 대결할 수 있는 우리나라 최초의 획기적인 民放의 創業을 보게 된 것 입니다.

앞으로 본 방송국은 우리 국민생활의 神經이 되어 봉사정신에 입각하여 국민문화의 향상과 국산품 장려를 비롯한 産業經濟 復興에 이바지하기 위해 文化, 報道, 娛樂, 敎養 등 본 방송국에 부하된 사명을 완수하기 위한 최선의 노력을 다할 결심입니다.

그러나 이러한 민족적이라고도 할 수 있는 大事業은 결코 우리들만의 힘으로 달성될 수 없는 것이며 오직 政府를 비롯한 각계각층이 본 방송국을 육성하여 주시고 또 각 企業主를 비롯한 시민 여러분이 끊임없이 협조편달해 주심으로써만 가능하리라고 확신하는 바입니다. 지금 저의 소감을 솔직히 말씀드리면 불안한 가운데 봄을 기다리는 한 그루의 나무와 같은 심정입니다.

개국기념사와 경영정책에 나타난 김상용의 언론관[58]은 시국상황을 강조하는 시대인식이 국가우위의 권위주의적 언론이론을 가진 것으로 평가되었다. 곽의영 체신부장관, 김규진 경남지사, 최철용 경남경찰국장, 배상갑 부산시장, 서유주 부산시의회 의장, 복혜숙 대한배우협회장, 윤길구 KBS 부산방송국장 등 내빈이 차례로 장황한 축사를 했다. KBS 부산방송국 윤길구(尹吉九)[59] 국장은 "KU의 개국은 세계적인 현상인 민방사업이 우리나라에서도 개척되었다는 점에서 방송사상 획기적인 전환점이 될 것이다. 그러나 우리 국영방송의 입장에서 볼 때 하나의 새로운 적을 맞이한 느낌인데 출력이 우리 KBS보다 적은 1㎾이기 때문에 아직은 귀여운 적으로 생각한다"는 축사를 해 개국 당시 부산MBC를 강력한 라이벌로 생각하지 않은 듯이 보여 어느 누구도 민방의 위력을 미처 예측하지 못한 시기였다.

개국식이 열린 국제극장 앞

무려 7시간에 걸쳐 개국기념식과 축하공연이 이어졌다. 축하공연은 오태균이 지휘하는 KU교향악단이 베르디 오페라 〈일 트로바토

---

58) 황창진의 1998년 동아대 언론홍보대학원 석사학위 청구논문 "정치권력 변동이 민영방송의 경영정책에 미치는 영향에 관한 연구," 83~84쪽.

59) 윤길구(尹吉九)는 1916년 10월 3일 황해도 해주에서 태어나 동국대 전신인 혜화전문학교를 졸업하고 1943년 8월 경성방송국 아나운서로 방송계에 입문하여 서울중앙방송국 방송계장과 방송과장을 지내고 1958년 4월 부산방송국장을 거쳐 두 차례나 서울중앙방송국장을 역임한 뒤 1966년 5월 16일 간경화로 숨지자 장례식을 처음으로 방송인장으로 치러졌으며 한국방송영상컨텐츠진흥원 방송사료관 명예의 전당에 2001년 헌정되었다.

레〉 중에서 대장간의 합창과 비제의 오페라 〈카르멘〉 중에서 투우사들이 입장하는 장면에 노래하는 투우사의 합창이 우렁차게 연주되면서 시작되었다. 이어 허경구가 지휘하는 부산MBC 경음악단의 반주로 가요무대와 경음악, 김자림 작 오사랑 연출의 방송드라마 〈폭풍전야〉와 황무봉의 무용, 그리고 부산MBC 어린이합창단과 국악연주로 화려한 방송축제를 엮어나갔다.

우리나라 민방시대는 이렇게 막이 올라 저녁 6시부터는 축하공연을 특집프로그램으로 녹음 편집하여 재방송했는데, 이날 부산시내 상점에서는 라디오의 볼륨을 높인 스피커를 거리에 내놓아 시내가 온통 축제 분위기였다.

개국 당시 방송시간은 오전 6시 30분부터 8시 40분까지 2시간 10분간과 오후 6시 30분부터 11시까지의 4시간 30분간으로 하루 평균 6시간 40분의 방송을 실시했다. 이때 프로그램의 장르별 편성비율은 음악 45%(가곡 20%, 경음악 15%, 클래식 10%), 보도 14%, 교양, 방송극, 오락 등이 각각 10%, 어린이 5%, 종교 3%, 기타 3%로 나타났다. 9월 30일부터는 평일에 하루 평균 7시간 30분, 일요일에는 9시간으로 연장하여 이때의 프로그램의 장르별 편성비율은 음악 45%, 연예 25%, 보도 12%, 교양 10%, 어린이 기타 10%로 편성되었다. 개국 2개월 만에 방송시간을 연장하기 시작해 7월 11일부터는 콜사인으로 HLKU에 MBC를 함께 사용하기 시작했다.

개국 첫 해가 저무는 12월에는 사원들이 패용할 배지를 현상공모했으나 당선작이 없어 이듬해 1월 20일부터 31일까지 재공모를 실시했다. 그러나 당선작을 내지 못하자 1차 응모작 중에 부산시 범천 2동 11통 4반에 거주하는 박희관(朴熙寬)의 작품을 1961년 1월부터 사용하다가 본인의 항의로 뒤늦게 1만 환의 사례를 전달하는 선에서 말썽을 무마했다. 부산MBC에 의해 1961년 12월 2일 개국한 서울

MBC에서는 부산MBC의 배지 도안을 수정하여 1969년 6월 TV가 개국할 때까지 회사 심벌마크로 사용했으며[60] 1963년 8월 8일 개국한 대구MBC에서도 부산MBC 배지도안을 회사 심벌마크로 썼다.[61] 그 이후 개국한 울산MBC와 여수MBC에서도 부산MBC가 사용하는 것과 같은 배지를 사용했다.

부산MBC 개국 당시 배지

서울MBC 개국 당시 배지

6) 보도기능의 강화

무엇이 뉴스냐? 무엇이 뉴스가 되는가? 이것은 왜 톱뉴스로 크게 보도되고 저것은 무슨 이유로 단신 처리되는가? 요즘 뉴스는 거의 비슷한 비중으로 다루어질 때가 많다. 그동안 권위주의체제의 강력한 통제에 익숙한 나머지 획일적인 뉴스보도 관행에 젖어 뉴스의 가치를 지키려는 고민과 노력을 아예 포기한 것일까? 흔히 뉴스의 가치를 결정짓는 다섯 가지 요인으로 시의성, 저명성, 근접성, 중요성, 인간 흥미를 든다.

뉴스가 방송의 성격과 질을 견주는 가늠자 역할을 한다. 우리나라의 방송뉴스를 돌아보면 JODK 경성방송 초기 시절에는 일본에서 보도한 뉴스를 번역해서 전달했고 미군정 때부터 보도프로그램이 체계

60) (주)문화방송, 《문화방송 30년사》, 1992, 'MBC 심벌마크의 변천' 참조.
61) 대구MBC, 《대구문화방송 30년사》, 1994, 1쪽 '대구MBC 심벌마크의 변천' 참조.

를 갖추기 시작해 6·25전쟁 이후 1950년대 중반부터 보도인원이 확충되고 비로소 외국통신과 계약을 맺게 되었다. 당시 뉴스는 외신의 비중이 45%에 달했다고 한다.

부산MBC가 개국과 함께 추구한 뉴스보도 전략은 공정성에 바탕을 둔 독립성과 자율정신이었다. 그 정신이 뉴스에 그대로 반영되어 모든 국민이 알권리를 공유할 수 있는 이상과 바람직한 방향으로 방송을 이끌고자 하는 능동적인 노력이 상부의 눈치를 보고 지시하는 대로 따르던 국영방송과는 관점부터 확연히 달랐다. 그 시도의 주역들은 다름 아닌 국영방송의 정권홍보에 불만을 품었던 KBS 출신 방송인들이 제대로 된 방송을 하고 싶었던 꿈을 이루고자 한 노력의 결과이기도 했다. 국영방송의 처지를 가장 집약적으로 표현한 두 가지의 일이 있었다.[62]

그 하나는 6·25전쟁이 발발한 이틀 뒤인 1950년 6월 27일 새벽 3시 당시 신성모 국무총리의 비서가 서울중앙방송국을 찾아와 당직을 하던 민재호 방송과장에게 총리의 서명이 있는 쪽지를 내밀었다. 그 쪽지에는 비상국무회의가 의결한 내용인 "정부를 수원으로 옮기기로 했다"는 내용이었다. 새벽 6시 뉴스는 정부가 수원으로 옮긴다는 내용을 전했다. 그러자 1시간도 지나지 않아 공보처로부터 "누구 명령으로 그런 중대한 뉴스를 함부로 방송했느냐?"는 질책과 함께 당장 그 뉴스를 취소하라는 지시가 떨어졌다. 결국 같은 아나운서의 입으로 정부가 수원으로 옮겨간다고 전한 뉴스를 스스로 오보라는 뉴스를 내보냈다. 국영방송은 이렇게 갈팡질팡하는 시대가 있었다.

또 하나는 1953년 2월 15일 새벽 5시 30분 국무총리 비서가 두툼한 봉투를 내놓으면서 "6시 정각부터 방송하시오"라고 요구했다. 당

62) 정순일, 《한국방송의 어제와 오늘》(나남, 1991), 20~22쪽.

시 장기범 아나운서가 그 봉투를 뜯어보니 '대통령 긴급명령 제13호 통화개혁 실시'였다. 정규방송을 끊고 무려 2시간 30분 동안 읽고 그 날 퇴근길에 사람들을 만났더니 돈이 바뀌었다는 사실을 알고 있는 사람이 별로 없더라고 했다.

겉으로 드러난 보도기능의 강화는 KBS의 보도계 편제를 보도과로 규모를 확대하고 역할과 능력 측면에서도 정부의 홍보매체로 여겨온 국영방송의 인식으로부터 벗어나려고 몸부림쳤다. 먼저 개국을 앞둔 3월 20일자 인사발령으로 보도과장에 전응덕, 기자 박재영, 이상철과 아나운서 최창식, 이성규, 이규홍, 박옥련, 윤미자, 이성화 등 모두 9명을 보도과 요원으로 인사발령했다. 부산MBC 기자들은 정부기관에서에서 내놓는 보도자료(아이템)를 그대로 옮겨 쓰는 것이 아니라 보도자료를 뉴스원으로 하여 기사를 청취자의 입장에서 비추어 보고 공익을 최우선으로 놓고 구어체로 작성한 뉴스를 보도하기 시작했다. 그렇게 함으로써 그동안 국영방송이 정부 여당의 일방적인 홍보를 담당해오던 보도관행과는 근본적인 차이를 보였다. 국민의 편에 선 민방의 새로운 뉴스는 한 걸음 더 나아가서 정부의 정책과 다른 국민의 의견이 있다는 것을 적나라하게 보여주면서 정책을 비판하는 논평을 곁들인 방송언론의 길을 개척해나갔던 것이다. 자유당 정권의 언론탄압이 절정을 이루던 3·15마산의거로부터 4·19혁명에 이르는 시기의 방송보도는 방송이 언론으로서의 가치를 갖게 한 전환점이었으며 방송매체가 정부의 통제를 벗어나 공정보도에 충실했던 출발점이었다. 자유기고가 이근미는 "부산MBC의 1960년 3월과 4월의 보도는 방송언론의 속보성이 얼마나 중요한가를 구체적으로 입증한 최초의 사례였으며 근대적 개념의 보도기능과 보도조직이 태동한 시점이라고 할 수 있다. 라디오를 오락기능 위주의 '소리통'에서 오락, 보도가 종합된 매체로 바꾸었으며 국민들의 방송관을 바꿔놓은

계기가 마련된 것이다"라고 했다.[63]

또 부산MBC는 개국 초기부터 전문보도차량(FM카)을 이용하여 현장취재의 기동성을 살렸다. 시위현장과 사건사고 현장에는 으레 취재기자와 함께 나타나는 두꺼비라는 애칭을 가졌던 미제 닷지자동차의 양 측면에 문화방송이라고 쓴 보도차량이 기자의 발이 되어 가는 곳마다 환대를 받았다. 1962년 5월 11일부터는 이 취재차량에 FM송수신장치를 탑재한 이동방송기능을 갖춤으로써 화재나 사고현장의 취재보도에 보다 신속하게 대응할 수 있는 방송의 기동성과 속보성, 그리고 현장성을 살려나갈 수 있었다. 취재차량은 언제 어디서라도 현장방송이 가능한 라디오의 전천후 특성을 유감없이 발휘할 수 있었다.

개국을 보름 앞둔 4월 1일 전응덕 보도과장과 박재영, 이상철 기자와 남자 아나운서 최창식, 이성규, 이규홍 3명 등 모두 6명에게 사장 명의의 기자증이 발급되었다.

그로부터 닷새 뒤인 4월 6일에는 회사 명의로 된 출입의뢰서를 경상남도와 부산시를 비롯한 지방의회, 경찰서와 측후소, 주요 기관단체와 공기업체 등 모두 80개소에 보내고 기자증을 발급받은 박재영, 이상철, 조재필 기자(4월 15일 발령)를 포함한 기자 3명과 남자 아나운서 3명 등 6명을 부산시내 80개소의 출입처[64]에 대해 취재를 담당케 했다. 전국뉴스와 외신은 동양, 합동통신사와 계약을 맺고 통신을 받기 시작했다. 부산MBC의 보도프로그램에 대한 편성의 3대 목표

---

63) 이근미(李根美), "비화-자유당 정권을 무너뜨린 꼬마방송의 분투," 〈월간조선〉, 1998년 12월 송년호, 592쪽.

64) 개국을 앞두고 사장 명의의 출입의뢰서를 보낸 곳은 경제관련기관 15, 사건관서 10, 군기관 10, 체신기관 9, 행정관서 7, 수산단체 7, 공공기업체 6, 보사관계 6, 지방의회 2, 기타 8 개소이다.

는 민족의 보도기능 강화, 녹음구성에 의한 방송논평의 시도, 스포츠 뉴스의 강화였다. 1959년 4월 15일 새벽 6시 55분 한국 민방의 탄생을 알리는 뉴스를 머리기사로 역사적인 민방보도의 막이 올랐다. 개국 당시 하루 6시간 40분의 방송시간 중 보도프로의 방송시간은 40분으로 전체 방송시간의 14%를 차지했고 정규뉴스시각을 시보 전으로 정하여 국영 KBS의 시보뉴스와 방송시간대를 차별화하면서 치열한 보도경쟁을 펼쳐나갔다. 개국 초 정규뉴스는 06:55, 08:00, 18:55, 21:50 등 하루 4회에, 녹음구성 프로그램인 〈라디오 브리지〉는 매일 저녁 7시부터 20분 동안 방송했다. 스포츠 뉴스는 일요일 21:40부터 10분간과 스포츠 하이라이트가 목요일 20:05부터 25분 동안 방송되는 등 개국과 더불어 다양한 보도프로그램 개발과 스포츠방송에 역점을 두었다.

초창기 부산MBC는 시대의 징표를 읽는 매서운 눈을 가진 매체로서 뉴스를 통해 정의와 시대의 양심, 그리고 공동선의 준엄한 가치를 지켜나가기 위해 무엇보다 언론의 자유와 표현의 자유에 충실했다. 당시의 사실보도는 부정부패와 독재의 어두운 시대에 빛과 소금이 되어 바닥민심을 반영하는 뉴스로 방송의 위상을 한껏 높였다. KBS와 달리 사실보도에 취재력을 집중한 부산MBC는 처음부터 중요한 사건을 현장중계하는 등 새로운 소식을 들려주는 보도매체로서의 면모를 갖춤으로써 무엇보다 청취자의 곁에서 일어나는 사건사고를 있는 그대로 보도함으로써 믿을 수 있는 뉴스 전달에 사활을 걸었다.

현장출동과 사실확인, 균형감각과 객관적 시각을 원칙으로 하는 부산MBC의 방송저널리즘은 개국 초부터 현장성과 동시성, 그리고 속보성을 살려 갓 잡아 올린 활어처럼 싱싱한 뉴스로 청취자의 욕구를 충족시켜 나갔다. 또한 현장방송을 통해 국민과 함께 하는 비판과 감시기능에 역점을 두면서 새로운 방송뉴스의 역사를 쓰기 시작한 것이다. 그 결과 위험을 무릅쓴 사고현장 취재와 재해방송에 앞장설 수 있었고 부패한 권력과의 투쟁에서 국민과 하나 되는 새로운 민방시대의 보도 분위기를 조성해나갔다. 즉, 뉴스에서는 정부, 집권여당과 다른 견해가 있다는 사실을 과감히 보도함으로써 국민의 시각과 관점을 넓히고 정치사회 전반에 걸친 시시비비를 국민과 함께 가리려고 했다. 나아가서 청취자에게는 국가사회의 공동의제를 제시하여 민주정치의 교육현장으로 청취자의 호응이 점차 뜨거웠다.

라디오에서의 간단한 사건배경과 시사해설, 신문사설의 소개와 보도시사프로그램을 통한 정치비평의 내용전달이 청취자에게는 정치학습의 효과를 주었다. 부산MBC의 뉴스보도는 KBS가 미처 모르거나 하지 아니한 것을 처음으로 또는 밝혀내거나 이루는 창발(*emergence*)의 양상을 띠고 공감과 소통능력을 키워나갔다.

'비화-자유당 정권을 무너뜨린 꼬마방송의 분투'를 게재한 〈월간 조선〉 1998년 12월 송년호 표지

〈월간조선〉은 1998년 12월 송년호 "비화-자유당 정권을 무너뜨린 꼬마방송의 분투"에서 '자유당 정권이 허용한 전무후무한 언론자유-부산MBC의 3·15마산시위 현장중계, 1960년 3월 15일부터 총탄이 날아다니는 마산·부산 시위현장의 피 끓는 외침을 생중계하여 부산·경남 사람을 흥분시키고 방송언론의 새 장을 연 기자 6명의 〈꼬마방송〉 이야기'에서 "부산MBC가 진짜 언론으로서의 역할을 시작

한 것이 1960년 3월 15일 마산에서 일어난 부정선거 때부터라고 알려져 있지만 개국 때 이미 공정성과 신속성으로 우리 사회에 만연한 부정부패를 고발하기 시작했다. 1959년 6월 울산지역 제 4대 민의원 재선거의 투개표 선거방송을 시작으로 자유당 정권의 독재와 부패에 대한 포문을 열었던 것이다"라고 썼다.[65]

이 같은 현상으로 수단방법을 가리지 않고 장기집권을 노리던 이승만 정권의 일방적인 홍보방송과는 대조를 이룰 수밖에 없었고 정부와의 갈등과 마찰을 빚어 탄압을 자초했다. 이러한 전통과 의식이 개국 이듬해 3·15마산의거와 4·19혁명의 필사적인 취재와 보도로 이어졌다. 3·15마산의거와 4·19혁명 당시 부산MBC가 보인 기동성을 발휘한 사실보도는 그때까지 정부시책이나 홍보하는 KBS만을 들었던 사람들에게는 하나의 신선한 충격이었다.[66]

1959년 10월 10일에는 회사의 적자운영을 극복하기 위한 타개책으로 보도과장과 기자들을 광고수주에 동원하기 위해서 선전과장과 과원으로 발령냈다가 이듬해 1월 10일자로 겸임발령을 해제했던 일은 어려웠던 회사의 경영사정을 대변해주는 사례였다.

개국 당시 지방에서 단독으로 전국뉴스를 취재 보도한다는 것은 사실상 불가능한 일이었다. 개국 이듬해인 1960년 4월 11일 제 2차 마산의거가 발생한 날 〈부산일보〉 사주인 김지태 사장은 부산MBC 회장을 겸하면서 〈부산일보〉와 긴밀한 협력체제를 갖추어나갔다. 부산MBC는 개국 당시 동양통신과 합동통신을 통해 외신과 전국을 취재망으로 하는 국내뉴스를 보도하다가 서울지사와 자매회사인 〈부산일보〉 서울분실이 합동으로 시위를 취재하게 된 일을 계기로 서울 및

65) 이근미(李根美), "비화-자유당 정권을 무너뜨린 꼬마방송의 분투," 〈월간조선〉, 1998년 12월 송년호, 583쪽.

66) 조항제, 《한국방송의 역사와 전망》(한울, 2003), 167쪽.

경남 각 지방의 〈부산일보〉 취재망을 통한 보다 넓고 빠른 뉴스를 제공받았으며 1960년 6월 1일 프로개편 때부터는 하루 세 차례(06:55, 11:55, 18:55)에 걸쳐 〈부산일보〉가 제공하는 〈부산일보 뉴스〉를 신설해 1963년 9월 1일까지 계속하다가 10월부터는 1회로 줄였다. 신문과 방송의 협업은 8년 10개월 동안 계속되다가 1969년 4월부터 전면 폐지하고 자국 뉴스를 독자적으로 다루었다. 방송뉴스는 문어체인 신문기사를 구어체로 바꿔서 전해야 하는 과정과 한자를 알아듣기 쉬운 우리말로 표현해야 하는 점, 그리고 속보를 처리하는 기법이 다른 신문과 방송의 차이를 극복해야 하는 어려움도 있었다.

《한국방송사》[67] 별책과 《세계방송연감》[68]을 보면 "부산MBC가 하루 두 차례 KBS 뉴스를 중계하다가 1960년 9월 4일부터 비로소 독자적으로 뉴스를 보도했다"는 기록이 나온다. 그것은 사실과 다른 엉뚱한 기록으로 사실확인을 거치지 않은 근거 없는 잘못된 기록이다. 그런 잘못된 기록은 한국방송공사(KBS)가 1977년에 발간한 《한국방송사》 별책부록 98쪽의 기록을 2001년 LG상남언론재단에서 《세계방송연감》을 펴내면서 전혀 확인하지 않은 채 KBS가 발간한 《한국방송사》를 그대로 인용했기 때문에 잘못이 반복해서 나타난 것으로 보인다.

민방 초기에 신문기사와 접목한 라디오뉴스는 방송저널리즘의 새로운 가능성을 열어나갔다. 서울MBC의 경우 같은 재단 산하의 〈부산일보〉와 긴밀한 협조관계를 유지하며 1961년 12월 2일 창사 당시 〈부산일보〉 서울분실 취재기자 7명 전원과 서울MBC 보도과 방송

---

67) 1977년 2월 16일 한국방송공사(KBS)가 우리나라에서 방송이 시작된 지 50년이 되는 해를 기념하여 발행한 《한국방송사》는 950쪽에 걸친 본문 편과 380쪽 규모의 별책 자료편을 발간.

68) 2001년 LG상남언론재단 발행.

기자 6명 등 모두 13명으로 진용을 갖추고 함께 창사업무와 기사를 취재 보도했다.[69] 서울의 경우 1962년 10월에야 서울MBC 보도과와 〈부산일보〉 서울분실이 각각 분리되었다. 부산MBC는 신문기사와의 제휴에 이어 서울MBC와 뉴스 릴레이를 이루었고, 1963년 8월 8일 대구MBC의 개국과 더불어 서울MBC가 키스테이션이 되어 서울, 부산, 대구MBC 3사가 우리나라에서 처음으로 본격적인 뉴스네트워크를 형성하고 릴레이 보도를 하게 된 것이다.

7) 민방 탄생에 대한 세계의 관심

우리나라 민방이 나라 밖에서 처음 알려진 것은 1960년 1월 31일이었다. 일본 〈아사히〔朝日〕신문〉은 한국방송계 현황을 특집기사로 다루면서 "출력이 불과 1㎾인 부산문화방송이 민방을 개척하려는 성실한 연구태도는 훌륭한 것이다"라고 코멘트했다. 이 기사를 통해 일본을 비롯한 전 세계에 부산MBC의 존재가 처음 알려지게 된 것이다. 이를 계기로 일본 언론계는 한국 민방에 대한 관심이 높아졌고 3·15 마산의거와 4·19 혁명 때에는 일본방송인들이 자연스럽게 녹음 자료의 복사를 비롯한 취재협조를 요청해왔으며 외국방송과의 접촉이 이뤄지기 시작했다.

한편 부산MBC에서는 개국 1주년 기념행사에 필요한 정보와 자료를 입수하기 위해 일본 NHK를 통해 편성방침과 1964년 동경올림픽을 준비하는 일본 민방의 동향, 일본방송의 개국 1주년 기념행사 내용과 계획안을 제공해달라고 요청했다.

이와 함께 1962년 이래 규슈아사히방송을 비롯한 일본 민방과의

---

58) (주)문화방송, 《문화방송 30년사》, 1992, 276쪽.

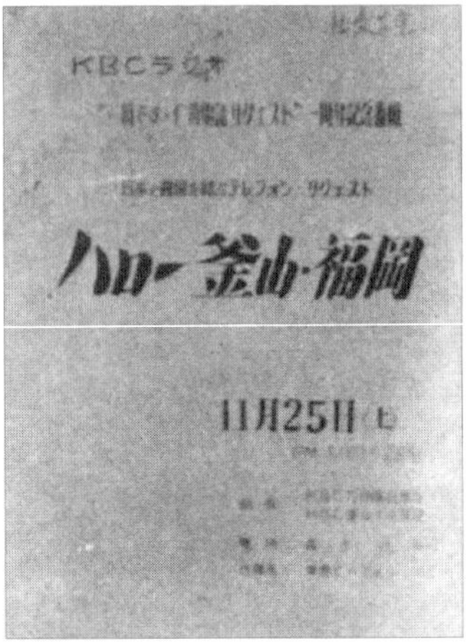
KBCラジオ

ハロー 釜山·福岡

11月25日

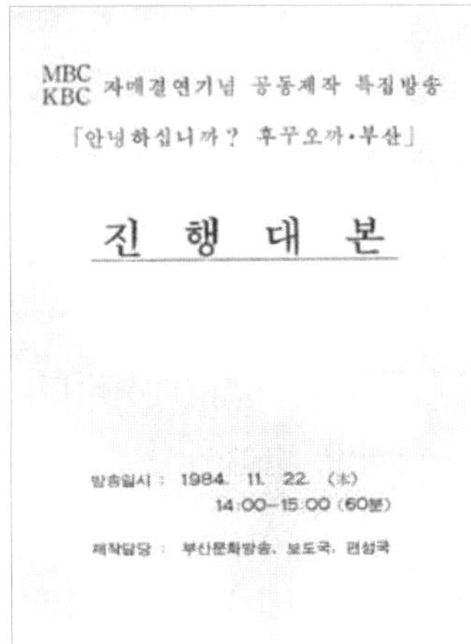
MBC
KBC 자매결연기념 공동제작 특집방송

「안녕하십니까? 후꾸오까·부산」

진 행 대 본

방송일시 : 1984. 11. 22. (木)
14:00-15:00 (60분)

제작담당 : 부산문화방송, 보도국, 편성국

1984년 11월 22일 부산MBC와 일본 규슈KBC가 공동제작한 생방송 〈안녕하십니까? 후쿠오카 · 부산〉의 방송대본

정보교환과 취재협조를 이뤄온 배경을 바탕으로 1966년 3월 일본에 특파원을 파견한 부산MBC는 이듬해 11월 25일 1시간에 걸친 한일 공동제작 특별방송 〈헬로, 부산-후쿠오카〉에 이어 1968년 4월 6일에는 후쿠오카 메이지 홀에서 재일교포위문 공개방송 〈망향스테이지〉를 현지 제작방송하자 일본 각 지역 대한민국 거류민단에서는 앞다투어 부산MBC를 초청하였다. 1967년부터는 부산MBC의 방송요원을 일본에 파견하여 일본 민방계의 동향과 발전전망을 본격적으로 연구케 하였다. 이를 계기로 일본 민방과의 자매결연과 체계적인 업무협조와 시찰단 교류가 이뤄지기 시작했다.

부산MBC는 1984년 11월 2일 일본 후쿠오카 KBC 아사히방송과 자매결연을 맺었다. 자매결연식의 조인내용은 방송기술에 관한 정보교환, 상호관심사에 대한 프로그램 공동제작, 사원 자질향상을 위한 교환연수, 방송교류를 통한 양국간의 우호증진 등이었다. 이에 따라 1984년 11월 22일에는 MBC-KBC 자매결연기념 한일공동제작 특집

생방송 〈안녕하십니까? 후쿠오카 · 부산〉 프로그램을 동시통역으로 생방송하기에 이르렀다. 이후 부산MBC와 일본 KBC는 연락사무실을 개소하고 매주 한 차례씩 정기적으로 뉴스를 교환하고 있다.

한편 1965년부터는 부산MBC의 존재가 유럽에도 알려지면서 대륙간 교류가 시작되었다. 1965년 덴마크에서 발행되는 《세계 라디오/TV 핸드북》에 부산MBC의 현황이 실렸으며 1965년 8월과 1966년 3월 두 차례에 걸쳐 서독 함부르크대학 '한스 브레도우 연구소'가 《국제 라디오/TV 핸드북》 10판에 소개할 부산MBC 현황과 관련자료를 요청해오기도 했다. 이런 가운데 1966년 4월 서독 쾰른에 있는 '독일의 소리' 방송국에서 독일의 히트음악 테이프 6백 피트를 보내면서 교류를 희망해와 답례로 우리나라 국악 테이프를 보내기도 했다.

6. 라디오가 세상을 바꾸는 힘이었다

부산MBC의 개국을 계기로 라디오는 자유언론 정신에 따라 표현의 자유를 마음껏 발휘했다. 그 결과 방송이라는 전자매체는 광복 이후 처음으로 진정한 의미의 대중사회를 형성하고 진전시키는 역할을 하게 된 것이다. 라디오는 그 어느 매체보다도 빠른 속보성을 가졌으며 신문이나 잡지 같은 인쇄매체와 달리 대중에게 예민한 반응과 선동적으로 자극하는 탁월한 능력과 특성을 가지고 있다. 라디오매체 특성은 지역밀착형이고 지역적 · 공간적 동질성을 가진 미디어다. 특히 라디오매체의 특성은 상상을 통해 인지하고 이동성을 가진 개인적인 단말기로 1:1로 속삭이듯 하는 대화형 매체로 어느 매체보다 친밀한 매체이다.

그런 방송의 속살은 뉴스다. 방송에는 권력을 감시하고 인권을 보호하는 파수꾼으로서 뉴스와 삶의 질을 생각하는 다양한 보도프로그램을 제작 · 편성하였다. 우리는 뉴스와 보도프로그램을 통해서 방송사의 이념과 담당기자와 PD의 시대정신과 비판의식은 물론 제작구성원들의 사람에 대한 철학과 가치관, 언론관, 국가관까지 엿볼 수 있는 것이다. 뉴스의 잣대는 객관적이고 모든 이에게 공정하며 공익을 앞세우는 삶의 중심에 서야 한다는 것이 방송에 대한 청취자들의 요구였고 사회적 역할이었다. 뉴스가 한갓 정부와 정당, 이익집단과 광고주의 편에 서면 그것은 관보나 당보, 사보와 같은 나팔수가 될 수밖에 없을 것이다. 지난날 국영방송은 정부기관으로부터 공급되는 보도자료(아이템)만 받아쓰는 데 길들여진 풍토와 비교하면 부산MBC의 사실보도와 현장보도는 처음부터 우리가 살아가는 삶을 종합적으로 바라볼 수 있는 객관적인 시각을 키웠다. 또한 뉴스가 진실에 바탕을 두고 국민의 편에 서있어야 하는 것이다. 그러한 노력이 방송의 현장저널리즘을 꽃피우는 동력이 될 것이다.

그러나 의욕에 넘친 민방의 뉴스보도는 자유당 말기로부터 4·19 혁명을 완성시킨 눈부셨던 역할과는 달리 5·16군사정변 이후 유신체제와 신군부에 의한 제 5공화국 시대를 거치는 동안 언론사는 타협과 굴종의 길을 가면서 스스로 제자리를 내놓고 노예와 같은 예속의 길을 이어가고 말았다. 뉴스의 눈은 끝내 현실을 비켜가면서 남의 이야기를 하듯 변질된 뉴스를 양산하면서 군사정권의 나팔수가 되어 빛을 잃은 암흑기를 겪어야 했다.

1) 새로운 라디오의 등장

1927년 2월 16일 우리나라에서 전자매체의 시초인 라디오방송이 등장한 이후 일제와 미 군정기를 지나 자유당 독재를 거치는 동안 라디오의 보도기능은 '국민의 알권리'를 충족시키기보다 오랫동안 '듣고 따르라'는 지배권력의 통치이데올로기에 길들여졌다. 그런 상황에서 부산MBC의 개국은 언론으로서 라디오의 기능을 제시하고 방송언론의 사명으로 잠자던 자유언론정신을 흔들어 깨웠다고 하겠다.

부산MBC 라디오방송, 특히 보도프로그램은 스트레이트 기사나 스폿뉴스까지를 다루는 뉴스뿐만 아니라 현장중계와 해설, 논평을 통해 일찍이 헤럴드 라스웰(Harold D. Lasswell)이 제시한 세 가지 기능, 즉 환경감시기능, 상관조정기능, 문화유산 전승기능에 충실했으며 음악프로그램과 드라마를 통해 라이트(Charles R. Wright)가 말하는 오락기능까지 수행했던 것이다. 민의를 반영하고자 했던 개국 당시의 부산MBC는 사회화 또는 문화전달기능, 사회적 갈등의 해소라는 순기능으로 새로운 역할을 수행해나갔다. 부산MBC 개국 당시 라디오방송은 지붕 위에서 외치는 '국민의 소리'였고, 현실의 삶을 돌아보게 하는 '사회의 목탁'이었다.

사회학자들은 21세기에 접어들면서 정보사회의 특징을 '4A 시대'로 규정한 바 있다. 그러나 우리나라에서는 반세기 앞서서 라디오가 이를 증명해주었다. 라디오야말로 4A(*Anytime*, *Anywhere*, *Anyone*, *Anykind*)를 실현할 수 있는 이동성, 개인화, 다기능, 쌍방향의 특성을 가진 단말기로서 커뮤니케이션을 통해 의식의 공감대와 소통을 이뤄나갔으며 시공을 초월하여 서로 다른 견해를 수용했다. 심지어 지구의 반대쪽에 있는 사회의 문화를 현재의 구성원들에게 알려주면서 공감대를 형성해나갔다. 라디오는 우리가 살고 있는 환경에서 발생하는 정치, 경제, 사회, 문화의 모든 현상과 관련정보를 제공한다. 그리고 수준에 걸맞은 상상력과 창의력을 자유분방하게 자극하는 라디오방송은 우리로 하여금 현상을 감시하고 비판하게 함으로써 대응할 수 있는 자세를 갖추게 한다. 라디오가 제공하는 뉴스와 정보는 우리로 하여금 환경의 변화를 인지하여 그것에 스스로 대비할 수 있는 적절한 대응능력을 일깨워주기도 한다. 그 예가 바로 민방의 효시, 부산MBC의 사라호 태풍의 내습에 따른 재해예방방송과 부정선거에 항거한 3·15 마산의거 라디오 현장방송이었다.

2) 국영방송을 뛰어넘는 도전정신

부산MBC의 개국은 독재권력에 억눌린 국민들에게 '살아있는 생명력'을 뉴스로 전달하여 도탄에 빠진 국민들의 생활에 의욕과 활력을 불어넣었다. 그것은 곧 부산MBC의 정체성이고 '듣고 따르라'며 정치도구화한 국영방송의 일방적 행태와 달리 '국민이 원하고 필요로 하는 소식을 전하는 커뮤니케이션의 비전, 소통의 미학'을 위해 저잣거리의 민심까지 수렴하며 사실에 근거한 뉴스를 전하려고 노력했던 것이다. 여기에 비해 "KBS는 언론 본연의 기능인 정확한 보도와 논평을 위한 노력보다는 국가안위를 내세운 정권홍보에 매달렸다. KBS는 국영매체로 정부의 시정을 홍보하면서 때로는 사실보도를 외면하고 은폐하거나 왜곡하기에 급급했던 것이다. 자유당 치하에서의 이런 방송행태는 1960년 4월 혁명이 일어날 때까지도 지속되었다"[70] 고 방송학자들은 평가했는데, 사실과 다른 진실을 숨긴 보도가 오히려 국민의 분노케 하고 끝내 체제의 붕괴와 전복을 가져온 요인으로 작용할 것이다.

왜 부산MBC는 개국 당시 그토록 뉴스와 현장방송에 매달렸을까? 그 이유는 첫째, 당시 정치사회적 분위기는 국가폭력이 인권과 삶을 마구 짓밟던 상황에서 국민의 소리를 반영하기 위한 것이었다. 둘째, 하루빨리 안정적인 방송경영을 위해서는 높은 청취율을 배경으로 광고주를 확보하려는 개국 당시 방송경영의 절박함이 숨어있었다. 이를 위해 개국 열흘을 앞둔 4월 6일 기자들이 취재활동을 시작한 데 이어 개국 5일을 앞둔 10일부터는 아침 6시 30분과 밤 11시 두 차례에 걸친 〈일기해설〉과 아침 7시 25분 선박의 입출항 소식을 알려주는 〈선박안내〉를 비롯해서 〈스포츠 뉴스〉를 편성, 방송하였다. 개국 당시에 나타난 보도특성은 통신과 신문에 의존한 간접취재를 극복할 수 있는 독자적인 취재영역을 구축하는 데 온 열정을 쏟았던 것이다.

또한 부산MBC는 당시 KBS가 가졌던 공보처 직속의 관료적이고 정부의 공보지침에 따르는 타율적인 보도체제를 벗어나 자율성을 확보하는 데 주력하였다. 이렇게 출발한 부산MBC의 뉴스는 공공성과 공익성을 바탕으로 공정성과 독립성을 중시했고 청취자에게 공동의

70) 황유성, 《초창기 한국방송의 특성》(법문사, 2008), 59쪽.

제를 설정할 수 있는 공론의 장이 되고자 했다. 또 부산MBC 뉴스는 개국 당시부터 뉴스 청취층을 대상화하기 시작하여 1962년 9월부터는 〈여성뉴스〉를 신설했으며 1963년 9월부터 〈경제소식〉을 신설하여 전후 경제부흥에 기여할 수 있는 경제 마인드를 심어주었다.

라디오를 '보이지 않는 매체'(*The Invisible Medium*)라고 말하듯 '볼 수 없고 보여주지 않는' 약점을 가졌다면 '보지 않아도 되고 보여주지 않아도 된다'는 특성과 취약점을 동시에 가지고 있는 것이다. 라디오의 특성은 소리를 듣고 상상을 통해 인지하고 1대1로 속삭이듯 의사를 소통하는 개인적 커뮤니케이션 단말기로 휴대와 이동이 용이한 것이 특징이다. 이러한 라디오를 통해 새로운 소식을 전해주는 뉴스는 인간이 삶을 통해 알고자 하는 기본적인 욕구를 충족시켜준다. 더구나 있는 그대로를 전달하는 뉴스는 인간의 정보욕구를 채워줄 뿐만 아니라 언론의 1차적인 역할인 국민의 알권리를 충족시키는 역할인 것이다. 국영방송이 독점시대를 구가하던 시대에 개국한 부산MBC는 당시 한국사회에 가장 강력한 정보전달자이자 소통의 매체였으며 민주화에 선행해야 할 민주교육기관이었다. 많은 언론학자나 원로방송인들이 지적했듯이 부산MBC의 개국은 우리나라 방송언론의 출발점이요, 민주화를 위한 밑거름이었다.

부산MBC로부터 시작된 라디오 뉴스는 처음 어떤 모습이었을까? 개국 당시 충분한 준비를 갖추지 못한 상태에서 의욕에 넘쳐 시작한 뉴스취재와 보도는 홀로서기에 힘이 부쳐 결국 안정권에 든 신문과의 제휴를 통한 협력이 이뤄지면서 신문기사와 사설이 전파를 타고 전해졌다. 그 예가 바로 개국 당시 〈부산일보 뉴스〉와 〈신문춘추〉, 〈시사해설〉 등의 프로그램이었다. 이들 프로그램은 방송저널리즘을 확립하는 동반협력자가 되었다. 지난날 우리나라 방송의 보도프로그램을 살펴보면 일제 강점기 때 개국한 경송방송국은 일본 도쿄방송 뉴스를 번역해 전달하다가 미군정 때에 와서 라디오를 언론으로 인식하는 분위기 속에서 비로소 보도프로그램이 체제를 갖추기 시작해 6·25전쟁 이후 보도인원이 확충되고 해외통신사와의 계약으로 외신을 받으면서 1955년 들어 라디오 뉴스가 본격화되었다. 그러나 당시 뉴스는 외신이 45% 이상을 차지하고 국내뉴스는 주로 정부기관이 제공하는 보도자료를 가공해 전달하는 공지사항 수준을 벗어나지 못했다. 부산MBC의 개국이 방송언론의 기린아가 되면서 국민이 원하고 필요로 하는 새로운 소식이 뉴스로 전파를 타고 전해지면서 방송뉴스는 제자리를 잡기에 이르렀다.

민방 뉴스의 첫걸음은 권력의 굴레를 벗어나 표현의 자유를 지켜내려는 타는 목마름에서 시작되었고, 멈출 수 없는 몸부림이었다. 그 길은 국민이 원하는 의제를 설정하는 새 바람을 일으켜 놓았다. 정부와 언론 사이에 빚어지는 갈등과 긴장관계는 개국 이후 부산MBC가 겪은 반세기 역사를 관통하고 있다. 부산MBC의 뉴스보도는 권력의 탄압이 극심할수록 '권력은 짧고 언론은 영원하다'는 사실을 증거했다. 부산MBC의 보도특성은 기자들의 현장탐사정신과 투철한 프로정신에서 출발했다. 그 예는 개국 초기 사건사고와 3·15의거로부터 4·19혁명에 이르는 반독재 투쟁과정에서 선명하게 나타나 있다. 당시 생소하기만 하던 민방기자를 처음 대하는 출입처의 관계자나 신문기자들은 방송기자를 '전파기자'라고 부르며 왕따시키며 '빠르고 부정확한 방송뉴스'라고 비아냥거리며 과소평가하기에 바빴다.

민방으로 출발한 부산MBC는 공보부 산하의 홍보방송이었던 KBS나 하루에 두 차례 마감하던 조석간 신문에 비해 자율적이고 마감시간이 없는 자유로움 속에 개국하자마자 그 진가를 발휘하기 시작했다. 국영방송 KBS와 인쇄매체인 신문과 차별화된 부산MBC는 새로운 소식과 신선한 정보로 청취자의 귀를 사로잡았다. 나아가서 삶의 현장을 지키려는 부산MBC의 생동감 넘치는 중계방송은 현장저널리즘의 신기원을 이루었다. 사회적 기반이 취약한 상황에서 부산MBC의 보도로 그동안 모르고 속았고 덮어 놓고 살았던 정부의 거짓과 침묵으로 일관해온 국영방송의 허상이 민방탄생 이후 하나둘 벗겨지기 시작했다.

KBS에서 눈감은 뉴스와 현장을 놓치지 않는 부산MBC의 실황중계방송[71]과 국제스포츠대회를 서울과 부산을 연결하는 2원방송[72]으로 공간을 뛰어넘어 경기진행을 리얼타임으로 전달함으로써 청취자

---

71) 부산문화방송은 개국 이후 적은 경비로 손쉽게 프로그램을 제작할 수 있었던 중계방송으로 개국 5일 만인 4월 20일 프랑스 여류 바이올리니스트 보퐁의 내한순회공연 중 부산연주회를 중계하는 등 1959년에 22건, 1960년에 20건, 1961년 18건에 달할 만큼 부산MBC 마이크는 현장을 지켰다. 개국 첫 해인 1959년에는 4월 15일 개국기념식 중계를 시작으로 행사중계 11건, 스포츠 중계 6건, 연주회와 공연중계 5건이었다. 개국 이후 전화선을 이용한 중계선로 구성기술의 향상으로 원거리 중계방송이 가능했는데, 1960년 10월 21일부터 서울 효창구장에서 개최된 '아주축구선수권대회'가 지방방송국이 서울에서 개최된 행사를 단독으로 중계한 것은 처음 있는 일이었다. 1961년 들어서는 그간의 경험을 토대로 원거리 중계방송이 잦았다. 1961년에는 윤보선 대통령과 장면 국무총리가 참석한 '3·15마산의거 1주년기념제전'을 마산공고 교정으로부터 중계했고, 1961년 12월 2일에는 서울시민회관에서 개최된 한국문화방송 개국실황을 중계했으며, 1962년 2월 3일에는 울산공업단지 기공식을 중계했고, 1963년 4월 27일에는 제주에서 개최된 재일교포 권투선수 高山日夫의 '귀국 친선권투경기'를 중계했다. 당시로서는 제주로부터 중계방송은 생각지도 못했던 일을 부산MBC 방송기술진의 열성이 이룩한 일이었다. 제주에서 목포까지는 무선으로 연결하고 목포에서는 대전을 경유해 부산까지 유선으로 중계선로를 구성했다.

72) 2원방송은 다원방송의 전 단계로 지역과 지역을 유선(전화선)으로 연결하여 행사나 경기를 중계했으나 차츰 장소를 여러 군데로 늘리면서 연락전화선을 이용한 다원방송이 가능했으며 서울MBC 개국 이후 네트워크 형성으로 더욱 활성화되었다.

의 의식 속에 스포츠 중계하면 부산MBC라는 이미지를 떠올릴 만큼 각인되었다.

개국 5일 만인 1959년 4월 20일 프랑스 보퐁의 바이올린 독주회를 실황중계한 데 이어 9월에는 제일극장에서 열린 '서울가극단' 공연을 중계했다. 10월에는 수재민을 위한 구호금품 모금방송 〈노래잔치〉를 중계해 이웃의 어려움을 함께 돕고자 하는 공동체의식을 고양시켰다. 스포츠 중계도 게을리 하지 않아 개국 4개월인 1959년 8월 25일 재일교포 학생야구단 내부(來釜) 경기를 중계했다. 1960년 10월에는 대전에서 개최된 전국체육대회에 중계반을 파견했으며 서울효창구장에서 열린 아시아 축구선수권대회를 사흘 동안 중계하기도 했다. 돌이켜보면 부산MBC의 개국은 오직 공보처의 지침에 따라 방송되던 경직된 국영방송 단일체제를 뛰어넘어 국민의 요구에 호응했던 선각자들의 열성을 방송 구석구석에서 엿볼 수 있는 것이다. 당시 부산MBC의 전파는 이승만 정부의 독재에 무참하게 짓밟힌 인권회복과 수호의 전면에 나섰고 부산과 남해안으로 월경하는 일본 전파를 막겠다는 의식이 하나의 공감대를 이루어 청취자들에게는 민주정신과 민족문화의 소중함을 일깨웠다.

실험정신이 강했던 개국기술요원들의 도전에 힘입어 중계방송은 서울과 제주를 이어 전국을 하나로 연결시키면서 열악하기만 하던 중계장비에 비해 방송프로그램 제작기법을 다양하게 발전시켜나갔다. 그 뒤에는 전화선로를 이용한 중계방송 선로망 구성 아이디어를 뒷받침한 기술진들의 노력이 숨어 있는 것이다.

1961년 8월 15일 광복절에는 부산 송도와 광안리 해수욕장을 연주소 스튜디오와 연결하는 3원방송을 실시하고 1962년 8월 15일에는 서울문화방송과 함께 부산 송도와 한강을 잇는 경부간 2원방송을 실시함으로써 훗날 여름철이면 부산시내 해수욕장에서 한 달 동안 계속되는 납량특집방송의 길을 열어놓았다.

3) 현장에서 꽃피운 방송저널리즘

저널리즘은 뉴스를 제공하기 위해 만들어진 시스템이다. 무엇이 문제이고 그 문제가 왜 일어났으며 그 문제를 어떻게 해결할 것인가를 다루는 게 저널리즘이다. 방송은 진실을 추구하여 사실을 청취자에게 전해야 할 책임과 의무가 지고 있는 것이다. 더구나 방송저널리즘은 최근에 일어난 일에 대한 내용과 정보를 전달하여 광범한 커뮤니케이션을 이룰 수 있도록 해야 한다. 그것이 라디오매체의 특성인 속보성이고 현장성이며 동시성인 것이다. 부산MBC는 처음부터 국영방송이 정부정책 홍보나 계도방송에 매달렸던 1950년대 말 개국 2년여는 방송사적 측면에서 비판적 방송언론을 개척한 빛나는 시기였다.

정치권력에 비판적이었던 부산MBC는 젊은 지성들이 독재에 맞서 민주화투쟁에 나섰던 3·15의거와 4·19혁명 과정에서 정권의 탄압이 강해지면 강해질수록 예리하게 비판의 날을 세웠다. 그 비판정신의 근원은 바로 현장에 밀착한 사실보도였고 모든 방송뉴스가 생방송으로 진행되었기 때문에 가능한 일이었다. 이승만 정권이 오직 장기집권에 눈이 어두워 탄압과 통제를 일삼던 시대에 MBC 보도는 소통의 메시지로 국민의 가슴에 민주화의 열망을 불태웠던 것이다.

그 시험대가 개국 두 달 뒤 1959년 6월 23일의 일이었다. 그날은 각종 부정으로 얼룩졌던 국회의원 울산 을선거구 재선거에서 현장보도가 실시된 날이다. 자유당 말기인 1958년 5월에 실시된 제4대 국회의원(민의원) 울산 을구 재선거에 전 국민의 관심이 집중되었다. 무소속 정해영 후보가 자유당 김성택 후보를 상대로 낸 당선무효 및 선거무효소송에서 대법원이 1958년 5월 27일 울산군 14개 투표구에 대한 선거무효판결을 내렸다. 이에 따라 재선거가 실시되는 울산 을 선거구에 이상철 기자를 중계차와 함께 현지에 파견하여 재투표로부터 개표에 이르는 모든 투개표 과정을 생생하게 보도함으로써 선거방송의 신기원을 이루었다. 특히 2원방송 체계를 경험한 기술진은 1960년 7월 29일에 실시된 총선거 개표실황중계를 전화선로를 활용하여 다원방송을 실시할 수 있었으며 같은 해 실시된 시의원(12월 19일), 시장(12월 25일), 도지사(12월 29일) 선거 개표방송도 부산시내 각 개표소를 연결하여 중계했다.

개국 직후 방송요원들의 열성에 비해 열악했던 광고수입은 극심한 경영난으로 이어져 월급이 체불되는 상황에서 도시락을 싸다녀야 했다. 심지어 방송사령탑인 이수열 방송부장 부인 전숙자 여사는 뜨개질로 궁핍한 생계를 돕는 내조에 발 벗고 나섰다. 개국요원들은 시대를 반영하면서 청취자의 욕구를 충족시켜 나갈 수 있었다.

4) 사고와 재난에 맞선 뉴스

개국 이후 시시각각 전해지는 부산MBC의 뉴스는 사실보도를 생명으로 하는 현장저널리즘의 백미였다. 개국 3개월 만인 1959년 7월 17일 제헌절 저녁 7시 부산공설운동장에서 국제신보사가 마련한 '시민위안의 밤' 행사가 열렸다. 공연 도중 쏟아진 소나기를 피하려고 수많은 관객들이 한꺼번에 좁은 출구로 몰리는 바람에 67명이 압사사고로 숨지는 대참사가 발생했다. 마침 공연실황을 중계하던 본사 중계요원들이 참사현장보도로 체제를 전환하면서 사고수습에 나서는 등 살아있는 라디오 뉴스의 기동성을 한껏 발휘할 수 있었다.

그로부터 두 달 뒤인 9월 17일. 추석을 맞아 가정마다 차례를 지내던 명절 아침. 남해안을 강타한 제 14호 태풍 '사라'호로 전국이 50년 만에 물난리를 겪어 사망 924명, 이재민 98만 명, 재산피해 129억 원으로 집계되었다. 부산에서도 25명의 사망자와 4,793채의 가옥이 침수 파손되는 피해를 입고 모든 통신이 두절되었다.

KBS 부산방송국의 안테나가 넘어져 방송이 중단되고 신문사에서는 용지창고의 침수로 신문발행이 불가능하게 되었다. 이런 상황에서 부산MBC는 부산측후소가 9월 16일 태풍예보를 발령하자 정규방송을 중단하고 경보방송으로 전환해 태풍의 진로를 알리면서 시민들에게 자연재해에 대한 경계와 예방을 촉구하는 본격적인 재해비상방송을 실시했다. 태풍이 내습한 17일 낮 12시부터 오후 2시까지는 10여 차례에 걸친 스폿뉴스 처리로 태풍의 진로를 시시각각 보도했다. 태풍으로 전선이 끊어진 중앙동 연주소에서 방송이 불가능해지자 방송요원들이 폭풍우를 무릅쓰고 긴급재해방송을 진행하기 위해서 감만동 송신소 스튜디오로 이동하는 과정에 도로가 침수되어 차량운행이 불가능한 상태에서 사투를 벌여야 했다. 당시 기자들은 측후소의 기상특보를 앉아서 기다리지 않고 직접 측후소에 나가서 신속하게 현장보도를 하는 적극성을 보였다. 한편 경남 도내 통신이 두절되자 당시 김규진 경남지사가 부산MBC를 통해 경남도민들에게 긴급대피를 호소하는 등 '사라'호 태풍 앞에서 민방의 위력을 유감없이 발휘하여 부산MBC의 이미지를 새롭게 인식시키는 계기가 되었다.

5) 하늘을 나는 방송

우리나라 언론사상 취재에 비행기를 동원한 것은 1920년대부터였지만 1934년 7월 태풍이 경상, 전라, 충청도 일원을 휩쓸었던 수해 발생 때 〈동아일보〉와 속보경쟁을 벌이던 〈조선일보〉가 '삼남 벽지 수해 조사차 금일 본사 비행기 출동'이라는 제목으로 항공사진 취재기사를 호외로 발행한 때가 처음이었다. 부산MBC 뉴스 또한 비행기를 이용한 항공취재로 끝없는 도전과 실험정신으로 취재보도 영역을 넓혀나갔다. 1961년 12월 30일 밤 10시부터 10시 30분까지 30분 동안 우리나라 방송사상 처음으로 하늘에서 송년특집방송을 진행했다. 당시 전응덕 보도과장이 기획하고 이상철 기자가 구성한 〈하늘에서 설계한 대부산, 그 희망과 포부〉라는 타이틀의 프로그램을 생방송으로 진행하기 위해 기자가 탑승한 비행기가 부산의 밤하늘을 날아올랐다. 그날 밤 아름답게 펼쳐진 부산 야경을 소개하면서 부산시장과의 인터뷰를 통해 부산시 도시계획의 이상과 미래전망을 대담으로 진행했다. 부산MBC는 특별생방송 〈하늘에서 설계한 대부산, 그 희망과 포부〉를 통해 평면적인 방송을 입체적으로 바꾸어놓았으며 신문에서도 대서특필로 소개해 새해를 맞은 시중에 화제가 되었다.

하늘에서 특별생방송을 경험한 기자들은 비행기를 뉴스취재에 폭넓게 활용하기 시작했다. 1962년 1월 2일 부산MBC 보도과에 설치된 통신사의 텔레타이프에는 "속초 앞바다에서 부산선단이 돌풍과 삼각파도를 만나 30여 명이 숨지거나 실종되고 80여 명이 다친 조난사고가 발생했다"는 속보가 타전돼 들어왔다. 통신속보를 접한 전응덕 보도과장은 이상철, 조재필 기자를 불러들이는 한편 동양항공사 소속 HL21호 세스나기를 전세 내어 속초로 향했다. 북서계절풍과 동해안 기류를 만난 소형 비행기는 하늘에서 팔랑개비가 되어 돌아가고 구름이 앞을 가린 악천후의 기상조건에서 운상비행 끝에 간신히 속초의 군비행장에 착륙할 수 있었다.

실종선원의 신원을 파악하고 부상자의 인터뷰를 끝낸 취재진은 돌아올 길이 험하고 멀기만 하여 부산으로 돌아갈 것을 포기하고 가까운 서울MBC로 넘어가서 뉴스를 내보내기로 하고 자동항법장치도 없는 소형비행기로 태백산맥을 넘었다. '속초 앞바다 어선 조난사고'는 그날 밤 9시와 10시 두 차례에 걸쳐 한 달 전에 개국한 서울MBC 방송망을 통해 전국에 보도되었다. 그 일로 전응덕 보도과장과 이상철, 조재필 기자는 1962년 1월 19일 서울MBC로부터 표창장[73]을 받았고 전응덕은 이듬해 서울MBC 보도과장으로 발탁되었다.

6) 해외특파원 세계를 가다

부산MBC의 첫 주일특파원 신건식

1965년 한일 국교정상화를 계기로 부산MBC는 일본과 가까운 거리에 있다는 지리적 특성상 많은 이점을 가지고 있었다. 80여만 명에 달하는 재일교포의 법적 지위문제와 생활실태, 원폭피해자 복지후생과 사후대책, 대마도 이즈하라를 거점으로 하는 밀수특공대를 추적보도하고 한국인 밀항실태와 오무라〔大村〕수용소 문제 등 한일 양국의 현안을 기자의 시각으로 다루어나갔다. 1966년 3월 5일 신건식[74] 기자를 후쿠오카에 상주 특파원으로 내보냈다. 당시 일본 RKB 매일방송과 제휴로 후쿠오카에 주재하던

---

73) 《문화방송 30년사》 제5부 자료편, 4. 주요 사내상(표창장)에 수록.

74) 신건식(辛健植, 1936. 4. 15~2010. 11. 22)은 경남 창녕에서 태어났다. 동아대 법대를 졸업하고 동아대 정치학과 대학원을 거쳐 서울대 행정대학원을 수료했다. 그는 1961년 6월 부산KBS 기자를 거쳐 1963년 10월 부산MBC 기자로 입사, 1966년 3월 주일특파원으로 활동하다 1969년 9월 부산MBC 보도부장과 편성국장, 이사대우 방송총국장, 상무를 거쳐 1989년 2월 부산MBC 대표이사 사장으로 선임되었다. 1989년 3월 한국방송협회 감사, 한국냉장 사장, 일본 동경대 객원연구원, 벡스코 상임감사를 역임했다.

신건식 특파원이 보도하는 뉴스를 〈부산일보〉에서 인용보도하기도 했는데, 재일교포가 많이 살던 일본 히로시마와 오사카, 도쿄와 나고야, 나가사키 등지의 원폭 피해자를 찾아가 인터뷰한 특파원 보도와 민족차별에 온몸으로 항거했던 김희로 사건 속보가, 전후에 아물지 않은 상처가 전 세계로 전해지면서 큰 반향을 불러일으켰다. 부산MBC의 일본특파원 제도는 1966년 이후 신건식 기자에 이어 이상철, 김영균 기자 다시 신건식 기자로 교체되면서 1972년 말까지 6년 동안 운용되면서 앞서가던 일본의 방송기자재 도입과 일본 민방의 동향파악에 많은 역할을 했다.

신건식이 특파된 지 6개월 만인 1966년 9월 17일 '북한어선 평신정의 일본 망명사건'으로부터 부산 선적 어선 제 55 동성호가 1971년 5월 31일 캄차카반도 근해에서 조업중 소련 경비정에 의해 피랍되어 7월 16일 귀환한 '동성 제 55호 피랍사건'까지 굵직굵직한 사건을 취재보도했다.

더구나 후쿠오카로부터 나가사키로 가는 도중에 있는 일본의 입국관리국 강제수용시설인 오무라수용소를 수시로 탐방해 한국 밀항자의 실태와 북송문제를 심도 있게 다루는 열의를 보였다.

한편 1967년 1월부터 3개월 동안 미소 냉전체제에서 세계의 이목이 집중된 베트남전쟁에 이상철 보도부장을 종군기자로 특파하여 베트남전쟁의 실상과 한국군의 전투상황을 생생하게 보도했다. 특히 1967년 2월 20일 베트남 중부지역의 짜빈

신건식 특파원이 오무라수용소에서 밀항자와 인터뷰하는 모습

부산MBC의 주일특파원 이상철

동에서 벌인 한국군 해병대 청룡부대 1개 중대가 월맹 정규군 1개 연대를 맞아 혈전을 벌인 전투현장에서 목숨을 건 현장르포활동은 종군기자의 표상이 되었다. 부산MBC 4층 자료실에 분류보관번호 67002번으로 보관중인 테이프의 제목은 〈청룡과 더불어 짜빈동 격전지에서〉라는 이름의 6백 피트짜리 릴테이프의 종군르포 프로그램이다.

이상철 특파원은 3개월 동안의 고된 특파원 생활중에도 부산 경남지역 출신 장병들의 인터뷰를 방송함으로써 출정 장병들의 가족들에게 혈육의 소식을 전했다. 그는 부산MBC에 입사하기 직전인 1958년 〈현대문학〉 10월호에 시인 박두진에 의해 시 〈여울〉[75]이 추천되기도 했다. 박두진은 추천소감에서 "땅으로부터 배여받고 오랜 구겨진 생활의 서러움이 뼈에 사무친 깊디깊은 원한과 서러움과 눈물과 몸부림과 체념 같은 것, 혹은 그것에서 헤어나고 그것을 호소하고 그것을 극복하려 하는 바탕을 무엇보다도 자연의 물상(物象)에 의탁하여 표현하려고 하는 시의 깊은 흐름이 우리에게

---

75) 이상철의 시 〈여울〉 1. 맴도는 여울은 어지럽다./여울의 검은 물빛/ 목숨의 마지막 빛깔 같은/ 그것은 눈부시다.// 사방까지 잔잔한 나라로 굽어보던/ 나비의 노란 아우성이 숨은/ 여울가에,/ 호올로 흐느끼는 꽃잎.// 수줍은 목숨으로 흐를 강물 아닌가…/ 기맥힌 편안을 띄워 놓고/ 조촐히 흐르자던/ 마지막 수작 아닌가…/ 꽃잎은 억울하여/ 차라리 그늘을 다스렸다./ 2. 가슴이 얇아 숨 끊고/ 땅속 깊이 묻히고 싶은/ 사슴은 꽃을 안고 섰다.// 시새우는 바람도/ 나비의 추억같이/ 이늑한 무덤의 내를 풍기는/ 그늘에서,/ 사슴은 무엇을 밸 건가.// 밑 모를 땅을 후비면/ 반드시 구슬같이 맑은/ 노래가 샘솟칠 은혜를/ 누가 알 건가.// 하늘 맑은 푸른 망울을/ 하늘에서 끌어온 그대로의/ 내 꽃 같은 새끼여.// 아 여울 멎으면/ 너를 낳으리라.

있다면 이것은 분명히 한국의 시가 도달한 중요하고 정당한 그리고 값이 있는 소득이 아닐 수 없을 것이다"라고 쓰고 "그러한 바탕에 올바른 자세로 이 〈여울〉의 작가가 서 있다"라고 격찬했다. 글 솜씨가 빼어난 그는 입사 이듬해인 3·15 마산의거에서 피살되어 마산 중앙부두 앞바다에 돌맹이에 묶어 버려졌다가 인양되어 온 국민을 분노케 한 김주열 열사와 희생자를 기리는 특집방송 〈꽃다운 죽음에 부치는 피로 쓴 편지〉와 〈꽃은 죽어서 말한다〉는 특별보도프로그램을 연이어 제작 방송한 투철한 기자정신과 문학적 감성이 빼어난 개국요원이었다.

한편 1966년 12월 태국 방콕에서 개최된 '제 5회 아시아경기대회'에 박인규 기술부장을 파견하고 1967년 8월 일본에서 개최된 '유니버시아드대회'에는 이상길 아나운서를, 같은 해 11월 태국 방콕에서 개최된 '제 5회 아시아농구대회'와 '제 2회 킹스컵축구대회'에 최창식 아나운서를 파견했다. 1976년 7월 캐나다 몬트리올에서 개최된 '제 21회 올림픽'에 추정길 기자가 지방방송 최초로 한국방송단 일원으로 파견되어 올림픽 마지막 날인 8월 1일 아침 9시 30분 부산출신으로 레슬링 자유형 페더급에 출전해 금메달을 획득한 양정모 선수의 쾌거를 보도했다. 1978년 12월 태국 방콕에서 개최된 '제 8회 아시아경기대회'에서는 엄항희 아나운서가 남북 축구대결 실황을 전국에 중계하는 등 부산MBC의 기자, 아나운서, 엔지니어 등 방송인들은 단독 또는 합동으로 세계 각국의 뉴스현장을 누볐으며 1980년대부터는 기자와 PD들이 해외특집을 현장취재하기 위해 세계 각국에 파견되어 맹활약을 했다.

7) 통제와 검열에 숨죽인 뉴스

권력이 저지른 자유언론에 대한 가시적인 탄압은 사전검열로 나타났다. 부산MBC가 개국하던 자유당 말기와 3·15 마산의거, 4·19 혁명 과정에서 내려진 비상계엄은 물론 그 이후 5·16군사정변과 10월유신, 1980년대 신군부의 권력찬탈 과정 등 잦은 권력변환기에서 저질러진 언론탄압은 거의 살인적이었다. 1971년 12월 국가비상사태 선언과 1972년 10월의 10월유신에 따른 긴급조치, 1973년 2월 16일자로 방송법을 개정 공포하고 이듬해 3월에는 방송윤리위원회 기능을 강화하고 각 방송사마다 심의실을 두어 자체검열을 의무화하는 등 유신체제가 몰고 온 방송환경은 숨이 막힐 지경이었다. 1975년 5월에는 유신헌법에 대한 일체의 비방이나 개헌논의를 금지하는 긴급조치 9호가 발표되어 정치적 공포분위기 속에서 검열이 강화되었다.

> 5·16 군사정권과 유신시대를 거치는 동안 부산MBC도 다른 언론매체와 마찬가지로 참다운 언론의 사명에서 빗나가기 시작했다… 관계기관이 정기적인 보도지침을 제시하는 등의 직접적이 제작관여는 거의 없었으나 회사의 성격(경영진의 낙하산식 선임, 주주의 특이성) 등으로 공정보도에 자의적인 제약이 뒤따르지 않을 수 없었다. 또한 사안에 따라 관계기관이 직접 협조요청이라는 이름으로 보도의 보류나 확대 등을 강요하기도 했다. 특히 선거운동 기간 중에는 친여적 방송을 강요해 공정성이 결여된 보도가 나갔고 여당후보에 대한 지원여부가 당국에 의해 체크되는 실정이었다.[76]

나아가서 낙하산 인사를 상식화한 군사정권은 건전한 정신과 능력

---

76) 부산MBC, 《부산문화방송 30년사》, 제6장 보도 30년의 명암, 380~381쪽.

보다는 말 한마디에 죽고 사는 충견을 배치하는 식으로 감시감독을 위한 새로운 인사관행이 생겼다. 권력에 의한 언론통제는 신군부의 하수인이나 다름없는 방송협회가 1980년 11월 '방송의 공영화 및 공익성의 확보가 시대적 여망'이라는 구실로 대행한 언론사 통폐합조치는 우리나라 언론사상 그 유례를 찾아 볼 수 없는 언론말살정책이었다. 부산의 경우 계엄령이 선포되는 동시에 부산시청에 설치되는 부산지역 계엄사무소 보도실에서는 하루 두 차례의 검열이 실시되었다. 보도될 모든 신문기사와 방송뉴스는 물론 음악프로그램의 원고를 제외한 프로그램 원고를 지침과 군의 시각으로 검열했다. 심지어 방송원고를 검열할 때 프로그램의 기획의도나 전체적인 흐름을 보는 게 아니라 부분적이고 지엽적인 문장표현에 매달렸으며 사전검열을 이유로 방송의 생명인 생방송을 금지시키고 녹음방송을 강요했다. 이같이 계속된 통제로 방송은 권력의 예속화가 이뤄졌고 마감시간의 제한을 받지 않던 뉴스의 자율성은 그 빛을 잃어 방송의 생명인 뉴스는 한동안 숨을 몰아쉬어야 했다.

7. 험난했던 민방의 초창기

1) 경영진의 잦은 교체

1950년대에 개국한 민방과 종교방송은 하나같이 극심한 경영난을 겪었다. 부산MBC도 방송국을 해보겠다는 의욕이 지나치게 앞서 체계적인 준비와 자금운용에 대한 계획 없이 무리하게 개국이 추진되는 바람에 경영난이 겹쳐 경영진의 잦은 교체로 혼란을 겪었다. 회사의 재무상태는 사옥을 구입하고 방송기기를 발주한 뒤에는 자금이 고갈되어 부산항에 도착한 수입장비의 통관에 필요한 관세를 부담할 수 없는 형편이었다. 더구나 본격적인 개국준비에 들어가자 창업자금을 메워나갈 주금(株金)의 불입이 순조롭지 못해 초기운영자금을 마련하기가 막연해졌다. 엎친 데 덮친 격으로 지방의 광고시장이 한계에 부딪혀 경영난이 쉽게 풀릴 전망이 좀처럼 보이지 않았다.

이런 어려움 속에서 개국 초기에 필요한 시설투자와 기기 구입비용은 계속 늘어나고 프로그램 제작을 위해 인기작가와 연예인이 살고 있는 서울을 오가야 하는 사정이어서 제작비용이 어려운 회사경영을 무겁게 짓누르고 있었다.

개국 당시 방송인으로 활동했던 정순일도 지난날 김상용에 대해 다음과 같이 증언하고 있다.

> 김상용 씨는 전망이 밝은 사업을 시작했으나 창업비를 매워나갈 자금조달에 어려움이 많은 데다가 지방 단일국이 갖는 애로, 즉 광고시장이 한계에 부딪쳤고 중요 뉴스뿐 아니라 프로그램 제작에 필요한 작가, 연예인 등도 서울에 집중되어 있으니 제작을 서울에서 하든 부산으로 불러서 하든 제작비가 엄청나 이래저래 경영을 포기한

게 아니가 싶다. 부산은 안성수에게 넘겨놓고 서울에 또 하나의 민간방송을 세워 부산과 제휴해 나가자 이런 결론을 내린 것으로 볼 수 있다.[77]

한편 사라호 태풍으로 시대복장, 조선맥주, 조선방직, 흥아타이어 등 비교적 대형 광고주들이 광고료를 지불하기 어렵다는 이유로 일방적으로 광고를 중단하는 사태가 벌어졌다. 개국 첫해 적자는 눈덩이처럼 불어나 무려 천 7만 6천여 환에 달했다. 직원들은 몇 달째 급료를 받지 못해 도시락을 싸들고 다녀야 했고 심지어 "개국요원들은 커피도 회사 맞은편 거상다방에서 외상장부에 사인하고 마셔야 했다"고 전한다. 마침내 작가들에게 원고료를 지불하지 못해 드라마가 중단되는 사태까지 발생하게 되었다.[78] 한때는 '방송을 그만 두느냐 계속하느냐' 하는 절박한 기로에 서기도 했다. 그러나 설립자 김상용과 정환옥은 자금조달로 우선 웃불이라도 끄려는 경영자로서 대응은커녕 서울에 제휴사 민방을 세워야 제작비를 절감하고 광고주를 쉽게 확보할 수 있다는 발상으로 일을 벌이고 말았다.

준비된 설립자금도 없이 부산MBC 개국 두 달 만인 1959년 6월 18일 체신부로부터 민방 설립허가를 받게 된다. 이때 체신부로부터 나온 민방 설립허가는 동아일보사, 천주교 계열의 김규환(라디오서울에 양도), 화가 고희동(서울문화방송에 양도),[79] 그리고 부산MBC 김상

77) 정순일, 《한국방송의 어제와 오늘》(나남, 1991), 53쪽.

78) 부산MBC, 《부산문화방송 30년사》, 1989, 104쪽.

79) 고희동(高羲東, 1886. 3. 11~1965. 10. 22)은 우리나라 최초의 서양화가로 서울에서 태어났다. 호는 춘곡으로 어릴 적부터 불어를 배워 첫 직업은 궁궐 통역관이었다. 나이 스무 살이 되던 해에 궁중화가 안중식의 문하에 들어가 처음 화필을 잡은 그는 1909년 일본으로 건너가 1910년 동경미술학교 양화과에 유학 6년 뒤인 1915년 귀국하였다. 그는 우리나라

화가 고희동

용이었다. 창업자금이 넉넉한 대기업가가 아닌 자영업자 수준의 김상용은 부산MBC 개국 이후 극심한 자금난을 겪던 회사를 수습하지 못한 채 서울에 제휴사를 가져야 이 난국을 근본적으로 해결할 수 있다는 생각으로 서울MBC 개국에 매달렸으나 이미 부산MBC의 설립에 무리하게 사재를 투입한 직후여서 꿈을 이루지 못하고 1960년 4월 8일 부산MBC 회장직마저 내놓고 만다.

부산MBC 안팎에서는 누적된 경영난을 극복하기 위한 궁여지책으로 '회사를 창립한 인물이나 의도 등에 상관없이 새로운 운영자를 맞아들여 이미 하나의 공공성을 지니고 있는 방송업체를 육성해가도록 해야 한다'는 제안이 대두되었다.[80] 이에 따라 사회적 지위나 역량, 방송사업에 대한 식견이 있는 인물을 두루 찾던 김상용은 경상남도 산업국장 출신 안성수[81]를 2천만 환 투자조건으로[82] 영입하게 된다.

에서 서양화를 처음 배운 '서양화 수용의 제1호'이자 선구자였다. 그의 뒤를 이어 1911년에 김관호, 1912년 김찬영, 1914년 나혜석이 차례로 동경에 유학하여 서양화를 배웠다. 그가 서울 휘문, 보성, 중동학교에서 교편을 잡음으로써 최초의 서양화 수업이 시작된 것이다. 1918년 서화협회를 창립하여 미술운동에 전념하다 과옥을 맞아 대한미술협회장에 이어 1948년 한민당 상임위원, 민주당 고문, 민권수호연맹위원장에 추대되어 의원을 1960년 4·19혁명 이후 민주당의 공천으로 첫 참의원이 되었다가 5·16군사정변으로 정계에서 은퇴했다. 그는 1959년 6월 18일 체신부로부터 허가받은 민방 허가권을 김지태에게 양도하고 서울MBC 초대 회장으로 취임하였다.

80) 부산MBC, 《부산문화방송 10년사》, 1969, 122쪽.

81) 안성수(安星洙, 1914. 12. 2~1987. 5. 16)는 울산 출신으로 어릴 때 서당에서 천자문을 땐 그는 야학으로 문맹퇴치에 나섰으며 1934년 21살의

1959년 9월 23일 주주총회를 통해 안성수를 사장으로 선임하고 자신은 회장으로 경영 제 2선으로 물러났다. 그래도 경영의 어려움이 계속되자 안성수는 김종만 전무를 통해 〈부산일보〉 김종한 상무로 하여금 김지태[83]에게 부산MBC를 인수하도록 권유하게 된다. 당시 김

나이로 보통문관시험에 합격해 공직생활을 시작했다. 광복 이후 거창군수로 봉직했다. 1952년 동아대 법학과를 졸업하고 경남도 산업국장에서 정년퇴직하여 24년 동안의 공직생활을 마감했다. 이후 1963년 경남농구협회장과 1965년 부산축구협회장을 맡았으며 영남 제주지역을 중심으로 한국로타리 제 366지구를 창설해 초대 총재직을 수행했다. 부산MBC 개국 직후 내부한 미국 빅토리 농구단의 친선경기중계를 계기로 MBC와 인연이 되어 김상용의 투자 제의로 1959년 9월 23일 부산MBC 제 2대 사장으로 취임하여 1971년 6월 17일까지 10년 9개월 동안 재임하는 동안 설립자에 버금가는 의욕과 열성으로 부산MBC의 기틀을 닦았다.

명연설가로도 알려진 그는 취임사를 통해 '창사이념'과 'MBC헌장'을 채택하고 출력증강과 네트워크 형성을 추진했다. 1960년 4월 11일에는 김지태 회장, 김종한 전무, 최창호 송신과장과 함께 진주에 현지답사를 다녀온 뒤 1968년 5월 31일 개국한 진주MBC 초대사장과 1970년 2월 16일 대표이사 사장을 맡았으며 1970년 7월 24일 개국한 여수MBC의 초대사장을 역임해 민방발전에 기여했다. 특히 창사 이후 경영난을 극복하기 위해 노력했으며 3·15마산의거와 4·19혁명 때 방송을 통한 자유언론의 책임을 다한 공적이 지대하다. 4·19혁명 이후 실시한 민선 경상남도 지사 선거에 출마했으나 이기주 후보에 패했다.

82) 부산문화방송사우회, 《부산문화방송사우회 10년》, 2002, 249쪽 '남기고 싶은 얘기'에서 김종한의 증언.

83) 김지태 저, 《나의 이력서》와 김지태 사장 창업 35년사 편찬위원회가 펴낸 《김지태 사장 창업 35년사》, 그리고 자명 김지태 평전 《문항라 저고리는 비에 젖지 않았다》와 김종한, 황용주 등 지인들의 인터뷰와 김종신, 이종원 등의 증언을 종합 정리해보면 김지태(金智泰, 1908.6.14~1982.4.9)는 부산 좌천동에서 태어났다. 호 子明, 1927년 3월 부산상고 전신인 부산 제 2상업학교를 졸업하고 선진농법을 전해주고 국토의 효율적인 이용을 내세워 조선의 토지와 노동력을 착취한 식민지 수탈기관 동양척식주식회사에 취업하게 된다. 그를 비판하는 세력들은 이를

들어 친일기업인이라고 말하기도 한다. 그러나 그의 행적은 이러했다. 동척에 취직하던 해부터 1932년까지 5년 동안 부산진 정공단 부근에서 셋집을 얻어 부산정묘(丁卯)야학교를 직접 설립하여 젊은 야학교 교장이 되어 배우지 못한 불우한 청소년을 가르쳤다. 낮에는 동척의 촉망받는 사원으로 밤에는 야학교사로 세월을 보낸 것이다. 야학교를 설립 운영하던 어느 날 부산진보통학교의 일본인 교사가 조선사람에게 못된 짓을 저지른 사건이 발생하자 자신을 포함한 조선청년동맹 부산지부 간부 5명이 전단을 뿌리며 규탄하다 부산경찰서에 연행 구금된 뒤로는 동척으로부터 퇴사될 지경이 되자 제2상업 후쿠시〔福士〕 교장의 도움으로 구속에서 풀려나 퇴사의 위기를 넘길 수 있었다. 그 뒤로부터는 계속 일경의 사찰을 받아야 했다. 1932년 폐결핵으로 동양척식을 그만두면서 동척 소유의 울산군 울산읍 성안리 소재 2만 평의 농장을 10년 분할상환 조건으로 불하받아 요양생활을 겸해 농장경영에 몰두했다.

그가 기업인으로 성공할 수 있었던 원동력은 동척으로부터 불하받은 2만 평의 토지였다. 3년 동안의 투병과 농장경영 끝에 얻은 수익으로 1934년 10월 경영난에 빠진 부산진직물공장을 인수하였으나 끝내 다시 일으켜 세우지 못하고 빚잔치로 끝내고 만다. 그 이후 종이를 만드는 지기(紙器)공업에서 수완을 발휘하여 기계공업에까지 손을 뻗쳐나갔다. 그로부터 50년을 기업가로 활동하면서 조선견직과 한국생사를 창설하여 명실공히 실크 재벌을 육성하고 삼화고무를 인수하여 부산을 대표하는 기업가로 기반을 잡으면서 부산상공회의소 1, 2, 3대 회장에 피선된다. 정치인으로서 그는 1950년 무소속으로 제2대 민의원 당선, 1954년 자유당 소속으로 3대 민의원에 당선되어 이승만의 재선을 반대하는 율사 출신 소장파 무소속 의원들을 중심으로 구성된 원내교섭단체 '민우회'의 핵심으로 활동했다.

이승만이 자유당 창당자금으로 3억 원을 요구하는 것을 묵살하자 가파른 시련의 세월을 보내야 했고 1951년 3월 광목을 만드는 데 순면만 사용하지 않고 재생면인 낙면을 5% 혼합한 광목을 생산함으로써 질이 떨어지는 옷감으로 군복을 만들어 국군의 작전수행에 차질을 빚어 공산당에게 유리한 짓을 했다는 이른바 '조방낙면(朝紡落綿)사건'으로 기소되어 이적행위로 군법회의에 회부된다. 당시 〈동아일보〉는 그 사건을 빗대서 "이대로 가다가는 낮잠 자는 농부도 이적 행위자가 되겠다"고 꼬집었다. 결국 1956년 12월 사사오입 개헌에 반대하다가 자유당에서 제상용의 동생 김종만은 〈부산일보〉 김종한 상무와 부산상고 동기동창이었다. 심복 김종한으로부터 부산MBC의 인수제의를 전달받은 김지태는 1959년 11월 27일자로 부산MBC를 사들인다. 부산MBC를 인수한 김지태는 정치활동을 접고 신문과 방송의 겸업으로 종합매스컴센터의 운영을 구상하면서 〈부산일보〉에 새 윤전기를 도입하고 황용주 등 전문인력 영입에 의욕을 불태웠다.

김지태가 부산MBC를 인수한 뒤 〈부산일보〉 김종한[84] 상무를 부산MBC 전무로 승진시켜 전성태, 박준길, 이종원[85] 등과 함께 인수

명되고 1958년 제4대 민의원 총선거에서 3선에 도전했으나 실패한다. 그 길로 정치와 결별하고 기업경영에 전념하는 한편 언론인으로써 민주언론을 창달함으로써 이승만 독재와 정면투쟁에 나선다.

그는 1948년 〈부산일보〉와 〈대중신문〉을 인수합병했으며 우리나라 민방 개척자로서 일찍이 부산MBC를 인수 경영하고, 서울MBC 설립 사장으로서 MBC의 기틀을 닦았다. 4·19혁명 이후 민주당 장면 내각의 상공부장관 입각 제의도 고사하고 〈부산일보〉를 일으켜 세우기 위해서 창업수준의 투자와 함께 황용주 주필과 손잡고 반독재 투쟁전선을 구축한다. 그러나 5·16군사정변 이후 쿠데타 거사자금을 지원하지 않은데 앙심을 품은 박정희에 의해 부정축재 혐의로 기업간부 10여 명, 아내와 함께 구속된다. 1962년 6월 20일 구속상태에서 〈부산일보〉, 서울MBC, 부산MBC 및 부일장학회 소유의 부산시내 땅 10만 147평을 기증하는 기부승낙서에 서명날인하고 이틀 뒤 공소취하로 석방되는 등 파란만장한 한평생을 산 기업언론인이었다.

84) 김종한(金種漢)은 1921년 9월 15일 경남 함안에서 태어났다. 부산 제2상업과 혜화전문학교 중문과를 졸업하고 1952년 〈부산일보〉 상무, 1959년 김지태가 부산MBC를 인수하자 부산MBC 인수책임자로 활동, 전무를 거쳐 한국MBC 사장직무대리를 역임했다.

85) 이종원(李種元, 1941. 1. 26~2010. 8. 16)은 경북 청도에서 태어났다. 부산상고를 졸업한 이듬해인 1961년 3월 1일부터 1981년 4월 15일까지 만 20년을 봉직하고 총무국장으로 퇴직했다. 그는 (주)청산플라스틱 사장과 한국케이블TV 부산·경남방송국협의회장을 거쳐 16년 동안 부산

팀으로 들여보냈다. 이후 5개월 동안 사전검토와 준비를 끝낸 이듬해 4월 8일 주주총회에서 자신이 회장직을 맡고 안성수를 사장에, 김종한을 전무에 각각 선임하여 4월 11일 취임식을 가졌다. 개국 초창기 김상용의 자본이 건실하고 사전준비가 충실했더라면 개국 원년에 시행착오와 극심한 경영난을 겪지 않았을 것이고 부산MBC의 경영권이 안성수를 거쳐 김지태에게 넘어가는 경영진의 잦은 교체 없이 연착륙이 가능했을 것이다. 그랬을 경우 부산MBC를 군사정권에 빼앗기는 일도 없었을 것이며 부산경제의 대들보로서 역할을 해낼 수 있었을 것이다.

주주총회 사흘 뒤인 4월 11일에는 중역회의에서 10㎾ 출력증강과 네트워크 건설을 결정하고 김지태, 안성수, 김종한, 최창호가 진주지역에 세울 부산MBC의 중계소 부지선정을 위해 현장답사를 떠났다. 그날은 마침 마산에서는 김주열 군의 주검이 떠올라 제 2차 마산의거가 일어났다. 부산MBC의 새 주인이 된 〈부산일보〉 김지태 사장은 안성수 사장과 함께 숨 가쁘게 돌아가던 당시 3·15마산의거에 대한 사실보도의 결의를 다지고 〈부산일보〉와 공동보조를 맞추어 나가는 한편 당면한 경영난 개선을 위한 강도 높은 경영쇄신과 기구개편이 강도 높게 진행되었다.

2) 안성수 사장의 경영시대

김상용이 부산MBC를 낳은 생모(生母)라면 안성수는 제 몸도 가누지 못하는 핏덩이 같은 부산MBC를 받아 길러낸 양모(養母)로 비유할 수 있다. 바꿔 말하면 김상용이 부산MBC의 주추를 놓았다면 안

MBC 사우회장을 역임한 바 있다.

부산MBC 제 2대 사장 안성수

성수는 기둥을 세우고 지붕을 이은 사람이다. 개국 초기부터 극심한 경영난을 겪어온 부산MBC로서는 일찍이 인맥이 튼튼한 안성수의 경영수완에 기대가 모아졌다. 초대 사장 김상용이 안성수를 처음 만난 것은 개국 2개월이 지난 6월 30일 미국 빅토리농구단의 부산경기의 중계방송을 협의할 때였다. 그 이후 안성수를 부산MBC의 제 2대 사장으로 영입한 데에는 당시 절박한 두 가지 이유가 있었다.

하나는 자금난의 숨통을 트기 위한 돈줄을 대려는 것이었다. 당시 부산MBC의 사정을 짐작할 수 있는 증언을 들어보자. 〈부산일보〉 상무를 거쳐 부산MBC 전무를 역임한 김종한은 "김상용 사장은 당시 농구협회장을 맡고 있던 안성수 씨와 중계방송 관계로 만난 적이 있습니다. 김상용 사장은 안성수 씨에게 2천만 환을 투자하는 조건으로 1959년 9월 23일 사장자리를 내주고 본인은 회장에 취임했습니다"라고 증언했다.[86] 다른 하나는 오랜 공직생활을 통한 다양한 인간관계를 활용해서 부산MBC의 이미지 부각과 사세를 확장시키고 미래청사진을 제시해보려는 것이었다.

김상용의 제의를 받은 안성수는 2개월에 걸쳐 부산MBC의 경영상태와 전망에 관한 나름의 분석과 검토를 끝내고 1959년 9월 23일 업무쇄신과 기구개편을 통한 직무능력 향상과 경영합리화라는 현안과제를 해결해보려는 강력한 의지를 갖고 취임했다. 안성수 사장은 취임사를 통해서 다음과 같이 밝혔다.

---

86) 부산문화방송사우회, 《부산문화방송사우회 10년》, 2002, 249쪽.

1959년 9월 23일 제2대 사장으로 취임한 안성수가 취임사를 통해 'HLKU 창사이념'을 밝히고 있다

민간상업방송이란 관영방송이나 종교방송과는 전혀 그 기반을 달리하는 것으로 우리나라에서는 실로 전인미답의 불모지에 부산문화방송이 씨앗을 뿌려 놓았으나 아직은 실험소재로밖에 생각되지 않는 단계에 있습니다. 그러나 우리 사원들은 민간상업방송 개척자로서의 기쁨을 가지고 뿌려 놓은 씨앗을 가꾸는 대행진을 시작해야 할 것입니다. 전파매스컴이 가지는 특질을 살려야 하는 것은 물론 지식의 교환과 정의의 교류가 동시성과 광역성을 가지고 이루어지는 전파미디어가 우리 사회에서 가지는 의의를 충분히 자각하고 이러한 여건들을 최대한으로 선용하고 활용, 발휘하여 국민생활과 문화향상에 무한대로 봉사해야 할 것입니다. 따라서 국가사회의 진보와 번영에 헌신 노력할 수 있도록 어떻게 조건을 개선하고 차원을 높여갈 수 있느냐 하는 것은 우리 민간방송인의 두 어깨에 부하된 무거운 과제이며 또한 본사 사원들에게 부여된 과제인바 우리는 민족적 생명과 관련된다고 해도 좋을 이러한 명제를 달성하기 위해서 방송에 최대의 노력을 다해야 할 것으로 믿습니다.

그리고 우리 민간방송에 종사하는 사원들은 '어린이에게 꿈을 주는 방송, 청년들에게 이상을 주는 방송, 가가호호에 위안을 주는 방송'을 만들어내기 위해 최선을 다해야 할 것입니다. 우리 부산

MBC가 이러한 세 가지 방송신조를 잘 구현해 갈 때 우리는 민방개척자로서의 사명을 완수하는 것이며 또 이것은 곧 우리 회사를 발전시켜 나가는 첩경이 될 줄 압니다.

취임사에서 안성수는 HLKU 창사이념을 "어린이에게 꿈을, 청년에게 이상을, 가가호호에 위안을" 주는 방송상을 구현하겠다고 밝히고 "전 사원이 심혈을 경주하여 민족문화 향상에 기여한다는 높은 긍지를 갖고 각자 최선의 노력을 다할 것"을 호소했다. 개국 당시 내세운 방송의 책임과 윤리는 6개항의 '도덕요강'을 'MBC헌장'으로 구체화시키는 한편 부산MBC의 목표와 이상을 제시하고 이에 걸맞은 부산MBC의 위상을 갖춰나가려고 애썼다. "안성수 사장은 방송의 이념과 기능, 개념과 영향력을 강조하여 '국민정서 함양과 국가발전을 도모'하려는 자유주의 언론이론이 강하게 나타나는 권위주의 언론이론을 표방하고 있다"[87] 고 평가받고 있다. 안성수가 내걸었던 HLKU 창사이념은 8년 뒤 개국한 진주MBC에서도 그대로 방송지표로 삼았다.

▪ MBC 헌장

MBC 문화방송은 공공성에 입각하여 건전하고 청신한 放送順序로써 국민의 공공복지와 민족문화의 향상에 기여하는 동시에 국민의 생산의욕을 촉진시킴으로써 산업경제의 번영에 공헌한다.

MBC 문화방송은 방송의 권위와 신용을 견지하기 위하여 放送順序 편성권의 자유성을 확보하여 다음과 같은 기본방침에 의하여 방송을 실시한다.

① 민주주의 제 원칙하에 사회정의 확립과 질서유지에 진력한다.

---

87) 황창진, "정치권력 변동이 민영방송의 경영정책에 미치는 영향에 관한 연구," 1998, 83~84쪽.

② 불편부당의 공정성을 지키고 진실을 전파하며 자율을 확보함으로써 표현의 자유를 유지한다.
③ 명랑하고 건전한 방송을 통하여 국민생활에 실익과 교양 및 오락을 제공한다.

안성수는 민방의 대장정에 올라 1971년 6월 17일까지 10년 9개월이라는 역대 사장 중에서 가장 긴 재임기간 동안 두 차례의 출력증강과 경영개선을 통해 부산MBC를 탄탄한 반석 위에 올려놓았다. 특히 민의를 성실하게 반영하는 방송이 되고자 노력하면서 미래 청사진을 세우고 외국 방송사와의 협력을 강화하며 해외특파원제도를 실행하는 등 내실을 기했다. 그는 평소 '방송을 프로그램으로 말하겠다'고 말한 실천적 방송인으로서 방송의 언론기능을 확립하는 데 기여했다. 3·15 마산의거와 4·19혁명을 겪은 안성수는 "(청취자의 호응을 얻게 되는 시기는) 4·19혁명 때가 고비였다. 그냥 이를 악물고 국민과 호흡을 같이했다. 내 몸 하나 감옥에 갈 생각하고 마구 사실보도를 했더니 결국 호응이 맞아지고 방송의 사명이 뚜렷해지는 것 같았다"고 회고[88]했다. 개국 당시는 회장과 사장으로부터 보도과장과 취재기자에 이르기까지 전 임직원이 하나로 뭉쳐 진실추구와 사실보도에 사운을 걸었던 자랑스럽고 빛나는 한때였다. 그 또한 서울MBC 개국을 위해 부산 서울을 뻔질나게 오가며 심혈을 기울였다. 1961년 12월 2일 우남회관(현 세종문화회관)에서 열린 서울MBC 개국식에 참석했던 최병훈[89]은 축사를 맡았던 부산MBC의 안성수 사장이 "민주주의는

88) 한국방송회관 발행 〈방송문화〉 1968년 5월호.

89) 최병훈(崔炳勳)은 1935년 12월 11일 합천 삼가에서 태어나 진주고등학교를 거쳐 고려대 법학과를 졸업했다. 농림부 공무원으로 일하던 젊은 날 1961년 12월 2일 서울 우남회관에서 개최된 서울MBC 개국식에 참석해 부산MBC 안성수 사장의 축사를 직접 들었고 지금은 서울 종로구

언론자유가 보장되어야 하는데 드디어 서울 하늘 아래 MBC의 방송 전파탑이 섰으니 이야말로 대한민국의 언론자유를 상징하는 것입니다"라는 내용의 '민주주의와 언론자유'에 대한 명연설이 "아직도 생생하게 떠오른다"고 증언한다. 특히 3·15마산의거가 터졌을 때 안성수 사장은 마산 현지로 떠나는 취재진들을 일일이 불러 "우리가 언제 경찰 유치장에 갈지 모르는 일이니 한 달치 봉급을 가불해서 집에 쌀 한 가마씩 팔아주고 떠나라"는 당부와 함께 비장한 각오로 마산 현지로 파견시켰다.[90]

안성수 사장은 1969년 12월 25일 《부산문화방송 10년사》 발간사 '새로운 전진을 위하여'를 통해 다음과 같이 밝혔다.

> 民放 개척자로 등장한 본사는 그 초창기에 피눈물 나는 시련을 겪지 않으면 안 되었다. 지방도시라는 핸디캡으로 생겨나는 방송요원의 확보문제와 방송광고에 대한 이해 미급에서 나타나는 스폰서 획득난 등, 실로 존망을 좌우하는 조건들과 맞서지 않으면 안 되었다. 그러나 民放을 개척하려는 우리들의 열의와 노력은 마침내 이러한 난관들을 극복하고, 한국에서도 민간방송이 성립할 수 있다는 사실을 입증하기에 이르렀다. 그리고 4월 혁명의 과정에서 획득한 전 국민적 신뢰를 토대로 하여 점차 오늘에 이르는 발전의 길을 밟게 된 것이다. 그리하여 오늘날 우리나라 民放界가 그 짧은 연륜에도 불구하고 경이적이라고 해도 좋을 만큼 풍성한 양과 질의 발전을 이룩하고 있는 현상을 볼 때, 선구자로 자임하는 우리는 스스로 흐뭇한 느낌을 금할 수 없다.

평창동 131의 22번지에서 살고 있으며 〈종로저널〉 논설고문으로 활동하고 있다.

90) 〈종로저널〉 제 516호, 시론-'3·15 마산의거와 부산문화방송'(최병훈 논설고문), 2010. 4. 5.

취임 10주년 기념식에서는 다음과 같이 술회했다.

> 1961년 11월 수도 서울에 한국문화방송을 설립할 때에는 본사는 설립허가를 받는 데서부터 건설, 사무, 기술 등 모든 면에서 전력을 경주했으며 본사 인원의 절반 이상을 나누어 이를 추진했던 것입니다. 당시 우리가 서울에 한국문화방송을 설립하는 데 최대의 협력을 한 이유는 서울에 민방이 섬으로써 서울 부산 간의 유대가 강화된다는 것을 믿었기 때문인데 과연 오늘의 한국의 민간방송은 서울과 부산을 주축으로 이루어지고 있습니다. 요컨대 오늘 우리의 방송이 이러한 발전을 이룬 것은 피눈물 나는 사원 여러분들의 노력에 의한 것이며 결코 안성수 개인의 노력이나 역량에 의한 것이라고는 생각되지 않습니다. 눈에 보이지 않는 힘과 힘이 얽히고 뭉쳐져서 오늘의 기틀을 마련한 것입니다.

공채 제1기 기자로 입사하여 제11대 사장(1994년 3월 3일~1996년 9월 11일)을 역임한 이우현은 "안성수 사장은 미래지향적이고 무엇보다 정의감이 강했던 분으로 기억한다. 특히 기자, PD, 아나운서 등 방송현업 직원을 채용할 때는 공채를 원칙으로 하는 훌륭한 인사관리의 전통을 세우려고 노력한 경영인이었다. 결국 그분의 탁월한 방송경영이 부산MBC를 민방의 효시사로서 발전시켰다고 하겠다. 원칙과 기본을 중시한 평소의 신념과 실천력이 오늘의 MBC를 있게 한 숨은 공로자이다"라고 평가하고 있다. 부산MBC가 민락동 신사옥으로 옮긴 뒤 제12대 사장 유삼렬은 1999년 4월 15일 창사 40주년을 맞아 '창사이념비'를 세워 드높았던 부산MBC의 창사이념을 되새기게 했다.

그러나 유신독재의 전주곡이 울리기 시작하던 1971년 6월 17일 박정희 대통령의 측근들로 구성된 5·16장학회는 갑작스레 임시주주총

1999년 4월 15일 창사 40주년을 맞아 민락동 신사옥에 세워진 'HLKU 창사이념비'

회를 소집하고 안성수 사장을 전격 해임시킨다. 이틀 뒤 안성수 사장은 이임사에서 "배우는 자신의 역할에 대한 연기가 끝나면 조명이 꺼지고 막이 내리기 전에 무대를 떠나는 수밖에 길이 없다"는 의미심장한 마지막 말로 당시의 심경을 토로하고 홀연히 회사를 떠났다. 그는 지난날 〈부산일보〉와 함께 이승만 독재 종식을 위해 공동투쟁에서 보여준 방송경영철학을 통해 3·15 마산의거와 4·19 혁명을 성공적으로 이끈 방송인이었다. 안성수가 방송에 임했던 자세는 방송의 독립성과 공정성을 실현하려고 노력했으며 뛰어난 리더십과 능력으로 부산MBC의 미래에 대한 비전을 제시한 방송인으로서 민방 초기 역사의 큰 흐름을 잡은 방송인이었다. 특히 사장 취임 이듬해인 1960년 3월 마산시민들이 3·15 부정선거를 규탄하며 총궐기하자 그는 사태의 심각성과 전망을 예측하고 취재진과 방송중계요원을 현지로 급파하고 이들이 보내오는 현장녹음과 시위상황을 보도할 수 있도록 직접 지휘를 맡기도 했다. 지난날 안성수 사장이 부산MBC의 발전을 위해 쏟은 열정이 우리나라 최초의 민주화운동에 기여한 밑거름이 된 것이다. 그의 이념과 철학이 합당하게 재평가 되어야 할 것이다.

3) 경영합리화를 위한 몸부림

안성수는 개국 초기 경영난이 겹친 회사 위기를 극복해야 할 구원투수로 등판하여 안정적인 기틀을 잡아나갔다. 경영진 교체 이후 처음 손을 댄 부문은 계속되는 적자를 개선하기 위한 업무개선과 경영합리화였다. 그 중에서도 가장 시급하게 요구된 문제는 방만한 조직기구를 적정규모로 조정하고 인력배치의 효율화를 꾀하는 구조조정이었다. 이를 위해 1959년 11월 30일 사칙개정에 이어 기구개편을 단행하고 다음날인 12월 1일 시행에 들어갔다. 기구는 개국 당시 4부 11과 8계에서 사장, 전무, 상무의 체계 아래 업무부, 방송부, 기술부의 3부와 총무과, 업무과, 선전과, 편성과, 보도과, 조정과, 송신과 등 3부 7과 16계의 규모로 정비하여 1부 4과를 폐지했다. 안성수 사장은 경영난을 타개하기 위한 방안으로 실시한 조직기구 개편을 통해 11개 '과'를 1/3 가까이 줄이는 대신 '계'를 두 배로 늘려 실무자에게 업무와 역할을 대폭 나누어주었다. 이러한 축소과정은 종전의 방만한 기구조직을 효율적인 업무처리 위주로 능률화시킴으로써 사내 분위기를 쇄신하고 경비절감의 2중 효과를 거두었다.

4) 출력증강과 종일방송 실시

개국요원들의 노력으로 방송시간을 꾸준히 늘려나갔다. 개국 2개월 만인 1959년 6월 27일 하루 7시간이던 방송시간을 7시간 10분으로 늘리고 다시 9월 30일부터는 평일은 7시간 30분, 일요일에는 9시간으로 방송시간을 연장했다. 11월 1일부터는 낮방송을 매일 1시간 30분간씩 실시했다. 1961년 5월 8일에는 아침방송을 새벽 5시 30분부터 시작하고 낮방송도 오전 11시부터 오후 1시까지 연장해 하루 방

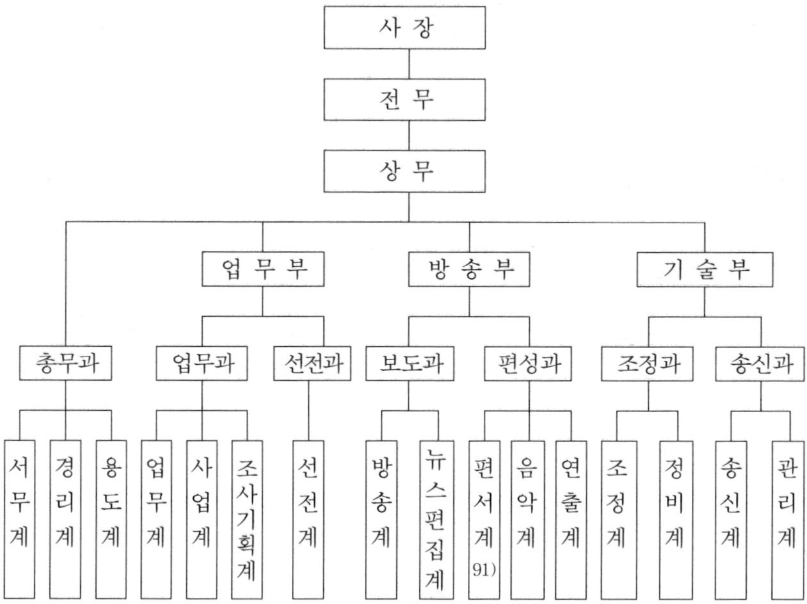

---

91) 방송에서 '편서'(編序)라는 용어는 1948년 8월 7일 국회를 통과한 정부 조직법에 따라 공보처가 KBS와 대한방송협회를 접수하면서 4국 20여 개 과로 나누어져 있던 방송기구를 편서, 문예, 방송, 기술, 조정, 송신, 업무, 서무, 경리 등 9과로 축소할 때 '편서과'라는 부서가 KBS에서 처음 등장한다. 그 이후 1959년 11월 30일 부산문화방송의 기구개편 때 방송부에 보도과와 편성과를 두고 편성과에 다시 편서계(編序係), 음악계, 연출계를 두었다. 당시 사칙 제4장 15조에서 편서계의 업무를 1. 방송 전반의 일체 기획에 관한 사항, 2. 방송내용의 실사에 관한 사항, 3. 수필 및 시에 관한 사항, 4. 상업선전문에 관한 사항, 5. 어린이 시간에 관한 사항, 6. 교양, 여성, 오락, 학생시간에 관한 사항, 7. 행사, 강좌 기타에 관한 사항, 8. 프린트에 관한 사항, 9. 녹음테이프 관수에 관한 사항, 10. 편성사무 일체에 관한 사항으로 명시하고 있다. 방송에서 '편성'(編成)이 일반적으로 프로그램의 기획, 제작, 배열을 포함하는 넓은 의미의 개념이라면 '편서'는 좁은 의미로 제작예정이거나 제작된 프로그램의 방송시간을 배정하고 차례를 정하는 것, 즉 프로그램의 기본편성을 짜는 것으로 받아들인 것으로 보인다.

제 2대 사장 안성수의 취임기념식에 이어 전 사원들이 함께 촬영한 기념사진

송시간을 11시간으로 대폭 확대해나갔다. 새 경영진은 안정적인 수익증대로 개국 초기의 경영난을 타개하기 위해 출력증강에도 힘을 기울였다. 그 결과 출력증강을 통해 가청권역을 확대하고 난청지역을 해소하는 한편 방송시간을 연장함으로써 수익증대와 사세확장이라는 한꺼번에 두 마리의 토끼를 잡으려고 했던 것이다.

이를 위해 개국 이듬해인 1960년 4월 7일 중역회의에서 출력을 1㎾에서 10㎾로 증강키로 결정했다. 송신기는 도입하는 경우와 국내에서 제작하는 경우를 비교검토한 결과 국내에서 제작할 경우 제작시간을 단축시키고 경비도 절감할 수 있다는 결론을 내리고 본사 기술진이 중심이 되어 송신기 제작에 착수했다. 이와 함께 1963년 1월 16일 주파수를 1160㎑로 변경하고 9월 2일부터 10㎾로 시험전파를 발사하는 데 성공했다. 출력증강 이후 11월 4일부터 아침, 낮, 밤 등 3부제로 나누어 하루 7시간 정규방송을 실시하던 방송시간을 하루 19시간으로 늘리고 곧이어 종일방송을 실시함으로써 새로운 도약의 계기로 삼을 수 있었다. 그러나 출력증강에 따라 해결해야 할 문제가 대두되었다. 우선 74m 높이의 송신안테나를 120m로 높여야 하고 자가발전을 위한 발전기 출력도 높여야 했다. 그러기 위해서는 더 넓은 땅을 찾아 송신소를 이전하는 계획안을 마련해 개국 5년 만인 1964년 4월 14일 3천여 평의 광안리송신소로 이전하게 되었다. 정규방송을 계속하면서 송신소 시설을 이전해야 하는 어려움 속에서 본사 기술진은 외부의 지원 없이 독자적으로 공사를 완료할 수 있었다. 출력증강은 광고판매를 촉진하고 수익증대를 실현해나감으로써 개국 이후 경영적자로부터 벗어나는 전기를 맞았다. 안성수 사장은 MBC 계열사 중에서 가장 먼저 FM방송을 시작해 1970년 4월 호출부호 HLKU-FM, 주파수 88.9㎒, 출력 1㎾로 하루 8시간의 방송을 실시했다.

5) 방송문화제 개최

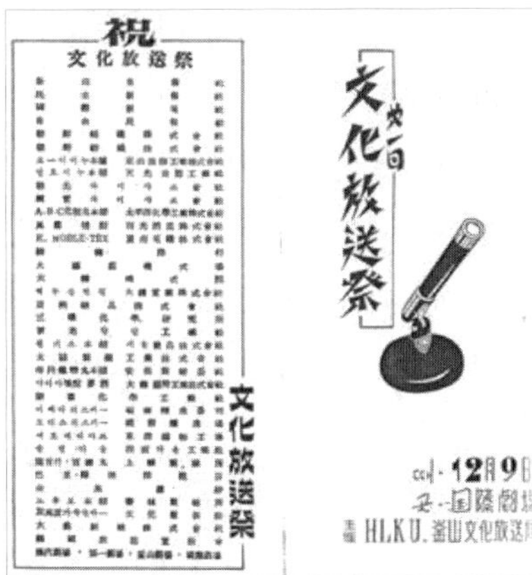

부산MBC는 개국 이후 청취자와 함께 호흡하려는 방송자세를 꾸준히 추진하는 동안 청취자 참여프로그램을 늘려나갔다. 또한 TV가 등장하지 않은 시기에 방송문화제를 통해 소리로만 듣던 방송을 직접 눈으로 볼 수 있게 했다. 그 결과 방송에 대한 이해를 높이고 방송에 한 발 더 가까이 다가설 수 있는 계기를 마련했다. 부산MBC가 개최한 방송문화제가 바로 그것이었다. 방송국 연주소에 자리잡은 스튜디오를 무대 위로 옮겨 임시스튜디오를 설치하고 방송의 제작과정과 방송이 나가기까지의 조정과정을 보여주었다. 우리나라에서 처음으로 방송스

튜디오를 무대로 옮겨놓고 생방송으로 프로그램을 진행하는 공개방송이었다. '문화방송제'가 열릴 때는 극장 주변이 온통 인산인해를 이루어 기마경찰이 출동해야 했었다.

'눈으로 보는 방송' 제1회 문화방송제는 〈부산일보〉와 〈국제신보〉, 〈민주신보〉와 〈자유민보〉 등 부산에서 발행되는 4개 일간지의 후원과 조선방직, 부산견직 등 66개에 달하는 기업광고주의 협찬으로 1959년 12월 9일과 10일 이틀 동안 국제극장에서 열렸다. 제1회 문화방송제에서는 전속합창단이 노래한 〈KU의 노래〉에 이어 어린이 노래회가 〈무지개 꽃동산〉을 꾸미고 전응덕의 사회로 〈가요청백전〉과 황무봉의 〈라디오 무용〉, 동래국악원이 출연한 가야금 병창과 〈민요강산〉, 허영철 전속악단의 연주와 전속가수가 총출연하는 〈MBC 파티〉가 흥을 돋우었다. 또한 전속성우들이 출연하는 〈입체소극장〉을 비롯하여 〈방송음악회〉와 김영운과 고춘자, 민혜경이 출연하는 〈만담공원〉에 이어 최창식의 사회로 김정구를 비롯한 12명의 인기가수들이 출연하는 〈히트퍼레이드〉를 끝으로 3시간 가까이 진행되었다. 문화방송제는 '방송제공연위원회'[92]에 의해서 기획되고 추진되었다. 제2회는 1960년 12월 15일 제일극장에서, 제3회는 1961년 동보극장과 국제극장 두 곳에서, 제4회는 1962년 11월 24일 태화극장에서 개최하였으나 제5회는 한해 건너 1964년 4월 15일 국제극장에서 개국기념식과 함께 'KU선정 10대 가수상' 시상식을 겸한 뒤 다양한 청취자 참여프로그램을 개발하면서 대체되었다. 그러나 문화방송제를 계기로 오전 11부터 오후 1시까지 주간방송을 실시하는 통에 방송시간을 사실상 연장하는 계기가 되었다. 그 결과 청취율이 빠른

92) '방송제공연위원회'는 위원장에 정환옥, 기획 이수열, 총무 류창굉, 사업 김원건, 공연 오사량, 진행 전응덕, 기술 박인규 최창호, 서울지사 김영출로 구성되었다.

속도로 높아지고 광고 수주가 손쉬워지면서 수입도 차츰 활기를 띠어 방송경영이 전반적으로 안정되어갔다. 또한 1965년에는 부일 '프레스 센터'에서 사원과 청취자를 위한 '방송문화 초청대강연회'를 개최해 중앙대 백철 교수가 '매스미디어와 문학', 한국방송윤리위원회 강원용 위원장이 '한국근대화와 방송윤리', 한국방송윤리위원회 모기윤 사무국장이 '민족문화와 방송의 자세'에 관한 강연이 마련되어 방송문화에 대한 이해와 교양을 함양할 수 있는 기회가 되었다.

개국 첫 해인 1959년 경영수지는 수입이 4,495만 9,100환에 지출 5,503만 5,393환으로 1,007만 6,293환의 적자가 발생했다. 이듬해인 1960년에는 수입 7,783만 6,089환으로 수입이 전년도에 비해 크게 늘었으나 지출 또한 8,791만 5,293환으로 적자 1,007만 9,204환으로 천만 환대의 적자를 냈다. 개국 3년차인 1961년에는 수입 7,676만 4,715환에 지출 8,016만 9,638환으로 적자 폭이 340만 4,923환으로 줄었다가 5·16 군사정변으로 화폐개혁이 실시된 1962년의 결산에서는 수입 1,676만 4,563원에 지출 1,583만 2,781원으로 개국 4년째 되는 해까지 계속되던 적자행진을 멈추고 처음으로 당기순이익 93만 1,782원의 흑자를 기록하게 되었다.

6) 'HLKU 서비스센터'의 운영

첫 번째 문화방송제를 치른 이후 청취자들에게 민방에 대한 인식과 관심이 높아졌다. 이에 고무된 부산MBC는 그 이듬해인 1960년 봄부터 광복동을 관통하는 광복로 서쪽 국제시장이 시작되는 옛 전화국 맞은편에 'HLKU 서비스센터'를 개설했다. 'HLKU 서비스센터'는 영업부장을 겸하고 있던 정환옥 상무의 아이디어로 시작된 일이었다. 국산 라디오 시제품을 생산한 금성사의 도움으로 마련한 'HLKU 서비스센터'는 15여 평 남짓한 광복로변 상점에 추연근 화백의 디자인으로 실내를 산뜻한 휴게실처럼 꾸미고 출입문의 좌우에 유리로 된 진열대를 갖추었다. 진열대 한쪽에는 금성사에서 생산한 라디오와 선풍기가 진종일 오색 테이프를 휘날리며 돌아가고 다른 한쪽에는 방송광고에 나가는 업체의 제품을 진열하여 행인의 눈길을 끌었다.

처음에는 정환옥 상무의 지휘로 김원건 조사기획과장이 관리를 맡고 기술부문은 송신과 정해돈이 담당하여 근무를 마친 기술요원들이 차례로 파견되어 광고와 안내접수를 하고 라디오 수리를 맡았다. 라디오 수리가 차츰 늘어나자 라디오 수리전담요원을 채용했다. 개국초 광고수주가 어려웠던 회사로서는 경영난을 극복하고 청취자들에게 좀더 가까이 다가서려는 서비스 차원에서 서비스센터를 운영했던 것이다. 피난민들에게는 생존의 현장이었고 당시 재기를 노리는 서민경제의 발판이었던 국제시장의 길목에 서비스센터가 문을 열어 오가는 각종 제조업자와 도·소매상인의 관심을 끌어 기대 이상의 효과가 나타났다. 광고영업이 활기를 띠는 가운데 고장난 라디오의 무료수리는 'HLKU 서비스센터'에 맡겨야 잘 고칠 수 있다는 말이 항간에 나돌 만큼 서비스센터의 인기가 높았다. 부산MBC가 개국 1년 만에 청취자의 생활 속에 깊이 파고들 수 있었던 방송 외적 활동은 '문화방송제'와 'HLKU 서비스센터'의 운영이었다.

7) 둥지를 떠난 개국요원들

부산MBC 정환옥 상무와 서울지사장 김영출 상무가 서울MBC 설립준비를 위해 일찍이 서울로 떠나고 김지태 회장과 안성수 사장이 서울에 머무는 날이 늘어났다. 1961년 2월 1일자로 편성과 손형식과 김영효 PD가 서울MBC 개국요원으로 전출하고 5월 8일에는 엔지니어 김양광과 천광남이 떠나는 등 개국 이후 12월 15일까지 불과 1년 사이에 모두 아홉 차례에 걸쳐 전체 사원의 1/3에 해당하는 20명이 넘는 방송요원이 서울MBC 개국요원으로 떠났다. 그해 12월 25일에는 김종한 전무까지 서울MBC 사장 서리로 부임하기 위해 잇달아 부산을 떠났다. 당시 상황을 《문화방송 30년사》에서는 이렇게 기록하고 있다. "문화방송의 개국조직을 갖기까지는 부산MBC의 인적 지원을 빼놓을 수 없을 것이다. 1961년 2월 1일 부산MBC의 편성과 요원 손형식과 김영효의 서울MBC 전출을 시발로 개국 후 12월 25일까지 모두 18명의 방송요원이 개국 준비요원으로 가담하여 능률을 높였다."[93]

서울MBC 개국요원으로 둥지를 떠난 초창기 멤버들은 다음과 같다.

1961년 2월 1일 편성과 PD 손형식, 김영효
5월 8일 조정과 엔지니어 김양광
송신과 엔지니어 천광남
8월 31일 총무과 이상기
9월 15일 보도과 기자 김장현
10월 20일 아나운서 이성규, 권정애
10월 30일 편성과 PD 변현규, 이영자
보도과 기자 박재영
아나운서 주수광
업무과 조선준
11월 20일 아나운서 이성화
12월 1일 기술과 엔지니어 최봉구
12월 15일 편성과 PD 허승진
송신과 엔지니어 최삼수
12월 25일 김종한 전무

93) (주) 문화방송, 《문화방송 30년사》, 1992, 262쪽.

그 밖에도 정환옥 상무와 김영출 서울지사장, 이수열 방송부장과 전응덕 보도과장, 최광민 PD 등 많은 개국요원들이 차례로 둥지를 떠나 서울MBC 개국요원으로 자리를 옮겼다. 한편 1961년 9월 18일에는 대구MBC 설립을 위해 정환옥 상무와 박인규 조정과장을 비롯한 기술진이 3일 동안 현지조사를 실시하고 같은 해 10월 18일에는 진주민방 설립을 위한 계획을 추진하는 등 4·19혁명의 성공으로 하늘 높은 줄 모르고 치솟은 부산MBC의 이미지는 경영안정과 네트워크 확장에 날개를 달았다.

서울로 떠난 개국요원 중에 손형식 PD는 1960년대 말 우리나라 최초로 컴퓨터를 방송에 활용할 수 있는 시스템의 활용연구 개발로 계몽문화사에 스카우트되었고 김영효, 변현규, 김영선, 허지영 등은 서울MBC에서 다시 1963년 4월 25일 개국한 동아방송으로 옮겨갔다. 김영효 PD는 그 유명한 '앵무새 사건'으로 구속되어 갖은 시련 끝에 마산MBC 편성국장으로 옮겼고 변현규 PD는 서울MBC로 다시 돌아와 서울MBC에서 라디오국장을 거쳐 마산MBC 사장을 역임했다. 이밖에도 부산MBC 개국요원 중에는 대구MBC에 최창식, 안동MBC에 이성규, 대전MBC에 김창현, 진주MBC에 이상길 아나운서가 옮겨갔다. 또 최창호 송신과장이 울산MBC 이사를 거쳐 포항MBC 사장으로 선임되었고 허승언이 진주MBC 초대 기술부장을 거쳐 여수MBC 상무로 선임되어 안성수 사장과 함께 일했다. 또한 부산MBC의 전속작가인 김소림이 울산, 장승재가 포항 국장요원으로, 전속성우 방성진이 진주MBC, 김천일이 울산MBC 아나운서실장으로 발탁되기도 했다.

라디오서울이 개국을 4개월 앞둔 1964년 1월 전무 정환옥을 중심으로 이른바 '정환옥 사단'으로 불리던 부산MBC 개국요원들인 방송부장 이수열, 보도과장 전응덕, 이사 겸직 업무부장에 김영출, 업무 2

과장 박재영 등이 서울MBC로 대거 빠져나갔다가 서울MBC에서 다시 라디오서울의 개국요원으로 옮기는 등 방송인들의 대이동이 새로운 민방의 개국에 따라 꼬리를 물었다. 서울의 신생 민방이 방송요원을 부산MBC 개국요원들 중에 스카우트한 결과 주로 MBC의 사원들이 빠져나간 빈자리를 다시 KBS의 경력사원으로 빈자리를 메우기 위해 스카우트하는 악순환이 한동안 계속되면서 방송계가 크게 술렁였다. 한편 부산MBC에서는 서울MBC 개국에 따라 둥지를 떠난 결원을 충원하기 위해서 1961년 6월 9일에 수습PD 5명을 모집하고 9월 22일에는 전속성우와 가수 각각 5명을 선발했다. 12월 14일에는 전국에서 응모한 95명의 지원자 중에서 5명의 수습아나운서를 채용하기도 했다. 그리고 1962년 1월 22일에는 전속가수 8명, 6월 11일에는 수습PD 5명을 모집하여 단기수습과정을 거쳐 현업에 투입하여 서울로 빠져나간 부족인력의 보충에 한동안 애를 먹었다.

민방의 역사는 뉴스와 프로그램만으로 일궈낸 것이 아니라 개국 초창기, 갖은 시련과 고통을 이겨낸 당시 방송인들의 개척의지와 도전정신이 쌓아올린 역사였다. 박봉과 체불, 절대인력이 부족한 실정에서도 시도 때도 없이 파일럿프로그램을 제작하느라 매일 밤 통행금지시각이 임박한 자정이 가깝도록 격무에 시달려야 했다. 심지어 1인 다역의 고된 일로 쇠약해진 공채 1기 개국요원들 중에는 폐결핵을 앓다가 회사를 그만 두어야 하는 일도 있었다.

8. 살아있는 민방의 신화

4·19혁명은 세계 어디에서도 찾아볼 수 없는 완벽한 민권의 완전 승리였다. 독재에 신음하던 국민의 울분은 부산MBC를 통해 화산이 폭발하듯 터져 나왔다. 국민의 힘으로 독재정권을 몰아내는 과정에서 부산MBC의 뉴스와 현장방송이 온 누리로 퍼져나가면서 민방의 신화를 창조한 것이다. 반세기가 지난 그 일은 옛날에 있었던 추억의 사건이 아니라 지금도 하나뿐인 사실을 있는 그대로 전해야 하는 부산MBC의 역할과 맞닿아 방송 역사상 영원히 살아남을 전설이 되고 있다. 당시 부산MBC가 이룩한 자유언론활동은 독재의 수렁에서 핀 한 송이 민주방송의 꽃이었다. 그날의 신화는 영원히 꺼지지 않을 횃불이 되어 지금도 방송언론이 추구해야 할 목표와 우리가 나갈 길을 제시하고 있다.

대한민국 건국대통령으로서 이승만은 국가수호의 가치를 지켜나가기보다 영구 장기집권에 눈이 어두워 남북분단의 산물인 반공안보 정서를 부추기고 공안탄압을 일삼는 한편 국민의 양심과 표현의 자유를 훼손하고 인간의 기본권마저 파괴시키려 했다. 우리나라 초대 대통령 이승만의 말로는 국민을 짓밟은 독재자가 어떤 종말을 맞게 되는지를 분명하게 보여준 사례가 되었다. 자유당은 1958년 제4대 총선에서 개헌선을 확보하는 데 실패하고 제4대 부통령 선거에서 이기붕 후보가 낙선하자 1960년 제4대 대통령과 제5대 부통령 선거를 앞두고는 전국을 순회하는 선거대강연회를 강행하면서 국민을 설득하는 한편 조직적인 부정선거에 혈안이 되었다. 자유당 선거대강연회에는 이름난 대학총학장과 교수를 비롯한 이은상, 박종화, 조연현 등 유명문인들이 국민의 고통을 외면한 채 지도위원이라는 이름으로 동원되어 오히려 국민을 세뇌시키려고 놀아났다. 올곧은 수도승으로 세상을 향해 쉼 없이 목탁을 두드린 법정 스님은 그의 수상집 《서 있는 사람들》에서 "자유당 말기 종단의 지도층에 있는 일부 사람들이 부패한 정권에 사주(使嗾)되어 선거유세며 지지성명 등을 열심히 남발한 결과는 무엇이었던가"라고 되물어 당시의 종교계 분위기를 미루어 짐작케 한다. 당시는 학계, 문화예술계, 종교계가 온통 정권의 앞잡이로 설친 시대였다.

부산의 경우 자유당이 부산역에서 열기로 한 선거강연회를 부산MBC에 중계하라고 요구해왔다. 그러나 부산MBC는 당시 사주인 김지태 회장과 안성수 사장, 김종한 전무, 이수열 방송부장, 전응덕 보도과장이 숙의한 끝에 이를 단호히 거절했다. 그 이유는 1952년 7월 처음으로 대통령 선거를 치른 선거법을 근거로 제시했다. 그해 5월 '부산정치파동'을 겪은 이후 국회를 통과한 이른바 '발췌개헌'으로 대통령 선거방식이 간선에서 직선으로 바뀌면서 마련된 새 선거법에 따라 우리나라 정치사상 처음으로 각 입후보자에게 15분간씩의 방송을 통해 정견을 발표할 수 있는 기회를 주었던 선거방송[94]의 예가 있었기 때문이다. 이때 방송을 통해 처음으로 선거연설을 한 입후보자는 이시영, 신흥우, 조봉암 등 세 여야 후보자였다. 1960년 정·부통령 선거에서는 야당인 민주당의 유세계획과 일정이 잡히지 않은 상황에서 정당후보자가 아닌 여당 지지자들의 선거연설회를 중계한다는 것은 전례가 없었고 공정성에도 어긋난다고 판단했기 때문이다. 그 뒤 부산MBC는 입후보자 선거연설이 아닌 지원유세에 대해서는 양 당에 똑같은 시간을 배정해 선거강연회를 중계했다.

94) 1952년 8월 5일에 실시하는 정·부통령 선거에서 선거를 앞둔 7월에 입후보자에게 정견발표를 위해 방송국이 15분간씩의 시간을 제공한 것은 정치커뮤니케이션의 한 현상으로 우리나라 방송사상 최초의 기록이다.

정국이 정부통령 선거 분위기가 고조되는 가운데 민주당 대통령후보 조병옥 박사가 신병치료 차 미국으로 떠나자 정부여당은 투표일을 3월 15일로 앞당기고 2월 4일부터 후보자 등록을 서둘러 접수하기 시작했다. 한편 조병옥 박사는 선거를 한 달을 남겨둔 2월 15일 미국 월트리드 육군병원에서 돌연 서거하였다. 자유당은 이러한 상황에서 민심을 수습하기 위해 조병옥 박사의 추도식을 개최하는 등 마음에 없는 요란을 떨었다. 부산MBC는 정규방송을 중단하고 서울에서 열린 추도식을 전화선로를 활용해 중계방송했다. 이어 2월 25일 부산에서 추도식이 열리자 3시간에 걸쳐 추도식 실황을 중계했다. 자유당은 이 일을 빌미로 부산MBC에 갖은 압력과 협박을 일삼았다. 당시 기자들은 테러의 위험 속에 불안한 나날을 보내야 했다고 전응덕 보도과장은 증언한다. 이러한 상황에서도 부산MBC는 매일 저녁 7시부터 20분 동안 〈라디오 브리지〉를 통해 부정선거 사례를 추적 고발하고 부산MBC의 논지와 같은 신문사설을 소개하는 〈신문춘추〉와 〈시사해설〉을 통해 여론을 형성해나갔다.

부산MBC의 뉴스보도는 언론자유와 방송보도의 자율성을 자극했다. 미첼 스티븐스는 《뉴스의 역사》(*A History of News*)에서 "뉴스는 사회가 생각하는 것을 반영하는 것"이라고 했듯이 당시 부산MBC의 뉴스는 한국사회가 생각하는 국민의 마음을 반영해나갔다. KBS는 온 국민이 부정선거를 규탄한 3·15 마산의거로부터 독재정권의 타도를 외친 4·19혁명에 이르는 34일 동안 단 한마디도 하지 않은 채 절대침묵을 지켰다. 반면 부산MBC는 기동성 있는 취재활동을 통한 사실보도와 현장중계방송으로 청취자들로부터 높은 신뢰와 공감을 얻을 수 있었다. 그 결과 국민들 사이에는 민주회복에 대한 열망이 자연스럽게 싹트기 시작했다. 더구나 3·15 마산의거와 4·19혁명에 관련된 보도를 통해 청취자로 하여금 정부시책을 홍보하는 국영방송과 달리 국민의 생각과 함께하는 민방의 존재를 실감하게 된 것이다. 나아가서 부산MBC의 보도태도는 국민 모두에게 자유언론의 소중함을 일깨웠다. 부산MBC가 실천한 언론자유 활동은 숨죽이고 있던 인권수호와 민주화 투쟁이 전기를 맞아 온 국민의 가슴에 불을 당겼다. 결국 민방의 효시, 부산MBC는 민주성지 마산에서 민주화의 첫걸음을 내디뎌 마침내 역사상 첫 민주화운동인 4·19혁명을 성공적으로 완성시킬 수 있었다. KBS 이사장을 역임한 노정팔은 《한국방송과 50년》에서 당시 부산MBC의 활약상을 "온 국민이 하나가 돼서 목숨을 걸고 항거하는데 보도의 신성한 의무를 지니고 있는 방송이 사실보도조차 못하고 벙어리 냉가슴만 앓고 있으니 실로 안타까울 뿐이었다. 이때 방송보도의 본분을 제대로 다한 방송은 부산의 문화방송이었다"라고 썼다. 부산MBC는 민주화를 외치던 국민들의 삶 한가운데에 우뚝 서서 우리가 꿈꾸고 지켜내어야 할 이상과 가치를 소리높이 외친 것이다.

1) "못 살겠다! 갈아보자"

이승만 정권은 권불십년(權不十年)이라는 말처럼 12년의 길지 않은 여정이었다. 이승만 정권의 붕괴는 그 첫걸음이 대통령 직선제 개헌을 위한 1952년의 이른바 발췌개헌으로부터 1954년의 사사오입 개헌에 이르는 무리한 정치과정에서 국민의 신뢰를 잃고 이승만 대통령 자신과 자유당 정권이 파놓은 무덤에 제 발로 걸어 들어간 셈이다. 1956년 5월 15일 정·부통령 선거에서는 "못 살겠다! 갈아보자"라는 야당과 국민의 절규가 선거구호로 등장했다. 1956년 11월 10일 "공산독재는 물론 자본가와 부패분자의 독재도 배격하고 진정한 민주주의체제를 확립하여 책임 있는 혁신정치의 실현을 기한다"는 강령을 내세워 진보당을 창당한 당시 이승만의 강력한 상대로 떠오르던 조봉암은 끝내 국가보안법 위반으로 처형했다. 공안정국에 맛들인 자유당 독재정권은 1960년 정·부통령 선거를 대비한 공작정치의 덫을 놓듯 1958년 12월 24일 야당과 언론탄압을 위한 국가보안법 개정안을 날치기 통과시켰다. 더구나 수사기관이 야당 국회의원을 감시, 협박하는 가운데 양심과 정의감을 가졌던 지식인과 정치인을 빨갱이와 반정부체제 인사로 몰아세우는 일을 서슴지 않았다. 이어 1959년 1월 대한반공청년단을 조직하고 1959년 4월 30일에는 〈경향신문〉을 폐간 조치함으로써 국민의 입과 귀를 틀어막아놓고 부정선거를 획책했다. 더욱이 사법부를 정권에 굴종시켜 대통령 후보인 진보당 조봉암을 간첩으로 몰아 1959년 7월 사형을 집행함으로써 나라 전체를 극도의 공안 분위기로 몰아나갔다. 그때에는 자유당 정부를 비판하는 기사를 개제한 신문은 수송도중 증발하여 배달되지 않는 경우가 잦았다. 그 이유는 서울에서 발송된 신문이 열차 안에서 없어지는 일이 비일비재했기 때문이다.

이승만 독재정권의 부정선거에 맞섰던 항의시위의 중심은 고등학생들이었다. 대구에서는 1960년 2월 28일 일요일 오후 2시 이날 민주당 유세장에 고등학생들이 나가지 못하도록 일요일에 등교시키자 이에 불만을 품은 경북고등학생 8백여 명이 교실을 박차고 나와 선언문을 낭독하고 시위에 돌입하는 등 대구고등학교, 대구사대부고생들이 대구 반월동을 거쳐 도청 쪽으로 행진하며 "학생들을 정치도구화하지 말라", "민주주의를 살리고 학원에 정치세력을 배제하라"는 구호를 외치며 잠자던 젊은 혈기의 정의감과 자유혼을 일깨웠다. 부산에서도 3월 7일에 이어 12일 토요일에는 해동고등학교 2학년 150여 명이 영도다리를 건너 시내 쪽으로 진출하며 드센 가두시위를 벌였고 14일에는 오후 6시부터 밤늦게까지 서면과 범일동에 이르는 간선도로와 상가에서 시위를 계속했다. 이날 시위는 해동고등학교와 동래고등학교, 부산상고와 경남공고, 혜화여고와 동성중고등학교 등 6개교 7백여 명의 고등학생들이 "학원에 자유를 달라", "우리 선배는 썩었다"는 구호를 외쳐 침묵하고 있는 대학생들을 처음으로 비난하면서 공명선거를 호소하는 대규모 연합시위를 벌였다. 3월 24일에는 부산 고등학생 9백여 명이 조회시간에 전단을 뿌리며 거리시위에 나섰다. 4·19혁명은 규모의 크기보다 가장 먼저 거리로 뛰쳐나와 정의와 자유를 외치며 독대정권의 부정부패에 맞선 사람은 정의감에 불타는 고등학생들이 주축이었다.

민주당이 폭로한 자유당의 사전 부정선거 계획을 보면,

> 첫째, 자연 기권표, 유령 유권자표, 매수 기권표 등 유권자 4할에 해당하는 표를 투표 개시 전에 무더기로 투함하게 할 것.
> 둘째, 자유당에 투표하기로 된 유권자로서 3인조와 9인조를 편성하여 조장이 조원의 기표를 확인하고 기표한 투표용지를 자유당 선거위원에게 제시한 뒤 투함토록 할 것.
> 셋째, 자유당의 유권자에게 완장을 착용케 하고 야당 측 유권자에게 심리적인 압박을 가하여 자유당에 투표케 할 것.
> 넷째, 민주당 측 참관인의 매수가 잘되지 않을 때는 변기를 투표소 안에 가지고 왔다는 등의 구실로 투표소 밖으로 축출할 것 등이다.

12년 독재를 유지해온 이승만 정권은 1960년 3월 15일 제 4대 대통령과 제 5대 부통령 선거를 앞두고 '트집마라! 건설이다'라는 캐치프레이즈와 함께 '나라 위한 팔십 평생, 합심하여 또 모시자'라는 유치하기 그지없는 선거구호를 내세웠고 야당은 '못 살겠다 갈아보자'로 대응했다. 이에 대해 관변단체에서는 '갈아봤자 별 수 없다', '갈아봤자 더 못 산다', '구관이 명관이다'라는 응수를 주고받으며 수단방법을 가리지 않고 부정선거를 획책했다. 그 결과 '부정선거 다시 하자'는 3·15마산의거가 민주화의 횃불이 되어 걷잡을 수 없는 들불로 번지면서 4·19혁명으로 치달았다. 돌이켜보면 부산MBC와 일부 일간지의 올곧은 비판정신으로 독재정권에 항거했던 것이다. 그러한 현상은 "이승만 정권시대와 훗날 나타난 독재정권의 결정적 차이는 이승만 시대는 그나마 언론의 자유가 있었다"95) 는 평가를 수긍하게 된다.

2) 부정선거 다시 하라 - 제1차 마산의거

1960년 3월 15일 정·부통령 선거는 유래가 없는 불법, 부정선거로 치러지고 있었다. 자유당은 유령 유권자 조작과 사전 4할 투표, 입후보 등록의 폭력적 방해와 3, 9인조 완장부대를 동원한 공개투표, 투표권 강탈과 야당 참관인 축출에 피아노표와 올빼미표, 무더기표에 대리투표가 공공연히 이뤄졌다. 심지어 투표지 100장씩을 묶을 때 제일 위에 한 장만 자유당 후보의 지지표로 덮어 배추 단처럼 묶은 표가 등장하고 투표용지와 투표함을 바꿔치기하는 등 각양각색의 부정수법이 총동원되어 체계적이고 조직적인 불법 부정선거가 자행되었다. 이날 아침 7시 민주당 마산시당 간부들은 경찰의 삼엄한 포위를 뚫고 투표소에 들어가 투표함의 4할이 이미 자유당 표로 채워진 이른바 '4할 사전투표'를 확인할 수 있었다. 이어 오전 10시 30분 민주당 마산시당에서는 선거포기를 선언하고 오동동 당사에 선거부인 공고를 내걸었다. 그로부터 4시간이 지난 오후 2시 30분 민주당원들이 '부정선거 다시 하라', '내 표 내놔라'는 구호를 외치며 거리로 나

---

95) 강준만, 《한국대중매체사》(인물과 사상사, 2007), 372쪽.

서자 오후 5시쯤 시위에 참가한 학생과 시민이 6백여 명으로 늘어나면서 진압경찰 사이에 격렬한 투석전이 벌어지기 시작했다.

남성동 파출소와 북마산 파출소에 이르는 길에는 만여 명의 시위대가 운집한 가운데 성난 시민들은 성남동 파출소와 인근 자유당 마산시 당사에 돌을 던져 유리창을 박살내고 잇따라 북마산 지서가 전소되었다. 극도로 흥분한 시위대는 산발적으로 몰려다니며 원한의 표적이 된 변절자 허윤수 국회의원의 집을 파괴하고 자유당 당사, 〈서울신문〉 마산총국, 오동동 파출소, 남성동 파출소에 불을 지르며 파괴해버렸다. 경찰은 마산시청에 마련된 개표장 앞에 모인 만여 명의 시위군중을 향해 최루탄과 실탄사격을 시작했다. 시위대를 진압하는 과정에서 경찰의 발포로 민주당원 1명이 숨지자 군중심리는 걷잡을 수 없는 사태로 번져나갔다.

밤 8시쯤 시위대를 진압하기 위해 출동하던 소방차가 전주를 들이받는 바람에 순간 정전이 되어 마산시내가 암흑에 휩싸이면서 시위대와 진압경찰이 맞닥뜨리는 순간 경찰은 무차별 발포를 시작했다. 밤 9시쯤에는 마산시청과 남성동 파출소 앞에서 8명의 사망자와 72명이 총상을 입고 수백 명이 경찰에 연행되었다. 나머지 시위군중들은 시내 전역에서 산발적인 시위를 계속했다. 밤 10시경에는 2백여 명이 마산상고 뒤 용마산에 집결했다가 포위망이 좁혀지자 산등성이에 있는 성호동 교회에 불을 지르고 탈출을 시도하기도 했다. 궁지에 몰린 자유당 정권은 마산의거를 좌익 빨갱이가 선동한 소요라고 뒤집어씌우며 진정시키려고 최후의 발악을 해댔다.

이런 상황에서 부산MBC는 3월 15일 밤 이상철,[96] 조재필[97] 두

---

96) 이상철(李相喆, 1932. 11. 29~2008. 11. 22)은 창원 대산 출신으로 동아대 국문학과를 졸업한 뒤 1년 동안 교편을 잡았고, 해군정훈장교 출신으로 1958년 〈현대문학〉 10월호에 시 〈여울〉이 박두진에 의해 추천될

기자가 마산 현지에서 보내온 기사를 종합하여 밤 9시 뉴스시간에 보도하고 개표방송을 위해 부산MBC 스튜디오와 〈부산일보〉 5층 조사부 사무실에 임시스튜디오를 마련하고 전화선을 중계선로로 이용해 마산에서 일어나고 있는 부정선거 규탄시위와 경찰의 무차별 발포사태를 생중계하기 시작했다. 한편 마산에 취재반을 상주시켜 현지상황을 1시간 간격을 두고 속보를 전했다. 마산사태의 심각성을 내다본 전응덕 보도과장은 16일 새벽 야간통행금지가 해제되자마자 마산 출신 박재영[98] 기자와 함께 현지로 달려가 모두 4명의 기자로 구성된

만큼 수려한 문장력과 음악적 감성이 빼어났다. 그는 1958년 11월 7일 부산MBC 공채 1기 기자로 입사하여 1960년 3·15 마산의거를 취재한 기자로써 빼어난 글 솜씨와 문학적 감성으로 김주열과 희생자를 기리는 보도특집 프로그램 〈꽃다운 죽음에 부치는 피로 쓴 편지〉와 〈꽃은 죽어서 말한다〉를 연이어 제작하여 당시 민주화를 갈망하던 청취자의 심금을 울렸다. 특히 3·15 특집 〈꽃은 죽어서 말한다〉의 오프닝멘트는 한 편의 시처럼 "꽃은 죽어서 말한다/ 4월 그 찬란한 계절에/ 꽃은 채 피지도 못한 채 꽃봉오리 되어/ 떨어지고, 떨어지고/ 4월의 꽃은 죽어서 말한다/ 아~/ 민주주의/ 자유라고/ 독재타도라고"노래했다.

1962년 1월에는 동해 대화퇴어장 조난사고를 동양항공 전세기를 타고 취재했으며 1967년에는 월남종군기자 제1호로 파견되어 1967년 2월 20일 종군르포 〈청룡과 더불어 짜빈동 격전지에서〉를 제작했다.

97) 조재필(趙載弼, 1927.8.7~2005.7.15)은 KBS 5년 경력에 동양통신 경남지사에서 8개월째 기자로 일하던 중 전응덕 보도과장의 추천으로 1959년 4월 15일자로 특채된 경력기자였다. 1964년 10월 라디오서울로 옮긴 뒤 TBC-TV 부산국 보도과장으로 일하기도 했다. 작은 키에 야윈 몸매로 항상 옆구리에는 일본 문학전집을 끼고 다닌 문학청년이었다고 전한다.

98) 박재영(朴在榮, 1923.7.23~1965.5)은 마산 출신으로 부산상고를 다닐 때는 야구선수로 활약했으며 1958년 11월 7일 부산MBC 공채 1기 기자로 입사하여 3·15 마산의거와 4·19 혁명을 취재했으며 1961년 11월 5일자로 서울MBC 업무부로 자리를 옮겼다.

3·15마산의거 때 시위에 참여한 마산시민과 학생들

특별취재반이 마산 전역에서 현장 시위대의 증언인터뷰를 곁들인 현장중계방송을 실시함으로써 부산MBC의 가청권에서는 마산에서 발생한 제 1차 3·15의거가 순식간에 알려졌다. 〈월간조선〉은 창간 19주년 기념 특별조사 '한국언론 100대 특종의 드라마'[99]에서 부산MBC의 '3·15 부정선거 규탄시위 생중계와 김주열 군 주검 발견'을 해방 이후 9번째 특종으로 소개하고 있다. 당시 〈월간조선〉 허용범 기자는 '기자들, 시위대 따라다니며 생방송 4·19혁명 도화선에 불씨 당겨'라는 제목으로 이렇게 썼다.

---

99) 〈월간조선〉은 1999년 1월부터 전국의 신문·방송·통신사에 재직중인 부장급 이상 기자출신 간부 언론인들과 퇴직한 원로 언론인 230명에게 '자신이 속한 언론사가 아닌 다른 언론사에서 특종한 것 중 가장 의미 있다고 보는 것' 10개를 꼽아달라는 설문응답과 언론관련 단체의 역대 특종상 수상작, 주요 언론사들의 사사(社史)에 게재된 사내 특종상 수여 목록을 취합하고 원로 언론인들의 별도 증언과 관련 자료들을 통해 100개의 주요 특종을 선정하여 1999년 4월호 〈한국언론 100대 특종의 드라마(상편)〉라는 제목의 권말부록을 발행했다.

우리나라 최초의 민간방송 부산MBC(문화방송)는 1959년 4월 15일 출력 1㎾의 '꼬마 방송국'으로 개국하였다. 부산MBC는 개국 1년도 채 안 된 신생 방송사로서, 4·19혁명의 출발점이 되는 3·15 부정선거 규탄 마산(馬山) 시위를 현장에서 생중계함으로써 4·19 혁명으로 이어지는 혁명의 도화선에 불씨를 당겼다.

부산MBC의 보도는 1983년의 〈이산가족 찾기 생방송〉처럼 그것 자체로서 언론의 새로운 시도이자 큰 사회적 파장을 불러일으켰기에 특종의 대열에 들기에 부족함이 없다. 부산MBC는 3월 15일 선거 그날부터 이어진 마산의 격렬한 부정선거 규탄시위(흔히 '마산의 거'로 불린다) 장면을 생중계하기 위해 아예 자매회사인 〈부산일보〉 사장실에 마이크를 설치했다. 경찰 측의 방해를 최대한 피하기 위해서였다. 부산MBC의 라디오 방송에서는 군중들의 함성소리와 구호, 마치 카퍼레이드를 중계하듯이 아나운서와 기자들의 중계가 숨 가쁘게 이어지고 있었다. 우리 방송이 이처럼 시위대를 따라다니며 현장을 생중계한 것은 전무후무한 일일 것이다.

그때 방송된 한 대목을 들어보면 다음과 같다.

시민들: 우리 함께 뭉쳐서 민주정치 도로 찾자. 일어나라 학도여!
기 자: 지금 학생들을 선두로 대대적인 시위가 벌어지고 있습니다. 3·15 선거는 불법이다. 공명선거 다시 하자는 외침이 들립니다. …

원로 언론인들은 "부산MBC는 개국 직후부터 당시 우리나라 정치 정세를 그대로 취재 보도하는 것으로 명성을 떨쳤다"고 증언한다. 한편 부산MBC 회장이던 김지태(金智泰)는 그의 회고록 《나의 이력서》[100]에서 당시 상황을 이렇게 썼다.

부산MBC 회장 김지태

드디어 1960년 3·15 선거일이다. 내가 경영하는 부산문화방송의 방송 마이크를 신문사 사장실로 옮겼다. 신문과 방송의 취재망을 하나로 묶어 그 능률을 올리는 한편 신속하고 소상한 상황방송이 될 수 있게 하기 위한 것이었다. 특히 이 선거는 정·부통령을 선출하는 것이었고 더구나 기왕에 선거부정을 보아온 터여서 시민들의 관심이 날카롭게 고조되어 있었기 때문에 그러한 시민들의 관심에 응해주는 의미에서도 정확하고 신속한 보도가 절실했던 것이다.

투표가 끝나고 개표가 시작되자 곳곳에서 산발적인 웅성거림이 있는듯하더니 부정선거를 규탄하는 시민들의 궐기가 마산에서 거센 물결처럼 터져나왔다. 그러자 중계방송을 위해 마산에 특파돼 있는 기자로부터 제보가 들어왔다. 개표를 지켜보던 시민들이 울분을 터뜨려 파출소를 습격해서 기물을 부수고 불을 지르자 경찰이 군중을 향해 총을 쏘아 사상자가 생겼다는 것이었다. 이때 이미 나의 〈부산일보〉 사장실에는 문화방송의 마이크가 설치되고 직통전화는 물론 다른 모든 전화선을 집결시켜 나의 진두지휘하의 비상체제로 옮겨져 있었다.

이 보도가 문화방송의 제 1성으로 전파를 타자 소상한 상황을 알려는 시민들이 방송국으로 몰려들어 아우성이었다. 방송요원마저 밀폐된 〈부산일보〉 사장실이라는 것을 한 사람도 알지 못했다. 이 문화방송의 제 1보가 나가자 채 1분도 안돼서 일본의 NHK가 우리 방송을 따서 방송하는 것을 듣고 나는 쾌감을 느꼈다. 일이 이렇게 벌어지니까 문화방송국에는 관계요로에서 빗발치는 전화벨이 울렸

100) 김지태 회장의 자서전 《나의 이력서》는 1976년 6월 1일 한국능률협회에서 발행.

> 으나 연결이 되지 않아서 무위로 끝났다. 나중에 경남경찰국장이 방송국을 거쳐 나에게로 찾아와 그러한 방송의 중지를 호소했으나 그땐 이미 방송이 끝날 무렵이었고 나는 마이동풍(馬耳東風)격으로 흘려버렸다. 나는 오랜 정치보복을 받아온 숙원을 이 국가비상시에 통쾌한 언론으로 푼 것이 된 셈이다. 마산시민규탄시위는 요원의 불길처럼 타올랐고, 그 불길은 전국으로 번졌다.

대구, 부산에 이어 경남지방에서도 고등학생들의 시위는 이어졌다. 16일 진해여고 학생들의 시위에 이어 17일에는 진해고등학생 2백여 명이 역전 광장에 "협잡선거 물리치자"는 리본을 가슴에 달고 진해극장과 해군사관학교 쪽으로 시가행진을 벌였다. 정부가 학생시위를 공산당 지하조직에 의한 좌익폭동으로 몰아가는 가운데 경찰이 희생자와 연행자의 호주머니에 불온 삐라를 집어넣기도 했다. 19일 오후 3·15 부정선거로 당선된 이기붕이 기자회견에서 마산에서 있었던 경찰의 발포사건을 두고 그 유명한 "총은 쏘라고 준 것이지 가지고 놀라고 준 것이 아니다"라는 발언으로 국민을 극도로 자극했다.

제 1차 마산의거를 취재하기 위한 부산MBC 취재팀은 마산으로 가는 길목의 검문소에서 취재차량의 출입을 통제하는 경찰 검문과 통행을 제한하는 시내 파출소의 감시를 피해가며 아슬아슬하게 국경을 넘나들듯 오갔다. 당시 부산에서 함께 간 〈국제신보〉 정준모 기자 일행이 경찰에 연행되어 린치와 폭행을 당한 사실이 전국 신문에 보도되어 국민의 공분을 불러일으키던 때였다. 부산MBC의 경우 취재방해뿐 아니라 경찰이 무장하고 방송국에 뛰어 들어와 "현장 녹음테이프를 내놓지 않으면 다 죽이겠다"고 발악하듯 협박하는 바람에 방송 중인 테이프를 빼앗기지 않으려고 스튜디오와 조정실을 오가며 숨바꼭질을 한 일이 한두 번이 아니었다. 마산 현지로부터 녹음테이프를 옮길 때는 경찰의 눈을 피해 취재차량 대신 천일화물을 이용하거나 시외버스를 이용하는 승객 편에 부쳐야 했다. 부산MBC의 3·15 마산의거 제1보가 방송되자 일본의 NHK가 이를 받아서 보도하고 이어서 AP통신이 이를 인용해 전 세계에 타전하여 3·15마산의거는 해외토픽이 되었다.

3) 리 대통령 물러가라 - 제 2차 마산의거

제1차 마산의거가 발생한 3월 15일 밤에 행방불명된 김주열 군이 실종 28일 만인 4월 11일 오전 11시경 마산상고 교복을 입은 채 오른쪽 눈에 최루탄이 박힌 참혹한 모습으로 마산 중앙부두에 떠오르자 마산의 민심은 하늘을 찌를 듯 거칠어졌다. 김주열 군의 주검이 발견되면서 폭발한 제2차 마산의거는 4월 11일 오전 11시 45분 부산MBC의 첫 전파를 타고 전해졌다. 라디오의 광파성을 타고 전해진 이 소식은 마산을 비롯한 경남지역과 부산에서는 이승만 독재정권을 규탄하는 시위로 번져 12일과 13일까지 계속되면서 마침내 4·19혁명의 기폭제가 되었다. 제2차 마산의거와 4·19혁명의 도화선이 된 김주열 군 주검 인양 보도는 부산MBC의 특종 스폿뉴스와 〈부산일보〉 마산주재 허종 기자가 특종 보도한 〈한 장의 사진〉이 역사를 바꿔놓은 것이다.

> HLKU, 11시 45분 뉴스 속봅니다.
>
> 지난 3월 15일 마산사태 당시 실종된 것으로 알려진 마산상고 김주열 군은 경찰이 쏜 최루탄에 의해 사망한 것으로 공식 확인됐습니다. 현재 마산에 있는 최창식 아나운서에 의해 확인된 김주열 군의 사체는 얼굴에 최루탄이 박힌 채로 마산 중앙부두에서 인양되었으며 이 소식이 알려지면서 현재 마산시내 전체가 또다시 크게 술

렁이고 있습니다. 본 방송은 현재 조재필 기자를 현지에 파견했습니다. 속보가 들어오는 대로 계속 보도해드리겠습니다.

당시 김주열 군 주검 인양 특종보도는 이렇게 이뤄졌다. 4월 10일 진해에서 〈벚꽃잔치 공개방송〉을 마친 정환옥 상무와 박인규 조정과장, 허병열 프로듀서와 최창식 아나운서 등 중계반 요원일행 4명은 당시 장석윤 기사가 운전하는 중계차 편으로 마산으로 가게 되었다. 마산에 도착한 저녁 무렵 중계차 주차문제로 남성동 파출소 직원과 시비가 벌어진 일로 경남도경 출입 조재필 기자의 지원을 받아 마산경찰서에 항의방문을 하기로 했다. 이튿날 오전 11시쯤 조 기자와 함께 마산경찰서를 항의방문을 하고 나오던 길에 KBS 출신 정환옥과 박인규의 제안으로 KBS 마산방송국에 들렀다.

방송시설을 둘러보던 중 연주소와 송신소 간에 무선업무연락을 하던 KBS 직원의 대화중에 "마산부두에서 눈에 최루탄이 박힌 김주열 군의 시체가 떠올랐다"는 말을 엿듣고 정환옥에게 보고하자 놀란 정환옥은 일행을 불러모아 녹음준비를 갖추게 하고 서둘러 마산부두를 향해 전속력으로 달렸다. 일행들이 부두에 도착했을 때는 김주열 군의 주검을 이미 마산도립병원으로 옮겨간 직후였다. 방송차를 시내쪽으로 돌려 마산도립병원 영안실에 안치된 김주열 군의 주검을 확인하고 나올 때쯤 병원 주변에는 벌써 수많은 학생과 시민들이 모여들어 "리 대통령 물러가라", "살인자를 색출하라"는 구호를 산발적으로 외치고 있었다.

마산에서 김주열 군 주검 인양 소식을 처음 보고한 중계반 일행은 박인규 조정과장과 조재필 기자, 최창식 아나운서를 남겨두고 나머지 요원들은 구호를 외치는 시위현장과 시민 인터뷰를 녹음한 테이프를 가지고 〈라디오 브리지〉 시간에 맞추기 위해 전속력으로 부산을 향해 달렸다. 당시 마산현장을 취재했던 부산MBC 기자들은 무장경찰의 살해위협에 시달렸다. 그 중에서도 조재필 기자는 무장경찰에 의해 마산시청 지하실로 끌려가다 간신히 탈출할 수 있었다. 조재필 기자는 훗날 당시의 심정을 다음과 같이 털어놓았다.

> 총알이 날아다니는 상황에서 몸을 막을 수 있는 장비도 갖추지 않은 채 현장을 녹음할 수 있었던 건 오직 젊은 용기와 사명감 때문이었을 겁니다. 시민들로부터 이 사건을 있는 그대로 세상에 알려줄 수 있는 언론은 당신들 밖에 없다는 격려가 우리를 움직이게 한 힘이었죠. 무엇보다도 소리가 내는 위력을 알았기 때문에 열심히 했던 것 같아요. 소리는 굉장히 선동적입니다. 현장의 소리로 많은 사람들이 독재정권에 항거할 수 있게 하는 데 일조를 해야겠다는 생각밖에 없었습니다.

당시 뜨겁게 달아올랐던 마산의거 관련 녹음테이프[101]에는 그날의 함성과 기자들의 취재 분위기가 그대로 살아있고 전응덕 보도과장이 직접 인터뷰한 김주열 군 어머니 권찬주 여사의 한 맺힌 목소리와 울부짖음은 방송자료번호 60009번의 녹음테이프에

김주열 열사 어머니 권찬주 여사와 인터뷰하는 전응덕 보도과장

101) 부산문화방송 4층 자료실에 보관중인 천2백 피트짜리 릴 녹음테이프는 모두 4개로 3·15부정선거 규탄데모 2개(자료번호 60009, 60010), 마산 3·15사건녹음 1개(자료번호 60001), 4월혁명 가두녹음 1개(자료번호 60002) 등 모두 4개의 테이프가 있다.

담겨 있다.

제2차 마산의거 시위중계의 일부를 다시 들어본다.

(군중 함성) "3·15선거 불법이다. 민주정치 바로잡자."

구호를 외치며 마산상고 학생들이 일제히 시위를 하고 있습니다. 마산공업고등학교도 여기에 합세하고 있습니다. 그 뒤에 수많은 군중과 시민이 따르고 있습니다.

-학도호국단가, 애국가, 박수소리와 구호가 중계멘트와 섞임-

연도에 늘어선 시민들이 시위학생들에게 박수를 보내고 있습니다. 지금 시각은 오후 1시 30분입니다. 지금 마산공업고등학교와 창녕여고 학생들이 가두행진을 하고 있습니다. 연도에 선 할머니, 할아버지 모두 박수를 치고 있습니다. 마산시민들이 흥분의 도가니로 빠져들고 있습니다.

……

4월 11일 마산의 젊은 사자들이 이 나라 남쪽 평화로운 항구의 거리거리에서 성난 파도와 같이 몰아치며 민주 반역자를 규탄하고 있습니다. 마산시내에는 온 시민들이 연도에 나와 이 시위에 참가하는 듯한 느낌이 들었습니다. 그러나 경찰관은 시위대에 자극을 주지 않기 위해 그냥 보고만 서 있습니다. 지금 마산 창신학교 학생 시위대가 마산시청 앞을 통과하고 있습니다.

어제 저녁 시위대원들에 의해 마산시청은 그야말로 창문에 유리 한 장 보이지 않는 그런 상태로 있습니다. 모든 유리창이 파괴된 것입니다. 지금 또한 이곳에서 멀리 보이는 마산도립병원 앞에는 수많은 시민들이 운집해 있습니다. 시민들의 이야기를 들어보면 어제 오전 11시경 발견된 김주열 군의 시체는 아직 마산도립병원 시체실에 안치되어 있는데 김주열 군의 모친은 어제 오후에 친 전보 소식을 듣고 지금 막 남원을 출발해서 마산에 도착하기 직전에 있다는 것입니다. 그런데 모든 시민들의 여론을 들어보면 김주열 군의 모친이 이곳에 도착하면 또다시 불안한 공기에 싸이지 않을까, 이러한 추세를 보이고 있습니다.

마산도립병원 앞에는 수많은 시민들이 지금 모이고 있습니다. 마산상업, 모 고등학교 학생들은 잠시 도립병원 앞에서 주저앉았다가 다시 시위행렬을 시작했습니다.

-호루라기 부는 소리에 시위군중의 웅성거리는 현장음 섞여 들림-

창원 모 고등학교 학생들이 지나가고 그 뒤에는 여학생들이 따르고 있습니다. 여학생 선발대가 지나가자 그 뒤에 수많은 시민들이 따르고 있습니다. 지금 시각은 약 1시 45분을 가리키고 있습니다. 그러나 아직 많은 시민들이 마산도립병원을 떠나지 않고 있습니다.

……

지금 마산, 창원 모 고등학교 학생들을 선두로 구마산 쪽을 향해 시위대는 행진을 하고 있으며 그 뒤에는 여학생 시위대들이 계속해서 따르고 있습니다. 전 마산의 각급 남녀 고등학생들과 마산시민의 시위는 이 나라 민주주의를 다시 찾자는 횃불을 높이 든 가운데 그칠 줄 모르고 마산의 거리와 골목을 휩쓸었습니다.

……

4월 12일, 경찰 당국은 야간통행금지를 오후 7시부터 연장하기로 했으며 경상남도 신도성 지사는 마산 현지에서 의거 학도들에게 다음과 같이 호소했습니다.

"마산의 젊은 학도 여러분!

당신들이 용감하다는 것은 이미 다 잘 알고 있습니다. 그러나 이처럼 여러 사람들이 모여서 소란하게 하면 이 틈을 타서 좀도둑이 날뛰고 공산분자가 날뛰게 됩니다. 그러면 우리 사회 법질서는 파괴되고 결국 나라는 망하고 마는 것입니다. 그러므로 당신들이 조금이라도 나라를 사랑하고 민족을 아끼는 마음이 있으면 이 이상 우리 고장을 시끄럽게 하지 말고 조용히 돌아가 주시기 바랍니다."

……

4월 13일, 아직 분노가 가시지 않은 마산시민들은 아침부터 경찰의 제지를 무릅쓰고 김주열 군의 시체가 안치된 마산도립병원으로 물밀듯이 밀려갔습니다. 몽둥이를 휘두르면서 총기로 위협하는 경찰과 맞선 시민들은 김주열 군의 시체를 경찰에 빼앗겨서는 안 된다고 소리쳤습니다.

("분해서 어째 살겠노" 하는 등의 군중들의 절규가 들림)

지금 흥분한 시민들이 마산도립병원 앞에 모여드는 것을 제지하고 있는 경찰과 일부 시민들 사이에 트러블이 생기고 있습니다.

(기자) "지금 왜 이렇게 성들이 났습니까?"

"여기서 마음대로 못하게 하니까, 왜 못 다니게 하냐고 그러면서 청년하고 싸움이 붙었는데, 어떤 학생이 말을 잘했거든예, 무슨 말인지는 몰라도 잘했다고 군중들이 손뼉을 치니까 경찰이 그 학생을 잡아넣으려고 끌고 가려고 했습니다. 그래서 뭐 때문에 끌고 가려고 하느냐 해서 그렇게 된 겁니다."

"아직까지 김주열 군의 모친이 여기 안 나타났죠?"

"아직 안 왔어요. 시체를 관에 넣어서 치우려고 한다는 소문이 있습니다.… 시체 뺏기면 안 됩니다. 우리가 목숨 바쳐도 시체는 절대 안 줍니다."

이렇게 폭발한 제 2차 마산의거는 진주, 하동, 창원 등지로 빠르게 번져나갔다. 마산에서 폭발한 부정선거 규탄시위는 부산과 서울로 번지면서 전국을 분노의 도가니로 달구었다. 제 2차 마산의거를 계기로 서울에서는 18일 고대생이 궐기하고 부산에서는 동래와 서면, 범일동에서 고교생들이 총궐기하여 경찰과 충돌, 시위대 17명이 사망하고 36명의 중상자가 발생했다. 마산에서는 사망 15명, 중상자 19명이 발생했다. 25일에는 5만여 명의 학생, 시민들이 궐기하여 경남도청을 점령하고 자유당사 7곳과 경찰서 6곳, 파출소 30개소를 습격하여 불을 지르고 파괴했다. 이렇게 확산된 부정선거 규탄시위가 부산시내 전역에서 고등학생을 중심으로 항의시위가 거리를 뒤덮자 대학생과 시민들이 합세해 대대적인 자유당의 부정선거를 규탄하고 독재정권을 타도하는 규탄시위가 장사진을 이루었다. 4월 혁명기록을 보면 4월 14일 전북대학생 3백여 명이 거리로 나선 것이 전국 최초의 대학생 시위였다.

당시 부산MBC의 활약상을 《3 · 15 의거사》[102] 에서는 다음과 같이 기록하고 있다.

> 4 · 19혁명의 모태인 3 · 15부정선거 규탄 마산시위를 현장에서 생중계한 우리나라 최초의 방송사는 바로 부산MBC(문화방송)였다. 1959년 4월 15일 출력 1㎾의 꼬마방송국으로 개국한 지 1년도 채 안 된 신생방송사로서 4월혁명의 도화선에 불을 당기게 된 역사의 장거를 이루었던 것이다.

부산MBC는 3 · 15의거가 일어나자 마산취재반을 구성 파견하여 한 달 가까이 마산에 상주시키면서 현지에서 녹음한 시위현장 녹음테이프를 취재차량으로 운반해 매시간 보도하는 눈부신 활약을 했다. 마산의거를 사실보도하고 심지어 생중계한 일은 그 자체가 한국언론의 새로운 기록으로 남는 사건이었다. 부산MBC는 3월 15일 선거일로부터 마산시내 도처에서 일어난 격렬한 시위현장을 중계했던 부산

102) 2004년 8월 30일 사단법인 3 · 15의거기념사업회가 발행한 《3 · 15의거사》의 제 5편 3 · 15의거 보도와 국내외 논설, 제 1장 언론에 비친 3 · 15, 638쪽, 4. 부산문화방송에 수록된 내용임. 그러나 내용 중에 나오는 중계방송은 시위현장 중계방송이 아니라 4 · 19혁명 이후 민방이 없던 당시 서울시민들과 각급 단체에서 3 · 15의거로부터 4 · 19혁명에 이르는 과정의 시위중계를 듣고 싶다는 요청으로 당시 전응덕 보도과장과 이상철 기자가 2주에 걸쳐 특별히 편집 구성한 녹음테이프로 1960년 5월 5일 낮 파고다공원에서 스피커를 통해 들려준 내용임.

MBC의 방송에는 군중들의 함성과 구호, 마치 카퍼레이드를 중계하듯 아나운서와 기자들의 목소리가 숨 가쁘게 이어졌다. 방송이 이처럼 시위대를 따라다니며 현장을 생중계하는 방송요원들은 전쟁터를 방불케 하는 전율과 공포에 휩싸인 곳에서 목숨을 걸고 뛰어들어야 했다. 온갖 위험을 무릅쓰고 맹활약한 기자들은 부산MBC 전응덕 보도과장과 박재영, 이상철, 조재필 기자 등이었다. 시위대를 따라다니며 현장을 생중계한 기록은 세계방송사상 전무후무한 일로 꼽히고 있다.

제1차 마산의거에 이어 김주열의 주검이 떠오른 4월 11일 2차 시위에서 생중계는 계속되었다. 4월 12일과 13일에도 시내 요소요소에서 격렬하게 벌어진 시위현장에서 한순간도 놓치지 않고 마산 시위 녹음테이프를 수송하여 1시간의 시차로 방송했다. 한편 18일 서울 고대생 데모는 서울지사를 통해 긴급공수된 녹음테이프와 전화리포트로 방송에 참여하여 부산MBC는 방송저널리즘의 신기원을 이루었다. 개국한 지 얼마 되지 않아 펼친 활약상을 《부산MBC 사사》에서는 다음과 같이 기록했다.

> (전략) 이러한 가운데 헌정사상 영원한 오점을 남긴 3·15 부정선거가 강행되고 드디어 4·19혁명을 맞이하게 됐다. 이러한 과정에서 부산MBC는 국민의 편에 선 방송이란 사명감으로 '부정선거 다시 하자'는 구호를 외치며 일제히 일어섰던 마산의거 현장에서 부산MBC의 마이크가 데모의 진상과 경찰의 탄압상을 과감하게 보도한 것이라든가, 이에 앞서 2월 25일 시내 동광국민학교에서 거행된 조병옥 박사 추도식의 실황중계는 당시 가중되던 언론탄압 속에서 민주언론의 책무를 다 하겠다는 신념 없이는 불가능한 일이었다.
>
> 사상 유래 없는 부정선거를 규탄하는 학생시위가 전국적으로 확산되자 이 사실을 보도하는 부산MBC에 대한 경찰과 특무부대 등

의 압력과 탄압이 가해졌으나 이에 굴하지 않고 '우리는 국민들에게 진실을 알릴 뿐이다'라는 말과 행동으로 당당히 맞서 민간방송의 용기 있는 자세를 보여 주었다.

4) 시인 김태홍의 분노와 절규

시인 김태홍

수많은 문인들이 3·15 마산의거와 4·19 혁명을 체험하면서 현실참여에 앞장섰다. 3·15의거 기념사업회에서는 2001년 9월 모두 163명의 시인들이 3·15 마산의거와 4·19 혁명 과정을 모티브로 한 《3·15의거 기념시선집 — 너는 보았는가 뿌린 핏방울을》을 비롯한 210여 편의 작품을 수록 발간한 바 있다. 그 중에서도 열린 시각으로 국민의 눈과 귀가 된 시인들은 현실인식에 바탕을 둔 절규의 수많은 작품을 남겼다. 김주열 군의 주검이 인양되면서 폭발한 제2차 마산의거에서 시위대의 구호는 '자유당 정권 물러가라', '리 대통령 물러가라'로 바뀌었고 시위에 참여하는 학생과 시민이 급격히 늘어났다. 이때 1960년 3월 28일자 〈국제신보〉에는 "너는 보았는가 … 뿌린 핏방울을"이라고 읊었던 김춘수의 〈베고니아의 꽃잎처럼이나〉가 발표되고, 〈부산일보〉에서는 4월 12일자 신문에 '사진으로 본 제 2의 마산사건'이라는 제목으로 전면을 사진특집으로 편집하고 1면에는 부산MBC의 사가를 작시한 살매 김태홍[103] 시인이 〈馬山은!〉이라는 제목의 시를

103) 김태홍(金泰洪, 1925. 3. 20∼1985. 11. 4)의 아호는 살매로 경남 창원에서 태어나 해인대 문학부를 졸업했다. 1947년 3월 〈문예신문〉에 시 〈고향〉을 발표하고 1950년 시집 《땀과 장미와 시》로 문단에 등단,

게재해 부산MBC의 현장중계방송과 함께 혁명적 분위기를 고조시켰다. 당시 시인 김태홍은 열린 시각으로 3·15마산의거의 이념과 정신을 오롯이 살려 독재와 불의에 맞서 싸운 민주화운동 정신을 고취시키는 새로운 지평을 열었다. 시인 김태홍은 부산고등학교에서 국어교사로 있으면서 언론에 대한 높은 관심과 애정을 가지고 참여했다.

馬山은
고요한 合浦灣 나의 故鄕 馬山은
썩은 답사리 비치는 달그림자에
抒情을 달래는 傳說의 湖畔은 아니다.
봄비에 눈물이 말없이 어둠 속에 괴면
눈동자에 彈丸이 박힌 少年의 시체가
대낮에 漂流하는 埠頭

學生과 學生과
市民이

戰友의 시체를 넘고넘어
民主主義와 愛國歌와
목이 말라 온통 설레는 埠頭인 것이다.

《窓》(1954), 《조류의 합창》(1958), 《당신이 빛을》(1965), 《空》(1982) 등 다수의 시집을 발간했다. 그는 부산고등학교에 재직 중 부산MBC가 개국하던 1959년 사가(社歌)를 작시했으며 3·15마산의거가 일어났을 때는 〈부산일보〉 비상임 논설위원으로써 사태의 추이를 파악할 수 있었으며 1960년 4월 12일자 〈부산일보〉 1면 특집보도 '사진으로 본 마산사건'에 시 〈馬山은!〉을 썼고 4월 23일 범어사에서 거행된 '4·19희생자 합동위령제' 때에는 〈祖國이여!〉가 〈부산일보〉에 게재되기도 했다. 1960년 부산시 문화상을 수상했다.

波濤는
良心들은 歷史에 돌아가 명상하고
붓은 馬山을 後世에 고발하리라
밤을 새며 외치고

政治는 凝視하라. 世界는
이곳 이 少年의 表情을 읽어라
異邦人이 아닌 少年의 못다 한 念願들을
생각해보라고
無數히 부딪혀 밤을 새는
피절은 潮流의 아우성이 있다.
馬山은
고요한 合浦灣 나의 故鄕 馬山은
世界로 통하는 埠頭!

썩은 답사리 비치는 달그림자에
抒情을 달래는 傳說의 湖畔은 아니다.

陣痛이
아우성이 少年의 피가
憤怒의 소용돌이 속에
또 하나의
오-움직이는 世界인 것이며
氣象圖인 것이다.

시인 김태홍은 4월 23일 범어사에서 거행된 ‘의거 희생자 합동위령제’에 헌시한 〈祖國이여!〉가 이튿날 〈부산일보〉에서는 제 3연이 군 검열에서 삭제되어 발표되었다가 이틀 뒤인 26일에야 삭제된 부분을

'독자들을 위해 삽입'했다.

〈祖國이여!〉
-합동위령제에 부침-

하늘도 울어라
오~땅도 울어라
祖國이여 이날을 銘心하라.

知性의 별
자유의 상징
빛나는 〈학생〉이란 이름을 記憶하라.

네 가난한 품속에서
그래도 엮어보는 꿈도 마지막 목숨까지도
못난 祖國이여
네 無知한 銃부리에
무참히 짓밟혀 죽던 날을
祖國이여…
이 날을 銘心하라.

피는
여기 그들의 아우성은
無數히 민주주의의 씨를 이 땅에 뿌리고
하늘 아래 묻힌다.
묵묵히 자유의 교훈으로 죽어서 산다.
피로써 손을 씻어라.
銃을 겨누던 者들은 물러가라.

그래서 이들이 뿌린 피의 意味를
歷史의 意味를
그들의 아우성을 들어보라.
네 썩은 心臟을 볼 것이다.

오~하늘도 땅도 울어라
馬山에서
釜山에서
서울에서
光州, 大邱, 大田, 全州, 麗水, 仁川 … 에서
坊坊曲曲에서 뿌린 純潔한 피들이
우리들 눈물 속에 오늘 昇華하는 것이다.

祖國의 하늘로 땅 속으로
다시 우리들 피 속으로 脈脈히 不死鳥의 魂
正義의 불길로 번져가고 있는 것이다.

못난 祖國이여!
오늘을 記憶하라.
피를 짓밟는 秋波를 용납하지 말라.
죽어서 받드는 自由와 民主主義
오~ 〈學生〉이란 이름을
오늘을 永遠히 銘心하라.
自由~
그것만이 우리들의 祖國인 것이다.

개국 당시 사가를 작시한 시인 김태홍은 3·15 마산의거로부터 4·19혁명에 이르는 시대를 살면서 현실참여에 충실했던 시인으로 1976

년판 어문각 발행 신한국문학 전집 16권 시선집 김태홍 편에 실린 〈탑의 언어—3·15 기념탑 앞에서〉를 이렇게 쓰고 있다.

塔은 그날을 말하지 않는다.
塔은 자유를 말하지 않는다.
塔은 民主主義를 말하지 않는다.

다만
푸른 하늘에 몸짓을 하면서 역사의 연륜을 마음속에 새기면서
저렇게 우뚝할 뿐이다.

塔은
절규하지 않는다.

塔은
승리를 영광을 노래할 줄 모른다.

塔은
끝내 굴욕을 말하지 않는다.

다만 그 속에 파문도 없이 순결한
피는 고이고 통곡이 소리 없는 강물 되어 밤에 흐르고 있을 뿐이다.

塔은
말하지 않는 塔은 스스로의
피 속에서 읽어야 할 사상의 언어일 뿐이다.

1963년 부산MBC개국 4주년 기념행사 때에는 또다시 〈우리들의

HLKU〉라는 축시를 썼다.

자랑스런 年輪 속에는 先驅者의 눈물이 있고,
자랑스런 年輪 속에는 先驅者의 보람이 깃들었다.
民間放送의 嚆矢, 呱呱의 소리를 외치던 그날!
戰取된 感激이 窓을 두들기던 그날!
年輪은 오붓한 자랑으로 굳어져 왔다.

感激의 나날만은 아니었지
정말 피눈물 나는 괴로움도 참았었지
그래서 앞날로 쌓아져 갈 年輪 속에도 의연히 영예로운 자랑만이
활짝 문을 열고 우리들을 기다리는 것이란다.
누리의 자랑
港都의 등불
우리들의 文化放送 HLKU.

年輪 속에 스며든 소리에 귀를 기울여 보면
오! 4·19의 그날!
우리들은 거리에 쏟아져 나온 슬기로운 群衆들의 아우성을 좇으면서
그야말로 自由의 使徒였지
그래서, 勝利의 그 시간까지 우리들은 겨레의 빛이었지
그날! 4·19, 우리들의 외침은 누리에 自由의 씨를 뿌렸지,
自由의 소중함을 일깨워 불을 질렀지
우리들은 내일도 그날처럼
自由의 빛이란다.
겨레의 빛이란다.
그래서 獨裁의 牙城은 무너져 갔다.
오연히 자리했던 獨裁가 물러서고 無能은 가시질 않았다.

그래서 無能과 腐敗를 송두리째 뿌리 뽑아야 할 歷史的인 作業은
새벽에 조용히 햇살처럼 번졌지
거리를 휩쓸던 暴力이 그림자를 감추고, 시들던 農村은 입김을 돌렸지
그날! 5·16, 우리들은 그날도 활짝 希望의 꽃동산을 가꾸었지
年輪 속에 사라져 간 지난날이
오늘 다시 새로운 年輪을 새기는 이 자리에 서보면,
메아리 되어 울려온다.
겨레의 자랑
港都의 자랑
우리들의 文化放送 HLKU.

희망은 電波를 타고
기쁨은 電波를 타고 窓을 두들겼지.
오붓한 사랑으로 포실한 窓마다에 행복을 날랐지
그래서 MBC는 행복과 더불어 살아왔고
그래서 MBC는 희망과 더불어 뻗어갈 것이며
그래서 MBC는 우리들의 放送
우리들의 손으로 우리들의 것으로

오! 빛나리 文化放送 HLKU.

5) 혁명을 중계한 세계 최초의 라디오

4월 11일 마산에서 김주열 군의 주검이 인양되면서 다시 불붙기 시작한 시위는 진주, 창녕, 하동을 거쳐 전국으로 번져나갔다. 부산에서 시위가 격렬해지면서 시위에 참여하는 학생과 시민이 폭발적으로 늘어났다. 이를 보도하는 민방과 신문에 대한 탄압 또한 악랄해져갔다. 부산MBC는 탄압이 강해지면 강해질수록 더욱 군센 보도자세로

1960년 4월 18일 부산 교통부 로터리에 운집한 고등학생 시위대

독재정권에 맞섰다. 4월 18일은 아침부터 경남고등학교와 부산고등학교, 부산상업고등학교와 경남공업고등학교, 데레사여자고등학교와 혜화여자고등학교, 동래고등학교와 해동고등학교를 비롯한 부산시내 대부분의 고등학생들이 거리로 뛰쳐나왔고 부산대와 동아대, 수산대 학생들까지 시위에 참여해 3·15부정선거와 김주열 군 피살사건을 규탄하는 반정부시위를 벌였다. 학생시위대는 이를 저지하는 경찰과 투석전으로 맞서며 중앙로를 따라 범일동 삼일극장 앞까지 진출했다. 당시 동래고등학생 시위현장을 부산MBC 취재진이 AMPEX 601 녹음기로 시위현장을 취재녹음해 보도한 방송테이프를 다시 들어본다.

(시위학생 음성) "우리는 몽둥이로 맞았습니다."

여기는 범일동 삼일극장 앞입니다.

오늘 아침 거리로 나온 동래고등학교 학생들이 이곳 삼일극장 앞에 이르렀을 때 정사복 경찰에 의해 현재 제지당하고 그 자리에 앉아서 이야기를 나누고 있습니다. 현재 교직원들도 학생들을 앉혀 놓고 시위를 중지할 것을 종용하고 있으나 학생들은 이를 완강히 거절하고 시위를 계속하고 있습니다.

"지금 어떻게 어디서부터 시위를 해가지고 온 것입니까?"

"동래로부터 왔는데 거기서 경찰이 공포탄을 약 2~30발 정도 쐈습니다."

"어디서요?"

"기찻길에서요."

"학교에서 몇 시에 출발했어요?"

"9시 20분에 학교뒷문을 넘어뜨리고 출발했습니다. 여기 온 학생은 3분의 1도 안 됩니다."

"나머지 학생들은 어떻게 되었습니까?"

"기찻길 근처에서 약 3분의 1이 경찰에 잡혀갔습니다."

여러분께서 들으신 바와 같이 삼일극장 앞에서 학생들이 후퇴를 하지 않은 채 여러 가지 철수조건을 요구하고 있는 것 같습니다. 이곳은 지금 교통이 차단되어 있으며 수많은 신문보도 카메라맨들이 있습니다.

"학생들 다친 사람은 없어요?"

"다친 학생요? 몽둥이로 맞았습니다."

(외침) "자유를 찾기 위해 죽어도 좋다! 부정선거 다시 하라! 연행 학생 석방하라."

길바닥에 앉았던 수많은 학생들은 다시 서서히 일어서기 시작했습니다.

그리고 여러 가지 요구조건을 이곳 삼일극장 바로 앞길에서 요구하고 있습니다. 일부 학생들은 노래를 부르기 시작했습니다. 모자를 흔들면서 6·25의 노래를 부르고 있습니다. 도로는 학생들의 시위로 완전히 차단되고 있으며 조금 전에 여러분께 말씀드린 바와 같이 수많은 보도진만이 이 광경을 놓치지 않으려고 카메라의 셔터를 누르고 있습니다. 노래가 끝나자 다시 학생들은 만세를 부르기 시작했습니다.

(외침) "만세! 만세!"

학생들은 다시 삼일극장 앞에서 동래고등학교 쪽으로 돌아가려고 하지만 경찰들의 제지를 받고 있습니다. 주위의 군중들도 다시 연도에 자리잡기 시작합니다. 전차가 약 10여 대 서면 쪽으로부터 이곳 삼일극장 앞까지 정차해 있습니다."

부산지역 시위상황이 시간이 흐를수록 악화되자 부산MBC에 무장 난입한 최남규 부산중부경찰서장과 부산지방검찰청 부장검사가 4월 18일 아침 보도과를 찾아와 "앞으로 부산에서 일어나는 시위상황에 대한 보도는 일체 중지하라"는 최후통첩과 함께 "만약 그런 방송을 다시하면 방송허가를 취소해버리겠다"고 협박했다. 부산 시위를 보도하지 못하게 된 상황에서 4월 18일 서울 을지로 2가 같은 건물 2층에 세들어 있던 〈부산일보〉 서울분실 고일환 기자와 부산MBC 서울지사장 김영출이 창 밖으로 마이크를 내밀고 녹음한 서울 고대생 테러사건과 관련학생들의 인터뷰를 비롯한 4월 19일 서울의 각 대학이 총궐기하고 경무대 앞에서 경찰의 무차별 발포로 아수라장이 된 시위현장녹음을 종합편집하여 〈라디오 브리지〉를 통해 여과 없이 방송했다. 4·19혁명은 목숨을 건 부산MBC와 〈부산일보〉를 비롯한 일간신문의 순발력과 기지를 통해 완성되었다고 하겠다.

그날의 〈라디오 브리지〉를 다시 들어본다.

고대 시위대가 4월 18일 오후 국회의사당 앞의 연좌시위를 끝내고 천일백화점 앞에 이르렀을 때 시위대는 독재자의 앞잡이 노릇을 한 깡패들에게 무자비한 폭행을 당했습니다.

그 당시를 고대생 이세기 군은 이렇게 말합니다.

"을지로를 걸었는데 을지로 4가에 와서 경찰백차가 딱 막아요. 그리고 종로 4가로 빠지는 천일백화점 앞에 좁은 골목을 터놓았어요."

"그러니까 시위대를 그쪽으로 미는 격이군요."

"예, 큰길을 막고서 좁은 길인 천일백화점 앞으로 통로를 내놓았습니다. 그전에 경찰은 우리에게 약속을 했습니다. 우리는 평화적인 시위로 학교까지 가는 것이니까. 우리를 보호해줄 것으로 약속을 받았는데 4가에서 딱 막고 우리를 유인한 셈이 됐죠. 그때까지 우리는 몰랐습니다. 모르고 가는데 갑자기 앞에서 몇 사람이 쓰러지기 시작해서 이상하다 생각했는데 그때 나와서 보니 곤봉, 쇠갈고리, 삽, 곡괭이까지 들고 나와서 무자비하게 치는 거예요. 비명을 지르고 피를 토하면서 쓰러질 때 참 비참했습니다. 갑자기 예상치 않았던 습격을 당하고 학생들은 당황해서 후퇴하는 수밖에 없었습니다. 후퇴하면서 다시 동지를 규합해서 또 전진하고 그때 고등학생들의 도움을 많이 받았습니다. 일부 고등학생들이 거기서 우리에게 호응을 해서 돌을 날라다 주면서 '형님들, 용기를 내서 싸우라'고 외칠 때 다시 용기를 내어 동지를 규합해 전진하면서 깡패들의 곡괭이를 뺏어 깡패를 때렸습니다. 그때 깡패 2명이 아마 중상을 당했을 것입니다. 이때 경찰은 전혀 무방비 상태로 방관하고 있었습니다. 이건 참 우리가 생각할 때 삼천 지성인 대학생의 평화적, 무저항 시위에다 감히 7, 80명의 깡패들이 대항할 수 있었던 배후를 한번 생각해볼 수 있을 것입니다. 그 사람들이 무얼 믿고 대항하였겠습니까?"

"그 당시가 다시 한 번 충격을 준 것 같은데요?"

"예, 이건 천인공노할 일입니다. 지금 말하면서도 소름이 끼쳐서 말이 잘 안 나오는데요. 결국 그들의 부정부패, 무능정치가 경찰의 곤봉과 깡패들의 쇠망치와 곡괭이로 까발려진 것을 후세 역사가들이 뭐라고 기록할지 모르겠습니다."

고대 학생들 시위에 이어 4월 19일 오전 10시 10분에는 서울대 법과대학, 문리대 학생 천여 명에 이어서 연세대, 동국대, 성균관대 학생 등 수만 명이 차례차례로 구호를 외치면서 각급 고등학생들과 같이 서울 장안을 휩쓸었습니다. 학생들은 국회의사당 앞으로 질서정연하게 행진하고 있으며 연도에 늘어선 시민들도 박수를 보냅니다. 승리의 노래를 부르고 있습니다. 거리거리에서 국회의사당 앞으로 질서정연하게 학생들이 모입니다.

(외침) "3 · 15선거는 불법이다."

연도에 늘어선 시민들은 계속해서 박수를 보내고 "공명선거 다시 하자"며 목이 터져라 하고 구호를 외쳤습니다. 19일 오전 11시 30분 동국대학교 학생들은 을지로 내무부 앞에서 건국대 학생 천여 명과 합세하여 경무대로 향합니다.

(외침) "부정선거 다시 하자! 정치깡패 때려잡자!"

오후 2시 성균관대 학생 약 2천 명도 서울시민의 박수를 받으며 정치깡패를 잡으라는 구호를 외치며 경무대를 향해 행진을 계속합니다. 서울의 거리는 시위학생들로 매워져 거의 교통은 차단되고 있습니다. 연도에 늘어선 시민들은 박수를 보내고 있으며 오후 2시 55분 광문중고등학교, 양정고등학교 학생 5백여 명도 교가를 부르며 중앙청으로 행진하고 있습니다.

(외침) "3 · 15선거는 불법이다. 공명선거 다시 하라."

멀리서 3 · 1절 노래가 들려오고 있습니다. 오후 3시 20분 내무부 앞에 모인 1만 명을 헤아리는 농성시위대는 소방차가 도착해 물을 뿌리자 고함을 지르며 투석으로 대항하고 있습니다. 이어 소방차는 퇴각하고 말았습니다. 흥분한 학생들이 나뭇조각으로 몽둥이를 만들고 있을 때 경관이 달려와 제지했습니다. 학생들은 경관에게 대항하고 있습니다.

오후 3시 50분경 서울대 사범대학생을 비롯한 수천 명의 학생들이 시위대에 합세했습니다. 물밀듯이 이곳저곳에서 몰려든 학생들은 드디어 소방차를 탈취했습니다. 탈취한 소방차를 보고 시위대는 박수를 보내고 있습니다. 시위대는 쓰러진 학우의 피묻은 잠바를 흔들면서 더욱 열광적으로 시위를 계속하고 있습니다. 피가 뿌려진 서울의 거리는 점점 어둠이 짙어 가는데 수만의 시위대는 지금 내무부 앞에서 경찰과 맞서가지고 피비린내 나는 싸움을 계속하고 있습니다. 불안과 초조의 시간은 흐르고 밤은 깊어가고 있습니다. 내

> 무부 앞에서 시위중 한 대학생을 순경 2명이 연행하려 하고 있습니다. 그러나 시위대에서는 연행 못하도록 데몬스트레이션을 일으키고 있습니다.
>
> (멀리서 들려오는 총소리)
>
> (외침) "경찰도 양심 있다. 국민한테 사과하라!"
>
> 목이 터져라 외치는 수만 시위대는 지금 무장경찰과 거리가 약 30m입니다. 시위대의 구호와 군가가 교차되는 가운데 더욱 총소리는 시청 앞까지 가까워지고 있습니다. 그러나 시위대는 분산하지 않고 다시 합세하기 시작합니다.
>
> 6시경 내무부 앞에서는 드디어 발포하기 시작합니다. 얼마 뒤 여학생이 명중하여 비명소리가 들려옵니다. 그러나 시위대는 완강히 저항하며 흩어질 줄 모릅니다.
>
> (총소리, 비명소리 들려옴)
>
> 어둠의 장막 속에 있던 을지로 입구에는 총소리가 하늘 높이 메아리쳐 흩어지는 가운데 시위대는 골목과 골목으로 후퇴하기 시작합니다. 4월 19일 도처에서 맨주먹으로 총탄과 대결한 역사적인 밤은 점점 깊어갔으며 말없이 밤하늘을 흐르던 별들은 젊은 학도의 의로운 죽음을 어루만져 줄뿐입니다.

이 방송이 나가던 4월 19일 밤 부산중부경찰서 최남규 서장이 무장 경찰관들을 데리고 방송국 주조정실에 난입해 권총을 빼들고 고함을 질렀다. "안성수 사장 어디 갔어, 보도과장 나오라 그래, 살고 싶으면 당장 방송부터 끊어!"라고 고래고래 소리를 지르며 미친 듯 날뛰었고, "당신들 방송이 평양에서도 나오고 있단 말이야. 이건 분명 이적행위야!"라며 외쳤다. 비상계엄령이 선포된 4월 20일 경남도경에서는 안성수 사장의 출두를 요구하고 형사대가 보도과를 비롯한 현업부서에 난입하여 편성책임자를 연행하려고 했다. 4월 19일 서면일대에서 시위가 벌어지는 동안 시위학생 13명이 경찰의 총탄에 쓰러지고 수많은 부상자가 발생했다. 당시 부산MBC 서울지사장인 김영출은 〈방송〉지 1960년 송년호에서 “부산MBC에서 마산데모를 보도함으로써 반응은 100%였다. 청취자로부터 격려전화가 연속 걸려오는 반면에 경찰국장으로부터는 보도를 즉각 중지하라는 통고와 함께 감시하는 형사 수가 증가해 방송국은 마치 경찰서의 분실 같았다”고 썼다.

6) “MBC는 우리 편이다”

부산MBC의 회사 이름 앞에는 항상 ‘우리들의’라는 말이 따라다녔다. 4·19혁명 때 시위현장에 HLKU 녹음취재반이 보이면 “우리 편이 온다”는 환호로 부산MBC 취재차를 맞았다.[104] 그것은 부산MBC의 뉴스가 민의를 반영해온 것에 대한 청취자의 반응이었고 고마움과 애정의 표현이었다. “MBC는 우리 편이다”라는 말은 김주열 군의 주검이 계기가 된 제 2차 마산의거 때부터 마산시민들의 입에서 자연스럽게 나온 말로 경찰이 취재방해를 못하도록 취재차를 둘러싸고 엄호할 때 자연스럽게 나온 말이다. 그 말은 시위현장에서 ‘문화방송’이라고 쓴 부산MBC 취재차량이 지나갈 때면 길을 틔워주면서 군중들이 호위를 하며 했던 말이고 시간마다 마산시위 현장녹음 테이프를 부산으로 옮길 때 길에서 만난 사람들과 심지어 타이어펑크를 수리하는 자동차정비업소에서 차례를 기다리던 사람들의 입에서 나온 말이다. 제 2차 마산시위 이튿날인 4월 12일 이른 아침에도 첫날 시위녹음테이프를 부산에 넘기고 돌아오는 보도차량이 박인규 조정과장과 조재필 기자를 태우고 다시 시위현장을 나섰다. 그날 마산시내에서는 관용차량이 시위대의 습격을 받아 전소되거나 파손되는 상황에서도 부산MBC 보도차량을 보면 “이 차는 우리 편이다”라고 하면서 길을 내

104) 한국방송공사, 《한국방송 60년사》, 1987, 248~251쪽.

어주었다. 당시 시위현장을 녹음한 박인규는 "4월 11일 첫날은 우리 보도차가 데모대 앞뒤를 오가며 취재했는데, 이틀째는 데모대 선두에서 함께 거리를 누비며 행진했어요. 마치 우리 보도차가 데모대를 선도하는 것 같이 보였으니 경찰 눈에는 가시 같았을 거예요"라고 회상했다.

MBC 앞에 '우리'라거나 '나의'라는 표현은 긴박한 상황에서 운명공동체의 연대의식에서 출발한 것으로 보인이다. 같은 맥락에서 시인 김태홍은 사가(社歌)의 노랫말에서 이미 '우리들의 문화방송 HLKU' 라고 썼으며 1963년 개국 4주년 때에는 〈우리들의 HLKU〉라는 축시를 써서 시인의 감성이 민중의 정서를 앞서감을 보여주었다. 시위현장에서 MBC 취재진과 중계차를 만나면 "KU, 우리 편이다!" "MBC, 우리 편이다!"라고 입을 모았던 것은 3·15마산의거와 4·19혁명을 거치는 동안 권력에 굴하지 않고 민의를 반영했던 MBC뉴스의 용기와 이미지에 대한 국민의 순수한 공감에서 나온 말이었다. '우리들의 HLKU'라는 말은 청취자들에게는 한결 자연스럽게 '우리 편'이라는 말로 발전했다. "부정선거 다시 하라"고 외치며 총궐기한 3·15마산시위를 부산 MBC가 전한 뉴스는 민주회복을 애타게 갈구하던 국민의 목마름을 한마디로 대변한 것이었다.

부산MBC가 독재에 맞서 모두가 하나로 똘똘 뭉쳐 이루어낸 사실보도는 당시 부산MBC가 언론의 기본적인 역할에 충실했던 결과였다. 돌이켜보면 부산MBC가 국민과 함께 우리나라 역사상 최초의 민주화운동을 전개했던 반독재투쟁은 5·16군사정변으로 종말을 고했지만 그 일은 끝이 아니라 험난한 자유언론의 길로 들어서는 출발점이었다.

마산에서는 4월 12일 오후 데모가 격렬해지자 통금시간을 1시간 더 앞당긴다는 소문이 나돌았다. 박인규는 진종일 시위대를 따라다니며 녹음한 테이프를 〈라디오 브리지〉 시간에 맞추기 위해서 부산으로 달리던 중 "진영 부근 비포장 국도에서 펑크가 났다. 타이어를 수리하기 위해서 정비소에 들렀을 때 순서가 밀려 차례를 기다려야 하는 답답한 상황이었다.

3 · 15마산의거와 4 · 19혁명 때 부산과 경남 일원을 누비며 현장취재를 한 취재차, 일명 두꺼비라고 불렸다

방송시간을 맞춰야 하는 마음이 타들어가는 순간 때마침 한 운전자가 "MBC차가 왔네, 주인 보소! 저 차부터 먼저 해주소. 그래야 방송을 하제. MBC는 우리 편이오." 이 말에 차례를 기다리던 사람들이 자기 차례를 내주어 기다리지 않고 수리를 마칠 수 있었다고 한다. 서둘러 출발하는 보도차를 향해 사람들이 박수를 치며 격려하더라는 이야기는 아직도 전설처럼 전해져 지금 우리가 겪고 있는 현실이 더욱 갑갑하고 답답할 뿐이다. 그뿐이 아니었다. 국도를 달리다 펑크가 나서 길가에 차를 세워두고 있을 때 지나치던 영업용 차량운전자가 차를 멈추고 자신이 가지고 다니는 예비타이어를 내어주는 경우도 있어서 3 · 15 당시 취재기자들은 아직도 그때를 감격의 순간으로 기억하고 있다. 그때의 일은 부산MBC의 전 임직원이 사운을 걸었던 일로서 용기와 힘만으로는 불가능했을 것이다. 그것은 국민과 함께 나라를 지키기 위해 과감히 나섰던 방송인의 마음과 국민의 열화 같은 지지와 호응이 맞닿았기에 가능한 일이었다.

4월 19일 오후 3시를 기해 서울에 이어 오후 4시 30분 부산에도 비상계엄령이 선포되고 각급학교에는 임시휴교령이 내려졌다. 4월 26일 오전 10시 30분 이승만 대통령의 하야성명이 방송되자 이성과 냉

정을 되찾은 사회는 차츰 수습단계로 접어들었다. 4월 27일 오전 10시 부산시청 앞에서는 동아대와 부산대, 수산대와 연세초급대, 부산사대 등 부산지역 5개 대학에서 학생 1만 5천여 명이 질서유지와 치안확보를 위해 집결했다. 학생들은 '새 나라 질서를 이룩하자'는 플래카드를 앞세우고 담당구역으로 나서자 시민들의 환호가 쏟아졌다. 그날부터 임시휴교에 들어갔던 각급학교가 차례로 문을 열고 평온을 되찾기 시작했다.

4월 30일 마산의거의 숭고한 뜻을 기리기 위해 '민주횃불의 탑'을 세우기로 뜻을 모은 가운데 5월 19일 부산공설운동장에서는 '4·19 및 4·26의거희생자 합동위령제'와 6월 4일 마산 현지에서 합동위령제가 개최되었다. 부산MBC는 이를 모두 중계하는 한편 6월 19일 마산극장에서는 부산MBC가 공모하여 제정한 〈학생의거의 노래〉 발표회를 제일제당 협찬으로 열었다. 마산 출신 이동학의 작시와 최인찬 작곡의 〈학생의거의 노래〉가 마산공고 취주악대의 반주로 테너 김준석과 마산여고 합창단이 노래했다. 그날은 부정선거를 규탄하고 독재정권을 타도한 3·15마산의거와 4·19혁명 대열에 참여했다가 희생된 학생들의 드높았던 구국정신과 민주주의에 대한 부푼 열망이 노래가 되어 하늘 높이 메아리쳤다.

(HLKU 제정) 〈학생의거의 노래〉

1. 꽃처럼 피어나던 젊은 목숨을
   나라 위해 겨레 위해 피를 흘린 이날
   외침이 깃발되어 사무치던
   아~아~ 영예로워라 그날 사월 십구일
   우리는 싸웠다. 또 이겼다.
2. 가슴을 마구 찢던 검은 총칼도
   정의어린 푸른 넋에 머리 숙인 이날
   더럽힌 구석구석 피로 씻던
   아~아~ 장엄하여라 그날 사월 십구일
   우리는 싸웠다. 또 이겼다.

7) 민주혁명기록전의 전국순회

부산MBC의 개국 초기에는 민주화를 향한 국민의 열기가 뜨거웠다. 그것은 곧 국민이 나라의 주인이 되고자 하는 순수한 열망의 표현이었고 권력의 폭압에 맞선 주권자의 정당한 요구였다. 부산MBC는 〈부산일보〉와 공동주최로 부산, 서울, 경남 등지를 순회하면서 3·15마산의거로부터 4·19혁명에 이르는 시위과정의 현지녹음과 시위대의 인터뷰 녹음은 물론 뉴스와 〈라디오 브리지〉를 재방송하는 등 방송프로그램 공개와 자매회사인 부산일보사에서는 시위현장사진 전시회를 가졌다. 부산MBC가 특종보도한 3·15 부정선거에 항거한 마산의거와 〈부산일보〉가 4월 11일 마산 중앙부두 앞바다에서 눈에 최루탄이 박힌 채 떠오른 김주열 군의 주검을 부산MBC가 스폿뉴스로 보도하고 〈부산일보〉가 사진특종으로 보도하자 화산처럼 폭발한 제 2차 마산의거, 그리고 부산지역의 시위중계, 온 국민이 분노한 4

월 18일 고대생 시위와 피습경위가 부산MBC의 뉴스와 보도프로그램 〈라디오 브리지〉를 통해 보도되자 전국이 용광로처럼 끓어올랐다. 4월 19일이 밝자 서울과 부산을 비롯한 전국에서 '독재정권 물러가라'는 구호와 함께 총궐기하자 남대문경찰서에서는 경무대로 향하는 시위대에 무차별 발포로 희생자 98명이 발생하는 등 부산을 비롯한 지역에서도 경찰의 발포로 피해자가 속출했다.

이날 오후 3시 '국무원 공고 제 83호'로 서울과 부산을 비롯한 전국 5개 도시에 비상계엄령이 선포되었다. 3·15마산의거 이후 오랜 침묵에 빠졌던 KBS도 4월 19일 오후 3시부터 시위에 관련된 내용을 방송하기 시작했다. 그러나 그 내용은 임시뉴스로 비상계엄령 선포소식과 계도멘트만을 반복하며 레코드음악을 내보냈다. 시위관련 보도는 비상계엄령이 선포된 이후 엄격한 검열로 통제하기 시작했다.

민주혁명기록전에서 부산MBC가 보관하고 있던 4·19혁명과 시위의 전모에 관한 녹음테이프를 정리하여 계엄령이 해제되자 〈라디오 브리지〉와 4월 25일 258명의 교수들이 이승만 대통령의 하야와 3·15부정선거 재실시 등을 요구하는 시국선언과 "학생들의 피에 보답하자"는 가두시위, 그리고 4월 26일 이승만 대통령의 하야성명까지 4·19혁명 전개과정을 특집방송으로 제작한 특별보도프로그램 〈꽃은 죽어서 말한다〉가 확성기를 통해 방송될 때 서울시민들은 새삼 놀라고 온몸으로 전율을 느꼈다. 민주혁명기록전에는 〈부산일보〉가 보도한 김주열 군 주검 인양 특종사진을 비롯한 시위현장사진을 전시했는데, 부산에서는 5월 17일 부산역 광장에서 마산에서는 5월 25일부터 구 마산 제일은행 마당에서 열렸다. 서울에서는 5월 27일 서울 파고다 공원에서 '민주혁명기록전'이라는 이름으로 공개했다. '민주혁명기록전'은 부산, 서울에 이어 경남 진해, 진주, 삼천포, 통영, 밀양, 영산, 의령을 순회하며 마산의거로부터 전국에 물결쳤던 반독재 시위의 거친 현지녹음과 현장사진을 전시했다.

이 행사는 4·19혁명의 기폭제가 된 부산MBC의 뉴스와 현장중계 방송을 다시 듣고 싶어 하는 서울시민들의 요청이 쇄도하자 28살의 나이로 정의에 불탔던 전응덕 보도과장과 편집의 귀재였던 무명시인 이상철 기자가 계엄기간 동안 수십 개에 달하는 현장 녹음테이프를 일일이 모니터해가며 편집한 작품이었다. 5월 28일 〈부산일보〉 사회면에는 서울발 기사로 다음과 같이 다뤘다.

> 4월 민주혁명을 가져온 전국 각지의 데모의 생생한 모습을 유서 깊은 파고다공원에 재생하여 장안의 화제를 독점하고 있다. 본사의 기록사진과 부산MBC(HLKU)의 현지녹음 공개 전시는 관계당국과의 절충이 불여의하여 예정보다 하루 늦게 27일 하오부터 드디어 막이 올랐다. 삽시간에 모여든 1만여 명의 서울시민들은 모두 '민주혁명'의 거룩한 정신을 다시 더듬어 보는 감격의 순간에 잠길 수 있었다. 공원 안의 팔각정 주변을 중심으로 전시회장은 인산인해를 이루었는데 대회장 밖까지 장사진이었다. 서울에서 단연 인기를 독점하고 있는 이 전시회는 이달 말까지로 예정하고 있는데 계속 각 학교를 순회하며 전시할 계획을 갖고 있다.

그날의 특집방송은 이렇게 시작되었다.

> (데모 중 총소리)
>
> 이 나라 민주주의 기수로서 숨져가는 조국을 소생시켜 제 2공화국의 벅찬 새 아침을 나게 한 수많은 학도들의 피어린 민주항쟁의 역사를 이제부터 민간방송 HLKU 부산문화방송국이 청취자 여러분 앞에 엮어드리겠습니다.
>
> (탕탕탕 자지러지는 총소리와 함께 비명소리가 뒤섞여 나오고)

단기 4293년 3월 15일 정·부통령 선거가 민족반역자의 흉계로 악랄한 수법에 의해서 감행되자 전국 각지에서는 눈앞에서 죽어가는 민주주의 시체를 부둥켜안고 몸부림치며 통곡했습니다. 그러나 정의와 진리의 최후의 기수인 피 끓는 학도들과 시민들은 정·부통령 선거 개표장인 마산시청으로 물밀듯이 밀려갔습니다.

-우리 함께 뭉쳐서 민주정치 도로 찾자!-

마산상업고등학교 학생들을 선두로 대대적인 데모를 벌이고 있습니다.

(데모 중)

그러나 경찰은 평화적인 데모대에 총탄을 퍼부어 사람들이 쓰러져 갔습니다.

8) 부산MBC, 혁명유공으로 표창받다

3·15 마산의거로부터 4·19혁명으로 이어지는 혁명과정에서 표출된 국민의 감정은 온통 민주화의 열망으로 들끓었다. '민주주의는 피를 먹고 자란다'는 말처럼 혁명의 과정에서 시민, 학생 185명이 목숨을 잃고 348명이 크게 다쳤다. 당시의 증언과 기록을 살펴보면 국민의 신뢰와 청취자의 절대적인 지지를 받은 부산MBC의 청취율[105]을 KBS와 비교할 때 흔히 9 대 1이라고 말한다. 개국 당시 부산을 다녀간 우리나라 최초의 라디오 연속드라마 〈청실홍실〉의 방송작가 조남사는 "부산사람들은 꼭 KU만 듣더라"[106]고 말했다고 한다.

그때 청취자들은 부산KBS는 서울에서 오는 방송이고 KU는 부산의 방송이라고 생각했다고 한다. 그만큼 부산MBC는 지역민의 사랑

---

105) 《부산문화방송 10년사》에 따르면 "1961년 9월 19일에 6천여 명의 청취자를 상대로 실시한 청취자여론조사에서는 부산지방의 KU 청취율이 85%를 상회하는 것으로 나타났다"고 기술한 것으로 봐 당시 KBS 부산방송국의 청취율과 비교해서 말한 것으로 보인다.

106) 정순일, 《한국방송의 어제와 오늘》(나남, 1991), 51쪽.

을 받으며 KBS를 압도하는 인기를 누렸던 것이다. KBS는 부산MBC와의 청취율 경쟁을 위해 애쓴 바람에 부산의 라디오는 온통 가요곡 중심으로 편성되기도 했다.[107] 이렇게 놀라운 청취율과 함께 사세가 확장되어갔지만 경영은 좀처럼 호전될 줄 몰랐다. 《한국방송 60년사》에서는 "실제로 개국하고 불과 얼마 지나지 않아 부산지역뿐 아니라 그 주변 지역에서는 거의 전부라고 하여도 좋을 정도로 대부분의 청취자가 KU(부산MBC) 방송을 애청하게 되었고, 이 같은 사실은 당시 서울이나 그 밖의 지방에서 부산 혹은 그 주변 영남일원으로 출장 간 사람들에 의해 놀라움 속에 확인되기도 했다"[108] 고 기록했다. 이러한 상황에서 7월 29일 총선거가 실시되고 8월 12일 제 2공화국 윤보선 대통령을 당선시킨 민주당 정부는 부산MBC를 1960년 12월 30일 혁명유공으로 표창했다.

4월 혁명이라는 시대정신은 한계를 뛰어넘어 학생과 교수, 시민과 언론이 함께 쟁취한 민주화의 승리였다. 특히 신생 부산MBC의 활약상은 밑으로부터의 시민혁명을 이끌며 방송저널리즘의 새로운 지평을 열어놓은 것이다. 그 발자취를 따라가며 4·19혁명 때의 부산MBC 취재보도일지를 정리해 본다.

2월 26일 조병옥 박사 국민추도식 실황중계.
3월 15일 부정선거를 규탄하는 마산시위 보도.
3월 16일 마산에 녹음취재반을 파견 상주시켜 시위현장 녹음테이프 수송.

107) 김성호, 《한국방송인물지리지》(나남, 1997), 251쪽. 정순일, 《한국방송의 어제와 오늘: 체험적 방송현대사》(나남, 1991), 51~52쪽.

108) 한국방송공사, 《한국방송 60년사》, 1987, 제 3절 민간방송과 TV출현, 249쪽.

표 창 장

부산문화방송국(HLKU)

위에 적은 방송국은 우리나라 민간방송국으로서 발족한 지 일천함에도 불구하고 독재정권의 간섭과 억압하에서 방송의 공정성과 속보성을 충분히 발휘하여 방송문화 발전에 이바지한 바 다대하였으며, 특히 4·19혁명 당시에 있어서는 여러 가지 곤란과 악조건을 무릅쓰고 일반 청취자에게 혁명과정을 공정·정확·신속하게 보도함으로써 혁명의 선봉이 되었을 뿐 아니라, 민권쟁취와 수호에 공헌한 바 지대하였으며, 나아가서는 한국 민간상업방송계의 장래에 모범된 바 크므로 이에 표창하나이다.

단기 4293년 12월 30일

국무총리 장 면

4월 11일 김주열 군 주검 인양을 특종보도 및 제 2차 마산의거 전 과정을 녹음으로 취재보도.

4월 18일 경찰의 압력으로 부산시내 고등학생 시위중계를 중단한 대신 서울 고대생 시위녹음을 공수하여 보도함.

4월 23일 범어사에서 거행된 '의거 희생자 합동위령제' 실황중계.

5월 5일 서울 파고다공원에서 마산의거시위 현장녹음과 시민인터뷰를 편집 구성한 90분짜리 특집방송 〈꽃은 죽어서 말한다〉(전응덕 구성, 이상철 편집)를 확성기로 방송함.

5월 19일 부산의거학생 합동위령제 실황중계.

6월 4일 마산합동위령제 실황 녹음방송.

6월 14일 마산극장에서 공모한 의거학생의 노래 발표회 개최.

지금도 그때를 증언하는 사람들 중에는 부산MBC 개국요원 중에 현장취재를 했던 기자들과 아나운서, 엔지니어 그리고 시위에 직접 참여했던 학생과 시민들은 트랜지스터라디오를 들고 나와 시위현장에서 중계방송을 들으면서 분노하고 성원을 보냈다고 회상하는 많은 사람들이 아직도 살아 있다. 부산MBC의 당시 활약상을 두고 '자유당 정권을 무너뜨린 꼬마방송의 분투'였다고 입을 모은다. 그만큼 부산MBC의 용기 있는 사실보도가 우리나라의 민주화를 위해 하나의 주추를 놓았다면 3·15 마산의거와 4·19 혁명은 학생과 국민이 지은 민주의 집이었다. 그러나 반세기의 세월이 흐른 지금 부산MBC가 경험했던 "4월 혁명정신은 우리에게 무엇인가?"라는 엄숙한 물음에 우리 모두 솔직히 답할 수 있어야 하고 4월 혁명정신을 치열하게 성찰해 보아야 할 것이다.

4월혁명의 결과 6월 15일에는 내각책임제를 골자로 하는 개헌안이 공포되었다. 7·29 총선거는 혁명 이후 처음 실시되는 선거라는 점에서 유권자들의 관심이 집중되었다. 부산MBC는 이러한 국민적인 열망에 부응하여 선거일의 투표상황과 경남도 선거관리위원회와 시내 개표장에 중계반을 파견하여 개표상황을 다원중계방송을 실시했다. 선거가 끝난 7월 31일 오후 6시부터는 부산MBC 공개홀에서 〈부산일보〉와 〈국제신보〉, 〈민주신보〉와 〈자유민보〉, 그리고 부산로타리클럽 공동후원으로 부산출신 김응주, 김영삼, 김동욱, 최성욱, 이만우, 박순천, 이종린, 이종남, 박찬현, 김명수 의원 등 제 5대 민의원 당선자를 초청하여 '제 5대 민의원 당선축하 좌담회'를 개최하여 121명의 시민과 함께 부산지역의 미래발전에 관한 대화의 자리를 마련하기도 했다.

혁명 이후 결성된 경남 학생공명선거추진위원회를 측면 지원하여 사회질서 회복에 나서는 한편 12월 19일에는 부산시의회의원 선거, 26일은 부산시장 선거, 29일에는 경남지사 선거가 이어져 투개표 다원중계방송을 실시했다.

9. 민방의 비화를 밝힌다

어느 시대건 사람과 사람이 만나서 역사를 만들어나갔다. 민방 개척기 또한 그 중심에는 선각자들의 열정과 모험심에 불타는 도전정신이 성난 파도처럼 몰아쳤다. 부산MBC 개국에 앞서 한번 해보자고 의기투합했던 알뜰한 자영업자 김상용과 꿈에 부푼 방송기술인 정환옥의 만남이 그랬고, 신방(新放) 겸영으로부터 언론에 의한 민주화의 여정에 등불이 되었던 언론기업인 김지태와 독재정권에 맞서 투쟁한 안성수의 만남이 그랬다. 더구나 활자매체와 전자매체의 상호보완적 기능에 역점을 두고 미래를 내다본 신문언론인 황용주가 있어서 방송언론의 기능과 사회적 역할을 확대할 수 있었다.

특히 정치적 감각과 언론경영에 뛰어난 김지태와 안성수, 그리고 매체의 특성을 활용한 황용주 등 세 사람의 만남은 민방 개척기의 기지가 되어 한국언론사에서 거대한 화산으로 솟구쳐 산맥을 이루며 힘차게 달리게 했다. 그 산맥을 잇는 준령들은 한국 언론의 가치가 되어 새로운 국민의 방송, MBC의 꿈으로 공공저널리즘을 꽃피웠던 것이다.

1) 한국방송선교회의 지원

부산MBC가 개국을 준비하기 시작한 1957년 미국으로부터 파견된 선교사 일행이 종교방송을 설립하기 위해 부산에 발을 내디뎠다. 당시 우리나라는 6·25전쟁으로 어려움과 혼란을 겪던 후진국으로서 미국 개신교계로부터는 선교대상국이었다. 미국 일리노이 주에서 '초대교회로 돌아가자'는 신앙운동을 전개한 개신교 종파 '그리스도의 교회'(Churches of Christ) 소속 알렉스 빌리스(Alex Billis)와 버트 엘리

1957년 부산에서 활동한 '한국방송선교회' 미국 선교사 가족과 통역을 맡은 관계자들

스(Bert Ellis), 지오 세글키(Geo Segglki) 등 3명의 선교사 가족을 비롯한 모두 5명의 선교사가 부산에 온 것이다. 그들은 그리스도교 전파를 목적으로 하는 '한국그리스도교 선교방송국' 설립을 위한 준비에 나섰다. 그들은 1957년 '한국방송선교회'(Korea Broadcast Mission)를 조직하고 대신동의 가정집에서 찬양대를 구성하고 본국으로부터 물자와 재원을 공급받아 광안리에 사옥과 송신소 건립을 위한 부지를 매입했다. 한국방송선교회는 정부를 상대로 방송국 설립허가를 신청했다. 이때 업무협조와 통역으로 일했던 한국인은 대교그리스도의 교회 담임목사 장성만[109]과 부산여고 영어교사 김종률,[110] 그리고

109) 장성만(張聖萬)은 1932년 11월 2일 부산에서 태어난 목회자다. 일본 오사카 성서신학교를 거쳐 미국 신시내티 신학대학원을 수료하고 미드웨스트대에서 신학박사학위를 취득했다. 경남공전 학장을 거쳐 11대, 12대 국회의원을 하는 동안 1987년 국회부의장을 역임하고 부산시 문화상과 대통령표창을 받았다. 현재는 동서학원 이사장으로 저서는 《장성만 에세이전집》 5권과 《도전과 시련 그리고 새로운 약속》 등이 있다.

부산상고 영어교사 고광철[111]과 관리 실무를 맡은 김홍겸 등이 함께 일했다.

당시 선교사들의 업무는 알렉스 빌리스가 방송국 설립허가 문제를 담당하고 버트 엘리스가 방송프로그램 제작편성 등 방송현업을 맡았으며 지오 세글키가 방송기술부문을 각각 나누어 담당했다. 그들은 처음 대신동에 독채 셋집을 얻어 생활하면서 광안리에 약 3천여 평의 부지를 구입하고 대지 한쪽에 넓은 단층 양옥을 지어 주거와 업무용으로 사용했다. 방송국 설립허가만 나오면 곧바로 개국에 필요한 사옥과 송신소를 착공할 수 있도록 만반의 준비를 갖추었다.

부산MBC가 1957년 8월 방송국 설립허가를 신청했으나 실패하고 1958년 1월 재차 신청해서 그해 7월 14일에 허가를 받았을 때였다. 당시 체신부가 한국방송선교회로부터 방송국 설립신청을 접수했을 때 전성천 공보실장이 "이미 서울에 기독교방송과 인천에 극동방송을 허가한 마당에 또다시 부산에 같은 종교의 선교용 방송국을 허가할 수 없는 형편이라고 양해를 구하면서 부산에서 곧 개국하게 될 부산

110) 김종률(金鍾律)은 1932년 함양에서 태어났다. 통영중학을 거쳐 서울대 영문학과를 졸업하고 부산여고에서 재직 중 한국방송선교회의 한국인 대표로 일을 시작했다가 미국 컬럼비아대학으로 유학을 떠나 교육학석사와 영문학 박사학위를 취득하고 미국 Mercy대학 교수 및 총장특보를 역임했다. 1994년 동서대 제2대 총장으로 초빙되어 1년 동안 재직한 뒤 미국으로 돌아가 현재 뉴욕에서 살고 있다.

111) 고광철(高光喆)은 1931년 12월 20일 전남 강진에서 태어났다. 6년제 목포중학을 졸업하고 부산상고 영어교사를 거쳐 한국방송선교회 한국인 대표로 부산에서 선교방송국 설립을 추진하다 부산MBC와 인연이 되어 오히려 부산MBC의 개국을 도왔다. 1960년 12월 19일 부산MBC 공채 1기 PD 양순홍(梁淳鴻)과 결혼하여 슬하에 2남을 두었으며 부산관광협회장과 한국관광협회 중앙회 고문을 역임하였으며 1992년 동탑산업훈장을 받았다.

MBC의 방송시간을 할애받아 선교프로그램을 방송할 수 있도록 주선하겠다"는 타협안을 제시하고 일단 허가신청을 반려했다. 이런 상황에서 방송국 설립을 강력하게 고집하던 알렉스 빌리스와 부산MBC에 시간을 얻어서라도 선교방송부터 해보자는 현실파 버트 엘리스 선교사 사이에 내부적으로 심한 갈등을 일으키게 된다.

한편 부산MBC는 개국준비에 창업자금이 쪼들리는데다 도입방송기기의 통관에 막대한 관세를 물어야 하는 어려움이 겹치자 막연해진 설립자 김상용은 한국방송선교회에 도움을 청하게 된다. 결국 한국방송선교회 엘리스 선교사와 고광철 일행이 재무부 관세국을 담당하는 미국인 고문관을 찾아가 도입방송기기가 자신들의 선교용이라고 강변하여 면세조치를 받아낸다. 이를 고맙게 생각한 부산MBC는 사옥 옥상에 증축한 김상용 사장의 사저 한 켠을 한국방송선교회의 연락사무실로 제공하고 개국과 함께 매일 아침에 5분, 밤에 10분간씩 선교방송시간을 무상으로 제공하기에 이른다. 또한 한국방송선교회는 취재용 차량(시보레 웨곤형) 1대와 찬송가를 포함한 클래식 LP 레코드 천 장, 음향효과장치와 공개홀용 피아노 1대를 무상으로 제공하기로 합의하였다.[112] 부산MBC는 개국 이후 1960년 5월 31일까지 매일 새벽 6시 40분부터 45분까지 5분간 〈밋션아워〉라는 프로그램 타이틀로 성경구절을 읽어주는 '생명의 말씀'을 편성하고 밤 10시 30분부터 40분까지 10분 동안은 〈새 살림〉이라는 선교프로그램을 편성했는데 방송원고는 한국인 이신 목사와 엘리스 선교사가 돌아가며 쓰고 엘리스 선교사가 쓴 영어원고를 고광철이 번역을 맡았다.

이때 기증받은 51년형 웨곤형 시보레 승용차가 두꺼비차라는 별명

---

112) 北出 明, 《韓國の觀光カリスマ-高光喆の半世紀-》(交通新聞社, 2007), 50~51쪽.

을 가지고 3·15 마산의거와 4·19혁명 시위현장을 누비며 눈부신 기동성을 발휘한 취재차량으로 활용했다. 그러나 1960년 6월 1일 프로그램개편 때부터 〈밋션아워〉는 폐지되고 4·19혁명 이후 정국이 혼란기에 접어들어 5·16으로 방송에 대한 통제가 강화되자 선교사들은 방송국 설립을 포기하고 모두 본국으로 돌아갔다. 부산MBC는 훗날 출력증강에 필요했던 부산시 동래구 광안리 351번지의 송신소 부지 3천여 평도 한국방송선교회로부터 매입했다.

2) MBC네트워크의 산실, 부산MBC

제27대 문화방송 엄기영 사장은 2009년 4월 15일 개최한 부산MBC 창사 50주년 기념식에서 축사를 통해 "MBC 전체 본·계열사를 통 털어서 가장 오래된 부산MBC"라고 전제하고 "부산MBC에서 점화된 MBC를 지켜나가자"고 역설한 바 있다. 그렇다. 오늘날 전국을 하나의 네트워크를 구축하여 그 위용을 자랑하는 MBC의 모태는 서울이 아닌 부산에서 맨 먼저 개국한 부산MBC였다. MBC네트워크를 이루고 있는 방송사는 현재 모두 20개사에 달한다. 이들 방송사를 개국한 차례를 보면 부산(1959년 4월 15일), 서울(1961년 12월 2일), 대구(1963년 8월 8일), 대전(1964년 9월 26일), 광주(1964년 10월 8일), 전주(1965년 4월 23일), 울산(1968년 4월 10일), 진주(1968년 5월 31일), 강릉(1968년 6월 22일), 목포(1968년 8월 17일), 제주(1968년 9월 14일), 춘천(1968년 7월 13일), 마산(1969년 2월 1일), 여수(1970년 8월 27일), 안동(1970년 9월 12일), 원주(1970년 9월 19일), 청주(1970년 10월 23일), 충주(1970년 11월 12일), 삼척(1971년 4월 10일), 포항(1971년 10월 1일) 등으로 18개 방송사가 군사독재정권 때에 우후죽순처럼 개국했다.

지역별로는 영남지역(부산, 대구, 울산, 창원, 안동, 진주, 포항)이 7개사로 가장 많고 다음이 호남(광주, 전주, 목포, 여수)과 강원(춘천, 원주, 삼척, 강릉) 지역이 각각 4곳이고 충청(대전, 청주, 충주) 3곳에 서울과 제주가 각각 한 곳이다. 서울MBC는 개국 이후 1963년 4월 12일 정부로부터 12월 말까지를 시한으로 하는 4개 라디오 무선국 지방설치 허가를 얻었다. 이를 근거로 1968년부터 민방 최대의 전국 방송망의 실현을 꾀해 서울을 키스테이션으로 부산, 대구, 광주, 대전, 전주 등 6대 도시를 연결하는 네트워크를 형성할 수 있었다. MBC네트워크의 첫 단추는 민방의 효시 부산MBC와 뒤이어 개국한 서울MBC, 그리고 서울의 직할국으로 개국한 대구MBC 등 3사의 방송망이었다. 부산, 서울, 대구MBC에 의한 네트워크 형성은 라디오 전국시대의 개막을 알리는 계기가 되었다.

대구 MBC는 먼저 개국하여 가까이에 있는 부산MBC로부터 부지 선정 등의 기술적 지원을 받으면서 대명동에 송신소 부지를 확보하고 1963년 8월 8일 서울MBC 직할국으로 개국하게 된다. 이를 계기로 8월 19일부터 서울, 부산, 대구MBC가 뉴스 릴레이를 비롯한 방송편성의 일원화를 기하면서 명실상부한 민방 최대의 방송으로 자리잡을 수 있게 되었다. 특히 1960년 3·15 마산의거와 4·19 혁명을 통해 잘 알려진 부산MBC의 보도프로그램 〈라디오 브리지〉가 1963년부터는 부산을 비롯한 서울, 대구MBC를 연결해 지방뉴스를 교환하기 시작했다. 대구MBC의 경우 당시 민방의 제조자로 널리 알려진 정환옥 상무와 박인규 조정과장이 1961년 9월 18일부터 20일까지 사흘 동안 대구MBC 설립을 위한 연주소와 송신소 터를 선정하는 작업에 나서기도 했다.[113] 박인규는 "당시에 비가 많이 와서 김봉수가 운전하던

113) 부산MBC, 《부산문화방송 10년사》, 1969, 151쪽.

차가 영천 부근의 비포장도로에 빠져 고생했다”고 전한다. 이런 노력을 통해 1968년 4월 10일 개국한 울산MBC와 진주MBC 또한 부산MBC의 기술지원으로 개국하였다.

MBC네트워크의 산실, 즉 MBC의 모태는 부산MBC였다. MBC네트워크의 구축은 부산MBC와 서울MBC의 두 가닥으로 나누어 볼 수 있다. 그 한 가닥은 부산MBC에 의한 것이었다. 부산MBC는 개국하자마자 프로그램 제작과 광고주 확보가 어려워 지방에서는 단독으로 방송사를 운영하기가 불가능하다는 판단을 한 정환옥은 1959년 6월 18일 일찌감치 김상용 명의로 HLKC 서울문화방송 설립허가를 받게 된다. 그러나 처음 계획한 대로 삼호그룹과 동화통신의 사주인 정재호의 투자를 끌어내지 못해 준비사무실과 개국준비요원을 선발하여 개국준비에 나섰으나 결국 개국단계에서 포기하게 된다. 그 이후 정환옥은 부산MBC 김지태 회장과 안성수 사장을 비롯한 서울지사장 김영출 상무 등을 총동원하여 직접 산모 역할을 맡아 신규방송허가를 받고자 했으나 여의치 않아 1961년 1월 28일 화가 고희동이 체신부로부터 받은 서울민간방송주식회사 허가권을 인수하고 방송기기도 부산MBC의 출력증강을 위해 도입한 미국 콜린스사의 10kW 송신기를 전용했으며 개국요원 또한 부산MBC의 직원 가운데 절반에 달하는 20여 명이 개국을 뒷받침함으로써 서울MBC의 개국을 가능케 했던 것이다.

부산MBC는 경영난 극복을 위한 광고주 확보를 위해서는 방송권역을 넓혀야 한다는 생각으로 진주중계무선국 설립허가를 신청하는 한편 1960년 4월 7일 중역회의의 출력증강 결정에 따라 1960년 4월 11일 김지태 사장, 김종한 전무, 최창호 송신과장이 진주로 중계소 터를 잡으러 현장답사를 나가게 된다. 그 이후 1961년 10월 18일에 안성수는 진주지역 국회의원 구태회와 진주시장 김종구, 진주상공회의

진주MBC의 개국요원 허승언

소 최병주 회장과 진주로타리클럽 정영수 회장, 진주시 김윤양 자문위원장과 대아중고등학교 박종한 교장을 비롯한 문해술 등 지역인사들과 발기인회를 구성하고 부산MBC 진주중계소가 아니라 진주민방 설립 계획을 추진하려는 지역민들의 열망을 뒷받침하기 위해 부산MBC의 실무자인 이은수와 박인규를 파견 지원했다.[114] 진주는 예부터 지방의식이 강해 진주중계소가 아니라 진주방송국이 되어야 한다고 지역대표들이 여론을 등에 업고 나서는 바람에 진주민방으로 개국의 방향과 성격이 바뀌게 된 것이다. 1967년 송신기술자로 진주에 파견된 허승언은 "한 달 넘도록 진주일원을 구석구석 뒤지듯 다니며 전계(電界) 측정을 하던 중 우연히 선명여상 숙직실에서 부산 영도 봉래산에서 발사되는 송신용 FM전파를 수신할 수 있는 수신점을 찾아냈을 때 정말 너무 기뻤어요"라고 당시를 회고하고 "한동안 선명여상 옥상에 수신안테나를 설치하여 연주소까지 케이블을 깔아 연결할 수 있었다"고 전한다. 진주MBC의 초대 기술부장을 거쳐 기술국장을 역임한 허승언[115]은 부산MBC를 통해 선발

114) 부산MBC, 《부산문화방송 10년사》, 1969, 151쪽.

115) 허승언(許勝彦, 1940. 5. 26~2011. 7. 22)은 경남 고성에서 태어났다. 1956년 거제제일중학교를 거쳐 1959년 부산공고 전기과를 졸업하고 1962년 1월 1일 부산MBC에 입사한다. 그는 중학교에 다닐 때부터 라디오 조립에 열중했으며 방송국에서 일할 때는 방송용 시보기를 제작하여 방송을 통해 시각을 알리는 데 공헌했다. 1964년 3월부터 4월 14일까지 최창호 송신과장과 함께 방송을 중단시키지 않고 감만동 송신소를 광안동 송신소로 이전공사를 완성시켰다. 그는 1968년 5월 1일 박종정, 김수길, 신주무, 이승용, 김정문, 김휘웅 등과 함께 진주MBC로

해 실무교육을 수료한 박종정, 김수길, 신주무, 이승용, 김종문, 김휘웅 등과 함께 연주소와 송신시설을 운용하는 한편 "개국 당시에는 연주소와 송신소를 잇는 마이크로웨이브 회선인 ST링크가 없어 연주소가 있는 진주시 동성동 상공회의소 4층 옥상으로부터 송신소가 있던 진주어귀 개양까지 약 4㎞를 케이블로 연결해야 했고 주조정실과 스튜디오의 녹음기는 가정용 일제 소니와 아카이 녹음기를 썼다"고 증언했다. 진주MBC 설립자 안성수는 1968년 4월 4일부터 1970년 2월 15일까지 진주MBC의 초대사장을 맡아 부산MBC에서 경험한 경영 노하우를 십분 발휘했다. 또한 1968년 5월 31일 진주MBC의 전신인 진주민방 개국과 함께 안성수가 초대사장(1968. 4. 4~1970. 2. 15)을 겸임했고 이용태가 제 5대 사장(1985. 2. 28~1985. 2. 28)을 역임했다. 1968년 4월 10일 개국한 울산MBC는 《울산문화방송 30년사》를 통해 "개국 전후를 통해서 당시 부산MBC의 편성제작 기술진이 개국준비를 전담하다시피 했다"고 기록할 만큼 "대부분의 개국요원을 부산MBC에서 차출하거나 위탁교육을 시켰다"고 밝힌 바 있다.[116]

1961년 12월 25일 부산MBC의 김종한 전무가 서울MBC 사장직무

옮겨 초대 기술부장과 초대 기술국장을 역임했다. 특히 그는 1971년 10월 3일 여수MBC 상무로 선임되었을 때 개국 당시 시험전파 발사 때 스퓨리어스(*spurious*) 과대발사로 인접 여수, 여천공단의 무선국에 혼신장애를 일으켜 10㎾ 송신출력을 1㎾로 제한 송출하던 것을 송수기 동조회로의 설계를 변경하고 여수전기통신기술협회를 창설하여 1년여에 걸쳐 협회 산하 80여 업체의 수신기를 개조하여 장애를 받지 않도록 하고 전파관리법상 명기된 측정치 이내로 과대발사를 억제해 10㎾의 적정출력을 가능케 함으로써 공단 기업체, 기관의 송수신에 혼신을 초래하지 않도록 조치했다. 그는 1982년 10월 21일 부산MBC로 돌아와 1987년까지 기술위원으로 일할 때는 황령산, 천마산, 장산, 양산 TV중계소를 설치하고 서부산케이블TV 부사장과 부산MBC 수석부회장을 역임했다.

116) 울산MBC, 《울산문화방송 30년사》, 1998, 67쪽.

대리를 맡아 개국 초창기의 어려운 살림을 살았으며 1970년 8월 27일 개국한 여수MBC의 전신인 남해방송 대표이사 초대회장(1970. 8. 27~1981)에 안성수가 선임되었다. 1971년 10월 1일 개국한 포항MBC에는 부산MBC 송신과장이었던 최창호가 울산MBC 기술이사를 거쳐 초대사장에 선임되는 등 부산MBC의 개국요원들이 서울MBC을 비롯한 지방MBC의 개국 산파역을 맡아 산고를 치렀다. 1970년 8월 27일 남해방송으로 개국한 여수MBC 초대회장을 맡은 안성수는 남해방송을 여수MBC로 개명하고 1971년 10월 3일 진주MBC 기술국장 허승언을 여수MBC 상무로 발탁하여 10㎾ 정상출력과 방송기술향상을 꾀한 끝에 1982년 2월 15일 안성수와 허승언이 동반 퇴임했다. 1960년 7월 13일부터 1969년 8월까지 부산MBC에서 서울MBC를 비롯한 지방MBC 개국요원으로 떠나거나 타 방송 개국요원으로 떠난 인원은 모두 61명에 달했다. 이들은 하나같이 부산MBC에서 체득한 방송경영과 방송실무 경험을 전국 곳곳에서 개국한 민방에서 전문방송인으로서 눈부신 활약을 담당했던 것이다. 부산MBC가 개국하면서 개국요원을 주로 KBS에서 활동한 경력자를 스카우트했고 부산MBC에서 훈련된 방송요원들은 다시 새롭게 개국하는 민방으로 퍼져나가며 맹활약하는 방송인력 공급의 산실로서의 역할을 한 셈이다.

3) 정환옥, 김상용을 떠나 김지태와 손잡다

정환옥은 자신의 증언[117]에서 "원래 서울에 방송사를 설립하고 싶었으나 자금이 너무 많이 들고 위험성이 높았기 때문에 부산에 먼저

117) 서울MBC가 발행한 《문화방송 30년사》(1992년 12월 2일) 제3부 증언 편 'MBC와 나'.

세웠다"고 밝힌 바 있다. 이러한 생각은 정환옥이 그동안 여러 차례 인터뷰를 통해 밝힌 바 있다. 특히 부산 MBC의 초대 방송부장으로 최창봉을 영입하려다 끝내 실패하자 그에게 말했던 "좋소, 그럼 내가 서울에서 방송을 한번 할 테니 그때 봅시다"라고 하며 마지막 내뱉은 말이 불과 얼마 만에 HLKC, 서울문화방송 설치 가허가로 증명된 것이다. 그러나 정환옥은 김상용의 명의로 1959년 6월 호출부호 HLKC, 출력 5㎾, 주파수 905㎑ '서울문화방송' 설립 가허가를 받았으나 김상용에게 방송국을 설립할 만한 초기설립자본이 없어 방송국 설립을 뜻대로 추진하지 못하게 된다. 이런 상황에서 부산MBC의 소유권을 김지태에게 넘긴 김상용은 삼호그룹 회장이며 동화통신 사장인 정재호와 손잡고 개국준비에 착수했다. 경기도 시흥에 송신소 부지를 구하고 동화빌딩 3층 임시사무실에서 전무 정길화, 총무부장 정재석, 기술부장 정규섭, 방송부장 노정팔 등으로 창립진용을 갖추었으나 결국 방송설립을 추진하지 못하고 허가가 취소되어 중도에서 물거품이 되고 말았다.

한편 4·19혁명 이후 들어선 민주당 정권의 언론정책이 가닥을 잡지 못한 채 우왕좌왕한데다 그동안 억눌렸던 자유에 대한 욕구가 각 분야에서 지나치게 분출되어 무질서한 분위기 속에서도 허정 과도정부는 1960년 7월 1일 '신문 및 정당의 등록에 관한 법률'을 공포한다. 신문발행 허가제가 폐지되고 등록제가 실시되면서 불과 5개월 만에 일간지가 41개에서 389개, 주간지는 136개에서 476개, 월간지는 4백개에서 470개, 통신사는 14개에서 274개사로 우후죽순처럼 늘어났다.[118] 신문, 통신에 비하면 적었지만 신설방송의 가허가도 쏟아져 나왔다. 제일 먼저 허가가 난 곳은 1961년 1월 16일 동아일보사의

118) 김민환, 《한국언론사》(사회비평사, 1996), 404쪽.

최두선 명의로 호출부호 HLKJ, 주파수 1230㎑, 출력 10㎾였고, 제2호는 1961년 1월 28일 서울민간방송주식회사의 화가 고희동의 명의로 호출부호 HLKV, 주파수 1380㎑, 출력 10㎾를 배정받고, 제3호는 천주교 계열의 김규환이 방송국 설립허가를 배정받았다. 이승만 정권의 제1공화국 시대에 비해 4·19혁명 이후 짧았던 제2공화국 시대에는 언론자유가 비약적으로 향상된 정치사회적 분위기였다. 그러나 5·16군사정변 이후 출범한 박정희 정권은 1962년 6월 28일 '언론정책 25개항'[119]을 공포하고 한 손에 언론을 정치도구화하기 위한 통제와 탄압의 채찍을 들고 다른 손에는 특혜라는 당근을 들고 깊숙이 개입했다. 1964년에는 언론윤리위원회법의 입법과정을 통해 언론계의 장악이라는 수순을 차례로 밟아나갔다.

서울에 민방을 세워보겠다는 정환옥의 꿈은 자금조달이 어려웠던 김상용과 끝내 결별하고 부산MBC의 사주이자 재력가인 김지태와 손을 잡게 된다. 정환옥과 손을 잡은 김지태는 부산에서 〈부산일보〉와 부산MBC를 겸업해본 경험을 기반으로 민방의 미래를 긍정적으로 내다보고 서울에서 인쇄매체와 전파매체의 단점을 보완하여 시너지효과를 기대할 수 있는 종합매스컴센터를 운영해보려는 야망을 품게 된다. 결국 김지태는 부산MBC를 개국시킨 노하우를 가진 방송기술인 정환옥과 함께 서울MBC의 개국에 뛰어든다. 한 발 늦게 새로운 방송국 설립허가를 얻기가 어려워지자 김지태는 개인자격으로 허가를 획득한 화가 고희동과 교섭하여 허가권을 인수하고 회장 고희동, 사장 김지태, 전무 정환옥, 상무 김영출 등 부산MBC 경영진으로 서울

119) '언론정책 25개항'의 내용은 일간지 등록시 상당한 정도의 시설기준을 설정한 점, 조석간을 단간제로 바꾸고 보도위주에서 교양과 계몽위주의 내용으로 편집하도록 한 점, 기타 수입용지의 관세인하와 운영자금 융자, 금융기관에 대한 채무변제 기간의 완화 등이다.

MBC의 경영진을 짰다. 1961년 3월 8일에는 서울민간상업방송의 회사 이름을 한국방송주식회사로 바꾸고 방송국 이름을 '라디오서울'로 고친다. 그러나 부산MBC에서 경영경험을 가진 김지태, 정환옥, 김영출은 'MBC-문화방송'이라는 이름에 미련을 갖고 로비한 결과 석 달 뒤 6월 7일 'MBC-한국문화방송주식회사'로 다시 바꾸게 된다.

이와 함께 부산MBC의 출력증강을 위해 발주한 10㎾ 송신기를 전용할 수 있어서 개국준비는 한결 수월하게 진척되어갔다. 그리고 회사이름도 먼저 출발한 HLKC 서울문화방송이 중도에 좌절되자 그 이름을 취하여 부산MBC와 같은 계열로서의 서울문화방송 MBC라는 모양새를 갖추게 된 것이다. 서울에서의 새로운 민방 설립은 원래 1959년 부산MBC 개국 직후부터 추진되었으나 4·19혁명을 거치면서 민주당 정부가 뚜렷한 방송정책을 제시하지 못해 방송국 설립허가가 거래되는 등 방송가는 한때 복마전을 방불케 했다. 그 과정에서 자본주가 바뀌고 무선국 설치허가를 재발급하는 등 호출부호와 주파수의 배당이 자주 조정되는 일이 밥 먹듯 잦았다.

여기서 김상용과 김지태가 가졌던 민방 초기의 방송경영에 대한 구상을 비교해 보자. 두 사람의 차이는 민방에 대한 인식과 출발부터 크게 달랐다. 자수성가한 김상용은 방송경영의 측면에서 여유가 없는 자금으로 지방에서 겪었던 광고주 확보와 프로그램 제작비를 어떻게 하면 절감할 수 있느냐 하는 문제에 급급했다면, 김지태는 방송사업의 미래가능성을 내다보고 신문과 방송을 겸영할 수 있는 종합매스컴센터의 운영을 구상한 최초의 언론자본가로써 스케일 측면에서 원대한 구상을 갖고 있었다. 김상용이 방송사업에 뛰어든 것은 자신이 사회적으로 명예롭게 변신할 수 있는 기회로 문화사업을 생각했으나 창업비용과 초기운용자금의 조달이 어려운데다 광고수주의 한계와 프로그램 제작비 부담 등 지방 단일국으로서 겪는 애로를 해결해보려고 발버둥쳤을 뿐이다. 김상용은 부산MBC의 경영책임자로써 제자리를 잡지 못하고 부산은 안성수에게 맡겨놓은 채 오직 서울에 또 하나의 민방을 세워 부산MBC와 제휴하려는 일념에만 사로잡혀 균형을 잡지 못하고 허둥댔다. 이와는 달리 재력도 있고 우리나라 최초로 신문과 방송의 겸업을 통해 언론사업을 해본 경험을 가진 언론기업인 김지태는 부산에서 꿈꾸던 종합매스컴센터의 꿈을 서울에서 실현해 보려고 했다.

그러나 일찍이 서울민간상업방송 설립허가를 취득한 김상용은 독자적으로 서울에서 새로운 민방을 설립해보겠다고 고군분투했으나 턱없는 경제여건으로 결실을 맺지 못했다. 한 발 늦게 정환옥의 설득으로 서울에서 새롭게 민방 설립에 뛰어든 김지태는 체신부로부터 방송국 설립허가를 받지 못하자 화가 고희동이 취득한 허가권을 인수하여 서울MBC를 개국할 만큼 김상용과 김지태는 각자 제 스타일의 길을 걸었다. 이미 당사자들은 고인이 되었고 관련인사들은 노쇠하여 의사소통이 불가능한 형편이어서 부산MBC의 양도와 서울MBC의 설립과정에 따른 뒷이야기를 들을 수 없는 형편이다.

4) 학생운동을 공명선거운동으로 전환한 김우석[120)]

한때는 대학가에서도 축제나 행사도 유행이 있었다. 1950년대의 경우 대학마다 시대를 반영하듯 모의재판과 모의국회, 심지어 모의 유엔총회가 경쟁적으로 열렸다. 부산에서 늦가을이면 동아대 법학과의 모의재판과 부산대 정치학과의 모의국회가 해마다 가을축제로 열렸다. 1959년 11월 동아대에서는 법대가 주최하는 모의재판에는 재학생은 물론 졸업생들까지 높은 관심을 모아졌다. 당시 내심 정치적 야망을 가진 부산MBC 안성수 사장도 총동문회장 자격으로 초대되었고 동문 출신 현직 판검사와 개업 변호사들이 참석하여 후배들을 격려했다. 그 모의재판에서 김우석은 형사사건의 검사역을 맡아 피의자 심문과 범죄에 대한 법적용과 근거 제시로부터 논고와 구형에 이르는 전 과정을 깔끔하게 처리해 최우수상 수상자로 선정되었다. 동창회장상을 받게 된 김우석이 안성수의 눈에 띈 것은 당연한 일이었다. 시상식이 끝나고 안성수는 김우석을 따로 불러 격려하면서 앞으로의 진로문제에 관한 대화를 나누던 중 "고시준비가 여의치 않아 취업할 생각이 있으면 내일부터라도 당장 방송국에서 함께 일하자"고 제의했다. 그 일이 계기가 되어 김우석은 1960년 1월 1일부터 총무과 소속으로 사장실 비서로 일하게 되었다. 학생운동을 하던 그가 직장으로 택한 부산MBC는 학생운동의 은신처이자 새로운 꿈을 펼치기 위한 둥지로 삼았던 것이다.

제 2대 안성수 사장에 의해 특채되어 보도부장이 된 김우석

부산MBC는 1959년 9월 23일 안성수가 제 2대 사장으로 취임하고

120) 김우석(金佑錫)은 1936년 10월 15일 경남 진해에서 태어났다. 마산상고와 동아대 법학과를 졸업하고 4·19혁명 당시 경남학생공명선거추진위원회 명예회장으로 학생세력의 조직화에 노력했다. 1960년 1월 1일 부산MBC에 특채(1960. 1. 1~1968. 8. 27)되어 보도부장을 거쳐 1988년 제 13대 국회의원(서울 송파구)에 당선, 1990년 1월 민주정의당, 통일민주당, 신민주공화당 등 3당이 민주자유당으로 합당하게 되자 통일민주당 국회의원 54명 중 1명으로 합당에 참여하여 민주자유당 김영삼 대표 최고위원 비서실장을 거쳐 1993년 건설부장관, 1995년 내무부장관을 역임하고 4·19혁명 기념사업회 총재를 역임했다. 현재는 대한민국 헌정회 고문으로 활동하고 있으며 2010년 4월 19일 4·19혁명 유공자로 건국공로포장을 받았다. 저서로는 《맑은 물 맑은 사회를 위하여》가 있다.

그로부터 두 달 뒤인 11월 27일에는 김지태가 부산MBC를 인수하는 격동기였다. 안성수는 MBC를 기반으로 정계진출의 기회를 보고 있던 사람이었다. 안성수가 보도과 기자들과 자리를 할 때면 입버릇처럼 한 말이 "집에는 항상 두 켤레의 신발을 놔둬야 하는데 앞문에 한 켤레, 뒷문에 한 켤레를 놔두었다가 어느 쪽으로 기관원이 들이닥치더라도 붙잡히지 말고 방송국으로 도망쳐 와야 한다. 그래야 신변보호를 받을 수 있다"고 할 만큼 불안한 정치상황이었다. 안성수에 의해 직접 특채된 김우석은 방송인이 되기 위한 꿈보다 당시 이승만 독재정권을 타파하고 민주화를 이룩해야 한다는 학생들의 현실참여에 더 큰 뜻을 갖고 있었다. 그러기 위해서 부산지역 학생운동권의 세력이 연대하는 일이 급선무라고 생각하고 학생조직을 규합하는 데 노력했다.

방송사에 취직이 되어 경제적으로 사정이 나아지고 안정된 그는 당시 부산지역의 4년제 대학인 동아대 총학생회장 서석재와 부산대 총학생회장 윤석순, 그리고 수산대 학생회장 허재홍과 자주 만나 3·15 정·부통령 선거를 앞둔 대학가의 동향을 점검하면서 대응책을 모색하고 있었다. 그에게는 정치사회환경에 대한 강한 비판의식의 출발이 학생운동의 실천으로 나타났고 그 구체적인 실천방안은 운동권의 통합과 연대였다. 그는 안성수 사장으로부터 두터운 신뢰와 지원을 받는 한편 자신의 매부인 배정기가 조선견직 전무로 있어서 2중 3중의 보호막을 갖춘 셈이었다. 그러던 중 "3·15 마산의거가 발생하자 마산상고 출신인 김우석은 마산지역 학생동향과 부산지역 학생들의 움직임을 실시간으로 사장과 보도과장에게 소상히 알려 보다 신속한 대응과 사실보도를 할 수 있게 도왔다"고 당시 초대 보도과장인 전응덕이 증언했으며, 김우석에 이어 보도부장을 역임한 제9대 신건식 사장(1989. 2. 22~1991. 2. 26)은 "그는 매우 진취적이고 부산을 무대로 활동한 공인되지 않은 부산MBC의 파워맨으로서 인맥이 좋은 활동가였다"고 회상했다.

4·19혁명 이후 6월 15일에는 내각책임제를 골자로 하는 헌법 개헌안이 통과 공포되고 7월 29일에는 총선을 실시하는 정치일정이 계획된 가운데 전국 곳곳에서는 반혁명세력을 규탄하는 시위가 꼬리를 물어 일어나 혼란을 가중시켰다. 이런 시기에 김우석은 부산MBC 공개홀에서 부산 경남지역 대학생 대표 100여 명이 참석하여 '경남학생 공명선거추진위원회' 결성식을 갖고 동아대 총학생회장 서석재, 부산대 총학생회장 윤석순, 수산대 학생회장 허재홍을 최고위원에 위촉하는 한편 자신은 명예회장으로 총괄운영을 담당하는 조정역량을 발휘하게 되었다. 경남학생 공명선거추진운동은 3·15 마산의거로부터 4·19혁명에 이르는 과정에서 시위 고등학생들로부터 "우리 선배는 썩었다"는 항의와 비난에 자극을 받아 뒤늦게 시위에 나섰던 대학생 조직이 혁명 이후 보다 적극적으로 사회봉사 역할에 나서면서 차츰 새로운 전열을 가다듬어갔다. 경남학생 공명선거추진위원회의 결성식에는 장면 총리가 새로운 학생조직의 등장에 격려사를 할 만큼 정치적 의미를 부여했고 정치에 관심을 가진 안성수 또한 편의를 제공했으며 언론사와 기업체에서는 6대의 지프와 활동자금을 지원하기도 했다.

3·15 마산의거로부터 4·19혁명에 이르는 과정에서 김우석은 학생동향과 시위정보를 제공하여 보도활동을 도운 결과 부산MBC의 위상과 이미지 제고에 결정적인 역할을 한 숨은 공로자였다. 개인적으로는 안성수가 민주당 정권 때 민선 경남도지사의 공천을 받아 입후보하여 선거를 치르는 데 크게 기여했다. 그러나 5·16 이후 그는 김성조, 변상경 등과 함께 반혁명 모의혐의로 구속되어 혁명검찰로 넘겨져 군법재판을 받는 고초를 겪어야 했다. 그 뒤 보도부장을 맡기려

1962년 2월 11일 조방지구에서 기공식을 가진 '종합매스컴센터'의 조감도. '종합매스컴센터'는 부산MBC와 〈부산일보〉의 공동사옥으로 사용할 계획이었다

하자 사양하다 '기자 인사권의 위임과 기사 사전검열을 하지 않겠다'는 대찬 조건을 제시하여 사전 승락을 받아내고서야 보도부장직을 수락하기에 이른다. 그는 2010년 4월 19일 4·19혁명 기념 50주년을 맞아 부산MBC 초대 보도과장 전응덕, 제10대 김성조 사장(1991. 2. 26~1994. 3. 3) 등과 함께 "4·19혁명 유공자로서 대한민국의 민주발전에 크게 이바지한 공로로 대한민국 헌법에 따라" 건국공로포장을 받았다.

5) 신방 겸영의 실제

〈부산일보〉 상무와 부산MBC 전무를 거쳐 한동안 서울MBC 사장 직무대리를 역임한 김종한(金鍾漢)은 "부산에서 일찍이 〈부산일보〉와 부산MBC를 경영함으로써 우리나라 최초로 신문방송을 겸영해본 김지태가 1962년 2월 11일 조방지구에 부산MBC와 〈부산일보〉의 공동사옥으로 쓸 종합매스컴센터를 기공하는 한편 서울에서도 방송사와 신문 겸영을 위해 양우정(梁又正)이 운영하던 〈연합신문〉을 인수하려고 했으나 때마침 5·16 군사정변이 일어나 부정축재자로 몰려 재산을 몰수당하고 〈부산일보〉와 부산MBC, 그리고 서울MBC까지 5·16장학회로 넘어가는 바람에 모든 계획이 물거품이 되고 말았다"고 증언했다. 김지태는 서울에서도 〈연합신문〉을 사들여 신문과 방송의 2원 보도체제를 갖추는 한편 텔레비전과 영화까지 포용하는 종합매스컴센터를 운영해보려고 구상했었다.

이에 앞서 민방설립을 위한 전권을 정환옥에게 위임하고 개국준비를 진행시켰다. 그러나 신규허가가 어렵다는 것을 알고 화가 고희동이 민주당 정부로부터 획득한 '서울민간방송주식회사' 설립허가권을 인수한다. 1960년 12월에는 송신소 부지를 확보하고 1961년 1월 개국을 목표로 실무책임자 최창봉을 영입하여 인사동에 연주소로 쓸 사옥을 임대하기에 이른다. 2월 21일 총자본금 2억 환으로 회사설립 등기를 마친다. 당시의 임원진은 원 허가권자인 고희동을 회장으로 영입한 외에는 사장 김지태, 전무 정환옥, 상무 김영출이 모두 부산MBC 출신들이었다. 1961년 3월 8일 회사이름을 '한국방송주식회사'로 바꾸고 10월 20일에는 다시 '한국문화방송주식회사'로 변경하여 호출부호를 HLKV로 배당받는다. 그해 12월 2일 새벽 6시 정규방송을 시작하면서 "여기는 대한민국 수도 서울에서 방송하는 HLKV 한국문화방송입니다"라는 첫 아나운서 멘트가 전파를 탔다. 서울MBC에 뒤이어 개국한 DBS 동아방송과 RCB 라디오서울이 민방 3파전이라는 치열한 라디오 경쟁시대를 전개하게 된다.

6) 황용주(黃龍珠)가 꿈꾼 신방 겸영

일본 와세다대학에서 불어불문학을 전공한 뒤 부산대 강사를 거쳐 1956년부터 1957년까지 〈국제신문〉 논설위원, 1958년 9월 〈부산일보〉 주필 겸 편집국장을 거치는 동안 인쇄매체와 전파매체를 아우를 수 있는 입체보도를 꿈꾼 최초의 언론인이었다. 그가 품었던 입체보도의 꿈은 속보성과 신속성을 살린 뉴스의 활성화에 있었다. 그 첫 실현은 황용주가 1958년 9월 22일 〈국제신보〉로부터 〈부산일보〉 주

〈부산일보〉 주필 겸 편집국장 황용주

필 겸 편집국장으로 스카우트되어 자리를 옮기면서 꿈을 펼치기 시작했다. 당시 〈국제신보〉와의 치열한 경쟁관계에서 〈부산일보〉의 발전에 고심하던 김지태가 박두석 주필의 추천으로 황용주를 파격적인 대우로 영입한다. 그는 먼저 전권을 위임받아 편집진용을 대폭 보강하고 편집국 운영체제에 대한 일대 개혁을 단행한다. 취임 닷새째 되던 9월 26일부터 조석간 6면(조간 2면, 석간 4면)을 발행하여 격변하는 국제정세에 따라 폭주하는 정보를 수용하기 위해 시대적 요청부터 거리낌 없이 받아들였다. 정계를 떠나 신문사에 복귀한 김지태가 이승만 독재를 종식시키기 위해서는 민주언론의 창달을 통해 민주사회를 건설하려는 신념과 황용주의 이승만 정권에 대한 투쟁성향이 의기투합하게 되었다.

그들은 주저하지 않고 창업수준에 버금가는 투자로 편집체제를 강화해나갔다. 그 첫 단추가 부산과 서울을 연결하는 무선텔레타이프 송수신기와 사진전송기의 도입이었다. 〈부산일보〉는 당시 중앙전신전화국에서도 도입하지 못한 첨단 통신장비를 갖추게 된 것이다. 그는 능숙한 외국어 실력으로 세계 매스컴 동향과 정보를 입수하여 일본을 비롯한 구미 선진국에서 이미 실현되고 있는 방송과 신문의 겸업을 통한 시너지효과를 실험해보려고 했다. 황용주는 선진국의 시도와 동향을 받아들일 수 있었던 안목과 미래비전을 갖춘 진보적인 신문인이었다. 그가 방송과의 첫 만남은 부산MBC에서 시사해설을 맡으면서부터였다. 더구나 사라호 태풍이 남해안을 강타했을 때 신문과 방송의 매체특성에 대한 경험을 하게 된다. 방송이 태풍의 접근과 진로를 시시각각 예보하고 추적하는 동안 신문은 호외를 발행하더라도 따라잡을 수 없다는 신문의 한계를 실감하게 되었다. 방송이 신문보다 뉴스 전달이 빠르고 반복할 수 있는 장점을 그는 훗날 사라호 태풍 때의 신문보도를 두고 "그야말로 사또 떠난 뒤 나팔 부는 격이었다"고 술회했다. 그는 "사라호 태풍을 계기로 〈부산일보〉가 부산MBC를 사들여 신방겸업을 해야 한다는 생각을 굳혔다"고 증언했다.

그 이듬해 3·15 마산의거 때 그는 언론인으로서 언론자유 수호를 통해 자유당 독재정권에 대항할 수 있는 범국민적 항쟁과 민권투쟁을 이끌어내어야 한다는 사명감에 불탔다. 그는 결코 현실에 안주하지 않고 이상을 향해 구체적인 실천대안을 제시한 이성적인 선각자이기도 했다. 즉흥적인 선동이 아니라 항상 정면돌파를 위한 이론적 뒷받침과 추진력으로 행동하는 언론인이 되어 신뢰를 쌓아갔다. 〈부산일보〉 사주 김지태가 부산MBC를 인수할 무렵인 1959년 10월 4일 그가 쓴 칼럼 〈세론〉(世論)에서 "방송을 통해 부일(釜日) 뉴스를 보내드리는 정신"이라는 제목의 글을 통해 다음과 같이 독자들에게 고했다.

> 현대시민은 대중전달의 매개체인 신문과 라디오를 의식주와 똑같은 필요도에서 필수품으로 갖게 된 것이다. 따라서 신문과 방송의 첫 기능은 그날그날의 가장 새로운 뉴스를 전달하는 데 있다. 여기서 하루 두 번씩 발간하는 우리들 신문이 그 중요한 사명의 하나인 신속한 뉴스의 전달을 시시각각 하자면 방송의 수단을 이용해야 함을 솔직히 인정하고 〈부산일보〉 뉴스를 문화방송국(MBC, HLKU, 주파수 1035kc)을 통해서 알려드리게 된 것이다.

그 무렵 부산MBC와 〈부산일보〉가 같은 사주 밑에서 뉴스의 협업체제가 이뤄지기 시작했고 신속한 보도를 위해 야간용 전광뉴스판과 부산MBC의 전파를 동원하였는데, 1960년 6월 1일 프로그램 개편 때부터는 하루에 세 차례씩 〈부산일보 뉴스〉가 편성 보도되었다. 그뿐 아니다. 3·15 제5대 정·부통령 선거일인 3월 15일자 조간에 그가 집필한 〈세론〉의 "울밑에 선 봉선화야"와 1960년 4월 24일자 신문에서 소설가 김정한 논설위원의 "조국아 붓이 통곡한다"라고 절규한 〈부일살롱〉이 독자의 마음을 움직였다.

그는 5·16 군사정변을 통해 권력을 장악한 박정희와 대구사범 동기동창이라는 인연 때문에 세상눈에는 그가 권력의 득을 본 사람으로 비치겠지만 그는 결코 스스로 득을 보려고 하지 않았고 오히려 올곧은 성품 때문에 얻은 것보다는 잃은 것이 더 많았던 사람이었다. 1964년 여름 청와대로부터 서울MBC 사장 내정소식을 들었지만 그 해 11월호 〈세대〉지에 "강력한 통일정부에의 의지: 민족적 민주주의의 내용과 방향"이라는 제목의 기고문이 필화사건에 휘말려 정치적으로 집중포화를 두들겨 맞은 끝에 반공법위반으로 구속되고 1년 동안의 옥고를 치렀다. 당시 반공법은 체제유지를 위해서 사상과 양심의 자유까지 마음대로 검증하고 판단하던 최고의 준거였다. 그의 주장은 국토분단을 타개하기 위한 방법으로 강대국간의 협상이 이뤄지도록 적대상황부터 해소해야 하며 군비축소와 유엔군 극소수 주둔, UN 동시가입 방안을 수립해야 한다는 주장을 폈다. 반공법 위반혐의로 구속까지 시켰던 그의 주장은 시간이 흐르면서 7·4공동성명과 UN 동시가입으로 남북 간의 긴장완화정책이 하나하나 채택되어 실현되어갔다.

28년의 세월이 흐른 1992년 《문화방송 30년사》 제3부 증언편 "MBC와 나"에서 그는 "남북통일은 우리들 한반도 주민의 지상과제이며 민족중흥의 전제조건이 아닌가. 언론인에게 주어진 가장 가치 있는 주제다. 나는 나의 사명의식에 사로잡힌 채 사장실 뒷방에 앉아서 집필했다"고 그때의 심경을 솔직하게 밝힌 바 있다.

시대를 앞서가던 황용주를 두고 '모난 돌이 정 맞는다'는 한마디 말로 그를 평가하기에는 아쉬움과 부족함이 많다. 기자의 눈으로 그를 지켜보았던 송정제[121]는 "지혜와 용기를 갖춘 언론인으로서 미래사회에서 미디어의 발전방향을 예측한 기인이었다"고 증언한다. 신생 민방기자를 보고 전파기자라고 업신여기거나 폄하하는 분위기 속에서도 "신문이 그 중요한 사명의 하나인 신속한 뉴스의 전달을 시시각각으로 하자면 방송의 수단을 이용해야 함"을 주장함으로써 신문이 논리적 치밀성과 탐사성에 뛰어난 반면에 속보성과 전파성에서는 라디오매체를 능가하기 힘들다는 매체특성을 일찍이 인정한 신문인이었다. 그는 〈부산일보〉 주필 겸 편집국장을 맡았을 때 편집진용의 개편과 편집체제의 개혁으로 불과 나흘 뒤부터 지방지로서는 처음으로 조간 2면, 석간 4면으로 하루에 조석간 6면을 발간했다. 특히 사주 김지태를 설득시켜 매스컴센터 건립계획과 입체보도체제를 구축케 하고 TV와 영화를 포괄하는 종합매스컴 운영체제를 제안해 부산일보사가 일찍이 1958년부터 부일영화상을 제정하는 계기가 되었다. 그는 3개월간의 문화방송 사장직에서도 사장실을 쪼개어 집필실을 두고 항상 '글을 썼던 사장'으로 많은 사람들의 기억에 오래도록 남을 언론인이다.

7) 〈부산일보〉 조사부에 설치한 비밀 스튜디오

마산에서 3 · 15부정선거에 항거하는 학생 시민의 규탄시위가 불붙던 날 오후 MBC 마이크는 단속과 탄압의 눈을 피하기 위해 방송국

---

121) 송정제(宋正濟)는 1934년 7월 7일 경남 사천에서 태어났다. 1957년 부산대 법대를 졸업하는 해에 〈부산일보〉 공채기자로 입사, 서울지사 취재부장, 서울지사장, 상무와 전무를 거쳐 1988년 〈부산일보〉 사장을 역임했다. 그는 1995년 정음리서치회장을 역임하고 현재는 동서학원 이사장을 맡고 있다.

으로부터 4백m쯤 떨어진 자매회사 〈부산일보〉 3층 사장실 옆 조사부에 비밀 스튜디오를 마련했다. 신문사의 조사부는 각종 자료와 지난 신문을 보관해 두는 곳으로 평소 관계자 이외에는 출입이 뜸한 곳이다. 조사부 구석 한편에 놓인 책상 위에 4채널 콘솔(Console), 요즘 같으면 음성혼합기(AMU, *Audio Mixing Unit*)인 소형 리모트 콘솔(Remote Control Consolette)을 놓고 마이크와 전화선을 연결해 연주소와 중계선로를 구성하여 생방송이 가능하게 했다. 그날은 마침 부산시내 고등학교 입시 합격자를 발표하는 날이었다. 최창식 아나운서는 합격자 명단을 방송하는 가운데 마산 현지에 파견된 부산MBC 개표방송반과 〈부산일보〉 마산주재기자들로부터 들어오는 3·15 마산의거 소식을 당시 황용주 편집국장이 직접 정리하여 작성한 원고를 아나운서에게 넘겨서 읽게 했다고 《문화방송 30년사》에서 황용주는 직접 증언했다. "시민 여러분, 방금 입수한 긴급뉴스를 전해드리겠습니다. 오늘 낮에 마산에서 3·15 부정선거에 항거하는 학생 시민이 오동동 파출소를 불태우고 마산시청을 포위하여 지금 무장경찰과 대치중에 있습니다." 합격자 명단을 발표하는 중간중간에 끼워 넣어 여러 차례 방송했다.

황용주의 증언을 참고하면 "방송이 나가자 부산시경에서 즉각 중단하라는 전화가 오더니 곧이어 10여 명의 사복형사가 들이닥쳤다. 그런데 전파에는 국경이 없었다. 우리와 형사들이 옥신각신하고 있을 때 부산MBC의 스폿뉴스를 모니터한 일본 규슈방송국 아나운서가 '한국의 부산문화방송에 의하면 오늘 낮 경상남도 마산에서 3·15 부정선거에 항거하는 학생 시민이 오동동 파출소를 불태우고…'하며 인용보도하고 있었다. 이튿날 주요 외신에서도 보도하자 전국의 일간지가 보조를 맞추면서 사태는 마침내 4·19혁명으로 치닫고야 말았다. 나는 전파미디어가 하늘을 날아 국경을 넘는 위력을 나의 두

눈으로 확인할 수 있었다"라고 썼다.

8) 5 · 16 군사정변 이후의 부산MBC

1961년 5월 16일 새벽 한강을 건너 서울로 들어온 일단의 군인들이 중앙청과 KBS를 점령했다. 4월 혁명으로 독제정권을 무너뜨린 지 1년여, 민주당 정권 8개월 만에 우리나라 현대사의 비극 중 하나인 군사쿠데타가 일어난 것이다. 쿠데타군은 KBS 새벽 5시 첫 방송을 통해 '혁명'이 시작됐다고 선언하고 6개항의 혁명공약[122]을 발표했다. 부산MBC는 항만사령관 김현옥 대령의 협조요청을 받은 전응덕 보도과장이 협의를 거쳐 첫 뉴스를 내보낸 시각이 오전 10시 50분이었다. 최창식 아나운서에 의한 첫 방송이 나간 이후 군사혁명위원회의 구성과 계엄당국의 포고, 지시 등을 중심으로 사태추이가 뉴스를 탔다. 전국에 내린 비상계엄령 포고 1호를 공포하여 언론출판 보도에 대한 사전검열에 들어갔으며 4 · 19혁명 이후 우후죽순처럼 쏟아져 나온 언론매체를 대폭 손질하는 근거로 삼았다. 5 · 16 군사정변으로 민주당 정권이 붕괴된 이후의 삼엄한 분위기 속에서 서울중앙방

122) 5 · 16군사정변 이후 발표된 혁명공약의 내용은 1. 반공을 국시의 제1의로 삼고 지금까지 형식적이고 구호에만 그친 반공태세를 재정비 강화한다. 2. 유엔헌장을 준수하고 국제협력을 충실히 이행할 것이며 미국을 위시한 자유 우방과 유대를 더욱 공고히 한다. 3. 이 나라 사회의 모든 부패와 구악을 일소하고 퇴폐한 국민도의와 민족정기를 바로잡기 위해 청신한 기풍을 진작시킨다. 4. 절망과 기아선상에서 허덕이는 민생고를 시급히 해결하고 국가 자주경제재건에 총력을 경주한다. 5. 민족의 숙원인 국토통일을 위해 공산주의와 대결할 수 있는 실력배양에 전력을 집중한다. 6. 이와 같은 우리의 과업이 성취되면 참신하고도 양심적인 정치인들에게 언제든지 정권을 이양하고 우리들은 본연의 임무에 복귀할 준비를 갖춘다.

송국에는 국가재건최고회의에서 파견된 감독관의 직접 통제를 받아야 하는 변혁기를 맞았다. 일주일 뒤 5월 23일 군사정권은 '사이비 언론인 및 언론기관 정화방안'을 발표하고 전국 916개 언론사 가운데 일간지 39개, 일간 통신 11개, 주간지 31개사만 살아남게 되었다. 이로부터 사흘 뒤 5월 26일 일간지들은 약속이나 한 듯 '혁명 완수로 총진군하자'는 제목의 사설을 내놓았다.

5·16 군사정변으로 권력을 장악한 군사정부는 국가재건최고회의라는 조련사로 하여금 언론을 어르고 달래면서 으름장을 놓곤 했다. 이런 과정을 통해 군사정부는 언론을 통해 여론몰이를 하면서 원하는 목적을 하나하나 달성해나갔다. 쿠데타 주동세력이 계엄령을 선포하는 동시에 가장 먼저 한 일이 검열을 통한 언론의 장악이었다. 5월 21일 '혁명군 환영 부산시민대회가 중계되는 가운데 혁명공약의 선전과 대국민 홍보에 활용도가 높은 방송에 대해서는 양손에 '채찍과 당근'을 들었다. 그 구체적인 예가 바로 엄격한 검열을 통한 통제와 이를 감독하는 감독관의 상주가 현실로 나타났다.

군사정권은 비리와 구악을 일소하고 부정축재자들에 대한 재산을 환수한다는 명분으로 통치자금을 마련하는 한편 언론에 대한 부정적 시각으로 대대적인 정비에 들어갔다. 그 첫 조치가 포고 제11호를 통해서 신문, 통신 등 정기간행물의 등록을 취소하기 시작했다. 이어 언론기관에 대한 정부의 개입은 언론정책을 조율할 수 있는 제도적 뒷받침으로 본격적인 감시와 통제를 가했다. 그 첫 단추가 1961년 6월 유선방송수신관리법의 제정이었다. 민방의 출현에 대비한 법적 통제의 근거가 된 전파관리법을 1961년 12월 30일 국가재건최고회의를 통과하여 같은 날짜로 공포하고 다음해 3월 10일 전파관리법시행령을 각의에서 의결 통과시켰다. 1961년 12월 31일 오재경 공보부장관은 당시 정부의 공보목표 6개항[123]을 발표했다. 그리고 방송법 제정에 앞서 1962년 6월 13일 부산MBC를 비롯한 한국MBC, 서울중앙방송국, 서울TV방송국, 서울국제방송국, 기독교방송, 극동방송 등 방송사업자 대표 7명이 방송윤리위원회를 발족시켜 방송의 자율규제를 통해 스스로 족쇄를 차고 나섰다. 이 방송윤리위원회는 1964년 1월 방송법의 공포로 법정기구로 바뀐다. 5·16 이후 방송계에 나타난 순명과 비판은 극명한 차이를 보였다. 당시 국영 KBS의 프로그램을 보면 〈혁명의 아침〉, 〈국가재건최고회의 소식〉, 〈건설하는 우리 살림〉, 〈혁명의 물결〉, 〈혁명완수의 길〉, 〈혁명대열에 서서〉, 〈혁명기념극, 시, 노래가사 현상공모〉, 〈혁명시책 시리즈〉로 도배질을 하는 동안 MBC도 뒤질세라 〈재건체조〉로부터 프로마다 혁명이념을 내세워 홍보하기에 바빴다. 신문과 방송, 유관단체가 권력에 휘둘리고 언론학자들까지 휩쓸려가면서 나만 피해를 입지 않으면 그만이라는 한국언론의 뿌리 깊은 병폐가 방송가에 만연하게 된 것이다.

5·16 이후 재건을 슬로건으로 하는 군사정권 분위기 속에서 추석을 맞아 부산MBC는 재건국민운동 부산시촉진회와 공동으로 1961년 9월 24일, 오후 3시 부산공설운동장에서 '제 1회 시민위안 재건풍년제'를 개최했다. 사실상 부산시와 각급 기관의 후원, 럭희화학과 동산유지공업을 비롯한 금성사의 제공으로 개최된 재건풍년제는 5·16 군사정변의 당위성을 선전하면서 광고수입도 챙긴 홍보행사였다. 10만여 명이 운집한 가운데 오후 3시부터 6시 30분까지 3시간 30분 동안 부산공설운동장에서 개최된 재건풍년제는 부산MBC의 어린이 노래회와 전속경음악단, 전속가수와 박성옥 국악연구회와 부산여고 합

123) 1961년 2월 31일 KBS-TV가 개국하는 날 오재경 공보부장관이 발표한 '정부의 공보목표 6개항'은, "제 1항, 국가의 기본정강과 정부시책을 정확, 신속하게 홍보 선전한다. 제 2항, 반공태세의 강화에 공보매개체를 총동원한다"는 등의 내용을 담고 있다.

창단을 비롯한 만담가와 인기가수가 총출연한 대공연을 가졌다. '제 2회 시민위안 재건풍년제'는 1962년 9월 13일에, '제 3회 시민위안재건풍년제'는 1963년 10월 2일 추석날 부산공설운동장에서 개최되었다. 제 4회부터는 야권의 반발과 역효과를 우려한 나머지 '시민위안 추석잔치'로 슬그머니 그 명칭을 바꾸어버렸다.

한일회담의 굴욕적인 진행과 타결을 비판하는 학생시위가 6·3사태로 절정을 이루자 서울일원에는 비상계엄령이 선포되었다. 그 다음날인 1964년 6월 4일 이른바 '앵무새 사건'이 터졌다. 1960년대 수도권에서 알찬 뉴스와 보도프로그램으로 라디오시대를 주도하던 동아방송의 〈앵무새〉 프로그램에 대한 철퇴가 가해졌다. 이삼봉이라는 필명을 가진 〈동아일보〉 외신부장 이종구가 원고를 쓰고 부산MBC 공채 1기 PD 출신 김영효[124]가 담당 PD를 맡아 성우 이은미의 낭랑하면서도 당찬 목소리로 정치권력의 부조리와 비리를 강도 높게 비판하던 시사가십 프로그램이었다.

수사당국은 그날 오전에 최창봉 방송부장과 고재언 뉴스실장, 그리고 이윤하 편성과장 등 3명이 수사당국에 강제 연행되고 오후에는 방송국에 들이닥친 수사관들이 조동화 제작과장과 담당 PD 김영효를

124) 김영효(金榮孝)는 1932년 7월 17일 마산에서 태어났다. 고려대 철학과를 졸업하고 1958년 11월 7일 공채 1기로 부산MBC 편성과 PD로 입사하여 안성수 사장의 주례로 1960년 11월 27일 결혼했다. 그때는 업무의 폭주로 담당프로를 동료에게 맡길 수 없어 신혼여행을 포기했던 얘기가 화제가 되었다. 1961년 2월 1일 서울MBC의 개국과 함께 서울 MBC 편성과로 옮겼다가 1963년 4월 25일 개국한 동아방송에서 방송칼럼 〈앵무새〉 프로그램 담당PD로 일하다가 군사정권에 의해 옥고를 치렀다. 1968년 10월 마산MBC 편성국장을 거쳐 1971년 대구 한국FM 상무로 일했으며 최창봉의 주선으로 KBS 중앙방송국을 거쳐 1986년 8월 이후 방송작가로 활동하고 있다.

연행하는 한편 그해 4월 2일부터 6월 3일 사이에 방송된 원고를 압수해갔다. 이튿날에는 원고 집필자 이종구 〈동아일보〉 외신부장이 자택에서 연행되었다. 방송인 6명은 연행된 지 15일 만에 군법회의가 발표한 범죄혐의는 반공법 제 4조 1항(반국가단체 활동 찬양고무)과 형법 제 90조 2항(내란 선전 선동), 특정범죄처벌에 관한 임시특별법(허위사실 유포 정부 비방)과 집회 시위에 관한 법률 제 3조 2항(불법집회의 선동)을 위반했다는 것이다. 제 6관구 계엄보통군법회의가 공소장에서 밝힌 구속논고는 "사사건건 정부시책을 야유 내지 과장 또는 조장 비방하는 내용의 방송을 하여 불법학생데모를 선동 선전했다"는 것이었다. 그 '앵무새 사건'은 5·16 군사정권이 방송을 어떻게 지배하고 통치하려고 했는지 속내를 숨김없이 보여준 방송사상 첫 탄압의 사례로 유명하다. 최창봉, 조동화, 이윤하는 40일 만에 고재언, 이종구, 김영효는 64일 만에 일단 보석으로 풀려나왔다. 이 사건은 1964년 7월 28일 계엄령이 해제됨에 따라 서울형사지법 합의 3부에서 무죄언도되었다. 그러나 검사가 이에 불복 고등법원에 항소, 그로부터 근 3년을 끌다가 1969년 7월 2일 선고공판에서 무죄가 선고되었다.

군사정부 초기에 방송국의 지속적인 신설허가와 설립과정에서 부산MBC를 비롯한 서울MBC가 5·16장학회의 인수로 사실상 정부의 소유가 되고 라디오서울과 서울FM이 재벌인 삼성그룹의 소유가 되었다. 김지태는 군사정권 초기 〈부산일보〉와 부산MBC, 서울MBC와 부일장학회를 5·16장학회로 넘긴 경위에 대해 1975년 5월 25일에 발행한 자서전 《나의 이력서》를 통해 이렇게 밝혔다.

> (전략) 혁명 후 10개월 만인 1962년 3월 27일 국내 각 신문들은 큼직큼직한 활자로 '부정축재처리법 위반, 국내재산 해외도피 등의 혐

의로 김지태 씨 입건'이란 제목 아래 소상한 기사를 썼다. 이 보도 기사들을 간추려보면 내가 경영하는 기업체의 간부 10명을 전술한 죄목의 혐의로 중앙정보부 부산지부에서 입건조사한다는 것으로, 열거한 혐의내용은 다음과 같은 것으로 되어 있다.

(중략) 내가 끝까지 결백을 주장하고 맞서는 경우를 생각해보니 나 개인보다도 우선 산하 기업체 간부들이 희생을 당하는 데다가 기업경영이 엉망이 되어 종업원이 실직하게 될 것이 안타까웠다. 신문사나 방송국은 공영사업이므로 누가 경영하든 이 나라 매스컴 발전에 이바지할 수만 있다면 된다는 심정으로 협상에 응할 심산이 섰다. 그러나 구속된 조건 아래 그런 서류를 작성한다는 것은 옳지 못하니 석방된 연후에 약속을 이행하겠다고 버텼으나, 막무가내로 어느 날 작성해온 각종 양도서에 강제로 날인이 이루어진 것이다.

이렇게 되자 며칠 안 되어 경남고등군재는 '피고인들은 자기의 죄과를 뉘우치고 국가재건에 이바지할 뜻이 농후하다'는 이유를 들어 나를 비롯한 전원에 대하여 공소취하를 선고했다. 이렇게 하여 1948년 4월 이래 14년간 애지중지 가꾸어 놓은 〈부산일보〉와 만 4년 동안 막대한 사재를 들여 궤도에 올려놓은 한국문화방송과 부산문화방송은 1962년 5월 25일, 5·16재단으로 넘어가고 말았다. 이 기본재산을 토대로 하여 '5·16장학회'는 그해 7월 14일에 발족을 보게 되었다. 그리고 이와 동시에 '釜日장학회'의 기본재산인 부산 시내 토지 10만 평을 헌납했다라고 밝혔다. 그러나 〈부산일보〉와 문화방송의 기부승낙서에 날인한 인감이 위조라는 주장[125]과 함께 소유권에 대한 논란이 미결의 장으로 남은 가운데 앞으로 내려질 역사적 판단은 현재 진행형으로 남아있는 것이다.

5·16 군사정권은 언론을 강력한 통제 아래 둠으로써 대부분의 신

125) 〈신동아〉 2004년 9월호 입체추적 '박근혜 발목 잡은 정수장학회 탄생의 비밀, 〈부산일보〉, 문화방송 기부승낙서 인감 위조했다,' 110쪽.

문과 방송은 비판, 감시기능 대신 오직 '조국근대화의 기관사 역할'과 '국가현실을 계몽하고 국가 재건의 길잡이 역할'을 강요당했다. 부산MBC 개국 3년 3개월 만의 일이었다. 당시 한국 언론은 다양성의 부재, 획일성의 모습으로 해바라기를 닮아갔다. 개국 이후 그토록 정치권력에 비판적이었고 독재의 탄압에 꺾이지 않았던 부산MBC마저도 5·16장학회에 흡수된 이후 주인 없는 회사가 되어 임원진이 이른바 낙하산 인사로 박정희 주변사람들로 채워졌다.

그 결과 국민투표나 각종 선거 때면 결정적인 집권여당의 홍보도구가 되어 여당후보의 당선과 여당의 지지율을 높이는 데 혈안이 되었다. 당시 MBC의 청취권역에서는 집권여당이 압승을 거두는 일이 당연한 일이었다. 5·16 이후 유신독재에 이르는 기간 동안 MBC 전파가 도달하는 가청지역인 영남권을 중심으로 투표결과가 지역별 현실정치에 미친 영향의 객관적인 증거로 선거결과를 분석하여 학문적으로 연구 정리해 볼 과제로 남겨져 있다. 부산에서 신문과 방송을 겸영하다가 서울로 진출하는 데 성공한 김지태가 1962년 6월 군사정권에 의해 부정축재자로 몰리고 부인 송혜영이 외국여행 때 세관에 신고하지 않은 다이아몬드 반지를 갖고 들어온 사실을 들춰내 5·16 군사정변 핵심세력인 박정희 군사정권 밑에서 명백히 주인의 의사에 반하여 자의로 국가에 헌납하는 형식으로 〈부산일보〉와 부산MBC, 그리고 서울MBC가 소유주인 김지태의 손을 떠나면서 부산MBC의 경영권이 5·16장학회에 귀속되었다.

소유권에 대한 법적 논란은 국민들이 납득할 만큼 명쾌하게 끝나지 않았다. 〈신동아〉 2004년 9월호에서 제기한 "박근혜 발목 잡은 정수장학회 탄생의 비밀— 〈부산일보〉, 문화방송 '기부승낙서' 인감 위조했다"[126] 는 문제도 그 진상을 밝히지 못했다. 〈부산일보〉와 문화방송을 둘러싼 소유권 문제는 약육강식이 지배하는 동물의 세계를 보는 듯하여 이 시대의 권력과 정치, 법정신과 양심을 돌아보게 한다. 이런 과정을 거쳐 1962년 7월 14일 부산MBC의 경영권이 재단법인 5·16장학회로 넘어갔다. 5·16장학회에 이어 방송문화진흥회에 소속되는 소유변화로 MBC는 정부·집권당의 정치적 이해를 벗어나기 어려운 상태에서 체제홍보가 보다 노골화한 친정부적인 방송으로 바뀌어 갈 수밖에 없었다. 1962년 8월 12일 제9회 임시주주총회와 제16회 취재역회에서는 지금까지의 모든 경영진이 사임하고 아무 관련이 없는 박정희의 스승인 김영기가 제자를 잘 둔 덕에 회장으로 선임되고 사장은 안성수가 그대로 유임되었으며 취재역에 정환옥, 이수열, 김영출, 김종만 등이 선임되었다.

취재역 회장 金永驥
대표취재역 사장 安星洙
상무취재역 黃義泳
취재역 李壽烈, 鄭煥玉, 尹日善, 尹鍾昱, 金奭謙, 金榮出, 金鍾萬
감사역 金在赫

이상과 같은 새로운 진용이 구성됨에 따라 나흘 뒤에는 기구개편으로 영업부의 선전과가 폐지되고 임원실 직속의 조사기획과가 신설되었다. 그로부터 부산MBC는 자유당 독재시절에 KBS가 걸었던 길과 같은 국정홍보에 순명하면서 각종 국민투표와 선거 때마다 집권여당의 나팔이 되어 오랫동안 시련과 회한의 세월을 보내야 했다. 9월 29

126) 동아일보사, 〈신동아〉 2004년 9월호, 110~119쪽, "박근혜 발목 잡은 정수장학회 탄생의 비밀- 〈부산일보〉, 문화방송 '기부승낙서' 인감 위조했다", '단독인터뷰/ 김지태 미망인 송혜영 씨 "박정희 주체세력은 나를 인질 삼아 재산 강탈했다."

일의 취재역회는 건립중에 있는 〈부산일보〉 사옥의 4·5층을 부산MBC의 전용사옥으로 사용키로 결의한다. 1969년 12월에 발행한 《부산문화방송 10년사》 집필자 김대상[127]은 "김지태 씨가 부산MBC 경영에 참여하게 된 과정에 관한 자료는 제가 《부산문화방송 10년사》를 집필할 때 5·16장학회에 의해서 약 60페이지 분량이 빠지게 된 부분 속에 상당량이 있었습니다"라고 밝히고, 그 내용은 "부산MBC와 〈부산일보〉의 주주관계로 정당한 주식매매 과정을 거치지 않고 몰수한 정치적 배경을 아는 대로 기술한 부분으로 이를 못 마땅하게 생각한 5·16장학회에 의해 사전에 빠졌다"고 증언했다.[128] 따라서 그 부분은 훗날 부산MBC의 정사와 한국방송사를 위해서라도 복원이 요구되는 것이다. 3·15 마산의거와 4·19혁명 때 부산MBC가 가졌던 빛나는 보도기능의 전통과 권력으로부터 지켜왔던 독립성과 공정성을 포기한 채 관제언론의 틀 안에 안주하며 오직 정치권력의 필요와 판단에 따라 지저귀는 새장에 갇힌 한 마리의 앵무새 신세가 된 것이다.

어느 누구나 살아온 과거는 약점이 있게 마련이다. 언제부턴가 천민자본주의의 처세술이 판을 치는 세상에 우리는 외부로부터 "너를 바꾸라"는 강요를 받은 적이 있을 것이다. 이런 세상에서 "아니야,

---

127) 김대상(金大商)은 1930년 6월 11일 경남 양산에서 태어나 동국대 정치학과를 졸업했다. 해동고등학교 교사를 거쳐 부산시사 편찬위원회 상임위원으로 재직 중 《부산MBC 10년사》 편찬 간사로 위촉된 이후 기획실장과 편성국장, 이사를 거쳐 1983년 울산MBC 상무로 선임되었다. 1989년 〈국제신문〉 논설위원, 1992년 〈대한매일신문〉 주필, 1994년 부산케이블TV방송협회 이사를 역임했다. 저서로는 《부산경남 언론사 연구》, 《일제하 강제인력수탈사》, 《해방직전사의 재조명》 등이 있다.

128) 김민남·문종대·이범수, 《한국민영방송사의 재평가(한국 최초의 민간상업방송-부산MBC)》(커뮤니케이션북스, 2002), 187~188쪽.

사람은 절대 변하지 않는 것이야"라고 응답하는 학문이 있다. 그 학문이 바로 인간의 조건을 탐구하는 인문학일 것이다. 그 중심에 현대 심리학이 자리잡고 있다. 현대심리학은 우리에게 "모든 문제의 근원은 너 자신에게 있는 것이니 억지로 다른 곳에서 찾으려고 하지 말라!"고 일러주는지 모른다. 흔히 "열 번 찍어 넘어가지 않는 나무 없다"라거나 "세월이 흐르면 변치 않는 것이 없다"라고 말들 하지만 독재권력에 맞서 투쟁하다 옥살이까지 한 원로 언론인이 시대가 바뀌면서 오히려 동료 후배들이나 국민들에게 굴종의 길을 권유하고 인도하기 위해 심지어 협박을 일삼은 그런 어처구니없고 기막힌 현실을 체험했다. 세상의 소용돌이에 따라 옳고 그름, 선악에 대한 기준과 판단마저 흔들리는 시대에 살고 있는지 모를 일이다. 하물며 어떠한 종교도 이러한 문제로부터 결코 자유롭지 못할 것이다. 지금도 그때의 일을 생각하면 프랑스 사상가 파스칼이 "피레네 산맥 이쪽에서는 진리가 저쪽에서는 오류가 된다"는 말이 새삼 떠오르고, 오죽했으면 그랬을까 하는 깊은 연민이 내면의 울림을 일으키기도 한다. 그러나 당대 권력과 언론이 타협한 경우라고 여기기에는 한없이 부끄럽고 억울한 일이다.

세상에 이런 일도 있었다. 대구시 중구 계산동에 있는 천주교 대구대교구청 부지에 있는 대구매일신문사 사옥 1층 로비에는 몽향(夢鄕) 최석채(崔錫采)[129]의 흉상이 세워져 있다. 그 뒤 최석채가 2000년 4

---

129) 최석채(崔錫采, 1917. 11. 21~1991. 4. 11)는 경북 김천에서 태어났으며 호는 몽향(夢鄕)이다. 1940년 일본 나고야 법률전문학교를 거쳐 1942년 일본 중앙대 법학부를 졸업하고 〈동경잡지〉 법제기자를 시작으로 1946년 잡지사 〈건국공론〉 편집부장과 〈경북신문〉 편집차장과 〈부녀일보〉 편집국장을 지냈다. 1947년 9월부터 이듬해 8월까지 대동청년단 경북 정치위원장을 맡았고 정부수립과 함께 성주, 문경, 영주경찰서장으로 활동하다 6·25를 계기로 사임했다. 1954년 〈대구일보〉 편

월 국제신문편집협회(IPI, International Press Institute)의 창립 50주년 기념식에서 20세기 언론자유 수호에 기여한 '언론자유영웅(*Press Freedom Heroes*) 50인'에 선정되자 이를 자랑스럽게 생각한 향민들이 2004년 11월 19일 고향인 김천 직지문화공원에 몽향 최석채의 기념비(記念碑)와 사설비(社說碑)를 세웠다. 사설비는 1955년 9월 대구매일신문사 편집국장과 주필로 있을 때 어린 학생들을 고위층 맞이에 강제동원하지 말라는 내용의 '학도를 도구로 이용하지 말라'는 사설로 대구지역 학생을 선동했다는 비난과 함께 엄청난 필화의 고통을 겪었다. 그 사설이 나간 이튿날인 9월 14일 자유당 경북도 검찰부장 홍영섭 등이 40여 명의 괴한을 이끌고 신문사에 난입하여 인쇄시설을 파괴하고 발송중인 신문뭉치를 탈취해갔다. 이후 〈경향신문〉 편집국장

집부국장으로 언론계에 복귀 1955년 〈대구매일신문〉에 편집국장 겸 주필을 맡아 그해 9월에는 '학도를 도구로 이용하지 말라'는 사설을 썼다가 국가보안법 위반혐의로 구속되었고 1959년 대구매일신문사를 퇴사하고 〈조선일보〉 논설위원으로 자리를 옮긴 뒤 1960년 3월 17일 '호헌구국운동 외에는 다른 방도가 없다'는 사설로 3·15부정선거에 반대하는 국민의 궐기를 촉구할 때만 해도 그는 반골 언론인으로 명성을 날렸다. 이후 〈경향신문〉 편집국장을 거쳐 1961년부터 1971년까지 10년 동안 〈조선일보〉 편집국장과 논설위원, 주필을 지냈으며 1972년 문화방송 회장 겸 방송회관 회장, 1974년부터 1980년 7월까지 문화방송, 〈경향신문〉 회장을 지내는 동안 당시 박정희가 유신독재의 방편으로 내세운 한국적 민주주의의 전도사로 문화방송 지방계열사를 순회하면서 열심히 활동했다. 그는 1977년 대한민국 문화예술상 언론부문을 수상했으며 1991년 4월 사망했다. 그가 세상을 떠났을 때 "시류에 영합하지 않고 정론을 지킨 대쪽"(〈조선일보〉), "대쪽 성격의 평생 논객"(〈동아일보〉), "독재에도 꺾이지 않는 직필"(〈세계일보〉), "언론창달에 평생을 바친 대기자"(〈서울신문〉)이라고 기사제목을 뽑았다. 그가 세상을 떠난 지 9년 만인 2000년 4월 국제신문편집인협회(IPI) 창립 50주년 기념식에서 '20세기 언론자유 영웅 50인'으로 선정되었다. 그러나 항간에는 그의 행적을 두고 평가가 크게 엇갈린다.

을 거쳐 〈조선일보〉 논설위원으로 있으면서 3·15 마산의거가 발생한 이틀 뒤인 1960년 3월 17일 1면에 게재된 사설에서 '호헌 구국운동 이외의 다른 방도는 없다'라고 주장한 사설에서 "국민이여! 총궐기하라"고 외쳐 4·19혁명을 촉발시킨 격문 같은 사설을 집필하기도 했다. 그는 자유당 독재정권에 시달리면서도 정의와 자유, 그리고 민주에 목말라 하던 국민들의 가슴에 4·19혁명의 불을 지핀 이름난 반골 언론인으로 알려진 용기 있는 대쪽 언론인이었다. 그때만 해도 그는 '대패'라는 별명을 가진 정론직필의 언론인으로써 평소 기회 있을 때마다 입버릇처럼 후배들에게 "글이 둥글둥글해서는 안 된다. 모나게 대패질을 해 골기(骨氣)를 세우라"고 촉구했었다.

그러나 5·16 이후 1972년 제3대 MBC 회장 겸 방송회관 회장을 맡으면서부터는 '한국적 민주주의의 전도사'가 되어 한국언론사에 흙탕물을 일으켜 놓았다. MBC 계열사 기자 재교육과 계열사 임직원을 상대로 하는 특강에서는 실질적으로 유신독재의 다른 이름인 '10월유신'의 당위성을 역설하면서 참여를 강요했다. 심지어 부산MBC를 방문해 전체 직원들이 모인 공석에서 '10월유신의 역군이 되자'는 격려의 말을 하면서 "MBC직원으로서 유신체제밖에는 다른 길이 없다. 그 길을 반대하고 거부한다면 차라리 총을 메고 지리산으로 들어가라"는 말을 서슴지 않았다고 당시를 기억하고 증언하는 사람도 있다. 생각하면 무엇이 대패 같은 반골언론인을 그렇게 만들었는지 생각할수록 안타까운 일이 아닐 수 없다. 그렇게 순치된 MBC는 정치권력의 바람잡이가 되어 당근을 받아 문 채 온몸을 내 맡기고 '겨울공화국'으로 가는 어둡고 긴 터널을 제 발로 들어섰는지 모를 일이다.

▪참고문헌

강대인, 《한국방송의 정체성 연구》, 커뮤니케이션북스, 2003.
강상현 · 채백 엮음, 《대중매체의 이해와 활용》(제 2판), 한나래, 1996.
강준만, 《한국대중매체사》, 인물과 사상사, 2007.
______, 《대중매체이론과 사상》, 개마고원, 2001.
김 규, 《방송미디어》, 나남, 1998.
김대상, 《부산언론사의 재조명》, 뉴워드, 2004.
김민남 · 문종대 · 이범수, 《한국 민영방송사의 재평가》, 커뮤니케이션북스, 2002.
김민환, 《한국언론사》, 나남, 2006.
김성호, 《한국방송인물지리지》, 나남, 1997.
김영희, 《한국사회의 미디어출현과 수용》, 커뮤니케이션북스, 2009.
김정남, 《4 · 19혁명》, 민주화운동기념사업회, 2003.
김주환, 《디지털미디어의 이해》, 생각의 나무, 2008.
김지태, 《나의 이력서》, 한국능률협회, 1976.
노정팔, 《한국방송과 50년》, 나남, 1995.
대구MBC, 《대구문화방송 30년사》, 1994.
문화방송, 《문화방송 30년사》, 1992.
박기성, 《한국방송문화연구》, 나남, 1985.
방송위원회, 《放送史 史料集》, 2000.
부산MBC, 《부산문화방송 10년사》, 1969.
______, 《부산문화방송 20년사》, 1979.
______, 《부산문화방송 30년사》, 1989.
______, 《부산문화방송 50년사》, 2009.
부산MBC사우회, 《부산문화방송사우회 10년》, 2002.
부산일보사, 《부산일보 50년사》, 1996.
3 · 15의거기념사업회, 《3 · 15의거사》, 2004.
______, 《3 · 15 의거기념 詩選集 — 너는 보았는가 뿌린 핏방울을》, 2001.
송건호 외, 《한국언론 바로보기》, 다섯수레, 2000.
〈신동아〉, 2004년 9월호, "박근혜 발목 잡은 정수장학회 탄생의 비밀."

LG상남언론재단, 《세계방송연감》, 2001.

여수MBC, 《여수문화방송 30년사》, 2000.

울산MBC, 《울산문화방송 30년사》, 1998.

유재천 외, 《매스커뮤니케이션의 이해》, 커뮤니케이션북스, 2010.

〈월간조선〉, 1998년 12월호, "비화 자유당정권을 무너뜨린 꼬마방송의 분투."

______, 1999년 4월호, "한국언론 100대 특종의 드라마."

이영훈, 《파벌로 보는 한국 야당사》, 에디터, 2000.

이효성, 《방송, 권력과 대중의 커뮤니케이션》, 커뮤니케이션북스, 2009.

자명 김지태 선생 전기간행위원회, 《문항라 저고리는 비에 젖지 않았다》, 석필, 2004.

전응덕, 《이 사람아 목에 힘을 빼게》, 중앙M&B, 2002.

정순일, 《한국방송의 어제와 오늘》, 나남, 1991.

정형기, 《우리나라의 방송》, 신성출판사, 2010.

조항제, 《한국 방송의 역사와 전망》, 한울, 2003.

진주MBC, 《진주문화방송 30년사》, 1998.

최영묵, 《한국방송정책론》, 논형, 2010.

최창봉, 《방송과 나》, 동아일보사, 2010.

최화웅, 《탈TV시대의 이해》, 해오름, 1997.

포항MBC, 《포항문화방송 30년사》, 2002.

한국방송공사, 《한국방송60년사》, 1987.

______, 《한국방송사》, 1977.

한국방송협회, 《한국방송 70년사》, 1997.

한국방송학회편, 《한국방송 70년의 평가와 전망》, 1997.

한국언론연구원, 《한국 지방언론의 발전방안》, 1996.

______, 《언론연구원총서-한국의 언론 1》, 1991.

한국통계진흥원, 《대한민국을 즐겨라》, 2008.

한진만 외, 《방송론》, 커뮤니케이션북스, 2007.

황유성, 《초창기 한국방송의 특성》, 법문사, 2008.

황창진, "정치권력 변동이 민영방송의 경영정책에 미치는 영향에 관한 연구," 동아대 언론홍보대학원 석사학위논문, 1998.

北出 明, 《韓國の觀光カリスマ-高光喆の半世紀-》, 交通新聞社, 2007.

제2장

민방의 편성

백성기

1. 초창기 방송환경

방송조직체는 주어진 환경 속에서 그 목적을 달성하기 위하여 인적·물적 자원들이 복합적으로 연관을 맺고 활동하는 구체적 활동체인 동시에 하나의 사회체계이기도 하다. 방송조직이 하나의 사회체계인 이상 환경과 유리된 채 사회적 진공 속에서 존재할 수 없으므로 방송조직은 필연적으로 환경과 상호의존 또는 상호작용하고 환경에 적응하면서 목표의 실현을 도모하고자 한다. 부산MBC 또한 자신을 둘러싸고 있는 외부환경 및 내부환경과 상호작용하면서 적응해왔다. 이런 의미에서 초창기 부산MBC의 편성은 당시의 방송환경에 대한 적응의 양식이자 결과물이라 할 수 있다. 부산MBC 창립기의 환경 가운데 편성에 영향을 미친 요인을 외부적 요인과 내부적 요인으로 나누어 그 특징을 서술하면 다음과 같다.

1) 인구사회학적 환경

1959년 부산MBC 개국 당시 우리나라 1인당 국민소득은 81달러에 불과했고 1960년에는 79달러로 감소했다가 1961년에 82달러, 1962년에는 87달러로 증가하였다.[1] 1947년 25세 이상 성인의 학력수준은 중졸 이하가 95.0%였으며, 1955년 91.8%, 그 이후 꾸준히 감소하였으나 1966년까지도 79.6%였다.[2] 이와 같은 통계를 감안한다면 당시 부산지역 청취자들의 소득과 학력도 이와 같은 수준이었다고 추측된다. 1961년도 부산의 인구는 약 110만 명, 15세 이상의 인구는 전체의 58.7%였다. 12세 이상의 학력구성비는 '국졸 이하'가 71.6%, '중·고 재학·졸업' 24.2%. '전문대 이상'은 불과 3.8%밖에 되지 않았다(〈표 2-1〉). 대체로 전국적인 수준과 일치한다.

〈표 2-1〉의 통계수치가 암시하는 함축적 의미는 당시 부산지역 청취자들의 평균적 소득과 학력이 아주 낮았다는 것을 보여준다. 이와 같은 사회인구학적 특성으로 보아 부산은 아직 산업사회 이전의 사회, 즉 본격적인 사회계층분화가 이루어지지 않은 비교적 동질적인 사회였으며, 그들의 문화적 욕구도 세분화되지 않은 동질적인 것이었다는 의견은 설득력을 지닌다. 일반적으로 생활수준과 문화수준은 일종의 비례관계에 있다. 생활수준이 향상되면 문화향유의 수준도 높아진다. 생활수준이 높을 때 삶의 질을 향상시키기 위한 높은 수준의 문화를 요구하게 되기 때문이다. 경제적 여유가 반드시 삶의 질을 보장해주지는 않지만 문화의 향유에는 그 비용의 지출이 수반되므로 생활수준의 향상 없이는 문화적 삶의 영위는 어려운 것이 사실이다.

---

1) 한국은행 각 연도 통계.

2) 김영희, "한국의 라디오시기의 라디오 수용현상," 〈한국언론학보〉 47권, 2003, 146쪽.

〈표 2-1〉 1961년 부산시민의 학력구성(12세 이상)

국졸 이하	중고 재·졸	전문·대재·졸 이상
71.6%	24.2%	3.8%

출처: 제1회 《부산시통계연보》, 1962, 10~11쪽에서 재구성.

이런 점을 전제로 할 때 부산MBC 개국 초기 당시의 저소득 저학력 사회에서 부산지역 청취자들에게 필요한 것은 문화의 수용에 높은 문화적 지식 및 비용을 수반하는 고급문화가 아니라, 6·25전쟁 이후 극심한 생존경쟁과 중노동에서 비롯되는 피로와 긴장을 즉시에 풀어주는 대중문화와 오락이었다고 할 수 있다. 다시 말하면 당장의 긴장·피로의 해소와 기분전환을 위하여 고도의 정신집중 없이도 쉽게 이해할 수 있고 쉽게 즐길 수 있으며, 그들에게 익숙하고 예측가능한 방송내용을 원했다고 볼 수 있을 것이다.

2) 경제적 환경

부산MBC 개국 이전 부산의 경제는 6·25의 전쟁기를 통하여 무역과 방직, 식품공업, 화학공업 및 기타의 소비성 경공업이 어느 정도 기틀을 잡아가는 중이었다. 그러나 1953년 정부의 환도로 일시 부진을 면치 못했고, 1953년 11월 27일 역전 대화재와 용두산공원 대화재, 1958년 8월 2일 국제시장 대화재 등 화마마저 휩쓸어 더욱 부진한 상태에 처해 있었다.[3] 15세 이상 경제인구 가운데 실업률은 14.3%였다.[4] 이 시기 이후인 부산MBC 초창기(1959~1961) 부산의

3) 부산문화방송, 《부산문화방송 30년사》, 1989, 88쪽.

4) 제1회 《부산시통계연보》, 1962, 10~11쪽에서 재구성.

경제상황은 6·25전쟁의 후유증에서 벗어나 점차 안정기에 접어들고 있었다. 1953년 휴전협정을 계기로 하여 부산은 외국원조(UNKRA자금과 ICA자금)를 바탕으로 각종 투융자와 산업재건이 본격적으로 추진되기 시작하였다.[5] 1955년에서 1961년까지의 7년 사이에 모두 996개의 법인체가 신설되었으며, 이것은 전국 신설법인의 13.3%에 해당한다. 1959년 말 현재 부산의 제조업체 수는 1,003개에 생산액은 전국의 17.7%였다. 제조업체 중 섬유업체는 38.7%, 화학업체는 36.9%, 기계업체가 23.1%로 3개 업종이 98.7%를 차지했다. 전국 무역에서 부산이 차지하는 비중은 72.1%로 아주 높았다. 이 시기에 우리나라는 라디오 수신기가 점점 많이 보급되고 있었다.[6]

3) 매체적 환경

1959년 부산MBC 개국은 국영방송 단일의 독점적인 방송체제를 와해시켰다. 그것은 오랫동안 지속되어온 방송계의 구질서가 종언을 고하고 신질서가 시작되었음을 의미했으며, 부산의 청취자들은 국영방송과 민간상업방송의 동시적 존재라는 우리나라 방송사상 초유의 경험을 하게 되었다. 7개월 후 이러한 이원적 방송구조는 부산CBS의 개국(1959.12.23)으로 부산방송계는 1국영·2민영이라는 삼각구도의 외형적 형태를 띠었다. 부산CBS는 복음선교의 종교방송이었을 뿐만 아니라 개국 당시는 상업광고를 하지 않았으므로 실제에서는 1국영·1민간상업방송의 이원적 경쟁구조였다. 그러므로 당시 부산MBC의

5) 부산상공회의소, 《부산상공회의소 백년사》, 1989, 252~267쪽.

6) 1959년 12월 현재 전국 라디오 수신기의 보급률은 인구 천 명당 15.07대, 1960년 16.82대, 1961년 27.82대로 급증했다. 김영희, 앞의 논문, 6쪽 참고.

경쟁상황은 오직 국영방송과 민간상업방송 간의 단일 경쟁구조였을 뿐 오늘날과 같은 민간상업방송 다자간에 서로 경쟁하면서 다른 한편으로 국영방송과도 수용자 쟁탈전을 벌이는 상황은 아니었다는 점에 그 특징이 있었다. 동종방송(상업방송) 간의 경쟁구조가 아니라 이종방송(국영방송 : 상업방송) 간의 경쟁구조가 부산MBC가 맞닥뜨린 경쟁상황이었던 것이다. 지향목표와 성격이 동일한 경쟁적인 민간상업방송이 존재하지 않은 상황이었으므로 부산MBC는 상업방송간에 채널의 동질화 내지 유사화에 대한 아무런 우려 없이 오직 기존의 부산KBS로부터 청취자의 유출을 극대화하는 데만 노력을 집중할 수 있었다.[7] 따라서 부산MBC가 구사한 편성전략은 부산KBS와의 차별성에 주안점을 두었다. 그것이 신생매체의 선택이자 대안이었다.

4) 법제적 환경

방송이 사용하는 전파는 국민의 공공재(*public goods*)이다. 전파의 이런 성격 때문에 국영방송이든 민간방송이든 방송의 공공성과 공익성이라는 책무로부터 자유로울 수 없다. 또한 방송은 사회에 미치는 영향이 지대하므로 공공의 복리를 위하여 이를 관리할 제도적 장치가 필요하다. 그 제도적 장치가 바로 방송법이다. 우리나라에 처음으로 방송법이 제정된 것은 부산MBC가 개국한 지 만 4년 8개월이 지난 1963년 12월 16일이었다. 부산MBC 개국 이후 상업방송의 전망이 밝아지자 한국문화방송(1961. 12. 2), 라디오서울(1962. 12. 31 허가,

---

7) 창설사원 김영효·변형규·최광민 PD 증언, 서울, 서교호텔 인터뷰, 2009. 5. 14. 당시 KBS로부터 발탁되어 부산문화방송 창립요원 및 편성책임자로 일했던 이수열 방송부장은 "부산KBS에서 하지 않거나 불가능한 프로그램 편성으로 경쟁하는 데 노력을 집중했다"고 한다.

1964. 5. 9 개국), 동아방송(1963. 4. 25) 등의 민간상업방송이 잇따라 개국함에 따라 국·민영방송에 대한 체계적 관리와 효율적 방송행정을 위해 법의 제정이 절실히 필요했기 때문이었다. 방송법은 제정 이후 방송환경의 변화 특히 방송기술의 비약적인 발달에 따라 현재에 이르기까지 수차례에 걸쳐 개정되었다. 그 가운데서도 방송편성에 직접 관련이 있는 부문은 프로그램 유형분류와 부문별 편성비율이다.

1963년에 제정된 첫 방송법 제11조는 '방송국은 보도·교양·음악·오락 등을 포함하여 상호균형을 유지하도록 노력하여야 한다'라고 규정하고 있으며, 방송법 시행령 제1조 ①항은 '보도방송', '교육·교양방송', '오락방송', '음악방송' 등 프로그램 부문별 편성비율을, ②·③·④항은 각각 프로그램 유형분류의 기준을 규정하였다.[8] 그동안 몇 번의 개정을 거쳐 시행되고 있는 현행 방송법 시행령 제50조 ①항은 '오락방송'의 월간 편성비율을 60% 이하로 하며, ②항은 프로그램 유형을 '보도'·'교양'·'오락'의 세 가지 유형으로 나누고 있다. 이와 같은 방송법의 규정들은 방송편성의 기조와 방향을 수립하는 데 큰 영향을 미친다. 부산MBC 개국 초기에는 방송법이 제정되기 이전이므로 방송프로그램 편성시에 유형분류의 기준과 규제도 존재하지 않았다. 따라서 프로그램 편성시 프로그램 부문별 편성비율은 전적으로 방송사의 자율에 맡겨졌던 것이다.

5) 편성자의 특성

앞에서 언급한 4가지 특성은 외부환경적 특성인데 비하여 여기서 서술하는 편성자의 특성은 조직 내부의 환경적 특성이다. 부산MBC

---

8) 방송법(1963), 제11조 및 동 시행령 제1조.

의 내부적 환경과 관련하여 주목할 것은 편성책임자[9]의 특성이다. 당시 편성의 결정에서 최상층에 위치했던 방송경영자들은 비방송인 출신이었다. 초대사장은 사업가 출신이었고, 2대 사장은 행정관료 출신이었다. 그들은 평소 방송에 대한 아무런 지식이나 경험이 전혀 없는 상태에서 방송국을 설립하고 운영하였다. 한마디로 젊은 시절부터 방송국에 입사하여 방송현장을 누비면서 복잡한 방송시스템과 프로그램 생산체제 및 과정에 대한 실무경험을 쌓은 경영자는 아니었다. 이에 비해 방송에 대한 풍부한 실무경험을 공유한 편성책임자와 편성팀은 타 방송사에서 발탁해 온 창립요원들이었다. 그러므로 방송편성의 결정에 관한 한 최고경영자의 권한은 이들에게 대폭 위임되어 관여와 결정의 폭이 아주 좁았으며, 반대로 편성책임자의 재량과 결정의 범위는 훨씬 넓었던 것으로 보인다. 이러한 경영자들의 대폭적인 권한위임에 따라 편성요원들은 새로운 방송국을 창립한다는 사명감과 개척정신으로 다양한 편성기법과 전략을 밀고 나갈 수 있었다.

개국 초기의 잦은 편성변경은 신생방송국으로서 당시의 경쟁적 방송환경에 적응하기 위한 생존방식이었다고 할 수 있다. 그러나 한편으로는 경직된 관료조직의 의사결정 구조와 달리 청취자와 광고주의 요구에 대해 그때그때 프로그램의 폐지·신설·시간대 이동 등 순발력 있게 대응할 수 있는 편성책임자의 권한의 폭이 그만큼 넓었던 때문인 것으로 판단된다. 지금까지 언급한 부산MBC 개국 초기의 제반 환경적 특성은 부산MBC의 편성과 프로그램에 직접 또는 간접으로 영향을 미친 환경적 요인들로서 당시의 편성과 프로그램들은 위에서 설명한 여러 환경들에 대한 대응방식이었다고 할 수 있다.

---

9) 방송사의 조직과 직제에 따라 다르나 일반적으로 편성국장 또는 편성부장(팀장)이 편성책임자가 된다.

2. 기본편성에 나타난 특성

현황분석의 시간적 범위는 1959년 4월 15일부터 1962년 9월 1일까지이다. 이 기간중 부산MBC가 보존하고 있는 1959년 4월 15일자, 1960년 6월 1일자, 1961년 4월 15일자, 1962년 4월 15일자와 9월 1일자의 5개 주간기본편성표상의 프로그램을 부산MBC의 기록에 따라 '음악', '교양', '오락', '어린이대상', '보도', '기타'의 6개의 큰 유형으로 대분류하였다. 이를 표로서 나타내면 〈표 2-2〉와 같다.[10)]

1) 1959년 4월 15일 개국 당시

개국 당시 정규방송은 아침과 저녁 두 차례로 나누어 실시했다. 아침방송은 오전 6시 30분부터 8시 40분까지 2시간 10분, 저녁방송은 오후 6시 30분에서 11시까지 4시간 30분, 모두 1일 6시간 40분, 주간으로는 2천 8백 분간 정규방송을 실시했다(1959. 4. 15 주간기본편성표). 새로 출발하는 한국의 첫 민간상업방송이었으므로 무엇보다도 시험방송 기간중 고조된 청취자들의 기대감을 충족시키는 한편 신선한 스테이션 이미지를 형성하는 데 편성의 최우선 목표를 두었다.

---

10) 부산문화방송 사사(10년사, 58, 114쪽; 20년사, 78~79쪽; 30년사, 100~101쪽)는 프로그램을 '음악', '교양', '방송극', '오락', '어린이대상', '보도', '기타'로 분류했다가 다시 '음악', '연예·오락', '교양', '보도', '기타'로 분류하고 있다. 이러한 분류방식은 청취대상별 분류방식과 내용별·형식별 분류방식이 혼합되어 있어서 유형간에 독립성과 배타성을 유지해야 한다는 분류의 일관성을 결여하고 있다. 이 분석에서는 창사 초기의 사실에 따르면서도 분류의 체계화를 위하여 '방송극'을 '오락'에 포함시켰다.

〈표 2-2〉 부산MBC 프로그램 유형분류 기준

대분류	소분류	내용	예
음악	대중음악	국내 가요 외국음악(팝, 라틴, 샹송, 재즈)	가요제전 추억의 멜로디 재즈휴게실
	클래식, 가곡	서양고전음악, 가곡	클래식전당 우리가곡
	전통음악	국악, 민요, 시조	국악의 향연 민요강산
교양	일반교양	문학, 철학, 역사, 종교 등 교양 수준의 향상을 의도한 프로그램	라디오 수필 라디오 휴게실 아리랑대학
	생활정보	생활에 필요한 정보와 상식	여러분의 법률 주부수첩
	교육	기능연마, 학습프로그램	영어교실
오락	방송극	극형식의 드라마	입체극장 연속방송극
	방송극 이외의 연예오락	방송극 이외의 오락성 프로그램	만담공원 악극무대
어린이 대상	성인대상을 제외한 내용	어린이의 학습 및 정서함양을 의도한 프로그램	동화꽃다발 어린이상타기(공)
보도	뉴스	일어난 일의 직접전달을 목적으로 한 프로그램	정규 뉴스
	뉴스 외의 보도프로그램	정치, 경제, 사회 등의 문제에 대한 해설 논평	주평, 라디오 브리지, 해외토픽, 신문춘추
기타	기타	위의 분류 어디에도 속하지 않는 프로그램	KU 게시판

〈표 2-3〉 1959.4.15 AM주간기본편성표

<table>
<tr><th>시</th><th>분</th><th>월</th><th>화</th><th>수</th><th>목</th><th>금</th><th>토</th><th>일</th></tr>
<tr><td rowspan="5">오전 6</td><td>30~35</td><td colspan="7">희망의 서곡</td></tr>
<tr><td>35~40</td><td colspan="7">방송순서 예고</td></tr>
<tr><td>40~45</td><td colspan="7">밋션아워</td></tr>
<tr><td>45~55</td><td colspan="7">마음의 하모니(O. B)</td></tr>
<tr><td>55~00</td><td colspan="7">뉴스</td></tr>
<tr><td rowspan="7">7</td><td>00~05</td><td colspan="7">아침의 메아리</td></tr>
<tr><td>05~10</td><td colspan="7">일기예보·선박안내</td></tr>
<tr><td>10~20</td><td colspan="7">어깨동무 내동무</td></tr>
<tr><td>20~30</td><td colspan="7">라디오 연속소설</td></tr>
<tr><td>30~40</td><td colspan="7">스크린 뮤직(O. B)</td></tr>
<tr><td>40~50</td><td colspan="5">주부수첩</td><td>청취자 로터리</td><td>일요가정</td></tr>
<tr><td>50~00</td><td colspan="7">가요 캘린더</td></tr>
<tr><td rowspan="3">8</td><td>00~05</td><td colspan="7">뉴스</td></tr>
<tr><td>05~35</td><td>(재) 아마추어 스테이지</td><td>(재) 인생 등대</td><td>(스페셜이벤트) 스포츠하이라이트</td><td>(재) 아리랑 대학</td><td>(재) 가요 콩쿠르</td><td>(재) 가요대전</td><td>가요제전</td></tr>
<tr><td>35~40</td><td colspan="7">아듀-살롱</td></tr>
<tr><td rowspan="4">오후 6</td><td>30~35</td><td colspan="7">노래의 날개</td></tr>
<tr><td>35~40</td><td colspan="7">방송순서 예고</td></tr>
<tr><td>40~55</td><td>어린이 콘서트</td><td>동화 꽃다발</td><td>어린이 과학교실</td><td>너도 나도 잘한다</td><td>엄마도 함께</td><td>어린이 극장</td><td rowspan="2">어린이 상타기</td></tr>
<tr><td>55~00</td><td colspan="6">뉴스</td></tr>
<tr><td rowspan="4">7</td><td>00~20</td><td colspan="5">라디오 브리지</td><td>토요 샹데리아</td><td>뉴스
라디오 백화점</td></tr>
<tr><td>20~30</td><td colspan="6">라이트 뮤직홀(O. B)</td><td rowspan="2">만담공원</td></tr>
<tr><td>30~50</td><td>이 노래 저 노래</td><td>계절 무대</td><td>이 노래 저 노래</td><td>계절 무대</td><td>이 노래 저 노래</td><td>계절 무대</td></tr>
<tr><td>50~00</td><td colspan="7">추억의 멜로디(O. B)</td></tr>
</table>

〈표 2-3〉 계 속

<table>
<tr><th>시</th><th>분</th><th>월</th><th>화</th><th>수</th><th>목</th><th>금</th><th>토</th><th>일</th></tr>
<tr><td rowspan="3">8</td><td>00~30</td><td>아리랑
대학</td><td>가요
콩쿠르</td><td>입체극장</td><td>가요
대전</td><td>아마추어
스테이지</td><td>히트
퍼레이드</td><td>인생등대</td></tr>
<tr><td>30~40</td><td colspan="5">민요강산</td><td>스폿퀴즈</td><td rowspan="2">금주의
파라다이스</td></tr>
<tr><td>40~00</td><td colspan="6">청춘열차</td></tr>
<tr><td rowspan="6">9</td><td>00~15</td><td>라디오
휴게실</td><td>방송
음악회</td><td>라디오
휴게실</td><td>방송
음악회</td><td>라디오
휴게실</td><td rowspan="2">민요자랑</td><td>라디오
휴게실</td></tr>
<tr><td>15~25</td><td colspan="5">정열의 리듬(O. B)</td><td>정열의
리듬</td></tr>
<tr><td>25~40</td><td colspan="6">유혹의 댄스파티</td><td>그대의
페이지</td></tr>
<tr><td>40~45</td><td>공지사항</td><td rowspan="2">야담
사화</td><td rowspan="2">사회
진단</td><td rowspan="2">학생계</td><td rowspan="2">국군아워</td><td rowspan="2">부부살롱</td><td rowspan="2">스포츠
뉴스</td></tr>
<tr><td>45~50</td><td>HLKU
게시판</td></tr>
<tr><td>50~00</td><td colspan="7">뉴스, 일기예보</td></tr>
<tr><td rowspan="7">10</td><td>00~10</td><td>라디오
수필</td><td>시사
토픽</td><td>과학
도서관</td><td>시사
토픽</td><td>문화
칵테일</td><td>사랑의
앨범</td><td rowspan="3">선데이
LP
콘서트</td></tr>
<tr><td>10~20</td><td colspan="5">밤의 향연</td><td rowspan="2">오페라
스냅</td></tr>
<tr><td>20~30</td><td colspan="5">클래식 전당</td></tr>
<tr><td>30~40</td><td colspan="7">밋션아워</td></tr>
<tr><td>40~50</td><td colspan="7">꿈의 초대</td></tr>
<tr><td>50~55</td><td colspan="7">방송순서 예고</td></tr>
<tr><td>55~00</td><td colspan="7">아듀 살롱</td></tr>
</table>

이러한 편성목표 아래 청취자들에게 '신기함'과 '기발함'을 느끼게 하는 방송, '자유분방'하면서도 '대중적인 포맷'으로 그 구체적인 모습을 드러냈다. 외부공급 프로그램이나 외부구매프로그램이 전혀 없는 모두 자사제작 프로그램이었다.

프로그램 편성현황은 아침 시간대에 〈희망의 서곡〉(월~일, 06:30~35), 〈마음의 하모니〉(월~일, 06:45~55), 〈아침의 메아리〉(월~

일, 07:00~05), 〈스크린뮤직〉(월~일, 07:30~40), 〈가요 캘린더〉(월~일, 07:50~08:00) 등 음악프로그램이 대부분이었다. 저녁 시간대 역시 〈노래의 날개〉(월~일, 18:30~35), 〈라이트 뮤직홀〉(월~토, 19:20~30), 〈추억의 멜로디〉(월~일, 19:50~20:00), 〈정열의 리듬〉(월~금, 21:15~25), 〈유혹의 댄스파티〉(월~토, 21:25~40) 등 대부분 음악프로그램으로 채워졌다. 교양프로그램으로는 〈아리랑 대학〉(월, 20:00~30), 〈과학도서관〉(수, 22:00~10), 〈문화 칵테일〉(금, 22:00~10), 〈그대의 페이지〉(일, 21:25~40), 생활정보 프로그램은 〈주부수첩〉(월~금, 07:40~50), 〈청취자로터리〉(토, 07:40~50) 등이 방송되었다. 오락부문의 프로그램을 보면 방송극으로는 〈계절무대〉(화·목·토, 19:30~50), 〈입체극장〉(수, 20:00~30), 공개방송프로그램은 〈가요콩쿠르〉(화, 20:00~30), 〈가요대전〉(목, 20:00~30) 등을 내보냈다. 어린이대상 프로그램은 〈어깨동무 내동무〉(월~일, 07:10~20), 〈어린이상타기〉(공개방송. 일, 18:40~19:00) 등이 있었고 보도부문 프로그램에서 정규 뉴스는 1일 4회(06:55~07:00, 08:00~05, 18:55~19:00, 21:50~22:00)로 그 중 5분짜리 뉴스 2회는 정시 시보보다 앞당겨 편성했다. 이밖에 종교프로그램으로는 〈밋션아워〉(월~일, 06:40~45), 군인대상 프로그램으로는 〈국군아워〉(금, 21:40~50)를 방송했다.

각 프로그램 유형별 편성비율은 〈표 2-4〉와 같다.

편성비율이 가장 높은 유형은 음악프로그램으로 전체 시간의 47.1%(1,320분)였다. 본격 음악프로그램이 아니라 할지라도, 음악은 라디오 프로그램의 공통적인 제작요소로서 교양·오락프로그램에서도 많이 사용되었다. 이를 감안하면 방송에서 실제로 음악이 차지하는 비중은 이보다 훨씬 높았다고 할 수 있다. 음악프로그램 다음으로 많이 편성된 부문은 교양 18.0%(505분), 보도 12.5%(350분),

〈표 2-4〉 1959.4.15 주간기본편성의 프로그램 유형 편성현황

프로그램 유형	분	%
음악	1,320	47.1
교양	505	18.0
오락	260	9.3
어린이대상	180	6.4
보도	350	12.5
기타	185	6.6
계	2,800	100.0

오락 9.3%(260분)이었고, 어린이대상 프로그램도 6.4%(180분)였다(비율순위: 음악>교양>보도>오락>어린이대상).

개국 당시 프로그램 편성에 나타난 특성은 다음과 같다.

첫째, 프로그램 명칭에 외국어를 많이 사용함으로써 청취자들의 관심을 끌고자 했다. 〈밋션아워〉(월~일, 06:40~45), 〈마음의 하모니〉(월~일, 06:45~55), 〈스크린뮤직〉(월~일, 07:30~40), 〈아듀살롱〉(월~일, 22:55~23:00), 〈토요 샹데리아〉(토, 19:00~20) 등 20개 이상의 프로그램이 외국어 이름이었다.

둘째, 주 청취시간에 인기 공개방송프로그램을 장기판식으로 편성해 청취자들의 다양한 기호와 욕구를 충족시켜주고자 노력했다. 밤 8시부터 매일 30분간 방송한 〈아리랑대학〉(월), 〈가요콩쿠르〉(화), 〈가요대전〉(목), 〈아마추어 스테이지〉(금), 〈히트퍼레이드〉(토)가 그 예이다. 이들 프로그램은 당시 청취자들의 오락적 요구에 부응하는 프로그램이라는 공통점을 지니고 있다.

셋째, 청취대상을 명확히 설정한 대상프로그램을 편성하여 고정청

취자를 확보하고자 하였다. 〈어깨동무 내동무〉(월~일, 07:10~20), 〈어린이 상타기〉(일, 18:40~19:00), 〈주부수첩〉(월~금, 07:40~50), 〈일요가정〉(일, 07:40~50) 등이 그것이다.

넷째, 방송극을 편성하여 안방 청취자들을 묶어두고자 하였다. 〈계절무대〉(화·목·토, 19:30~50), 〈입체극장〉(수, 20:00~30)이 이에 해당한다.

1959년 4월 15일의 기본편성은 첫 개국시부터 상업방송의 특성을 두드러지게 표현한 것으로, 이 이후의 기본편성은 개국시의 편성기조를 그대로 이어나가면서 그때그때의 상황에 맞춰 변화를 도모하였다.

2) 1960년 6월 1일 개편

1960년 6월 1일의 주간기본편성은 개국일로부터 14개월이 경과한 후의 기본편성이었다. 그동안 수차례의 방송시간 연장, 즉 1959년 5월 3일, 1959년 5월 31일, 1959년 6월 27일, 1959년 8월 17일, 1959년 12월 1일, 1960년 1월 1일의 방송시간 연장에 따른 임시편성, 그리고 4·19와 총선 이후 2회의 부분개편 등이 있었다.[11] 1960년 6월 1일의 주간기본편성은 이러한 프로그램 변동사항을 모두 정리함과 동시에 개국 이후의 시행착오와 경험을 바탕으로 주간기본편성에 일대 쇄신을 도모하였다. 이를 위하여 1일 방송을 세 차례 나누어 실시했다. 평일 방송은 오전 6시에서 9시까지, 낮방송은 오전 11시에서 오후 1시까지, 저녁방송은 오후 6시 30분에 시작하여 밤 12시까지 모두 10시간 30분으로 늘어났다. 일요일은 오전방송을 오후 1시까지, 저녁방송은 평일과 같이 오후 6시 30분에서 밤 12까지 모두

11) 부산문화방송, 《부산문화방송 20년사》, 1979, 218~219쪽.

12시간을 방송했다. 주간으로는 1959년 4월 15일의 2천 8백 분에서 4,530분으로 방송시간이 증가했다(부록 1: 1960.6.1 주간기본편성표). 주간기본편성에 나타난 주요 변화는 아침방송 시간대에 종전 주 7회의 줄띠편성에서 일요일을 제외한 주 6회의 줄띠편성으로 전환한 점이다. 이로 인하여 일요일에 새로운 시간이 생겨나 〈희망의 속삭임〉(06:20~25), 〈아침예방〉(08:15~35) 등의 교양프로그램을 신설했다. 또한 평일 오전에 종전의 음악프로그램을 대폭 폐지하고 교양·정보프로그램을 강화하였다.

음악프로그램 부문에서 팝송프로그램이 등장했다. 〈선데이 팝콘서트〉(일, 23:25~45)는 부산MBC 사상 처음 편성한 팝송프로그램으로 이 무렵 점차 유행되기 시작한 외국 음악방송을 통해 청취자 층을 확대하기 위한 편성의 일환이었다. 이와 함께 음악프로그램 중에 운전자대상 프로그램도 주목해야 할 점이다. 〈가요드라이브〉(월~토, 07:30~40), 〈OK 고스톱〉(월~토, 12:40~50)이 그 예이다. 이 프로그램의 내용은 교통정보가 아니고 음악이었다. 그러나 청취층을 시간대별 특성에 맞게 세분화해 이에 상응하는 프로그램을 구성하는 오디언스 세그멘테이션(*audience segmentation*)을 추구했다는 점에서 편성의 중요한 변화로 볼 수 있다.

오락프로그램에서는 방송극이 폐지되었다. 서울에서 제작되어 오는 관계로 제작단가가 높아 이를 절약하기 위해서였다. 또 하나의 특징으로 어린이대상 프로그램의 개수가 많아졌다. 오전 시간대에 〈아빠 다녀오세요〉(월~토, 08:05~15), 〈노래 없는 동요〉(월~토, 08:15~25), 저녁 시간대에는 〈새 소식〉(월~일, 18:40~55)이라는 제목으로 요일을 달리하여 〈어린이콘서트〉 등 7개 프로그램을 배치했다.

마지막으로 보도프로그램에서도 변화를 보여준다. 본 기본편성에서 정규뉴스가 1일 6회로 증가했는데 그 이유는 3·15 대통령부정선

〈표 2-5〉 1960.6.1 주간기본편성의 프로그램유형 편성현황

프로그램 유형	분	%
음악	2,025	44.7
교양	1,130	24.9
오락	350	7.7
어린이대상	375	8.3
보도	565	12.5
기타	85	1.9
계	4,530	100.0

거와 4·19혁명 당시 부산MBC의 적극적인 보도활동이 시민들의 호응을 받고 방송국의 이미지 제고에 크게 기여했던 때문인 것으로 해석된다. 주간기본편성의 프로그램 유형별 시간량과 비율은 〈표 2-5〉와 같다.

유형별 비율이 높은 순서는 음악프로그램의 비율이 44.7%(2,025분)로 여전히 가장 높았고, 교양프로그램의 비율이 두 번째로 높은 24.9%(1,130분)였다. 증가요인은 종전 주 7회의 줄띠편성이 주 6회의 줄띠편성으로 바뀌면서 음악프로그램이 줄어들거나 폐지되고 그 대신 교양프로그램이 많이 편성되었기 때문이다. 보도프로그램은 12.5%(565분), 어린이대상 8.3%(375분), 오락프로그램 7.7%(350분)의 순이었다(비율순위: 음악〉교양〉보도〉어린이대상〉오락). 전 편성연도에서 3위이던 오락프로그램의 비율이 본 기본편성에서는 마지막 순위인 5위로 내려 온 것이 하나의 변화이다. 오락프로그램의 비율이 낮아진 것은 방송극이 폐지되고, 주 7회의 줄띠편성이 6회로 되면서 교양프로그램이 증가되었기 때문이었다. 보도프로그램의 비율은 전

편성연도와 같으나(12.5%), 방송시간량은 350분에서 565분으로 215분이 증가했다.

3) 1961년 4월 15일 개편

본 편성연도의 방송시간은 오후 방송을 30분 일찍 시작했기 때문에 전 편성연도인 1960년 6월 1일의 기본편성에 비해 주간 210분이 많은 4,740분으로 증가했다(부록 2: 1961.4.15 주간기본편성표). 편성기조는 대체로 1960년 6월 1일의 기본편성을 그대로 답습했으나, 그 가운데서도 몇 가지 특성을 파악할 수 있다. 먼저, 프로그램 이름에 처음으로 광고주 또는 상품이름을 사용한 점이다. 〈럭키 홈〉(월~토, 20:30~50), 〈헤파론아워〉(월~토, 20:50~21:00)가 이에 해당한다. 상업방송이 아니면 원천적으로 불가능한 발상, 불가능한 편성이었다.

음악프로그램부문에서는 월요일에서 금요일의 오후 6시 15분부터 10분간 〈즐거운 아베크 송〉(월·수·금), 〈기쁨의 코러스〉(화·목)를 편성했고 이어서 〈노래흉내 콩쿠르〉(공개, 일, 19:30~20:00), 〈선데이 가요자키〉(일, 12:00~40)를 신설했다. 본 프로그램은 와이드 자키(*jockey*) 프로그램의 효시로 평가된다. 이러한 외국어 프로그램 명칭은 한글순화를 위해 얼마 후 우리말 명칭으로 바꾸었다.[12] 오전 8시부터 5분간 〈여러분의 경제〉(월·목), 〈여러분의 의학〉(화·금), 〈여러분의 법률〉(수·토), 오후 5시 20분부터 10분간 〈상공안내〉(월), 〈농산안내〉(화), 〈수산안내〉(수) 등의 신설로 생활정보 프로그램도 강화했다.

오락프로그램으로는 〈대결오락회〉(토, 20:00~30)가 신설되고, 전

12) 부산문화방송, 《부산문화방송10년사》, 1969, 161~162쪽.

〈표 2-6〉 1961.4.15 주간기본편성의 프로그램유형 편성현황

프로그램 유형	분	%
음악	2,030	42.8
교양	690	14.6
오락	800	16.9
어린이대상	655	13.8
보도	435	9.2
기타	130	2.7
계	4,740	100.0

편성연도에서 일시 폐지되었던 방송극 〈연속방송극〉(월~토, 21:30~50), 〈입체극장〉(일, 21:15~50)이 부활했으며, 아나운서의 낭독으로 〈수호지〉(월~토, 22:15~25)도 방송되었다. 어린이 대상프로그램으로는 〈가정유치원〉(월~토, 08:50~09:00)을 편성하여 어린이 대상층을 취학 전 아동까지로 확대했다. 그 결과 편성비율이 전 편성연도의 8.3%에서 13.8%로 증가했다. 이상의 특성과 변화는 〈표 2-6〉의 편성 시간량과 비율로 나타나고 있다.

편성량을 보면 제일 높은 비율을 차지하는 유형은 음악프로그램으로 42.8%(2,030분), 다음으로는 오락프로그램으로 16.9%(800분), 그 다음으로 교양 14.6%(690분), 어린이대상 프로그램 13.8%(655분), 보도 9.2%(435분)로 나타났다. 음악프로그램의 비율은 오락·교양·보도프로그램의 비율을 합친 것(40.7%)보다 2.1%나 높다. 1960년 6월 1일 기본편성에서는 비율의 순위가 교양프로그램 2위, 보도프로그램이 3위였으나 본 편성연도에서는 오락프로그램이 2위, 교양프로그램이 3위, 보도프로그램은 가장 낮은 5위였다. 오락프로그

램의 순위가 올라간 것은 방송극의 부활과 공개오락프로그램의 증가 때문인 것으로 해석된다(비율순위: 음악>오락>교양>어린이대상>보도).

4) 1962년 4월 15일 개편

본 기본편성이 시행될 때 1일 방송시간은 15시간, 주간으로는 6천 3백 분으로 1961년 4월 15일의 주간기본편성보다 무려 1,560분이나 증가했다. 종전에 비어있던 낮방송(9:00~11:00)을 실시한 때문이었다(부록 3: 1962.4.15 주간기본편성표). 이 시간대의 방송시간이 있었기 때문에 본 기본편성에서 많은 변화를 도모할 수 있었다.

첫째, 신설된 이 시간대에 월요일에서 토요일까지 가정프로그램을 연속으로 편성하여 여성청취자들에게 소구의 폭을 확대했다. 〈그대에게 한 곡〉(09:20~25), 〈오늘의 메모〉(09:25~30), 〈여성살롱〉(09:30~40), 〈연속소설〉(09:40~50), 〈알뜰한 살림〉(09:50~10:00) 등이 이때 탄생한 프로그램이다. 둘째, 오전 10시대는 그 전날 밤의 〈연속극〉(월·화), 〈인생극장〉(목), 〈추리극〉(금), 〈예술극장〉(토), 〈입체극장〉(일) 등의 방송극을 재방송하였다. 셋째, 공개방송 프로그램도 아래와 같이 9개로 늘어났다.

- 〈아마추어 스테이지〉(월, 20:00~30)
- 〈가요 콩쿠르〉(화, 20:00~30)
- 〈노래바꿔부르기〉(수, 20:00~30)
- 〈가요대전〉(목, 20:00~30)
- 〈히트퍼레이드〉(금, 20:00~30)
- 〈MBC 파티〉(토, 20:00~30)
- 〈어린이상타기〉(일, 18:30~19:00)

〈표 2-7〉 1962.4.15 기본편성의 프로그램 편성현황

프로그램유형	분	%
음악	2,925	46.4
교양	1,250	19.8
오락	1,225	19.4
어린이대상	300	4.8
보도	510	8.1
기타	90	1.4
계	6,300	100.0

· 〈노래흉내콩쿠르〉(일, 19:30~20:00)
· 〈추억의 꽃마차〉(일, 21:30~50)

넷째, 음악프로그램을 세분화하여 전문성을 제고했다. 이에 따라, 오전 10시 30분에서 50분까지 20분간 요일별로 협주곡(월), 오페라(화), 심포니(수), 외국민요(목), 샹송(금), 재즈(토)를 편성했다. 이러한 편성방법은 장르별로 청취계층을 세분하여 그들의 욕구에 상응하는 프로그램 서비스를 제공할 뿐만 아니라 미리 음악장르를 예고함으로써 청취자를 그 프로그램에 유인하고자 하는 전략이었다.

〈표 2-7〉은 이러한 편성의 변화를 수치로 보여주고 있다.

부문별 비율의 순위는 음악프로그램이 46.4%(2,925분), 교양프로그램 19.8%(1,250분), 오락프로그램 19.4%(1,225분), 보도 8.1%(510분), 어린이대상 프로그램 4.8%(300분)의 순으로 나타났다(비율순위: 음악>교양>오락>보도>어린이대상). 1961년 4월 15일 기본편성에서 2위이던 오락이 3위가 되고, 3위이던 교양이 2위가 되었다.

5) 1962년 9월 1일 개편

1962년 9월 1일 주간기본편성의 방송시간은 주간 6,480분으로 전 편성연도에 비해 180분 늘어났다. 전 편성연도에서는 실시하지 않았던 일요일 오후 2시에서 5시까지 3시간을 새로이 방송했기 때문이었다(부록 4: 1962.9.1 주간기본편성표). 새로 방송을 시작한 일요일 이 시간대는 〈흥겨운 재즈〉(14:00~20), 〈오후의 민요〉(15:40~16:00), 〈전화리퀘스트〉(16:00~50) 등의 프로그램을 배치했다. 평일 아침 방송에 〈영어교실〉(R, 월~토, 06:35~45)이 등장한 것도 이 편성에서였다. 본 프로그램은 서울 KV로부터 릴레이(R)된 프로그램이었으나, 최초의 교육프로그램이라는 점에서 의미를 지닌다. 또한 상업방송에서 공익을 위한 프로그램을 편성했다는 자체가 새로운 시도였다. 보도부문에서도 변화가 있었다. 〈여성뉴스〉(일, 09:50~10:00), 〈경제뉴스〉(일, 14:55~15:00)를 신설해 종전의 종합뉴스를 대상별·분야별로 전문화했다. 이는 메인뉴스의 편집에 변화를 부여한 것이다.

본 편성에서 가장 큰 변화는 개국 이래 처음으로 HLKV(한국문화방송)로부터 릴레이 프로그램(R)과 패키지 프로그램(P)을 공급받은 것이다. 1962년 9월 1일 기본편성 당시는 KV가 창립된 지 약 1년이 경과한 후였다. KV의 개국으로 KV는 부산MBC(HLKU)와 함께 5·16 재단 산하의 자매사로서 키(*Key*)국이 되어 부산MBC와 네트워크를 형성했다. 그러나 기술을 비롯한 여러 가지 제약상 KV로부터 프로그램 송출은 없었고, 따라서 부산MBC는 그때까지 독자적인 편성을 유지하고 있었다. 그런 상황에서 키국인 KV로부터 프로그램을 공급받게 된 것이다.

릴레이 프로그램(R)과 패키지 프로그램(P)의 목록은 아래와 같다.

▪ 릴레이 프로그램(R)

· 〈오늘의 농사〉 (월~토, 06:15~20)
· 〈영어교실〉 (월~토, 06:35~45)
· 〈연속소설〉 (월~토, 07:00~10)
· 〈여러분 잠깐만〉 (월~토, 07:10~15)
· 〈멜로디의 꽃다발〉 (월~토, 07:15~25)
· 〈세계의 화제〉 (월~금, 08:35~40)
· 〈연속소설〉 (월~토, 09:35~45)
· 〈고향을 찾아〉 (월, 09:45~10:00)
· 〈여성살롱〉 (화, 09:45~10:00)
· 〈알뜰한 살림〉 (수, 09:45~10:00)
· 〈여성일기〉 (목, 09:45~10:00)
· 〈남녀방담〉 (금, 09:45~10:00)
· 〈안녕하세요〉 (토, 09:45~10:00)
· 〈연속무대〉 (월~토, 20:30~50)
· 〈골든 트리오〉 (월~일, 20:50~21:00)
· 〈사랑의 앨범〉 (토, 23:10~25)

▪ 패키지 프로그램(P)

· 〈웃겨보세요〉 (월, 20:00~30, 공개)
· 〈노래바꿔부르기〉 (수, 20:00~30, 공개)
· 〈연속방송극〉 (월~토, 21:30~50)
· 〈인생앨범〉 (월, 22:10~30)
· 〈가요앨범〉 (화, 22:10~30)
· 〈추억의 노래〉 (수, 22:10~30)
· 〈세계를 돌면서〉 (목, 22:10~30)
· 〈상송의 밤〉 (금, 22:10~30)
· 〈만담공원〉 (토, 22:00~30)

- 〈예술극장〉 (화, 22:30~23:00)
- 〈오페라 시어터〉 (수, 22:30~23:00)
- 〈목요연속극〉 (목, 22:30~23:00)
- 〈주말연속극〉 (토·일, 22:30~23:00)
- 〈오색의 화원〉 (일, 20:00~20:50)
- 〈루터란 아워〉 (일, 21:30~22:00)

위 목록에서 보는 바와 같이 16개의 릴레이 프로그램(R)은 대부분 교양프로그램이며 아침시간대에 집중 배치되었다. 방송 시간량은 370분에 비율은 5.7%였다. 이에 비해 패키지 프로그램(P)은 오락·공개방송·방송극·음악프로그램이 대부분이었고 프라임타임에 배치된 것이 특징이었다. 방송 시간량은 15개 프로그램과 5개의 재방 프로그램을 합쳐 모두 740분, 비율로는 11.4%였다. 릴레이 프로그램과 패키지 프로그램의 개수는 모두 31개로 주간방송시간은 총 1,110분에 17.1%를 차지했다. 즉, 로컬프로그램의 편성비율이 100%에서 82.9%로 대폭 낮아진 것이다. 이때부터 부산MBC 편성에서는 처음으로 키국과 로컬국이라는 개념이 생겨났고 이후 이른바 주청취시간대는 대부분 키국의 프로그램으로 대체되었다.

이상과 같은 서울 KV로부터의 프로그램은 부산MBC에 다음과 같은 의미를 지닌다.
첫째, 서울 키사로부터 안정적으로 프로그램을 공급받을 수 있었다. 둘째, 개국 초부터 직면하였던 고비용의 프로그램 제작비를 절감할 수 있었다. 셋째, 부족한 방송 인력난을 완화할 수 있었다. 넷째, 수준과 완성도 높은 프로그램을 편성함으로써 편성을 다양화하고 청취율을 높일 수 있었다. 다섯째, 매체 영향력과 위상이 높아졌다.

그러나 부산MBC는 그 이전까지 100% 자체제작·자체편성의 독

〈표 2-8〉 1962.9.1 주간기본편성의 프로그램 편성현황

프로그램 유형	분	%
음악	3,105	47.9
교양	1,170	18.1
오락	1,395	21.5
어린이대상	245	3.8
보도	535	8.3
기타	30	0.5
계	6,480	100.0

자적인 지위를 상실하고 KV에 대한 의존도가 높아졌다. 이후 자체 편성비율은 점차 감소하기 시작했다. 본 편성연도의 프로그램 편성비율은 〈표 2-8〉과 같다.

〈표 2-8〉에서 알 수 있듯이 음악프로그램의 비율은 절반에 가까운 47.9%(3,105분)로 가장 높았고, 오락프로그램 21.5%(1,395분)와 보도프로그램 8.3%(535분), 어린이대상 프로그램 3.8%(245분)의 순이었다. 전 편성연도에서 3위이던 오락이 2위로 올라가고, 2위이던 교양이 3위로 내려왔다. 이것은 키국인 KV로부터 프로그램을 받은 때문에 나타난 결과였다(비율순위: 음악>오락>교양>보도>어린이대상).

3. 프로그램 유형별 편성의 추이

1) 음악프로그램

라디오 프로그램의 실제제작에서 음악은 인체의 혈액에 비유될 정도로 프로그램의 공통구성요소가 된다. 음악은 오락프로그램은 물론 교양프로그램에서도 많이 사용되었을 뿐만 아니라 변화의 기복이 적고 안정적인 것이 특징이다.

〈표 2-9〉가 보여주는 바와 같이 5개 편성연도의 전 유형 전체 방송시간 중 음악프로그램이 차지하는 비중은 평균 45.9%로, 전체 프로그램 유형 중에서 가장 높았다. 편성연도별로는 첫 개국시의 편성에서 47.1%를 기록했다가 소폭 낮아졌으나 다시 증가해 1962년 9월 1일 기본편성에서는 47.9%로 가장 비율이 높았다. 이는 전체 방송시간 중 약 절반에 해당하는 아주 높은 비율이다. 비율이 가장 낮은 해는 1961년 4월 15일 기본편성으로 42.8%이었다. 분석기간 중 편성연도별 비율의 변화는 감소(1960. 6. 1)-감소(1961. 4. 15)-증가(1962. 4. 15)-증가(1962. 9. 1)의 추이를 보였다.

본 분석에서 음악프로그램은 그 내용에 따라 '대중음악', '클래식·가곡', '전통음악'으로 구분된다. 음악프로그램 중 가장 높은 비율을 보이는 장르가 '대중음악'(평균 36.1%)이며, 다음이 '클래식·가곡'(평균 8.0%), '전통음악'(평균 1.8%)이었다. 대중음악의 비율이 가장 높았던 편성연도는 1962년 9월 1일 기본편성(38.0%)이었으며, '클래식·가곡'은 1959년 4월 15일 개국 첫 기본편성에서 11.8%를 기록한 후 8.0% 이하의 수준을 유지했고, '전통음악'은 개국 때 2.7%의 비율을 보이다가 다소 감소했다.

〈표 2-10〉은 음악프로그램을 장르별로 소분류하여 장르별 유형의

편성량 추이를 나타내고 있다. 음악프로그램 방송시간 전체를 100으로 보았을 때, '대중음악'이 차지하는 비중은 평균 78.7%였다. 1960년 6월 1일 기본편성에서 81.2%로 가장 높았고, 1959년 4월 15일 기본편성에서는 69.3%로 가장 낮았다.

'대중음악'을 다시 '국내 대중가요'와 '외국 대중음악'으로 나누어 보면 '국내 대중가요'의 평균비율이 89.9%로 압도적으로 높다(〈표 2-11〉).

〈표 2-9〉 음악프로그램의 편성연도별·장르별 편성량 추이(주간: %)

<table>
<tr><th>대분류</th><th>소분류</th><th>1959.4.15</th><th>1960.6.1</th><th>1961.4.15</th><th>1962.4.15</th><th>1962.9.1</th><th>평균</th></tr>
<tr><td rowspan="4">음악</td><td>대중음악</td><td>32.7</td><td>36.3</td><td>33.4</td><td>37.6</td><td>38.0</td><td>36.1</td></tr>
<tr><td>클래식·가곡</td><td>11.8</td><td>6.4</td><td>7.5</td><td>7.9</td><td>8.0</td><td>8.0</td></tr>
<tr><td>전통음악</td><td>2.7</td><td>2.0</td><td>1.9</td><td>1.0</td><td>1.9</td><td>1.8</td></tr>
<tr><td>계</td><td>47.1
(1,320분)</td><td>44.7
(2,025분)</td><td>42.8
(2,030분)</td><td>46.4
(2,925분)</td><td>47.9
(3,105분)</td><td>45.9
(2,281분)</td></tr>
<tr><td>전유형 방송 시간</td><td></td><td>100.0
(2,800분)</td><td>100.0
(4,530분)</td><td>100.0
(4,740분)</td><td>100.0
(6,300분)</td><td>100.0
(6,480분)</td><td>100.0
(4,970분)</td></tr>
</table>

〈표 2-10〉 음악프로그램의 장르별 편성량 추이(주간: %)

소분류	1959.4.15	1960.6.1	1961.4.15	1962.4.15	1962.9.1	평균
대중음악	69.3	81.2	78.1	81.0	79.2	78.7
클래식·가곡	25.0	14.3	17.5	16.9	16.7	17.4
전통음악	5.7	4.4	4.4	2.1	4.0	3.9
계	100.0 (1,320분)	100.0 (2,025분)	100.0 (2,030분)	100.0 (2,925분)	100.0 (3,105분)	100.0 (2,281분)

〈표 2-11〉 대중음악의 장르별 편성량 변화추이(주간: %)

소분류	1959. 4. 15	1960. 6. 1	1961. 4. 15	1962. 4. 15	1962. 9. 1	평균
국내 대중가요	85. 8	84. 8	92. 7	91. 6	91. 5	89. 9
외국 대중음악	14. 2	15. 2	7. 3	8. 4	8. 5	10. 1
계	100. 0 (915분)	100. 0 (1, 645분)	100. 0 (1, 585분)	100. 0 (2. 370분)	100. 0 (2, 460분)	100. 0 (1, 795분)

요약하면 부산MBC의 전체 방송시간 중 거의 절반에 가까운 시간이 음악프로그램으로 평균 45. 9%이었고(〈표 2-9〉), 음악방송 중 '대중음악'이 78, 7% (〈표 2-10〉), 대중음악 중 '국내 대중가요'가 평균 89. 9% (〈표 2-11〉) 로 압도적으로 높은 비중을 차지하고 있었다.

이것은 청취자의 취향에 영합할 뿐만 아니라 광고수입의 증가를 고려한 편성전략이었다.[13] 클래식·가곡이 음악프로그램에서 차지하는 비율은 평균 17. 4%였다(〈표 2-10〉). 첫 개국시의 편성에서 가장 높은 비율인 25. 0%를 기록했다가 다음 편성연도에서 14. 3%로 급격히 낮아진 후 16~17%선을 유지했다. 한편 '전통음악'(국악·민요·시조) 은 평균 1. 9%로 아주 미미한 비율에 지나지 않으나 꾸준히 그 명맥을 유지해왔다는 데 그 의의를 찾을 수 있다.

13) 손용, "방송프로그램 편성의 시대적 변천," 〈방송과 문화〉, (주) 문화방송, 1991, 91쪽.

2) 교양프로그램

교양방송 프로그램이나 통계수치는 그 방송의 질적 수준을 평가하는 기준이 되기도 한다. 그러나 이것은 어디까지나 규범적 요청일 뿐 실제에서는 상업방송과 교양프로그램은 그 속성에서 상반 대립되는 요소를 가지고 있는 것도 사실이다. 상업방송은 청취율이 우선시되므로 흥미·재미·유희성을 추구하는 반면, 교양프로그램은 그 수용행위에서 긴장과 진지성을 동반하며 그 내용이 무거워지거나 계도성을 띠는 경향이 있다. 일반적으로 교양프로그램은 청취율이 낮아질 우려가 있다는 지적을 받는다.

〈표 2-12〉에 나타나 있는 바와 같이 5개 편성연도에서 교양프로그램의 평균비율은 19.0%이었다. 1959년 4월 15일 기본편성에서 18.0%를 기록한 이후 1960년 6월 1일 기본편성에서 24.9%로 급격히 상승했으나 1961년 4월 15일 기본편성에서 다시 14.6%로 급격한 하강세를 보였다. 이후 19.8%(1962.4.15 기본편성), 18.0%(1962.9.1 기본편성)의 증감을 보였다. 이로써 전체적인 편성연도별 비율은 대폭증가(1960.6.1)-대폭감소(1961.4.15)-대폭증가(1962.4.15)-소폭감소(1962.9.1)의 추이를 나타냈다. 전반적으로 변화의 기복이 심했다.

본 분석에서 교양프로그램은 '일반교양', '생활정보', '교육'프로그램을 포함한다. '일반교양'의 평균비율은 15.7%로, 1960년 6월 1일 기본편성에서 22.4%로 가장 높았고, 1961년 4월 15일 기본편성에서 10.8%로 가장 낮았다. 교양프로그램 중 '생활정보'의 평균비율은 3.1%, '교육'은 0.2%로 미미했다. 이상의 분석을 요약하면 교양프로그램의 비율은 안정적이지 못하고 증감의 기복이 심했으며, 생활정보의 비율은 4% 이하로 미미했고, 교육프로그램이 처음 편성되었다. 그러나 본 분류방식에서 교양프로그램의 평균비율은 19.0%로

〈표 2-12〉 교양프로그램의 편성연도별·장르별 편성량 추이(주간: %)

대분류	소분류	1959. 4. 15	1960. 6. 1	1961. 4. 15	1962. 4. 15	1962. 9. 1	평균
교양	일반교양	15. 9	22. 4	10. 8	16. 1	14. 2	15. 7
	생활정보	2. 1	2. 5	3. 8	3. 7	2. 9	3. 1
	교육					0. 9	0. 2
	계	18. 0 (505분)	24. 9 (1, 130분)	14. 6 (690분)	19. 8 (1, 250분)	18. 0 (1, 170분)	19. 0 (949분)
전유형 방송 시간		100. 0 (2, 800분)	100. 0 (4, 530분)	100. 0 (4, 740분)	100. 0 (6, 300분)	100. 0 (6, 480분)	100. 0 (4, 970분)

오락의 16. 2% (〈표 2-13〉) 보다 높았다.

3) 오락프로그램

오락프로그램이란 재미와 웃음으로 대표되는 프로그램으로 쇼, 코미디, 버라이어티, 쇼, 드라마, 연예인의 토크 쇼 등이 여기에 속한다. 오락프로그램은 근본적으로 즐거움을 추구한다. 그 즐거움은 개인 및 사회의 긴장을 완화하고 휴식을 제공할 뿐만 아니라 생활에 활력을 불어넣고 재충전시키는 기능을 한다. 오락방송은 저급하고 교양방송은 고급의 것으로 인식하기 쉬우나 교양방송도 일단 재미가 없으면 청취하지 않는다. 따라서 아무리 진지성을 동반하는 교양방송이라 하더라도 프로그램에 재미 또는 흥미를 도외시할 수 없다. 사람은 항상 지적 자극이나 교양을 쌓기 위하여 방송을 청취하지는 않으며, 오락방송 또한 교양적 요소를 고려하게 된다.

그러나 상업방송은 그 태생적 성격 때문에 오락성을 전제로 하지

〈표 2-13〉 오락프로그램의 편성연도별·장르별 편성량 추이(주간: %)

대분류	소분류	1959. 4. 15	1960. 6. 1	1961. 4. 15	1962. 4. 15	1962. 9. 1	평균
오락	방송극	5. 4		3. 3	10. 5	8. 8	6. 2
	방송극 외 연예오락	3. 9	7. 7	13. 6	8. 9	12. 7	10. 0
	계	9. 3 (260분)	7. 7 (350분)	16. 9 (800분)	19. 4 (1, 225분)	21. 5 (1, 395분)	16. 2 (806분)
전유형 방송 시간		100. 0 (2, 800분)	100. 0 (4, 530분)	100. 0 (4, 740분)	100. 0 (6, 300분)	100. 0 (6, 480분)	100. 0 (4, 970분)

않을 수 없다. 오락성을 강하게 띨수록 수용자에게 제공하는 웃음과 재미의 영역이 확장된다. 그런 의미에서 오락성은 상업방송의 상업성을 실현하는 도구이며, 그 구체적인 결과는 청취율로 나타난다.

〈표 2-13〉에서 알 수 있듯이 오락프로그램의 평균비율은 16. 2%이었다. 오락프로그램은 5개 편성연도 중 1959년 4월 15일 기본편성에서 9. 3%를 기록한 후 1960년 6월 1일 기본편성에서 7. 7%로 소폭 감소했고, 이후 16. 9% (1961. 4. 15 기본편성), 19. 4% (1962. 4, 15 기본편성), 1962년 9월 1일 기본편성에서는 최고치인 21. 5%로 증가세를 이어갔다. 편성연도별 비율의 변화는 감소(1960. 6. 1) -대폭증가(1961. 4. 15) -소폭증가(1962. 4. 15) -소폭증가(1962. 9. 1) 의 추이를 보였다. 오락프로그램 중 방송극은 평균 6. 2%였다. 1962년 4월 15일 편성에서 10. 5%로 가장 높았고, 1961년 4월 15일 편성에서 3. 3%로 가장 낮았다. 방송극 외의 연예오락물은 평균 10. 0%이었으며, 창사 때인 1959년 4월 15일 기본편성에서 3. 9%로 최저치를 기록했다가, 연예오락물이 KV로부터 공급된 1962년 9월 1일 기본편성에서는 무려 3. 3배인 12. 7%로 대폭 증가했다.

〈표 2-14〉 어린이대상 프로그램의 연도별 편성량 추이(주간: %)

대분류	소분류	1959. 4. 15	1960. 6. 1	1961. 4. 15	1962. 4. 15	1962. 9. 1	평균
어린이 대상	성인대상 외의내용	6. 4	8. 3	13. 8	4. 8	3. 8	7. 1
	계	6. 4 (180분)	8. 3 (375분)	13. 8 (655분)	4. 8 (300분)	3. 8 (245분)	7. 1 (351분)
전 유형 방송 시간		100. 0 (2, 800분)	100. 0 (4, 530분)	100. 0 (4, 740분)	100. 0 (6, 300분)	100. 0 (6, 480분)	100. 0 (4, 970분)

4) 어린이 프로그램

어린이 프로그램은 유형별로 ① 어린이 드라마, ② 인형극, ③ 만화·애니메이션, ④ 스타 쇼, ⑤ 기획취재물, ⑥ 교육프로그램으로 분류된다.[14] 본 분석의 어린이대상 프로그램은 종합편성을 지향하는 프로그램 중에서 개국시부터 목표수용자를 가장 명확하게 설정한 프로그램이었다. 물론 당시 어린이대상 프로그램 외에 학생프로그램, 군인대상 프로그램, 종교프로그램, 주부대상 프로그램 등이 있었다. 그러나 위의 네 대상 프로그램과는 달리 어린이대상 프로그램은 그 내용 면에서도 다양할 뿐만 아니라 방송 시간량과 비율도 월등히 높은 것이 특징이다.

〈표 2-14〉에서 알 수 있듯이 어린이대상 프로그램의 평균비율은 7. 1%이었다. 개국시의 편성에서 6. 4%로 시작한 어린이 프로그램의 비율은 이후 8. 3%, 13. 8%까지 증가했으나, 그 이후에는 크게 감소해 4. 8%, 3. 8%로 낮아졌다. 1961년 4월 15일 기본 편성연도의 13. 8%가 처음으로 10%를 돌파한 유일한 편성연도였다. 편성연도별

14) 방송문화진흥회 편, 《방송대사전》(나남, 1990), 567~568쪽.

〈표 2-15〉 보도프로그램의 편성연도별·장르별 편성량 추이(주간: 분/%)

대분류	소분류	1959. 4. 15	1960. 6. 1	1961. 4. 15	1962. 4. 15	1962. 9. 1	평균
보도	뉴스	7.3	6.5	5.0	4.8	5.5	5.6
	뉴스외보도 프로그램	5.2	6.0	4.2	3.3	2.8	4.0
	계	12.5 (350분)	12.5 (565분)	9.2 (435분)	8.1 (510분)	8.3 (535분)	9.6 (479분)
전유형 방송 시간		100.0 (2,800분)	100.0 (4,530분)	100.0 (4,740분)	100.0 (6,300분)	100.0 (6,480분)	100.0 (4,970분)

비율의 변화는 증가(1960. 6. 1) -대폭증가(1961. 4. 15) -대폭감소(1962. 4. 15) -감소(1962. 9. 1)의 추이를 보였다.

5) 보도프로그램

방송보도프로그램은 ① 단신(*bulletin news*), ② 해설·논평(*editorials and commentaries*), ③ 심층취재물(*in~depth news*), ④ 24시간 중계프로그램(*live program*)에 이르기까지 다양하다.[15] 한편 방송보도는 일정한 시간에 따라 나가는 것이 통례이며, 방송시간의 양에 따라 종합보도, 간추린 보도, 토막소식, 공보 또는 속보의 4가지로 나누기도 한다.

〈표 2-15〉는 보도프로그램의 편성추이를 보여주고 있다. 보도프로그램이 전체 방송시간 중에서 차지하는 평균비율은 9.6%이었다. 5개 편성연도 중 1959년 4월 1일, 1960년 6월 1일 기본편성연도가 12.5%로 가장 비율이 높았고, 1962년 4월 15일 기본편성에서 8.1%

15) 신응현, 《방송저널리즘》(범문사, 1988), 31~41쪽.

로 가장 낮았다. 편성연도별 비율의 변화는 현상유지(1960. 6. 1)-감소(1961. 4. 15)-감소(1962. 4. 15)-근소한 증가(1962. 9. 1)의 추이를 보였다. 뉴스의 평균비율은 5. 6%, 가장 비율이 높았던 것은 개국시로 7. 3%였으나 이후 점차 감소했다. 뉴스 외의 보도프로그램은 평균 4. 0%이었다. 1960년 6월 1일 기본편성에서 가장 높은 6. 0%를 기록했다가 이후 차츰 낮아졌다. 이로 보아 뉴스의 비중이 뉴스 외의 프로그램보다 높았음을 알 수 있다.

6) 방송법에 의한 프로그램 유형별 편성추이

1959년에서 1962년까지의 기간에는 방송프로그램의 유형분류와 편성비율을 규정한 방송법 및 시행령이 제정되어 있지 않았다.[16] 이 점을 고려하여 현행 방송법 시행령 제50조 ②항의 규정을 원용하여 부산MBC 개국초기의 프로그램을 '보도', '교양', '오락'의 3유형[17]으로 분류하고 그 비율을 제시하였다. 그 이유는 당시 부산MBC 자체 분류의 결과와 방송법 시행령에 의한 프로그램 분류의 결과를 상호 비교하여 그 차이를 발견하고자 했기 때문이다. 이에 따라 방송법 시행령의 기준에 의거하여 프로그램의 유형을 분류하고 그 편성량을 계산한 다음 이를 부산MBC 자체 분류의 편성량과 비교하였다. 현행

---

16) 방송법은 1964년 1월 1일자로 시행되었다.

17) 현행 방송법 시행령 제50조 ②항의 프로그램 유형분류 규정은 아래와 같다.
"보도에 관한 방송프로그램"이라 함은 국내외 정치·경제·사회·문화 등의 전반에 관하여 시사적인 취재·보도·논평 또는 해설 등의 방송프로그램을, "교양에 관한 방송프로그램"이라 함은 국민의 교양함양 및 교육을 목적으로 하는 프로그램과 어린이·청소년의 교육을 목적으로 하는 방송프로그램을, "오락에 관한 방송프로그램"이라 함은 국민정서의 함양과 여가생활의 다양화를 목적으로 하는 방송프로그램을 말한다.

방송법 시행령 제50조 ②항의 프로그램 유형분류방식에 따라 부산MBC가 자체 분류한 '보도'는 방송법 시행령에서도 그대로 '보도'로 분류했으며, '음악프로그램' 중 클래식·가곡과 국악·민요·시조, 어린이대상 및 기타는 교양프로그램에 포함시켰고, 국내 대중가요와 외국음악은 '오락프로그램'으로 분류했다. 방송법 시행령에 의한 부산MBC 개국 초기의 프로그램 유형분류표는 〈표 2-16〉과 같다.

〈표 2-16〉 방송법 시행령에 의한 부산MBC 개국초기의 프로그램 유형 분류기준

대분류	소분류	내 용	프로그램 예
보도	뉴스	일어난 일의 직접전달을 목적으로 한 프로그램	정규 뉴스
	뉴스 외의 보도프로그램	정치, 경제, 사회 등의 문제에 대한 해설 논평 등	주평. 라디오 브리지 해외토픽. 신문춘추
교양	일반교양	문학, 철학, 역사, 종교 등 교양수준의 향상을 의도한 프로그램	라디오 수필 라디오휴게실 아리랑대학
	생활정보	생활에 필요한 정보와 상식	여러분의 법률 주부수첩
	교육	학습 프로그램, 기능연마	영어교실
	어린이 대상	어린이의 학습 및 정서함양을 위한 프로그램	동화꽃다발 어린이상타기(공개)
	클래식, 국악·민요	서양고전음악, 가곡, 국악 및 민요	클래식전당 민요강산
	기타	위 분류 외의 공지사항	KU게시판
오락	방송극	극형식의 드라마	입체극장, 연속방송극
	방송극 이외의 연예오락	방송극 이외의 오락성 짙은 프로그램	만담공원 악극무대
	대중음악	국내가요, 외국음악(팝, 라틴, 샹송, 재즈 등)	가요제전 추억의 멜로디 재즈휴게실

(1) 보도·교양·오락프로그램의 편성량 추이

〈표 2-17〉에서 보듯이 방송법 시행령의 기준에 의해 분석기간 중의 프로그램을 유형별로 분류한 결과 주당 평균 편성비율은 오락프로그램이 가장 높은 52.3%로 전체 방송시간의 절반을 2.3%나 초과했으며, 다음은 교양프로그램으로 38.0%, 보도프로그램은 10%에 조금 못 미치는 9.6%로 나타났다.

방송법이 제정되지 않았던 부산MBC 초창기에 부산MBC 자체 분류에서 나타난 프로그램 유형별 비율과, 현행 방송법 시행령에 의거하여 분류한 프로그램 유형별 비율 간에는 현저한 차이가 있음을 발견할 수 있다(〈표 2-18〉). 먼저, 부산MBC 자체 분류에서 나타난 교양프로그램의 평균비율(A)은 19.0%인 데 비해, 방송법 시행령에 의한 비율(B)은 38.0%로 방송법 시행령에 의한 교양프로그램의 비율이 2배나 높다. 이러한 통계자료는 '부산MBC는 상업방송, 상업방송은 오락프로그램'이라는 고정관념과 정면으로 배치될 뿐만 아니라, 부산MBC는 상업방송이면서도 실제에서는 방송의 문화교양적 기능에 결코 소홀하지 않았음을 보여준다. 한편 오락프로그램에서는 부산MBC 자체 분류에서 그 비율(A)이 16.2%이지만, 방송법 시행령에 의한 분류에서는 평균비율(B)이 52.3%로, 부산MBC 자체 분류의 비율보다 무려 3.2배나 높게 나타나고 있다. 이러한 비율은 부산MBC 초창기의 편성기조가 오락프로그램을 통한 상업성의 추구에 있었음을 실증적으로 보여준다.

(2) 주 청취시간대의 프로그램 유형별 편성량 추이

부산MBC의 오락편중현상은 주 청취시간대의 편성량 현황에서 더욱 현저하게 나타나고 있다. 현행 방송법 시행령 50조 ③항에 의하면 주 시청시간대는 평일 오후 7시에서 11시까지, 토요일·일요일·공

〈표 2-17〉 방송법 시행령에 의한 부산MBC 개국초기의 프로그램 유형별 편성량 추이(주간: %)

편성연도 / 프로유형	1959. 4. 15	1960. 6. 1	1961. 4. 15	1962. 4. 15	1962. 9. 1	평균(%)
보도	12. 5	12. 5	9. 2	8. 1	8. 3	9. 6
교양	45. 5	43. 5	40. 5	34. 8	32. 3	38. 0
오락	42. 0	44. 0	50. 3	57. 1	59. 5	52. 3
전 프로그램 유형 방송시간	100. 0 (2, 800분)	100. 0 (4, 530분)	100. 0 (4, 740분)	100. 0 (6, 300분)	100. 0 (6, 480분)	100. 0 (4, 970분)

〈표 2-18〉 방송법 시행령과 부산MBC 자체분류의 부문별 비율비교(주간평균)

편성연도 / 프로유형		1959. 4. 15	1960. 6. 1	1961. 4. 15	1962. 4. 15	1962. 9. 1	평균 (%)
음악	A	47. 1	44. 7	42. 8	46. 4	47. 9	45. 9
교양	A	18. 0	24. 9	14. 6	19. 8	18. 1	19. 0
	B	45. 5	43. 5	40. 5	34. 8	32. 3	38. 0
오락	A	9. 3	7. 7	16. 9	19. 4	21. 5	16. 2
	B	42. 0	44. 0	50. 3	57. 1	59. 5	52. 3
어린이	A	6. 4	8. 3	13. 8	4. 8	3. 8	7. 1
보도	A	12. 5	12. 5	9. 2	8. 1	8. 3	9. 6
	B	12. 5	12. 5	9. 2	8. 1	8. 3	9. 6
기타	A	6. 6	1. 9	2. 7	1. 4	0. 5	2. 1
전 프로그램유형 방송시간		100. 0 (2, 800분)	100. 0 (4, 530분)	100. 0 (4, 740분)	100. 0 (6, 300분)	100. 0 (6, 480분)	100. 0 (4,970분)

주: A: 부산MBC 자체 분류비율.
　B: 방송법 시행령에 의한 분류비율.

〈표 2-19〉 주 청취시간대 프로그램 유형별 편성량 추이(주간: %)

편성연도 / 프로유형	1959. 4. 15	1960. 6. 1	1961. 4. 15	1962. 4. 15	1962. 9. 1	평균
보도	12. 9	17. 5	13. 1	10. 6	9. 4	12. 7
교양	40. 5	37. 4	31. 1	18. 6	10. 3	27. 4
오락	46. 6	45. 1	55. 8	70. 8	80. 3	59. 9
주간 주 청취시간	100. 0% (1, 740분)	100. 0% (1, 704분)	100. 0% (1, 740분)	100. 0% (1, 800분)	100. 0% (1, 800분)	100. 0% (1, 776분)

주: 1959년 4월 15일과 1960년 6월 1일 기본편성에서 저녁방송은 18:30분에 시작함.

휴일은 오후 6시에서 오후 11시까지이다. 이 시간대는 국민의 생활주기상 가족구성원들의 재택률이 높은 시간대여서 방송매체 접촉시간도 높다. 그러므로 프로그램 편성에서 방송사가 가장 관심을 가지는 시간대이다. 방송사는 인적·물적 자원을 집중적으로 동원하여 이 시간대의 편성에 임한다. 이런 의미에서 이 시간대는 각 방송사의 편성기조를 가장 잘 드러내 보이는 시간대이기도 하다. 다시 말하면 국영방송은 국영방송으로서의 편성기조가, 상업방송은 상업방송으로서의 편성기조가 압축적으로 나타나 있다. 특히 상업방송은 시청률과 광고료로서 재원을 조달하기 때문에 이 시간대에 청취율이 높은 다양한 오락프로그램으로 집중 편성한다. 〈표 2-19〉는 주 청취시간대의 프로그램 편성에서 어느 정도 오락프로그램의 편성에 노력을 기울였는지를 통계수치로 보여준다.

먼저 보도프로그램의 5개 편성연도 평균 편성비율은 12. 7%였다. 1960년 6월 1일 기본편성에서 최고치인 17. 5%를 기록한 후 매년 감소해 마지막 편성연도인 1962년 9월 1일 편성에서는 처음으로 10% 이하인 9. 4%로 줄었다. 비율의 변화는 대폭증가(1960. 6. 1)-감소

〈표 2-20〉 전체 시간대와 주 청취시간대의 프로그램부문별 비율 비교

프로그램유형	전체시간대의 비율(%)	주청취시간대의 비율(5)	증감(%)
보도	9.6	12.7	+ 2.9
교양	38.0	27.4	− 10.6
오락	52.3	59.9	+ 7.6

(1961. 4. 15)-감소(1962. 4. 15)-감소(1962. 9. 1)의 추세를 보였다. 교양프로그램의 편성비율은 평균 27.4%였으며, 첫 개국시에 최고치인 40.5%를 기록했으나 그 이후 큰 폭으로 감소해 37.4%(1960. 6. 1), 31.1%(1961. 4. 15), 18.6%(1962. 4. 15), 10.3%(1962. 9. 1)로 낮아져 감소(1960. 6. 1)-대폭감소(1961. 4. 15)-대폭감소(1962. 4. 15)-대폭감소(1962. 9. 1)의 추세를 이어갔다. 이에 비해 오락프로그램의 비율은 무려 59.5%였으며, 1962년 4월 15일, 1962년 9월 1일의 기본편성에서는 각각 70.8%, 80.3%까지 증가해 주 시청시간대의 대부분이 오락프로그램 일색이었다. 따라서 편성비율의 변화추이도 교양프로그램과 반대로 근소한 감소(1960. 6. 1)-대폭증가(1961. 4. 15)-대폭증가(1962. 4. 15)-대폭증가세(1962. 9. 1)를 보였다. 이러한 수치들은 부산MBC가 주 청취시간대에 오락프로그램의 편성에 모든 노력을 쏟았음을 실증적으로 보여준다. 이러한 오락편중의 편성기조는 〈표 2-20〉을 보면 더욱 명확해진다.

전체 시간대의 비율과 주 청취시간대의 프로그램 비율을 비교하면, 주 청취시간대의 보도프로그램의 비율은 전체 시간대의 비율보다 불과 2.9% 높고, 교양프로그램은 전체 시간대의 비율보다 무려 10.6%나 낮은 데 비해 오락프로그램은 오히려 7.6%나 높다. 오락편중 편성기조는 초창기 경영자들의 다음과 같은 연설문 내용에서도

확인할 수 있다.

> … 본 방송국은 우리 국민생활의 신경이 되어, 봉사정신에 입각하여 국민문화의 향상과 국산품 장려를 비롯한 산업경제부흥에 이바지하기 위하여 문화·보도·오락·교양 등 본 방송국에 부하된 사명을 완수하기 위한 최선의 노력을 다할 것입니다. …(1959. 4. 15 초대 김상용 사장 취임사 중에서, 《부산문화방송 10년사》, 111쪽).

> … 그리고 우리 민간방송에 종사하는 사원들은 어린이에게 꿈을 주는 방송, 청년에게 이상을 주는 방송, 집집마다 위안을 주는 방송을 만들어내기 위해 최선을 다해야 할 것입니다. …(1959. 10. 16, 2대 안성수 사장 취임사 중에서, 《부산문화방송 10년사》, 124쪽).

> … 그런 의미에서 KB는 교화하고 계몽하고 지도 순화하는 높은 윤리를 근본으로 해야 할 것이며, … KU가 대중가요와 오락을 중심으로 …, 즉 편성방침이 KU는 광고주와 청취자의 요구를 충족시키려는 점에서 불가피하게 품위가 결여된 출발이 되더라도 … 기본적 성격을 가져야 할 것이다. …(1960. 4. 10 사장 연설문, 《부산문화방송 10년사》, 378쪽).

이와 같은 경영자들의 연설내용은 오락중심의 기본편성목표와 방향을 설정한 것이며 편성책임자들에게 편성의 지침과 준거가 되었음은 물론이거니와 프로그램을 통하여 구체화되었던 것이다.

4. 편성전략 분석

편성은 방송사의 기본적인 프로그램 운용계획이다. 궁극적으로 편성은 시간을 축으로 하여 최적의 시간에 최적의 내용과 분량으로 프로그램을 배치하는 전략적 의미를 지닌다. 한편 편성은 방송사와 청취자를 연결하는 통로이며, 통로의 형태에 따라 양쪽을 연결하는 방식이 달라지듯 편성의 방식에 따라 프로그램의 배열방식도 다르게 나타난다. 초창기 부산MBC는 한국 최초의 민간상업방송으로서 청취율 제고를 위해 다양한 편성전략을 구사하였다. 이를 크게 분류하면 줄띠편성과 구획편성을 기본으로 하여 프로그램 세분화편성, 장기판편성, 엇물리기 편성, 재방송 편성, 그리고 주 청취시간대의 차별화된 편성 등 다양한 편성전략을 구사했다. 이 절은 부산MBC 초기의 이러한 편성전략 실태를 분석하는 것이 그 목적이다.

1) 세분화 편성전략

프로그램 개수의 증감은 종적으로는 단위 프로그램의 길이에 영향을 미치고, 횡적으로는 주간프로그램의 증감에도 영향을 미친다. 일일단위의 일정한 방송시간 내에서 프로그램의 숫자가 많아지면 단위프로그램의 길이는 짧아지며, 적어지면 개개프로그램의 길이는 길어진다. 주간단위의 횡적인 시간의 흐름에서 단위 프로그램의 수적 증가는 주간당 단위 프로그램의 수적 증가를 가져온다. 이러한 요인들은 결과적으로 편성전략과 프로그램 광고주 유치와 연관성을 가진다. 부산MBC는 첫 개국시의 주간기본편성에서부터 각 시간대마다 프로그램을 세분화하는 편성기법을 사용했다. 각 시간대 중에서 주 청취

〈표 2-21〉 편성연도별・시간대별 프로그램 개수 현황

시간대	1959. 4. 15	1960. 6. 1	1961. 4. 15	1962. 4. 15	1962. 9. 1	평균개수	평균길이
오전6시대	5	7	8	8	8	7.2개	8.3분
7시대	7	7	6	7	7	6.8개	8.8분
오후5시대	~	~	8	8	8	8개	7.5분
6시대	~	~	6	6	6	6개	10분
7시대	4	8	5	5	5	5.4개	11.1분

주: 1959년 4월 15일 개국시와 1960년 6월 1일 기본편성시에는 저녁방송이 오후 6시 30분에 시작되었으므로 오후 5시대와 6시대의 통계에서 제외함. 앞의 2개 연도 이후는 저녁방송이 오후 5시에 시작됨.

시간대는 1시간을 4~5개로 나누었는데, 길이가 20분 내지 30분이 되는 프로그램도 있었다. 공개방송과 방송극이 여기에 해당한다. 이는 당시의 편성에서는 와이드프로그램에 속한다. 그리고 이 프로그램들의 광고주도 당시로서는 상당히 큰 규모의 제조회사들이었다. 그러나 그 밖의 시간대는 주 청취시간대와 반대의 모습을 보이고 있었다.

〈표 2-21〉이 보여주는 바와 같이 오전 6시대의 평균 프로그램 개수는 7.2개, 단위 프로그램의 평균길이는 8.3분이며 오전 7시대는 평균 6.8개, 평균길이는 8.8분이다. 주간기본편성표에는 이 시간대에 이처럼 여러 개의 5분 내지 10분짜리 프로그램으로 채워져 있다. 이 시간대는 새로운 하루를 시작하는 교양시간대로서 프로그램도 주로 경쾌한 음악과 〈주부수첩〉 등 교양프로그램이다. 오후 시간대는 5시대에 프로그램이 가장 많아 평균 8개의 프로그램이, 6시대와 7시대는 평균 6개와 5.4개로 나누어져 있으며 단위 프로그램당 평균길이도 각각 7.5분, 10분, 11.1분으로 나타나고 있다. 이 시간대에 배열된 프로그램은 주로 어린이대상 프로그램, 뉴스와 대중음악, 생활

정보프로그램이다.

이러한 프로그램 세분화의 편성전략은 그 요인으로 당시의 경제적·법제적 환경과 깊은 관련성을 가진다. 첫째, 광고주 유치의 전략적 차원이다. 개국 초기의 부산경제 산업계는 그 규모가 작아 중소기업과 영세자영업의 숫자가 압도적으로 많았다. 이러한 업체들을 대상으로 광고를 유치하려면 광고료 단가가 낮은 시간대에 프로그램의 길이를 짧게 하는 것이 유리하였다. 둘째, 당시에는 프로그램과 프로그램 사이의 시간인 스테이션 브레이크(*station break*), 즉 SB의 시간당 설정횟수와 이 SB시간에 방송하는 토막광고의 횟수에 대한 아무런 제한 조치가 없었다. 1963년에 제정된 방송법 이후의 개정방송법에서는 라디오의 경우 매시간의 SB횟수를 4회로 제한하고 있다(현행 방송법 시행령 제69조 ③항). 이 규정에 따르면 매시간당 프로그램 개수는 최대 4개, 단위 프로그램의 길이는 평균 15분이다. 만약 당시에 이와 같은 법 규정이 존재했더라면 프로그램 세분화의 편성전략은 불가능했다. 결론적으로 개국초기의 편성자들은 이와 같은 법제적 환경을 충분히 이용해 프로그램 세분화 편성기법을 활용할 수 있었던 것이다.

2) 줄띠편성 전략

줄띠편성은 우리나라 라디오방송의 초창기부터 사용해오던 기법으로 미군정기 때 더욱 강화되었다.[18] 줄띠편성은 매일 동일한 시간에 동일한 프로그램이 일주일 동안 5~6회 방송되기 때문에 자연스럽게 청취자의 청취습관을 형성시켜 나갈 수 있다. 부산MBC도 편성의 기본은 줄띠편성기법에 입각해 프로그램을 편성했다. 그러나 전 편성

---

18) 윤병일, "우리나라 방송편성의 변천," 〈방송연구〉, 방송위원회, 1986, 겨울호, 58쪽.

〈표 2-22〉 줄띠편성의 예(1959.4.15 주간기본편성표)

시	분	월	화	수	목	금	토	일
오전 6시	30~35	희망의 서곡						
	35~40	방송순서 예고						
	40~45	밋션아워						
	45~55	마음의 하모니						
	55~00	뉴스						

연도에서 오전 6~8시 사이에서만 철저히 사용했다. 개국 이후에는 오후 7~9시(1960. 6. 1, 기본편성), 오후 6~8시(1961. 4. 15, 1962. 5. 15, 1962. 9. 1, 기본편성)의 시간대만 주로 줄띠편성전략을 사용했을 뿐 다른 시간대는 다른 편성전략을 사용했다(〈표 2-22〉).

3) 구획편성 전략

구획편성은 어느 한 프로그램을 청취한 청취자가 그 다음에 이어지는 후속프로그램을 계속 청취하도록 유인하는 편성전략이다. 이것은 유사 또는 동일한 분위기의 프로그램을 연속적으로 배열하여 타 방송국으로의 청취자 유출(*flow out*)을 막고 자사 채널에 계속 묶어두기 위한 전략이다. 다시 말하면 시간적으로 선행-후속하는 프로그램간에 인접효과(*adjacency affects*)를 전제로 할 때 이 전략을 구사하게 된다. 다른 비용을 추가하지 않고 기존 프로그램의 배열에 따라 보다 많은 수용자 확보가 가능하다는 점에서 선호되는 편성전략이다. 방송사에서는 청취자의 하루 생활주기를 ① 아침시간대(06:00~09:00), ② 오전시간대(09:00~12:00), ③ 낮 시간대(12:00~17:00), ④ 초저녁시간대(17:00~19:00), ⑤ 저녁시간대(19:00~22:00), ⑥ 심야시간대(22:00~02:00)로 구분하고 각 시간대마다 유사한 분위기의 프로그램을 연속적으로 배열하는 것도 구획편성전략이다. 이것은 청취자의 생활주기에 방송내용을 일치시켜 청취자의 흐름(*audience flow*)을 계속 유지하려는 것이다. 부산MBC 또한 기본적으로 구획편성전략을 채택했다. 그런 가운데 구획편성전략을 명시적으로 표시한 편성연도가 있어서 주목을 끈다.

〈표 2-23〉과 〈표 2-24〉의 1962년 4월 15일과 1962년 9월 1일 주간기본편성표에 나타나 있는 바와 같이 오전 9시 20분부터 10시까지를 특별히 '가정시간'으로 표시해놓고 모두 5개의 가정대상 프로그램

〈표 2-23〉 구획편성의 예(1962.4.15 주간기본편성표)

<table>
<tr><th>시</th><th>분</th><th>월</th><th>화</th><th>수</th><th>목</th><th>금</th><th>토</th></tr>
<tr><td rowspan="5">오전 9시</td><td>20~25</td><td></td><td rowspan="5">가정시간</td><td colspan="4">그대에게 한곡</td></tr>
<tr><td>25~30</td><td></td><td colspan="4">오늘의 메모</td></tr>
<tr><td>30~40</td><td></td><td colspan="4">여성살롱</td></tr>
<tr><td>40~50</td><td></td><td colspan="4">연속소설</td></tr>
<tr><td>50~00</td><td></td><td colspan="4">알뜰한 살림</td></tr>
</table>

〈표 2-24〉 구획편성의 예(1962.9.1 주간기본편성표)

<table>
<tr><th>시</th><th>분</th><th>월</th><th>화</th><th>수</th><th>목</th><th>금</th><th>토</th></tr>
<tr><td rowspan="3">오전 9시</td><td>20~25</td><td rowspan="3">가정시간</td><td colspan="5">그대에게 한곡</td></tr>
<tr><td>25~35</td><td colspan="5">오늘의 메모</td></tr>
<tr><td>35~45</td><td colspan="5">연속소설(R)</td></tr>
</table>

을 연속적으로 편성했으며, 1962년 9월 1일 기본편성표 역시 오전 9시 20분부터 45분까지 3개의 가정대상 프로그램을 연속적으로 배치했다. 이 시간대는 여성들의 재택률이 가장 높은 시간으로, 앞에 배치된 프로그램을 청취한 각 가정의 여성들을 계속 부산MBC에 묶어두겠다는 편성자의 편성의지를 보여주는 대목이다.

4) 장기판편성 전략

장기판 편성전략의 장점은 요일별로 각각 다른 다양한 장르의 프로그램으로 다양한 청취자의 욕구를 충족시켜줄 수 있다는 점이다. 본 분석기간 중의 주간기본편성에서 가장 특징적인 것도 바로 장기판편성 전략의 빈번한 사용이다. 이 편성전략은 편성된 프로그램의 비중과 인기도 및 편성시간대에 비추어볼 때 부산MBC의 프로그램 편성의 주축임을 알게 해준다(〈표 2-25〉, 〈표 2-26〉, 〈표 2-27〉).

〈표 2-27〉이 보여주듯이 장기판편성은 5개의 편성연도에 걸쳐 한 번도 빠짐없이 실시되었으며, 주간 평균횟수는 8.4회였다. 가장 횟수가 적은 편성연도는 1959년 4월 15일 기본편성으로 8개의 시간대 중에서 7회(1959. 4. 15, 주간기본편성표), 1962년 4월 15일 기본편성에서 15개의 시간대 중에서 11회(부록 3: 1962. 4. 15 주간기본편성표) 실시한 것으로 조사되었다. 어떤 경우에는 동일한 시간대에서 2회 이상 실시한 편성연도도 있었다(1960. 6. 1: 2회, 1962. 4. 15: 4회, 1962. 9. 1: 2회; 권말 부록의 각 편성연도 기본편성표 참고).

이처럼 장기판편성을 많이 실시했기 때문에 장기판편성으로 편성된 프로그램 개수는 주간 평균 141.8개 중 49.8개였으며, 가장 개수가 많았던 편성연도는 1962년 4월 15일 기본편성으로 171개 프로그램 중 66개, 가장 개수가 적었던 편성연도는 1959년 4월 15일 기본편성으로 88개의 프로그램 중 39개였다(〈표 2-27〉). 전체 프로그램 중 장기판편성 프로그램이 차지하는 비율도 아주 높았다. 그 비율이 가장 높았던 편성연도는 개국 첫 편성(1959. 4. 15)으로서 44. 3% (39개 프로그램), 1962년 4월 15일 편성에서는 38. 6% (66개 프로그램)이며,

〈표 2-25〉 장기판편성의 예(1959.4.15 기본편성표)

시	분	월	화	수	목	금	토
오후 8시	00~30	아리랑 대학	가요 콩쿠르	입체극장	가요대전	아마추어 스테이지	히트 퍼레이드

〈표 2-26〉 장기판편성의 예(1962.4.15 주간기본편성표)

시	분	월	화	수	목	금
오후 5시	45~55	어린이 콘서트	즐거운 노래모음	어린이 과학문답	유치원순례	학교자랑

〈표 2-27〉 편성연도별 장기판편성 현황

편성연도	1959. 4. 15	1960. 6. 1	1961. 4. 15	1062. 4. 15	1962. 9. 1	개/회 (%)
주간 프로그램 수 (A)	88	141	137	171	172	141. 8개
주간장기판 편성 횟수	7	8	8	11	8	8. 4회
주간장기판 프로그램 수(B)	39	47	48	66	49	49. 8개
B/A(%)	44. 3	36. 2	35. 0	38. 6	28. 5	36. 5%

주: 줄띠편성 프로그램은 1개의 프로그램으로 계산.

비율이 가장 낮았던 것은 서울 KV로부터 프로그램을 공급받았던 1962년 9월 1일 기본편성으로 28.5%(49개 프로그램)이었다(〈표 2-27〉). 장기판편성의 프로그램 유형을 보면 인기 공개방송프로그램과 그 재방송, 방송극, 생활정보, 음악, 어린이대상 프로그램이었다.

5) 엇물리기 편성전략

엇물리기 편성은 동일한 유형의 프로그램을 상대국보다 먼저 시작해 청취자를 확보하려는 편성전략이다. 부산MBC가 초창기부터 장기간에 걸쳐 엇물리기 편성전략을 일관되게 펼친 프로그램 유형은 정규뉴스였다. 당시 국영방송은 시보와 함께 뉴스를 내보내는 시보뉴스였다. 이에 비해 부산MBC는 시보 전에 뉴스를 편성해 방송했다. 이는 청취자에게 뉴스 선택의 폭을 넓혀주는 의도도 있었으나, 그보다는 상대국보다 뉴스방송을 앞당김으로써 청취자를 먼저 끌어들이려는 의미를 담고 있었다. 즉, 경쟁에서 청취자를 선점하려는 목적에서 나온 편성전략이었다. 시보 전 정규뉴스 편성횟수는 편성연도별로 4회(1959.4.15), 6회(1960.6.1), 6회(1961.4.15), 7회(1962.4.15), 7회(1962.9.1)로, 방송시간이 늘어날수록 그 횟수가 증가하는 경향을 보였다(권말 부록의 각 편성연도 주간기본편성표 참고).

6) 재방송 편성전략

재방송 프로그램편성은 일종의 프로그램 재활용 편성전략이다. 방송프로그램은 일종의 정보상품으로서 초기 생산비용이 매우 높은 반면 재생산 비용은 현저히 낮은 특징을 갖고 있다.[19] 이런 특성 때문에 방송국은 한 번 제작·방송된 프로그램을 사장시키지 않고 재방송

〈표 2-28〉 재방송편성의 예(1959.4.15 주간기본편성표)

시	분	월	화	수	목	금	토
오전 8시	05~35	(재) 아마추어 스테이지	(재) 인생등대	(스페셜이벤트) 스포츠하이라이트	(재) 아리랑대학	(재) 가요 콩쿠르	(재) 가요대전

하게 된다. 그러나 한 번 방송된 프로그램을 재방송하면 수용자로부터 시간때우기 편성 또는 창의성 없는 안이한 편성이라는 비난을 받기도 한다. 그럼에도 불구하고 프로그램 재방송은 다음과 같은 점에서 긍정적인 측면을 가지고 있다. 첫째, 어떤 이유로 청취기회를 놓쳐버린 청취자에게 청취기회를 준다. 둘째, 재방송프로그램은 본방송의 인기가 높았던 프로그램이므로 방송사 측에서는 청취자의 반응에 대한 부담도 적다. 셋째, 재방송시에는 초기 방송시보다 프로그램의 비용이 제로에 가깝기 때문에 제작비를 절감할 수 있을 뿐만 아니라 절감된 제작비를 다른 프로그램 제작에 돌릴 수 있다.[20]

부산MBC는 개국시부터 프로그램의 재방송 편성기법을 사용했다. 1959년 4월 15일 편성에서 오전 8시 5분에서 35분까지 30분간 인기 공개방송프로그램을 장기판으로 띠를 형성해 편성했으며, 이 이후에도 각 편성연도에서 재방송 편성이 한 번도 빠진 적 없이 모든 편성연도에서 인기 공개방송프로그램은 재방송으로 편성했다.

그 예로 1959년 4월 15일 기본편성에서 전날 방송한 인기 공개방송프로그램을 재방송했으며(〈표 2-28〉), 1962년 4월 15일 편성에서는 오전 10시부터 30분간 각기 다른 명칭의 방송극을 주 7회 재방

19) 노기연, 《방송산업과 경쟁》(한울아카데미, 2007), 62~63쪽.

20) 김지문, 《TV편성 현장보고서》(커뮤니케이션북스, 1998), 87~90쪽.

송했다(부록 3: 1962. 4. 15 주간기본편성표). 한편 본 분석대상의 마지막 편성연도인 1962년 9월 1일 편성에서는 오전 10시부터 30분간 방송극 외에 음악프로그램까지 재방송으로 편성했다(부록 4: 1962. 9. 1 주간기본편성표). 이처럼 재방송프로그램 편성을 한 편성연도도 빠짐없이 실시한 것은 무엇보다도 과중한 제작비 부담을 완화하고자 한 고려였다. 부산MBC는 개국 6개월 만에 ① 주식대금의 불입이 순조롭지 못했고, ② 가중된 시설투자, ③ 서울에서 제작되어 오는 프로그램의 과다한 제작비, ④ 여의치 않는 광고수입 등으로 마침내 경영권마저 이양하는 어려움을 겪었기 때문이다.[21]

21) 《부산문화방송 30년사》, 1989, 103쪽.

5. 개국 초창기 프로그램

방송프로그램이란 하나의 독립된 항목 또는 일련의 독립된 방송항목을 총체적으로 일컫는다. 방송편성을 누구(방송대상)에게, 무엇(방송내용)을, 언제(방송시간), 어떻게(방송형식), 얼마나(방송시간량) 보여줄 것인지를 결정·배열하는 작업이라 할 때 방송프로그램은 무엇(방송내용)에 해당하는 것으로 편성의 산물이다. 편성은 백화점의 쇼윈도와 같으며, 그 쇼윈도에 진열된 프로그램은 청취자와 처음 만나는 곳이다. 따라서 프로그램은 방송사와 청취자를 연결하는 통로인 동시에, 방송사의 호감도와 이미지를 형성하는 데 큰 영향을 미친다. 한편 편성은 프로그램의 운용계획이므로 프로그램을 전제로 하며, 각 단위 프로그램은 편성에 의해 시간적 위치를 가지게 된다. 단위 프로그램이 요일과 시간을 축으로 하여 배열된 상태가 편성연도의 기본편성이다. 이러한 기본편성에서 프로그램은 편성의 한 단위이자 편성의 목적을 달성하는 도구적 성격을 갖는다. 이런 맥락에서 양자는 서로의 의미를 공유한다. 즉, 편성은 프로그램의 의미를, 프로그램은 편성의 의미를 가지는 상관관계에 있다.

본 분석기간인 1959년 4월 15일~1962년 9월 1일의 기본편성표에는 많은 프로그램이 등장하고 사라졌다. 상품이 소비자들에게 그 용도가 다하면 폐품이 되듯이 방송프로그램 역시 방송시장에서 청취자들의 반응이 좋지 않을 경우와, 더욱 적극적으로 새로운 청취자를 창출하고자 할 경우 기존 프로그램은 다음 개편에서 사라지고 새로운 프로그램이 탄생한다. 특히 상업방송의 경우 더욱 그러하다. 청취율이 광고유치와 직결되기 때문이다. 여기서는 부산MBC의 기본편성에서 역할을 했던 각종 프로그램을 개괄적으로 살펴보기로 한다. 아울러서 장수프로그램[22] 도 〈표〉로 작성해 제시했다.

1) 음악프로그램

음악은 소리를 기본으로 하는 라디오방송 초기부터 프로그램의 기본 구성요소였다. 그 중에서도 가장 활용도가 높은 것이 음반이었다. 음반이 발명됨으로써 방송은 음악 전달매체로서의 위상이 한층 더 높아지게 되었다. 그뿐만 아니라 음반에 의한 방송국의 음악방송은 청취자들이 음악감상을 위하여 연주자와 동일한 시간에 동일한 장소에 위치해야 하는 동시성의 구속을 깨뜨렸으며, 음반구매의 비용을 감소시켰다.[23] 이로 인해 청취자들은 음반을 구입하지 않고 라디오를 통해 음악을 들을 수 있게 되었다. 다시 말하면 음반구입을 라디오로 대신한 것이며, 음악 인구의 저변확대에 크게 기여했다. 각 기본편성에서 가장 많은 시간과 비율을 차지했던 음악프로그램은 초창기의 상업방송적 특성을 가장 잘 드러낸 프로그램 유형이다. 1959년 4월 15일 개국시의 기본편성에서 이색적인 명칭의 음악프로그램은 〈유혹의 댄스파티〉(월~토, 21:25~40)였다. 원래 이 프로그램의 정규포맷은 스튜디오의 레코드 플레이였으나, 송년특집방송을 제작하면서 무도장으로 장소를 옮겨 무도장면을 중계방송하였다. 무희와 어울려 춤추는 장면만 방송한 것이 아니라 중간 휴식시간에 즉석에서 무도객에게 크리스마스실을 판매해 불우이웃돕기 모금도 했다.[24] 이 프로그

22) 여기서 장수프로그램이라 함은 본 분석의 대상인 5개 편성연도 중 3개 이상의 편성연도의 기본편성표에 편성된 프로그램을 의미한다.

23) 황성호, "음악문화에서 방송매체의 생산적 가능," 〈방송시대〉, 한국방송프로듀서연합회, 1994, 봄·여름호, 45~46쪽.

24) 창설사원 최광민 PD 증언, 앞의 인터뷰.

램은 1961년 4월 15일 기본편성에서 폐지되었다.

개국 당시 음악프로그램 가운데 〈추억의 멜로디〉(월~일, 19:50~20:00)는 가장 오랫동안 존속한 장수프로그램이다. 이 프로그램의 제작을 위해 전속경음악단 허영철 단장이 흘러간 인기가요 120곡을 편곡·연주·녹음했다. 〈민요강산〉(월~금, 20:30~40)과, 이밖에 〈청춘열차〉(월~토, 20:40~21:00)는 〈희망열차〉(월~금, 20:30~50)로 이름을 바꾸어 5개 편성연도에 걸쳐 연속 편성되었다. 1960년 6월 1일 기본편성에서는 다양한 리듬의 음악프로그램이 등장했다. 매일 아침 8시 35분부터 15분간 요일별로 〈트로트 & 트로트〉(월), 〈블루스 & 블루스〉(화), 〈왈츠 & 왈츠〉(수), 〈탱고 & 탱고〉(목), 〈맘보 & 맘보〉(금), 〈룸바 & 룸바〉(토)를 비롯해서 〈훼이드 인 마치〉(월~일, 11:00~05), 〈10분 하와이안〉(일, 08:50~09:00), 〈폴카카니발〉(월~금, 19:30~40), 〈재즈자키〉(화~토, 20:00~10), 〈선데이 팝 콘서트〉(일, 23:25~45) 등 리듬별 음악을 총망라해 방송했다. 〈시조 한 수〉(월~토, 23:40~45), 〈청춘파라다이스〉(토, 20:30~50)도 본 기본편성연도에 신설되어 1962년 9월 1일 기본편성시까지 존속했다.

1961년 4월 15일 기본편성에서는 점심시간대에 〈노래꽃동산〉(월~토, 12:00~40)과 〈선데이 가요자키〉(일, 12:00~40)가 와이드프로그램으로 편성되어 1962년 9월 1일 기본편성시까지 존속했다. 1962년 9월 1일 편성에서 신설된 〈전화리퀘스트〉(일, 16:00~50)는 당시 차츰 보급되기 시작한 전화보유가구를 위한 것으로 지금까지의 엽서 리퀘스트의 방송참여방식에 큰 변화를 초래했으며, 특히 청취자가 전화로 직접 진행자와 대화할 수 있다는 점에서 청취자 참여프로그램의 새로운 형식을 선보였다. 통계에 의하면 1962년 부산의 전화가입 세대수는 11,102세대로 20.1세대당 1대였다.[25] 전화는 그만큼 귀중한 희소재(稀少財)였기 때문에 자기 집에 전화를 보유하고 있다는 사실 그 자체가 사회경제적 지위를 나타내는 일종의 기호였고, 이 기호를 방송에 이용한 것이 바로 〈전화 리퀘스트〉였던 것이다. 실제로 이 프로그램 진행중에는 신청전화가 쇄도해 방송국과 통화 한 번 하기가 '하늘의 별따기'처럼 어려웠음을 하소연하는 청취자가 많았다.

1959년 4월 15일 첫 편성시부터 클래식 프로그램은 음악프로그램 중에서 큰 비중을 차지하고 있었다. 〈사랑의 앨범〉(토, 22:00~10), 〈오페라 스냅〉(토, 22:10~30), 〈선데이 LP콘서트〉(일, 22:00~30), 〈클래식전당〉(월~토, 22:20~30)이 이에 해당한다. 이 가운데서 〈클래식 전당〉은 다음 편성연도인 1960년 6월 1일 기본편성시부터 〈클래식 궁전〉으로 개명해 본 분석의 마지막 편성연도인 1962년 9월 1일 편성시까지 한 번도 폐지되지 않고 존속해 부산의 클래식인구 저변확대에 이바지했다. 이례적으로 1961년 4월 15일 기본편성에서 아침시간대에 〈아침의 세미클래식〉(월~토, 06:20~30)과 〈녹음 위클리〉(일, 22:00~15)가 신설되었다. 이 프로그램은 신인음악가의 연주를 녹음해 방송했다. 클래식프로그램은 1962년 4월 15일 편성에서 협주곡(월, 10:30~50), 오페라(화, 10:30~50), 심포니(수, 10:30 ~ 50) 등 장르별로 전문화되었고, 그 외에 〈고전음악회〉(토, 23:00 ~ 25, 1960. 6. 1~1961. 4. 15), 〈명곡순례〉(일, 06:35~55, 1962. 4. 15 ~ 1962. 9. 1)도 클래식의 명맥을 이어갔다.

타 음악장르와 달리 클래식은 감상에 음악적 전문지식을 요한다. 이런 세련된 문화의 향유에는 높은 수준의 경제력과 학력이 뒷받침되어야 한다. 또한 클래식음반은 고가의 귀중품이어서 그 당시 클래식음반을 확보하지 못했던 계층과 학생층은 시내 몇몇 클래식 음악실에서 클래식음악을 감상하였다. 이들에게 클래식 감상실 이용은 자신

---

25) 제 2회 《부산시통계연보》, 1963, 129쪽.

〈표 2-29〉 음악부문 장수프로그램

편성연도 / 프로그램명	1959. 4. 15	1960. 6. 1	1961. 4. 15	1962. 4. 15	1962. 9. 1
추억의 멜로디	○	○	○	○	○
민요강산	○	○	○	○	○
희망(청춘)열차	○	○	○	○	○
시조 한 수	—	○	○	○	○
청춘파라다이스	—	○	○	○	○
클래식전당(궁전)	○	○	○	○	○
우리 가곡	—	○	○	○	○

이 고급문화의 향유자임을 밖으로 드러내는 일종의 문화기호였다. 이러한 시대적 사회적 환경에서 클래식프로그램이 편성되었을 것으로 분석된다. 전체 방송시간 중 많은 시간을 대중음악에 할애하면서도 클래식프로그램을 일정 부분 편성한 것은 오락적 기능만을 중시한 것이 아니라, 사회교양적 가치도 함께 추구한 것을 보여준다. 결과적으로 이러한 클래식프로그램은 부산MBC의 상업성·오락성 편중 이미지를 완화하고, 문화교양매체로서의 이미지를 심는 데 크게 이바지했다고 할 수 있다.

가곡프로그램으로는 1960년 6월 1일 기본편성에서 〈우리가곡〉(일, 11:40~55)이 신설되어 1년간 방송되었고, 이밖에 〈휴일의 합창〉(일, 20:00~10)이 신설되어 순수음악의 영역을 넓혀나갔다. 전반적으로 음악프로그램은 주로 레코드 플레이였으며, 방송 시간량이 많았기 때문에 음반의 반복사용도가 높았고 프로그램형식은 짤막한 곡명소개나 해설이 곁들여지면서 일방적으로 들려주는 포맷이 대부분이었다.

본 분석에서 음악부문의 장수프로그램을 정리하면 〈표 2-29〉와 같다.

2) 교양프로그램

교양이라 함은 '사회생활이나 학식을 바탕으로 이루어지는 품행과 문화에 대한 지식'을 의미한다. 방송의 교양적 기능은 공영방송에서 가장 강조되는 기능이다. 공영방송은 국민의 수신료로 프로그램을 운용하고 제작하기 때문에 사회체계 속에서 수용자에게 높은 문화와 덕성을 국민에게 전파·교육함이 일차적 기능이라 할 수 있다. 이런 의미에서 공영방송은 문화교양매체이다. 그러나 상업방송이라 하더라도 편성에서 교양적 기능이 소홀히 다루어질 수 없다. 방송은 국민의 공공재인 전파를 사용한다는 점, 방송의 사회적 영향력이 지대하다는 점, 방송의 수용이 단순한 여가선용이 아닌 국민생활의 큰 부분을 차지한다는 점 등에서 모든 방송은 수준 높은 교양프로그램을 제공해야 할 공적 책임을 지닌다. 이와 같은 공적 책무를 전제로 하는 한 방송국이 제공하는 모든 프로그램은 제작형식과 내용유형을 불문하고 궁극적으로 교양성을 띠고 있다.

〈표 2-30〉은 교양부문의 장수프로그램 목록이다. 첫 개국시 교양프로그램 중에서 공개방송의 형태를 띤 유일한 프로그램으로서 〈아리랑대학〉(월, 20:00~30)이 있었다. 이 프로그램은 성인들의 지능을 겨루는 프로그램으로 몇 번의 방송시간대 이동을 보이기도 했으나, 1962년 4월 15일 기본편성 때까지 계속 편성되어 오다가 이후 폐지되었다. 교양프로그램 가운데서 장수프로그램은 〈주부수첩〉(월~금, 07:40~50), 〈청취자 로터리〉(토, 07:40~50), 〈일요가정〉(일, 07:40~50)으로 1962년 9월 1일 기본편성시까지 5개 편성연도에 걸쳐 존속했다. 문예프로그램도 있었다. 〈라디오수필〉(월, 22:00~10, 1959.

〈표 2-30〉 교양부문 장수프로그램

편성연도 / 프로그램명	1959. 4. 15	1960. 6. 1	1961. 4. 15	1962. 4. 15	1962. 9. 1
아리랑대학	○	○	○	○	—
주부수첩	○	○	○	○	○
일요가정	○	○	○	○	○
청취자로터리	○	○	○	○	○
밤의 수필	—	○	○	○	○
푸른 리본	—	○	○	○	○
토요 샹데리아	○	○	—	—	○

4. 15), 〈그대의 페이지〉(일, 21:25~40, 1959. 4. 15)가 그것으로 청취자의 투고를 받아 소개하는 프로그램이었다. 1960년 6월 1일 기본편성연도는 일요일에 〈푸른 리본〉(09:15~30)을 편성했다. 이 프로그램은 결핵협회가 제공하여 환자들의 요양방법을 안내하고 투병의욕을 고취시켰으며, 1984년 10월 16일까지 20년 이상 존속했다. 이 프로그램은 부산MBC 개국 이후 최초의 소외계층대상 프로그램이었다.

생활정보 프로그램으로는 1960년 6월 1일 편성에서 〈백만인의 의학〉(금, 08:00~05), 〈생활상담〉(금, 19:00~10)이 이때 등장했다. 그 외 〈바다들의 메모〉(월~토, 06:15~20), 〈부두까지 10분〉(월~금, 06:25~35) 등 해양수산도시의 특성에 맞는 지역밀착형 프로그램을 편성했다. 이 프로그램은 훗날 〈갈매기 통신〉이라는 이름의 해양·수산프로그램으로 이어졌다. 이어서 생활정보의 영역을 넓혀 1961년 4월 15일 기본편성시 오전 8시부터 5분간 〈여러분의 경제〉(월~목), 〈여러분의 의학〉(화~금), 〈여러분의 법률〉(수~토)이 편성되었다. 한편 오후 5시 20~30분까지 〈상공안내〉(월), 〈농산안내〉(화),

〈수산안내〉(수)가 신설되어 1년간 방송되었다. 1962년 9월 1일 본기본편성표에 편성된 프로그램 가운데 하나가 〈FM퀴즈〉(일, 17:40~18:30)이다. 이 프로그램은 본 개편이 있기 전인 7월 15일부터 일요일 밤 9시부터 50분간 진행되던 것을 본 개편에서는 방송시간을 앞당겼다.[26] 진행방식은 주조정실에서 퀴즈를 내고 예고한 장소에 FM차가 도착하여 그곳에서 기다리고 있던 퀴즈 정답자에게 상품을 주는 포맷이었다. 이러한 포맷은 라디오의 이동성과 간편성 및 참여성을 극대화한 것으로, 부산MBC의 실제 방송진행 모습을 시내 곳곳에 부각시키고 이미지를 높였을 뿐만 아니라 편성의 다양화와 프로그램 포맷의 다양화에도 크게 기여했다.

3) 오락프로그램

오락프로그램이란 재미와 웃음으로 대표되는 프로그램으로 쇼, 코미디, 버라이어티 쇼, 드라마, 연예인의 토크 쇼 등이 여기에 속한다. 오락프로그램은 근본적으로 즐거움을 추구한다. 그 즐거움은 개인 및 사회의 긴장을 완화하고 휴식을 제공할 뿐만 아니라 생활에 활력을 불어넣고 재충전시키는 기능을 한다. 오락방송은 저급하고 교양방송은 고급의 것으로 인식하기 쉬우나 교양방송도 일단 재미가 없으면 청취하지 않는다. 따라서 아무리 진지성을 동반하는 교양방송이라 하더라도 프로그램에 재미 또는 흥미를 도외시할 수 없다. 사람은 항상 지적 자극이나 교양을 쌓기 위하여 방송을 청취하지는 않기 때문이다. 상업방송은 그 태생적 성격 때문에 오락성을 전제로 하지 않을 수 없다. 오락성을 강하게 띨수록 수용자에게 제공하는 웃음과

---

26) 《부산문화방송 10년사》, 175~177쪽.

〈표 2-31〉 오락부문 장수프로그램

편성연도 프로그램명	1959. 4. 15	1960. 6. 1	1961. 4. 15	1962. 4. 15	1962. 9. 1
만담공원	○	○	○	○	○
가요인생	—	○	○	○	—
연속소설	○	—	○	○	○

주: 오락부문의 장수프로그램은 '공개방송' 및 '방송극'과 중복됨.

재미의 영역이 확장된다. 그런 의미에서 오락성은 상업방송의 상업성을 실현하는 도구이며, 그 구체적인 결과는 청취율로 나타난다. 오락프로그램은 음악프로그램과 더불어 부산MBC의 상업성을 가장 잘 구현해온 프로그램 유형이다. 방송형식에서는 공개방송형식(후술), 방송극형식(후술), 토크형식, 내용에서는 음악과 오락으로 구성되는 등 가장 폭이 넓고 다양했다. 주로 프라임타임에 편성하여 청취자들에게 재미·웃음·위안을 제공했다.

〈표 2-31〉에서 알 수 있는 바와 같이 1959년 4월 15일 개국시 처음 방송된 〈만담공원〉(일, 19:20~50)은 5개 편성연도에 걸쳐 편성되었고, 매일 아침 7시 20분부터 10분간 방송된 라디오 연속소설은 최초로 편성한 연속소설 프로그램으로써 원작은 김광주의 《왕소군》이었다. 이밖에 〈야담사화〉(화, 21:40~50), 〈인생등대〉(일, 20:00~30)가 방송되었다. 1960년 6월 1일 신설된 프로그램으로는 〈가요와 인생〉(화~금, 21:30~40), 좋아하는 스타와 팬이 함께 만나 얘기를 나누는 〈스타와 팬의 광장〉(일, 22:30~50), 점심 휴식시간의 〈골든 버라이어티〉(일, 12:00~40), 〈특집 오락실〉(토, 21:00~40) 등이 가가호호를 찾아갔다.

4) 공개방송프로그램

공개방송(*open program*)이란 공개홀이나 스튜디오에서 프로그램을 제작할 때 청취자에게 방송실황을 보여주면서 진행하는 형식의 프로그램이다. 여기에는 가요프로그램·코미디·퀴즈 등 여러 유형의 프로그램이 있다. 공개프로그램은 청취자들에게 친근감을 불러일으키고, 방송현장에서 창출되는 분위기가 프로그램의 효과를 높이며, 제작자와 참여자의 일체감을 조성한다는 점이 장점으로 지적되고 있다. 편지·엽서·전화 등에 의한 참여와는 달리 공개방송은 개방성·현장성·대면성·노출성의 특성을 지니는 가장 적극적·직접적인 참여프로그램이라 할 수 있다.

〈표 2-30〉의 〈아리랑대학〉(월, 20:00~30)과 〈표 2-31〉의 〈만담공원〉(일, 19:20~50) 외 직장대항 〈가요대전〉(목, 20:00~30)은 개국시에 처음 편성된 이후 분석의 마지막 편성연도인 1962년 9월 1일의 기본편성시까지 한 번도 빠짐없이 계속 존속한 프로그램이었다. 이 프로그램은 광고주가 상금까지 내걸고 시작한 프로그램으로서, 출연한 직장 팀은 자기 회사의 기업홍보가 되었기 때문에 각 직장에서는 무명가수를 사원으로 채용해 프로그램에 출연시켰다. 더욱이 이 프로그램의 광고주는 자기 회사의 광고상품을 CM송으로 제작해 방송했는데, 이는 우리나라 라디오 광고에서 최초의 CM송으로 기록되고 있다. 〈가요콩쿠르〉(화, 20:00~30), 〈히트퍼레이드〉(토, 20:00~30)도 역시 〈가요대전〉과 함께 편성되어 5회 연속 편성표를 지켰다. 〈아마추어 스테이지〉(금, 20:00~30)는 1959년 4월 15일, 1961년 4월 15일, 1962년 4월 15일 기본편성 때까지 3회 편성되었다(〈표 2-33〉).

1960년 6월 1일 기본편성에서는 〈인기가수 퍼레이드〉(월, 21:10~

40), 〈특집 오락실〉(토, 21:00~40)이 신설되었으나 다음 편성연도에 폐지되었으며, 1961년 4월 15일 기본편성의 신설 프로그램으로는 〈대결오락회〉(토, 20:00~30)와 〈노래 흉내 콩쿠르〉(일, 19:30~20:00)가 있었다. 1962년 4월 15일 기본편성에서는 〈노래 바꿔부르기〉(수, 20:00~30), 〈MBC파티〉(토, 20:00~30)가 신설되었으나 곧 폐지되었다. 한편 본 분석의 마지막 편성연도인 1962년 9월 1일 기본편성에서 공개방송프로그램에 많은 변화가 일어나 KV로부터 〈웃겨보세요〉(월, 20:00~30), 〈오색의 화원〉(일, 20:00~50)이 내려왔다.

〈표 2-32〉 1959.4.15 개국시 공개방송 담당자

프로그램명	프로듀서	아나운서
가요대전	이석택	전응덕
아리랑대학	곽진	이성규
히트퍼레이드	이석택	최창식
민요자랑	이용태	이성규
가요콩쿠르	이석택	최창식
어린이상타기	김영효	윤미자

출처: 부산문화방송 편성자료철.

〈표 2-33〉 공개방송 장수프로그램

편성연도 / 프로그램명	1959. 4. 15	1960. 6. 1	1961. 4. 15	1962. 4. 15	1962. 9. 1
가요대전	○	○	○	○	○
히트퍼레이드	○	○	○	○	○
가요콩쿠르	○	○	○	○	○
아마추어스테이지	○	—	○	○	—

〈표 2-34〉 1959.4.15 개국시 프로그램 작가 명단

프로그램명	작가	편당 원고료	편당 원고매수
인생등대	최요안 민구 장수철 주동운	1만 5천 환	50매
입체극장	임희재 차범석 김영수 하유상	1만 5천 환	55매
어린이극장	이지수 이경재	1만 환	37~38매
계절무대	한운사 김희창 조남사	1만 환	37~38매
만담공원	박상익 장혁 김영운		

출처: 부산문화방송 편성자료철.

5) 방송극프로그램

우리나라 라디오방송에서 방송극이 본격적으로 각광을 받게 된 것은 6·25전쟁 이후의 일로, 1956년 KBS의 일요연속극 〈청실홍실〉, 1957년 일일연속극 〈산넘어 바다건너〉가 방송됨으로써 방송극은 공개방송과 함께 오락프로그램을 대표하는 프로그램이 되었다.[27] 이런 흐름 속에서 부산MBC도 다양한 방송극을 편성했고, 서울의 유명 작가들이 원고를 썼다(〈표 2-34〉).

1959년 4월 15일 개국 때의 방송극으로 〈계절무대〉(화·목·토, 19:30~50), 〈입체극장〉(수, 20:00~30), 〈인생등대〉(일, 20:00~30)가 있었다. 〈계절무대〉는 연속극, 〈입체극장〉은 단발물이었고, 〈인생등대〉는 청취자의 사연을 방송극으로 엮었다. 이후 방송극은 다음 편성연도에서 폐지되었다. 1961년 4월 15일 기본편성시부터 방송극이 부활해 처음으로 〈연속방송극〉(월~토, 21:30~50)이 주 6회 연달

27) 윤병일, "라디오방송 편성의 변화," 〈방송연구〉, 방송위원회, 1988, 겨울호, 60~61쪽.

아 방송되었고, 〈입체극장〉(일, 21:15~50)도 방송시간이 늘어났다. 1962년 4월 15일 기본편성은 방송극 프로그램에서 가장 큰 변화가 있었던 편성연도이다. 앞 편성연도의 기존 방송극 외에 매일 밤 10시 30분부터 30분간 띠를 형성해 〈회전무대〉(월), 〈인생극장〉(화), 〈추리극장〉(수), 〈예술극장〉(목), 〈입체극장〉(금), 〈주말연속극〉(토·일) 등 다양한 이름의 방송극이 편성됨과 동시에 재방송되었다. 한마디로 방송극의 전성시대가 시작되었던 것이다. 이러한 흐름은 다음 편성연도에도 이어져 1962년 9월 1일 기본편성에서는 기존의 방송극이 일부 조정됨과 아울러 〈목요연속극〉(P, 22:30~23: 00)이 신설되는 등 방송극 편성의 흐름을 그대로 이어갔다.

6) 어린이 프로그램

어린이대상 프로그램이란 주로 10살에서 초등학생을 주 청취자로 하는 프로그램을 말한다.[28] 어린이 프로그램은 어린이들의 호기심과 욕구를 충족시켜주는 동시에 그들에게 이익을 주는 것이어야 하므로 오락성과 교육성을 겸비해야 한다. 어린이 프로그램이라고 해서 꼭 어린이들이 그 프로그램에 출연해야 하는 것은 아니다.

어린이대상 프로그램은 편성 시간량과 비율이 낮으면서도 1959년 4월 15일 개국시부터 편성되어 폐지되지 않고 꾸준히 존속해 온 프로그램이다. 어린이대상 프로그램의 방송시간대는 학생들의 재택률이 높은 초저녁 시간대에 때로는 독립프로그램으로, 때로는 메인타이틀 아래 요일별로 세부주제를 달리하여 방송되었다. 그 중에서 〈어린이 상타기〉(일, 18:40~19:00)는 개국시부터 공개방송으로 설정된 프로

28) 방송문화진흥회 편, 앞의 책, 567쪽.

〈표 2-35〉 어린이대상 장수프로그램

편성연도 / 프로그램	1959. 4. 15	1960. 6. 1	1961. 4. 15	1962. 4. 15	1962. 9. 1
어깨동무 내동무	○	○	○	—	—
아빠 다녀오세요	—	○	○	○	—
공개방송 어린상타기	○	○	○	○	○
가정유치원	—	—	○	○	○

그램이었다. 이후 이 프로그램은 방송시간대가 여러 차례 변경되기는 했으나, 한 번도 중지 또는 폐지되지 않고 계속 편성되었다. 이밖에 극형식의 프로그램으로 〈어린이극장〉(토, 18:40~55)이 있었다.

1960년 6월 1일 기본편성에서 새로 선을 보인 〈아빠 다녀오세요〉(월~토, 08:05~15)는 성우가 진행하는 프로그램으로 1962년 4월 15일 봄철 개편시까지 존속했다. 1961년 4월 15일 기본편성에서 신설된 〈노래 없는 동요〉(월~토, 08:15~25)는 가사 없이 멜로디만 방송하는 음악프로그램이었다. 이때 〈가정유치원〉(월~토, 08:50~09:00)이 신설되어 1962년 9월 1일 가을 편성연도까지 방송을 계속했다. 1962년 4월 15일 주간기본편성에서 〈도토리드라마〉(월~토, 07:25~30)가 편성되었는데, 이 시간에는 이주홍 작 〈톡톡 할아버지〉가 방송되었으며, 다음 편성연도(1962. 9. 1)에도 계속 편성되었다. 1962년 4월 15일 기본편성시 〈어린이소설〉(월~토, 17:30~40)이 방송되는 등 점점 다양하게 내용과 형식을 개발해나갔다. 그리고 오후 5시 45분부터 10분간 장기판편성을 한 것이 특징이다. 예컨대 월 - 〈어린이 콘서트〉, 화 - 〈동화꽃다발〉, 수 - 〈어린이 과학교실〉, 목 - 〈너도 나도 잘한다〉, 금 - 〈엄마도 함께〉, 토 - 〈어린이극장〉 등 요일별로 주제와 내용을 달리해 방송했다. 이외 학습·교육프로그램을 추가했다. 〈어린이 과학교실〉(1960. 6. 1), 〈선생님 말씀〉(1960. 6. 1), 〈학교자랑〉(1960. 6. 1) 이 여기에 해당한다. 오후 저녁시간대의 장기판편성의 어린이 프로그램은 개국시부터 1962년 4월 15일 기본편성까지 계속 되어오다가 1962년 9월 1일 서울 KV로부터 릴레이 프로그램(R)과 패키지 프로그램(P)을 제공받을 때 폐지되었다.

부산MBC가 이처럼 어린이대상 프로그램을 편성한 것은 어린이의 정서함양과 교육적 효과를 도모하려는 데 목적을 두었다.

7) 보도프로그램

보도프로그램이라 함은 정치·경제·사회 등 국가 모든 분야의 시사에 관하여 속보 또는 해설을 목적으로 하는 방송프로그램이다. 이를 구체적으로 설명하면 전파매체의 속성인 속보성과 광범위한 전파성을 이용하여 사회적 관심사가 되는 일들을 취재 편집 전파하여 사회구성원들의 알권리를 충족시키고, 나아가서 사회적 쟁점이 되는 사항에 대하여 사회여론을 형성하는 일련의 과정이다. 방송보도는 정보의 접근과 보도를 통하여 사회적 파수꾼의 역할을 함으로써 환경감시기능을 수행하며, 사회구성원간의 갈등이나 불만요소들을 완화시킬 수 있도록 보도의 방향을 설정함으로써 사회구성원으로 하여금 욕구의 조정을 가능하게 한다. 방송보도에서 종합보도는 하루에 청취율이 가장 높은 시간대에 30분 이상 방송되는 제일 중요한 보도프로그램이다. 종합보도에서는 각 분야의 소식이 종합적으로 구성되면서 시사정보뿐만 아니라 문화, 스포츠, 날씨까지도 방송한다. 간추린 보도란 대개 5~15분 정도의 뉴스를 말한다.

부산MBC의 보도프로그램은 '뉴스'와 '뉴스 외 보도프로그램'으로 나뉜다. 정규뉴스의 길이는 5분~10분이었으며 종합뉴스라는 제목으

〈표 2-36〉 보도부문 장수프로그램

편성연도 / 프로그램명	1959. 4. 15	1960. 6. 1	1961. 4. 15	1962. 4. 15	1962. 9. 1
시사토픽	○	○	○	—	—
신문춘추	—	○	○	○	○
라디오 브리지	○	○	○	○	○

로 방송되는 뉴스라 해도 10분을 초과하지 않았다. 그러므로 심층뉴스프로그램은 존재하지 않았다. 방송형식에서도 기자가 작성한 것을 아나운서가 낭독하는 이른바 스트레이트 뉴스였다. 당시는 오늘날과 같은 기자의 현장 직접보도방식은 없었던 시절이었다. 우리나라 보도뉴스에서 앵커가 처음 등장한 것은 1970년이었다.[29] 정시뉴스의 각 편성연도별 일일 편성횟수는 4회(1959. 4. 15), 6회(1960. 6. 1), 6회(1961. 4. 15), 6회(1962. 4. 15), 7회(1962. 9. 1)였다. 특기할 것은 1960년 6월 1일 기본편성에서부터 〈부일(釜日)뉴스〉라는 제목의 뉴스프로그램이 처음 사용되었다는 점도 주목을 끈다. 이는 부산MBC의 창립 후 과도한 제작비 부담과 광고물량 확보가 어려운 실정에서 경영권이 〈부산일보〉 사주 김지태에게 이양된 데 따른 변화였다. 다시 말하면 경영권 이양으로 부산MBC와 〈부산일보〉는 자매사가 되어 뉴스에서 상호협조관계가 형성되었던 것이다. 〈부일뉴스〉는 이후 1962년 4월 15일, 1962년 9월 1일 기본편성시까지 그대로 존속했다.

당시 KBS는 시보와 함께 뉴스를 시작했으나 부산MBC 뉴스는 시보보다 5~10분 먼저 시작했다. 이러한 편성방법은 이른바 엇물리기 편성으로 경쟁사보다 동일유형의 프로그램을 선제 편성함으로써 동

29) 한국방송학회 편, 《방송보도론》(나남, 1993), 35~36쪽.

일유형의 수용자를 먼저 확보하려는 '기선제압'의 의도였다. 시보 전 뉴스 편성은 1973년 7월 30일까지 계속되었다.[30)]

'뉴스 외의 프로그램'은 〈라디오 브리지〉(월~금, 19:00~20)와 〈시사토픽〉(화·목, 22:00~10)이 1962년 9월 1일 기본편성시까지 방송되었고(〈표 2-36〉), 이밖에 〈사회진단〉(수, 21:45~50, 1959.4.15), 〈경제토론〉(월, 19:10~20, 1960.6.1) 등은 주로 밤 시간대에 배치되어 있었다. 〈라디오 브리지〉는 개국 당시에는 프로듀서가 제작했으나 그 이후는 기자가 제작했다. 그때그때의 사회적 관심사와 뉴스 중에서 아이템을 선정해 다양한 관점에서 시민의 목소리를 담아 녹음으로 제작했는데, 당시로서는 새로운 보도프로그램 포맷이었다.[31)] 〈신문춘추〉(수·금, 23:00~10, 1960.6.1)는 신문의 논조와 기사를 소개하는 것이었으나, 신문의 논조와 기사를 통해서 정치와 사회를 간접적으로 비판하자는 의도가 숨어 있었다. 기사내용에서도 부산지역 뉴스만 보낸 것이 아니라 전국적인 사건과 사고를 다루었고, UPI·AFP·AP 등 세계 유명 통신사와 계약해 세계뉴스도 내보냈다.[32)]

8) 종교방송·국군방송 프로그램

개국 당시 시대적 상황을 반영하여 종교방송과 국군대상 방송을 편성했다. 종교방송으로는 〈밋션아워〉(월~일, 06:40~45, 22:30~40)가 하루 두 차례 방송되었고, 1960년 6월 1일 기본편성연도에는 〈루터란 아워〉(일, 21:30~22:00)가 신설되어 1962년 9월 1일 기본편성

30) 《부산문화방송 20년사》, 212쪽.

31) 앞의 인터뷰, 창설사원 김영효 PD 증언; 김능화, 《아직도 끝나지 않은 화두》(간경도감, 1998), 279~281쪽.

32) 앞의 인터뷰, 창설사원 전응덕 보도부장 증언.

〈표 2-37〉 종교부문 장수프로그램

편성연도 / 프로그램명	1959. 4. 15	1960. 6. 1	1961. 4. 15	1962. 4. 15	1962. 9. 1
루터란 아워	—	○	○	○	○

연도까지 4회 연속 편성되었다. 이 프로그램은 가장 장수한 종교프로그램으로 KV와 부산MBC가 네트워크체제로 전환되면서 로컬(L)에서 패키지(P)로 제작주체가 바뀌었다.

다음 해 1960년 6월 1일 편성에서는 아침과 밤 두 차례 방송되던 〈밋션 아워〉가 폐지되고 일요일 아침 시간대에 〈현대의 진리〉(일, 08:00~05)로 대체되었다. 국군방송 프로그램으로는 1959년 4월 15일 편성시의 〈국군 아워〉(금, 21:40~50), 1960년 6월 1일 편성시의 〈육해공 아워〉(목, 19:00~20)가 편성되었으나 이후 폐지되었다.

9) 전속단과 프로그램

부산MBC는 1㎾의 소규모 방송으로 출발했으나 방송프로그램의 제작에 필요한 시스템을 모두 갖추었다. 프로듀서·기자·엔지니어·아나운서가 각각 해당 조직편제에 소속되었을 뿐만 아니라, 전속단도 구성되었다. 전속 경음악단·성우·가수·어린이 노래회가 그것이다. 지금은 방송기술의 눈부신 발달에 따라 FM방송·텔레비전방송·케이블방송·위성방송이 이미 실용화되었고 각 분야별로 전문채널이 수용자들의 욕구와 취향을 충족시켜주는 이른바 '다매체 다채널 시대'로 진입한 지 오래다. 그러나 당시는 라디오 단독시대였으므로 라디오방송이 위의 모든 방송매체적 기능과 계층을 아우르는 역할을 해야 했다. 이러한 방송환경하에서 기능 면에서는 보도·교양·오락의 기능을, 프로그램 내용 면에서는 음악·생활정보·연예오락을, 형식 면에서는 공개방송과 방송극을, 청취대상 면에서는 일반 청취자와 주부·어린이·종교인 등을 고려하는 편성을 지향하지 않으면 안 되었다. 이러한 고려에서 구성한 것이 전속단체였다.

전속단을 둠으로써 부산MBC는 첫째, 프로그램과 편성의 다양화를 추구할 수 있었고, 둘째, 일정한 전속료를 지급하는 대신 여러 프로그램의 제작에 활용함으로써 제작비를 절감할 수 있었으며, 셋째, 대외행사와 외부기관의 기념행사에 초청되어 출연함으로써 대외 이미지 형성에도 기여했다. 전속단 중 가수와 성우는 정규사원과 동일하게 정시에 출퇴근을 했다.

(1) 경음악단·전속가수

개국 당시에는 정식으로 체결된 경음악단이 구성되지 않았다. 그러므로 개국기념식에는 오태균 씨가 지휘하는 악단이 KU교향악단이라는 명칭으로 출연했고, 이어서 임시로 허경구 씨가 경음악을 담당했으나, 정식의 경음악단 활동은 허영철 경음악단으로부터 시작되었다. 허영철 단장은 만주음악전문학교 출신의 전문음악인으로 테너색소폰의 연주자였을 뿐만 아니라 작곡·편곡 등 모든 분야에 능통했다. 그는 초창기 프로그램인 〈추억의 멜로디〉를 편곡한 것은 물론 조용필의 〈사랑은 아직도 끝나지 않았다〉를 작곡하기도 했다.[33] 그를 더욱 유명하게 만든 것은 진로소주의 CM송이었다. 이 CM송은 우리나라 상업방송 광고에서 CM송의 효시로 진로소주의 판매신장에 크게 기여했다. 그는 이 CM송 작곡 이후 작품의뢰가 폭주해 일주일

---

33) 김양화, 《긴 세월 짧은 애기》(해당, 2005), 33~35쪽.

에 10편 이상의 CM송을 작곡했다.

경음악단은 7~9인조의 밴드로 각종 공개방송과 행사의 음악을 담당했음은 물론 전속가수의 교육과 지도를 담당해 훗날 이들이 중앙의 가요계에 진출하는 데 큰 뒷받침이 되었다. 개국 후 처음으로 전속가수 선발시험을 실시한 것은 1959년 5월 17일이었다.[34] 시험과목은 실기와 필기시험 두 가지로, 오사량 제작과장·허영철 경음악단장을 비롯한 간부들이 심사를 맡았다.[35] 선발된 전속가수들은 같이 선발된 전속가수 및 입사한 아나운서와 함께 교육을 받았으며, 그 내용은 다음과 같다.[36]

〈과목〉	〈담당자〉
· KU의 진로	김상용 사장
· 기업경영상으로 본 광고	김종만 전무
· 방송에서 아나운서의 위치	한희동
· 방송이 나가기까지	전응덕 보도과장
· 방송극론	오사량 제작과장
· 방송음악에 대하여	오태균
· 방송과 문화	한노단
· 방송문예 소고	이주홍
· 방송과 신문, 방송기자에의 요구	〈민주신보〉 편집국장
· 음향효과, 효과음악	오사량 제작과장

34) 《부산문화방송 10년사》, 361쪽.

35) 양병철, "MBC와 나, 그대로 달렸으면 …," 《부산문화방송사우회 10년》(부산문화방송사우회, 2002), 141~144쪽. 이 자료로 미루어 보아 허영철 경음악단이 정식으로 출범한 것은 1959년 4월 말과 5월 초 사이인 것으로 보인다.

36) 《부산문화방송 10년사》, 92쪽.

· 방송용어 ABC 김일구
· 중계방송이란 박인규 조정과장

교육과목 · 강사진에 보듯이 사장을 비롯한 고위간부들과 시내 주요 인사들이 교육을 담당한 것으로 보아 이들의 교육에 상당한 노력을 기울인 것을 알 수 있다. 6개월간의 교육과정을 이수한 전속가수는 남자 3명 중 양병철 · 양우석, 여자 4명 중의 전금자 · 이정숙 · 곽영희 등 모두 5명이었다.[37] 이어서 1961년 9월 22일 8명의 전속가수를 선발했으며,[38] 1962년 1월 22일에도 8명의 전속가수를 선발해 동년 5월 1일에 발령을 냈다.[39] 한편 제3기 전속가수는 윤음동 · 정풍송 · 진송남(이상 男), 김규분 · 김순영 · 김양자 · 박덕자(이상 女)가 활약했다.[40] 전속가수들만이 출연하는 고정 프로그램으로 〈즐거운 아베크송〉(1960. 6. 1)과 〈싱싱싱〉(1960. 6. 1)이 있었다. 〈즐거운 아베크송〉(월~토, 08:50~09:00)은 매일 아침에 방송되는 프로그램으로 남녀 가수의 듀엣이었으며, 〈싱싱싱〉(11:05~35)은 일요일 프로그램으로 전속가수가 모두 출연했다. 공개방송 출연 프로그램으로는 직장대항 〈가요대전〉(1959. 4. 15), 〈히트퍼레이드〉(1959. 4. 15), 〈가요콩쿠르〉(1962. 9. 1), 〈MBC 리셉션〉(일, 17:00~20, 1962. 9. 1) 등이 있었다. 이밖에 대외행사(시민위안 재건풍년회, 주부 밤즙기대회 등)와 부산시의 기념행사 및 군 위문방송에 출연해 즐거움을 선사하고 부산 MBC의 위상을 높였다. 노래 외 진로 CM송이 크게 각광을 받은 이

37) 제1기 전속가수 양병철 인터뷰 증언, 2009. 9. 22. 이 증언에 의하면 김지곤은 1기생 선발 후 도중에 전속가수로 발탁되었다.
38) 《부산문화방송 10년사》, 166쪽; 《부산문화방송 20년사》, 112쪽.
39) 이경화, 전속가수 사령장, 1962(단기 4295). 5. 1.
40) 윤음동 인터뷰, 2009. 12. 21.

후 CM송에 대한 수요가 많아지자 가수들은 라이브로 CM송을 부르기도 했다. 훗날 부산MBC 전속가수는 가요계에 진출하여 한국 대중가요사의 한 페이지를 장식했다.

양병철: (전) 부산가요작가협회회장
정풍송: 작사·작곡가
〈웨딩드레스〉(노래 한상일),
〈친구여〉(노래 조용필), 〈허공〉(노래 조용필) 등
진송남: 가수
〈덕수궁 돌담길〉, 〈인정사정 볼 것 없다〉, 〈과거〉
윤음동: 작사·작곡가
〈붉은 입술〉(노래 나훈아), 〈나는 남자다〉, 〈후회합니다〉

(2) 성 우

전속성우는 첫 개국시에는 구성되어 있지 않았다. 그러나 기본편성에 방송극이 편성되어 있었으므로 당장의 필요를 해결하기 위해 서울에서 박재원, 이승길, 이효수 등 8명을 스카우트해 투입했고, 지방연극계의 협력도 받았다. 이후 전운 등 제1기 성우를 선발해, 전속가수와 함께 수습교육에 들어갔다. 교육내용은 전속단별로 따로 실시한 것이 아니라 동일한 내용을 같이 수강했다. 이어, 제작비 문제로 잠시 폐지되었던 방송극 부활을 앞두고 1960년 2월 7일에 제2기 성우를 선발했고, 1961년 9월 22일에도 5명을 선발했다.[41] 성우실 규모는 정규가 10명 내외, 프리랜서가 10명 내외, 모두 20명 정도로 규모가 아주 컸다. 전속성우들은 〈엄마하고 나하고〉, 〈예술극장〉, 〈입체극장〉, 〈일일연속극〉과 〈가요와 인생〉 등에 출연해 방송

41) 《부산문화방송 10년사》, 166쪽.

극의 인기를 높였다. 성우들이 출연한 방송극은 여성은 물론 남성청취자들도 애청하는 프로그램이었다. 당시는 휴식시간을 즐길 수 있는 오락의 종류가 단순해 방송극이 오락기능을 대신했기 때문이다. 이처럼 부산에서 전속성우들이 뿌린 방송극의 씨앗은 이후 잇따라 개국한 여러 민방들의 방송극 전성기 시대를 활짝 열었다. 방송극은 밤시간대에 본방송으로 편성되었고, 이튿날 오전 시간대에 재방송으로 내보냈다.

전속성우들은 대개 별도의 연극단에 소속되어 있었기 때문에 자신들의 극단과 방송극의 출연을 병행해나갔다. 따라서 연기의 수준이 아주 높았으며, 훗날 부산시 문화상 수상자도 탄생했다(연출가 고 설상영, 연기자 전성환). 이들은 지역사회의 방송예술인으로서의 사명감과 자부심으로 연극의 불모지인 부산에서 연극의 꽃을 피우는 데 선구자적 역할을 했다.

(3) 어린이 노래회

어린이 노래회는 전속단 중에서 유일하게 개국 전에 구성된 전속단이다. 전속경음악단·성우·가수는 개국 후에 구성되었으나 어린이 노래회만은 개국 약 1개월 전에 구성되었다. 첫 선발은 1959년 3월 27일~28일 양일간에 이루어졌으며, 선발인원은 31명으로 초등학생 3~5학년 26명, 어린이 극회회원 5명이었다.[42] 이후 매년 신규로 선발해(1960. 1. 3, 1962. 1. 6) 자연스럽게 신·구 교체를 했다. 이밖에 6~8세까지의 아기노래회도 구성했다. 어린이 노래회는 '어린이에게 꿈을, 청년에게 이상을, 가가호호에 위안을'이라는 사시의 정신에 따라 육성되었으며, 출연 프로그램으로는 어린이대상 프로그램인 〈어

---

42) 《부산문화방송 10년사》, 106~107쪽.

깨동무 내동무〉(월~일, 07:10~20, 1959.4.15), 주말 공개방송 〈어린이 상타기〉(일, 18:40~19:00, 1959.4.15) 등 어린이 프로그램에 출연해 어린의 정서함양과 교육적 효과를 제고했다. 어린이 노래회 역시 대외행사에 출연했고, 1961년 12월 2일 서울 한국문화방송 개국행사에 우정 출연했다. 초창기부터 안으로는 방송프로그램 제작과 편성의 다양화에 기여하고 밖으로는 부산MBC의 이미지를 드높였던 각종 전속단은 성우실 일부 인원을 제외하고는 1973년에 모두 해체되었다. 개국 14년 만의 일이었다.[43] 이러한 현상은 본격적인 네트워크체제에 따라 키사의 중계프로그램이 늘어나는 반면 로컬프로그램이 크게 줄어들자 전속단이 출연하는 프로그램이 점점 없어지면서 방송경영 개선에도 도움이 되었겠지만 크게 보면 민방 또한 권력과 자본의 중앙집권현상이라는 역기능으로 나타난 지방소외현상으로 볼 수 있는 것이다.

43) 《부산문화방송 20년사》, 222~223쪽.

6. 맺는말

부산MBC는 '새 방송의 이미지'를 살린 프로그램 제작과 방송편성을 통해 청취율을 확보하려고 노력했다. 그것은 운영재원을 오직 광고료에 의존하는 상업방송의 필수적인 선택이었다. 부산MBC는 우리나라 첫 민간상업방송이라는 그 태생적 특성으로 볼 때 프로그램과 방송편성에서 개방적 · 오락적 · 대중적 요소를 가미하여 청취율 제고와 광고주 확보에 총력을 기울였던 것이다. 부산MBC 초창기의 편성과 프로그램은 당시 청취자들의 인구사회학적 특성과 부산지역의 경제적 환경의 특성, 방송매체적 환경의 특성과 방송법제적 특성이라는 외부적인 방송환경에 대응하여 나타난 결과로서, 방송경영자의 기본편성방향 제시와 이에 준한 편성책임자의 편성작업이 구체화된 산물이라고 하겠다. 또 전파의 공공성에 입각해 교육 · 문화 · 교양 등의 부문에 편성상의 배려를 했다는 점을 들 수 있다. 상업방송이면서도 방송의 문화교양적 기능에 등한시하지 않았던 것이다.

부산MBC의 전체적인 편성의 모습은 청취자들에게 '필요한 것'을 주기보다는 청취자들이 '원하는 것'을 주는 것, 즉 오락위주의 편성이 그 기조를 이루고 있다. 그것이 부산MBC로 하여금 방송시장에서 성공을 거두게 한 요인이 되었다. 뿐만 아니라 부산MBC의 성공은 이후 한국 민방의 전성시대를 여는 소중한 역사적 경험을 제공했다는 점에서 그 의의를 과소평가할 수 없다.

▪참고문헌

김능화, 《아직도 끝나지 않은 화두》, 간경도감, 1998.
김양화, 《긴 세월 짧은 얘기》, 해당, 2005.
김영희, "한국의 라디오시기의 라디오 수용현상," 〈한국언론학보〉 47권, 2003.
김지문, 《TV편성현장 보고서》, 커뮤니케이션북스, 1998.
노기연, 《방송산업과 경쟁》, 한올아카데미, 2007.
방송문화진흥회 편, 《방송대사전》, 1990.
부산문화방송, 《부산문화방송 10년사》, 1969.
______, 《부산문화방송 20년사》, 1979.
______, 《부산문화방송 30년사》, 1989.
부산상공회의소, 《부산상공회의소 백년사》, 1989.
부산시, 《제 1회 부산시통계연보》, 1962.
______, 《제 2회부산시통계연보》, 1963.
손용, "방송프로그램 편성의 시대적 변천," 〈방송과 문화〉, (주) 문화방송, 1991.
신응현, 《방송저널리즘》, 범문사, 1988.
양병철, "MBC와 나, 그대로 달렸으면," 《부산문화방송사우회 10년》, 부산문화방송사우회, 2002.
윤병일, "우리나라 방송편성의 변천," 〈방송연구〉, 방송위원회, 1986, 겨울호.
______, "라디오방송 편성의 변화," 〈방송연구〉, 방송위원회, 1988, 겨울호.
(주) 문화방송, 《문화방송 30년사》, 1992.
한국방송협회 편, 《방송보도론》, 나남, 1993.
한국방송협회, 《한국방송 70년사》, 1997.
한국은행, 각 연도 통계.
황성호, "음악문화에서 방송매체의 생산적 기능," 〈방송시대〉, 한국방송 프로듀서연합회, 1994, 봄·여름호.

제3장

방송광고의 전설

곽근수

1. 방송광고의 개척

2007년, 우리나라의 방송사들을 통해서 집행된 방송광고의 총액은 약 3조 2천여억 원이었다. 이 가운데 지상파방송이 2조 3천여억 원, 케이블TV와 위성방송, DMB방송 등이 8천 5백여억 원에 달했다.[1] 1959년 4월 15일(수요일) 오전 6시 30분, 대한민국 최초의 민간상업방송인 부산MBC가 첫 프로그램 〈희망의 서곡〉을 송출하고 15분 뒤, 이날의 네 번째 프로그램 〈마음의 하모니〉가 방송되었다. 5분간 방송된 이 프로그램에서 대한민국 첫 라디오 CM인 'OB맥주'의 광고가 방송되었다.[2] 당시 이 프로그램의 시급(時級)은 C였고, 1개월간의 광고요금은 11만 환이었다.

2008년 현제, 세계 광고시장에서 우리나라의 광고집행액은 10위권

---

1) 제일기획 브랜드마케팅연구소, 《광고연감 2008》, 1073쪽.

2) "풍성하게 넘치는 신선한 맛 OB. 만나면 OB. OB 맥주!" 상품명인 OB를 반복하는 반복주입식의 광고였다. 당시 광고규제가 없던 시대여서 이른 아침 시간대에 주류광고가 나갈 수 있었다.

에 들어 있고, 광고대행사 제일기획이 2008년에 3억 달러의 수주액을 기록해 세계 50대 광고대행 그룹에서 15위를 차지해 선진국의 메이저 에이전시(*major agency*) 못지않은 위상을 차지하고 있다. 이 모든 기록들이 1959년 4월 15일에 출발한 부산MBC의 라디오방송 광고 역사에 뿌리를 두고 있다. 우리나라 광고산업은 1970년대 후반부터 기반을 다지기 시작하여 1980년대의 고도성장기를 거쳐, 2000년대에는 소비자의 라이프스타일 변화와 광고매체의 첨단, 다변화 물결에 힘입어 시장규모가 더욱 확대되어 가고 있다.

처음에 그려진 대한민국 제1호 민간상업방송의 모습은 아주 당돌하고 야심찬 표정이었고 그만큼의 패기와 도전정신으로 무장되어 있었다. 방송의 실체를 전혀 겪어보지 못했던 한 평범한 사업가(김상용)와 일본에서 무선관련 교육을 받고 부산에 와서 조선방송협회의 기술직과 해방 이후 광복동 변화가에서 소리사[3] 사업을 했던 한 전파기술자(정환옥)가 만나서 당시 누구도 꿈꾸지 않았던 한국 최초의 민간상업방송을 출범시켰으니 그야말로 무에서 유를 만들어낸 대단한 사건이었다.

이들이 민간상업방송을 시작하면서 대외적으로 내걸었던 명분은 “바다 건너 일본에서 건너와 우리의 안방을 헤집고 다니는 일본전파를 막겠다”는 것이었다. 실제로 이들이 롤모델로 삼았던 민방의 시스템은 당시 탄탄한 터전을 이미 닦고 있었던 일본 민방들이었다. 일본 민방들이 저렇게 잘 나가는데, 우리라고 못할 게 없다는 배짱과 희망이 이들로 하여금 무에서 유를 만들 수 있도록 부추긴 동력이 되었을 것이다. 본 에세이는 한국 최초의 민간상업방송으로 1959년 4월에

---

3) 1950년대에서 1970년대까지 우리나라의 전파상들은 ‘소리사’라는 간판을 달았다. 주로 라디오나 TV를 판매하고 수리하는 사업이었다. 서울의 ‘기쁜 소리사’ 등은 당시 유명한 전파상이었다.

태동한 부산MBC 초기의 방송광고의 사정들을 살펴보면서 민방의 선각자들이 남긴 족적의 의미를 다시금 새기고, 아울러 부산MBC의 방송광고와 관련된 국내의 전문서적들이 간과하거나 누락시켰던 자료들을 정리하는 데 역점을 두었다.

부산MBC가 방송광고를 시작한 1959년 4월 15일, 그날 이후 서울MBC가 태동하는 1961년 12월까지의 2년 8개월, 한국 땅 그 어디에도 CM 카피라이터, 광고전문 PD, 광고대행사, CM송 작곡가, CM 스튜디오 등 방송광고를 만들어내는 전문가나 집단은 존재하지 않았다. 때문에 라디오 프로그램을 제작하는 PD가 광고카피를 쓰고 녹음은 성우, 가수, 아나운서가 동원되었다. 광고의 표현형식도 하이톤(*high tone*)으로 외치는 방식인데다 카피의 내용도 이미지보다는 상품에 대한 직접광고가 대부분이었다. 게다가 광고카피를 써본 경험도 없었고, 광고 크리에이티브(*Creative*)에 대한 정보를 획득할 만한 관련도서도 빈약했던 시절이었다. 부산MBC 창사 당시의 광고 관련 요원들이 오직 기댈 곳은 일본 민방의 광고였다. 그래서 일본 민방의 라디오 광고는 부산MBC 광고의 모범답안이었다. 요즘 표현으로는 일종의 벤치마킹일 테지만 당시의 형편에서는 거의 베끼는 수준이었다.

실제로 그 무렵 일본 민방은 부산MBC 태동에 깊은 영향을 미쳤다. 부산에서 민방을 시작한 것부터 그렇지만 프로그램이나 광고 역시 일본 방송을 듣고 프로그램 포맷을 개발한다거나 CM의 구성을 반영하는 경우가 많았다. 게다가 당시 개국요원 대부분이 연령적으로 일본어를 비교적 자유롭게 구사하는 세대였으므로 더욱 그러한 경향으로 흐를 수밖에 없었다. 그 밖에 달리 참고할 모델이 없었던 것도 사유가 될 만했다.

또 하나의 중요한 사실은 1958년 하반기부터 부산MBC의 설립을 준비하는 단계에서 당시 우리나라의 주요한 경제·사회·문화와 관련된 각종 지표(指標), 특히 부산지역 시민들의 구매력, 수신기 보급 현황, 부산지역 산업체 및 상공인들의 민간상업방송에 대한 이해의 정도, 프로그램 장르에 따른 제작비, CM 제작 전문인력, 신문 등 인쇄매체 광고시장에 대한 정보 등 광고수입만으로 경영해야 하는 민간상업방송 설립에 따른 구체적인 준비는 과연 얼마나 치밀하게 이루어졌을까 하는 문제이다. 부산MBC보다 8년 앞선 일본 민방의 경우는 과연 어떤 준비를 했을까? 일본 민방을 롤모델(*role model*)로 삼아 설립의 기치를 들었으니 마땅히 그들의 경우를 살펴볼 필요가 있을 것이다. 이를 위해, 선행 연구서인 신인섭 선생의 저서 《일본의 광고》에서 대부분의 자료를 인용했음을 미리 밝혀 둔다.

2. 일본 민간상업방송의 경우

일본을 점령한 미국은 1947년에 대일(對日) 점령계획의 변화를 꾀하면서 민간방송의 허가를 검토하기 시작하였고 그해 10월 16일자로 점령군사령부는 방송관계 법안에 대한 기본방침을 제시한 각서를 일본 우정성(郵政省)에 보냈다. 이 각서를 통칭 '페이스너 메모'라고 불렀는데, 그 메모 가운데 하나가 "NHK에 의한 독점방식을 개정하여 장차 경제사정이 허용할 때는 NHK와 민간방송사업의 이원화를 채택한다"는 내용이었다. 이러한 방침에 따라 방송법, 전파법, 전파감리위원회법 등 이른바 전파3법이 제정, 공포된 것이 1950년 6월 1일이었고, 이로써 민간방송 출범의 길이 열렸다. 초창기의 민방 신청자는 신문사, 광고대행사, 종교계, 상공회의소, 증권거래소, 통신기 메이커, 지방자치단체 등 다양했다. 첫 민간방송 전파는 나고야〔名古屋〕시의 '중부일본방송'으로 1951년 9월 1일 오전 6시 30분에 발사되었다. 같은 날 오사카〔大阪〕에서는 '신일본방송'이 개국 첫 전파를 방송했는데, 이 두 방송사에서 일본 최초의 CM송 〈나는 아마추어 카메라맨〉이 소개되었다.[4)]

당시 일본은 6·25전쟁이라는 특수경기를 타고 수출이 급증했고 2년에 걸쳐 국민소득 증가율이 무려 16.15%에 이르는 성장을 거듭했다. 따라서 국민생활도 제2차 세계대전 전 수준으로 회복되어 소비도 2년 연속 상승했다. 이러한 국내 호경기 속에 민방 제1호격인 중부일본방송(나고야), 신일본(新日本, 오사카), 아사히방송, 라디오도쿄〔東京〕 등이 개국했던 것이다. 방송광고도 일찍 출발한 민방의

4) 신인섭, 《일본의 광고》(나남, 1993년), 105쪽.

경우 아직 경험이 부족한 분야임에도 불구하고 그 효과가 예상을 뛰어넘어 CM을 내보낸 상품의 매상이 40배에 이르는 예도 나타났다. 스폰서의 반응도 호의적이어서 앞서 개국한 방송사는 개국하자마자 빠른 시일 내에 흑자경영을 하게 되었다. 그러나 제2진으로 출발한 민방의 경우는 불운하게도 2년 연속 불황을 맞았다. 6·25전쟁의 휴전회담이 재개되고 1953년에 스탈린이 사망하는 등 세계경제가 불황으로 치달으면서 일본의 무역수지가 3억 천만 달러의 적자를 기록했기 때문이었다.[5]

그런데 일본의 경우도 초기엔 CM(*Commercial Message*)에 관한 전문가가 거의 없었다. 당시 CM에 관한 유일한 경험자로 만주 방위산업에 근무하던 가나자와 가쿠타로〔金澤覺太郞〕가 수소문 끝에 동경방송에 영입되었다. 그럼에도 불구하고 중부일본방송과 신일본방송(현 매일방송)은 개국 초년부터 3억 엔의 광고비 수입을 올려 흑자경영을 기록했고, 이듬해인 1952년에는 무려 7배나 성장한 22억 엔의 광고비 수입을 얻어 잡지광고의 수입을 넘어섰다. 뿐만 아니라 공영방송인 NHK를 자극해 오후 7시에서 9시대에 이르는 프라임타임에 편성되어 있는 오락프로그램의 강화로 라디오 전성시대를 여는 계기를 마련하기도 했다.

라디오 방송의 전파료는 방송사의 출력, 가청지역(可聽地域)의 면적과 경제적 기반 등을 기준으로 프로그램 및 스폿CM의 길이(10초, 20초 등), 방송요일, 시급에 따른 방송요금표가 공표되었다.[6] 광고료 책정과정에서는 그들보다 먼저 광고방송을 시작한 미국 민방의 경우를 참고로 했다. 그러나 프로그램 제작시스템이 미국은 외주제작

5) 九州朝日放送, 《九州朝日放送 30年史》, 1983, 36~37쪽.

6) 한국방송광고공사, 《일본의 방송광고》, 194~206쪽.

인데 비해서 일본은 자체제작이었기 때문에 전파료를 주 수입원으로 계상하고 프로그램 제작비는 실비를 받는 것을 원칙으로 삼았다.

1951년, 일본의 추정광고비는 약 240억 엔이었다. 라디오 도쿄의 경우, 일본 전체 광고비의 약 30% 정도가 가청구역에 투입된다고 보고 그 가운데 10%, 즉 7억 3천만 엔을 라디오 광고수입으로 예상했다. 이런 계산이라면 도쿄에 2개의 민방이 세워진다고 해도 경영은 넉넉할 것이라는 전망이 가능했다. 라디오 도쿄는 신문광고료도 참고했다. 《마이니치신문 10년사》에 이와 관련한 다음과 같은 기록이 있다.

당시 도쿄 3대 신문의 전국판 1단 광고료가 대략 15만 엔, 3개지 합계 45만 엔이었다. 그런데 라디오 도쿄 서비스 지역 내의 라디오 등록대수는 365만 대로서 3개지의 발행부수와 거의 일치했으므로 이것을 기초로 하고 NHK의 존재 등도 고려해서 골든타임 1시간 요금을 1단 45만 엔의 3분의 1인 15만 엔으로 한다는 선을 제시했다.

그러나 정작 판매를 맡은 광고대행사 덴츠〔電通〕가 이 가격에 난색을 표시해 결국 1시간당 12만 엔으로 결정되었다. 도쿄 이외의 지역 민방인 '신일본방송'과 '중부일본방송'은 이 요금의 3/2를 기준해서 책정되었다. 시급(時給)은 미국의 광고요금표를 참고로 해서 다음과 같이 정했다.

A 클래스 7~10 pm
B 클래스 6:30~8:00 am, 12:00~13:00 및 6~7 pm
C 클래스 기타, 밤 11시까지[7]

일본에서 라디오 방송이 시작된 것은 1925년이었다. 그러나 이 새

7) 신인섭, 《일본의 광고》(나남, 1993년), 107쪽.

로운 매체를 상업화하지 않았다. 다만, 일본 점령군이 주둔하고 있었던 대만(1932년)과 만주(1936년~1940년)에서는 광고를 방송했다. 대만 라디오 방송은 광고방송을 6개월 만에 중단했는데, 이는 일본신문협회의 반대에 부딪쳤기 때문이었다. 라디오 광고방송이 대만의 예를 따라 국내에 도입되면 신문광고가 줄어들고 신문경영에 나쁜 영향을 미친다는 우려 때문이었다.[8)]

그런데 일본민방이 출발 초기부터 흑자를 기록하면서 탄탄한 기초를 다질 수 있었던 것과 일본의 방송광고 발전에 지대한 영향을 미친 것은 일찍부터 전문적인 광고대행사가 있었기 때문이었다. 일본 최초의 광고대행사는 1880년에 설립된 공기당조(空氣堂組)로 알려져 있다. 그후 1886년, 홍보당(弘報堂), 1888년에 광고사(廣告社), 삼성사(三成社), 1901년엔 일본전보통신사(日本電報通信社, 현재의 덴츠) 등이 설립되면서 이후 우후죽순격으로 수많은 대행사들이 문을 열었다. 이에 1943년, 정부(일본 상공성 물가국)가 나서서 광고대행사 통폐합을 시도하여 186개사에 달했던 광고대행사를 12개사로 정리하였다. 아울러 광고 관련단체들도 많이 설립되어 광고에 대한 계몽과 연구활동이 활발해지고, 광고전문서적과 전문지들도 발행되었다.[9)]

부산MBC가 설립되기 1년 전, 1958년에 '아시아 광고회의'를 광고대행사 덴츠가 주관해서 열었고, 1961년엔 덴츠의 제 4대 사장 요시다 히데오〔吉田秀雄〕가 국제광고협회로부터 '올해의 광고인'(*Man of The Year*)으로 선정되는 등 이미 1950년대에 일본의 광고대행사들은 탄탄한 기초를 닦고 있었고, 이들이 민방의 탄생에도 결정적인 역할을 했다. 뿐만 아니라 덴츠 등 몇 개의 대형 광고대행사들은 민방이

---

8) 위의 책, 55~56쪽.

9) 위의 책, 27, 58, 63쪽.

경영난에 부딪치는 경우 자금을 지원하는 경우도 있을 만큼 막강한 자금동원력도 지니고 있었다.

오늘날, 아시아 지역 최대의 광고대행사이자 전 세계 광고회사 랭킹 5위권에 늘 들고 있는 덴츠는 6천여 명의 사원을 거느리고 있는 거대기업이다. 110년의 역사 못지않게 이들이 자랑하는 전통이 있으니, 그것은 덴츠가 금과옥조로 삼고 있는 다음과 같은 '광고인의 용맹 10원칙'이다.

① 일은 스스로 찾아서 하라. 결코 남이 주는 것은 아니다.
② 일은 선수를 쳐라. 결코 수동적이어서는 안 된다.
③ 큰일에 달려 붙어라. 작은 일은 스스로를 작게 만든다.
④ 어려운 일을 노려라. 그것을 이룩해야만 발전이 있다.
⑤ 한 번 잡으면 놓치지 마라. 목적을 이루기까지는 죽어도 놓지 마라.
⑥ 주위를 잡고 흔들어라. 잡는 것과 잡히는 것은 하늘과 땅 차이이다.
⑦ 계획을 갖고 일을 하라
⑧ 자신을 갖고 하라. 자신이 없는 일은 박력도 보람도 없다.
⑨ 머리를 언제나 '풀'로 회전시켜라.
⑩ 마찰을 겁내지 마라. 마찰은 발전의 어머니, 적극적인 비료이다. 그렇지 않으면 당신은 비굴해진다.

게다가 이들은 중국의 고사성어 마부작침(磨斧作針), 즉 "도끼를 갈아 바늘을 만든다"를 좌우명으로 삼는다고도 했다. 이런 회사와 사업을 했던 일본의 민방은 그래서 출발이 좋았던 것이다.

〈표 3-1〉 1920년대와 1930년대에 일본에서 간행된 광고 관련 전문서적

저자	도서명	발행연도	출판사
松官三郎	광고학개론	1924	巖松堂
中川靜	광고와 선전	1924	寶文館
島田昇平	신문과 광고	1925	大阪每日新聞社
新田宇一郎	신문광고의 연구	1928	六合館
出口郁郎	신문광고 17講	1928	萬年社
中川靜	광고론	1930	千倉書房
栗屋義純	광고원론	1931	靑山堂書店
栗屋義純	광고통론	1933	學文堂

〈표 3-2〉 광고 관련 잡지

광고계(廣告界)	誠文堂	1925년
광고논총(廣告論叢)	萬年社	1926년
ア フィッ シュ	七人社(文雅堂)	1927년
광고연구(廣告硏究)	廣告硏究所	1929년

3. 광고시장 환경

1) 신문광고

우리나라에서 광고라는 낱말이 맨 먼저 기록에 나타나는 것은 1883년 11월 20일자 〈한성순보〉(漢城旬報) 제 3호에 소개된 "회사설"(會社說)이라는 기사다. 회사라는 것이 무엇인가를 설명한 이 기사에서 광고라는 말이 처음 나오는 부분은 다음과 같다.

> 제 1조. 처음으로 회사를 설립하고자 하는 자는 주지(主旨)를 세상 사람들에게 광고하여 동지(同志)를 얻는다.

그런데 이것은 기사 속에 등장한 표현이고, 실제로 광고라는 낱말을 사용한 광고가 처음 나타난 것은 1886년 6월 28일자 〈한성순보〉에 게재된 2개의 일본 광고주의 것이다. 그 첫줄을 보면 다음과 같다.

> 紺色緋色其他各色染液製造及染揚法傳受廣告 日商廣告

이를 풀이하면, "감색, 비색, 기타 염색액의 제조와 염색하는 방법을 전수하는 광고."

그러나 〈한성순보〉는 광고를 게재하지 않고 있다가 1886년에 주보(週報)로 바뀌면서 광고를 싣겠다는 내용의 사고(社告)를 냈다.[10] 결과적으로 한국 최초의 근대광고는 1886년 2월 22일자로 발행된 〈한성주보〉 17, 18쪽에 실린 '德商世昌洋行告白'이라는 첫 줄로 시작된 24행 광고였다.

---

10) 신인섭, 《한국광고사》(나남, 1968), 22쪽.

獨逸商社 世昌洋行 廣告

알릴 것은 이번 저희 세창양행이 조선에서 개업하여 호랑이, 수달피, 검은 담비, 흰 담비, 소, 말, 여우, 개 등 각종 가죽과 인발(人髮), 소, 말, 돼지의 갈기털, 꼬리, 뿔, 발톱, 조개와 소라, 담배, 종이, 오배자, 옛 동전 등 여러 가지 물건을 사들이고 있습니다. (중략) 소매상이든 도매상이든 시세에 따라 교역할 것입니다. 아이나 노인이 온다 해도 속이지 않을 것입니다. 바라건데 저희 세창양행의 상표를 확인하시면 거의 잘못이 없을 것입니다. (후략)[11]

〈한성주보〉 이후 한국광고 발달과정을 보면 1886년부터 1910년 한일강제합방까지는 〈독립신문〉, 〈협성회 회보〉(뒤에 〈매일신문〉으로 바뀜), 〈황성신문〉, 〈대국신문〉, 〈대한매일신보〉 등 구한말(舊韓末) 민간신문의 창간에 따라 국문 또는 영문광고가 실렸다. 일제(日帝)의 무단정치 시기에는 민간신문들이 사라지고, 단지 총독부의 기관지만이 남게 되어 광고도 암흑기를 맞게 된다. 1910년 8월 22일, 한일합병으로 기존 신문을 모두 폐간시키고 서울에는 국문(國文) 〈매일신보〉, 일문(日文) 〈경성일보〉, 영문(英文) 〈서울프레스〉만이 각각 총독부의 기관지로 남게 됨으로써 민간지는 자취를 감추게 되고 아울러 신문광고도 흔적을 감추었던 것이다. 이른바 광고 암흑기가 시작된 것이다.

1919년 3·1운동을 계기로 일제의 무단정치가 문화정치로 바뀌고, 〈조선일보〉와 〈동아일보〉가 창간되면서[12] 광고도 다시 등장하게 되

11) 위의 책, 23쪽.

12) 1920년 3월 5일, 상공인 단체인 '대정실업친목회'의 조진태·예종석·민영기 등에 의해서 〈조선일보〉가 창간되었고, 〈동아일보〉는 〈조선일보〉보다 한 달 늦은 4월 1일 총독부 기관지 〈매일신보〉 편집국장 출신

었다. 다만 일본의 식민지였던 탓으로 광고도 일본의 영향을 많이 받을 수밖에 없었다. 광고는 주로 일본의 것이었고, 광고문의 표현이나 관례도 모두 일본식을 따랐다. 이 당시 한국 기업으로는 조선매약, 화평당약방, 유한양행, 화신백화점 등의 광고주가 있었다. 광고표현에서는 과대광고와 비방광고가 많이 있었고, 대체로 활자만을 가지고 만든 광고가 압도적이었으나 때로는 상표·상품·상품명 등의 일러스트가 있었고 더러는 매우 유치한 광고카피도 있었다.

1921년에는 일본 광고회사 덴츠가 〈동아일보〉 전면에 걸쳐 축하광고를 게재한 일도 있었다. 그러나 〈동아일보〉와 〈조선일보〉가 제 2차 세계대전이 시작되기 전인 1940년에 폐간되면서 다시 광고는 급격한 쇠퇴의 길을 걸을 수밖에 없었다. 1945년 해방과 더불어 우리말 신문이 되살아나고, 일간지와 주간, 순간 등 정기간행물이 쏟아지면서 활기를 찾는 듯했으나 광고의 양과 표현은 해방 전에 비해 나아진 게 별로 없었다.[13]

해방으로 인한 사회적 혼란, 6·25전쟁과 남북분단의 결과로 당시의 경제는 거의 파산상태였다. 따라서 신문사의 광고수입은 매우 낮은 수준이었다. 기업은 광고의 필요성을 생각할 형편이 되지 못했고, 무엇보다도 광고할 상품이 없었다. 국내 광고물량의 대부분을 차지하던 의약품 광고도 자취를 감추게 되었는데, 1941년 태평양전쟁 발발시 기업 정비령이 시행됨에 따라 국내 제약회사는 모두 합병되었고 모든 의약품은 군수용으로 전용되어 시중에 내다 팔 의약품이 거의 없었기 때문이었다.

1950년대는 한국경제의 발아기로 기업의 광고활동도 걸음마를 시

이상협을 발행인으로 박영효를 사장으로, 일본 유학을 다녀온 20대의 지식인 김성수를 주주대표로 하여 창간됐다.

13) 신인섭, 《세계의 광고》, 언론연구원총서, 34~35쪽.

〈표 3-3〉 정기간행물 현황(1947.9 현재)

지역명	일간	주간	반월간	월간
서울	40	54	10	129
경기	4	2	0	6
강원	2	0	0	0
충북	1	1	0	1
충남	1	1	0	2
전북	3	0	0	1
전남	10	1	0	2
경북	7	4	0	7
경남	16	5	2	6
제주	1	0	0	0
계	85	68	12	154

출처: 《한국신문연감 1968》.

작하였다. 이 당시 설립된 기업으로는 1953년 대한모방, 한국모방, 동양정밀, 대한제분, 제일제당, 태평양방직, 반도상사 등이, 1954년에는 동국제강, 애경유지, 제일모직, 동산유지 등이, 1955년에 한국타이어, 태창방직, 한국유리공업, 시발자동차 등이 있다. 1950년대 이후는 다시 제약광고의 시대라 할 수 있다. 1896년에 최초의 의약품 광고가 시작되었으나 근대적 의미의 광고는 1950년대 6·25전쟁이 끝난 후 수입의약품의 판매광고를 시작으로 점차 국산화로 이어지면서 국산의약품의 광고로 전환되면서부터이다.[14)]

부산MBC가 탄생된 1959년에 〈한국일보〉가 우리나라 최초로 '광고작품상'을 제정하였고, 사진작가 김한용 역시 최초의 상업사진연구소를 차려 인쇄매체를 대상으로 전업(專業) 상업사진작가로 등장한 것

14) 김문성, 《한국광고 100년》(http://knp.adic.co.kr).

도 1959년의 일이었다. 1960년엔 최초의 광고전문지 〈새광고〉[15]가 창간되었고, 정기간행물의 허가제가 폐지됨에 따라 인쇄매체의 등록이 폭주하는 현상도 그해에 나타났다. 한편 1961년, 고려대 출신의 황창규가 광고와 관련된 논문으로 석사학위를 받아 이 분야의 제 1호 석사로 기록되었다. 대학에 광고학과가 설치된 것은 1974년이었다.

한국 최초의 광고전문지

2) 방송광고

신문, 잡지 등 활자매체의 광고에 비해 방송매체의 광고는 그 역사가 매우 짧다. 우리나라 방송의 역사를 1927년부터라고 하지만 광고방송을 시작한 상업방송의 등장은 불과 50여 년에 불과하다. 우리나라의 방송광고는 텔레비전에서 시작되었다. 1956년 5월 12일, HLKZ TV[16]의 개국방송에서 당시 민의원 의장이던 이기붕의 축사 이후, 영창악기의 전신인 영창산업의 〈유니버설 레코드아워〉라는 버라이어티 쇼가 방송되었다. 이 프로그램에서 "최고의 전통, 최고의 기술을 자랑하는 유니버설의 깨지지 않는 레코드가 나왔습니다"라는 유니버설 레코드 광고는 우리나라 최초의 방송광고로 기록되었고, 영창산업은 최초의 방송광고주가 되었다. HLKZ TV의 광고방송은 대부분

15) 신인섭·서범석 공저, 《눈으로 보는 한국광고사》(나남, 2001), 64쪽; 〈새광고〉는 1960년 9월에 '한국광고사'에 의해서 월간으로 창간되었으나 1년을 넘기지 못하고 폐간되었다.

16) 미국의 TV 메이커 RCA의 자금지원을 받아 황태영이 설립했다. 회사명은 KORCAD TV였다. 그러나 경영부진으로 1957년 5월에 〈한국일보〉에 인수되면서 '대한방송주식회사'로 사명이 변경되었다.

방송국에서 직접 슬라이드로 제작하였다. 이 시기의 방송광고 시장의 규모를 정확하게 파악하기는 어렵지만 열악한 규모로 추정된다. HLKZ TV가 경영난으로 결국은 〈한국일보〉에 인수되었기 때문이다.[17] 당시, 〈한국일보〉는 중앙지들 가운데서도 가장 역동적인 광고조직을 갖고 있었다. 실제로 HLKZ TV의 광고영업을 개국 당시부터 〈한국일보〉 광고국이 대행했기 때문에 이러한 경영의 변화는 일견 자연스러운 측면도 있었다. 제작수준은 초보단계였다. 다만 프로그램 타이틀에 스폰서의 이름이 들어갈 수 있을 만큼 광고표현은 자유로웠다.

한편 주한미군이 운영하던 방송인 AFKN도 1957년 9월 15일에 텔레비전 방송을 시작했다. 개국 초기에 영화와 키네스코프라는 텔레비전 녹화필름을 방송했는데, 미국 내에서 방송하던 광고도 그대로 방송하고 있었다. 그러나 국내의 강력한 항의에 AFKN은 광고를 삭제하고 방송하게 된다.

1954년 12월 15일, 기독교방송(基督敎放送: CBS)이 출범하게 됨으로써 민간 라디오방송 시대가 열리게 되었으나 당시의 CBS는 상업방송을 하지 않았다. 그러다가 1959년 4월 15일, 부산MBC 방송사가 탄생하면서 라디오 광고의 시대가 본격 개막되자 CBS도 광고방송을 시작하기에 이른다. 이때의 에피소드 하나를 소개한다.

기독교방송이 광고방송을 시작하면서 한 번은 드링크 광고에 "음주전후 … 운운" 하는 CM이 방송되었다. 그러자 목사들의 빗발 같은 항의가 전화통에 불을 질렀다. 그후 며칠 안 되어서 십여 명의 목사들이 몰려와서 기독교 복음을 전하는 방송국에서 음주 전후라는 용어

17) 김민환, "한국 방송광고의 발달사"(http://cafe.naver.com), 제2장 자본주의 형성기 중 '방송광고' 항목에서 인용.

를 함부로 방송하는 것은 온당하지 못한 처사라고 비난하는 항의소동을 벌였다. 그런가 하면 1962년 당시 종교과장을 맡고 있던 정인희 목사는 직원들의 아침예배 시간에 다음과 같은 기도를 올렸다.

> 주여, 여기는 당신의 복음을 전하는 곳입니다. 여기에서 천박한 상업방송의 CM이 방송되는 것은 당신을 욕되게 하는 일입니다. 그러므로 주여, 여기에서 전파를 타고 나가는 모든 상업방송을 금지시켜 주옵소서. 그렇지 않고서는 … .[18]

〈표 3-4〉 우리나라 가구의 소비지출(1961년)

도시별 전 가구 소비지출				
	1961년	1961년	1961년	1961년
	전 도시	서울	전 지방도시	부산
조사가구수(가구)	1,518	571	947	217
가구인원수(명)	6.3	6.4	6.1	6.1
취업인원수(명)	1.1	1.2	1.1	1.1
소비지출(천 환)	75.2	98.2	61.4	59.4
음식물비	33.4	39.8	29.6	28.3
주거비	12.8	18.7	9.3	8.3
광열비	4.9	5.7	4.5	3.8
피복비	6.1	8	4.9	5
잡비	17.9	25.9	13.1	14
현물지출총액(천 환)	1.6	2.1	1.3	1.4

출처: 한국은행조사부 자료.

18) 한국방송협회, 《한국방송사》, 868쪽.

부산MBC가 탄생했던 1959년, 우리나라의 1인당 국민소득은 미화 81달러에 불과해 지구상에서 가장 가난한 국가의 하나였다. 게다가 〈표 3-4〉에서 보듯이 부산MBC가 개국한 2년 후인 1961년의 부산지역 가구당 소비지출은 전국 최하위인 5만 9천 4백 환이었고(당시 양복 한 벌 값은 약 3만 환이었다), 엥겔계수가 47.6에 달하여 총소득에서 거의 절반을 먹는 데 써야만 했던 실정이었다. 일본통치 36년간 착취되었던 우리 경제는 1950년에 발발한 6·25전쟁으로 전국은 폐허가 되었고 그나마 가동되고 있었던 몇 곳 안 되는 산업시설마저 깡그리 망가진 형국이었다. 따라서 기존 활자매체에 의존하던 광고마저도 겨우 명맥을 유지할 정도였으니 하물며 방송에서 광고를 다룬다는 것은 꿈도 꾸지 못하고 있었던 상황이었다.

4. 방송광고의 탄생

1) 부산MBC의 태동

제 2절에서 소개된 것처럼 일본의 민방은 태동을 위한 준비단계에서부터 비교적 치밀하게 광고시장을 조사했다는 기록이 많이 남아 있다. 특히 '라디오 도쿄'의 경우, 도쿄 3대 신문의 전국판 1단 광고료의 합계를 45만 엔으로 조사하고, 가청지역 내의 라디오 등록대수 365만 대(당시 일본은 라디오를 등록하는 제도를 시행하고 있어서 이 숫자는 비교적 정확한 것이다)가 3개 신문의 발행부수와 거의 일치했기 때문에 이것을 기초로 골든타임 1시간 요금을 1단 45만 엔의 3분의 1인 15만 엔으로 한다는 광고요금을 제시할 만큼 세밀한 준비를 했다.

또한 일본의 초기 민방의 설립은 대부분 신문사, 광고대행사, 종교계, 상공회의소, 증권거래소, 통신기 메이커, 지방자치단체 등 미디어산업의 경영 노하우가 있는 집단이나 단체에 의해 이루어졌지만, 부산MBC는 미디어의 경영은커녕 미디어가 뭔지조차 잘 모르는 한 개인 사업자와 경성방송의 기술자 경험을 살려서 조그마한 전파사를 운영하고 있었던 엔지니어에 의해서 설립되었으니 출발부터가 현격한 차이가 있었다.

라디오 도쿄가 개국했던 1952년, 도쿄의 라디오는 365만 대였고, 부산MBC가 개국했던 1959년의 서울의 라디오는 113,416대, 경상남도는 43,517대였다. 일본은 1955년경부터 고도성장기에 접어들어 실질 경제성장률이 연평균 10%에 달하였으며, 그로 인해 라디오의 보급도 엄청난 확장에 접어들었고 이에 힘입어 민방은 설립초기부터 흑자경영을 할 수 있었다.

〈표 3-5〉 라디오 보급조사표

지역	년도	1959	1960	1961
경상남도	계(대)	43,517	65,971	~
	# 라디오(대)	43,468	65,901	83,501
	천 가구당 보급률	4.1	89.3	113
	스피커	~	~	9,223
	기타	~	~	1,449
	# 신문(개)	~	~	147,715
	천 가구당 보급수	~	~	200
	조선일보	~	~	6,703
	동아일보	~	~	26,717
	경향신문	~	~	8,954
	한국일보	~	~	7,946
	민국일보	~	~	2,841
	기타 중앙지	~	~	6,393
	각 지방지	~	~	87,734
	# 일본신문	~	~	179
	외국신문	~	~	248
	종업원(명)	~	1,028	~
	남자	~	106	~
	여자	~	922	~

출처: 《한국통계연감》, 통계청(http://kostat.go.kr).

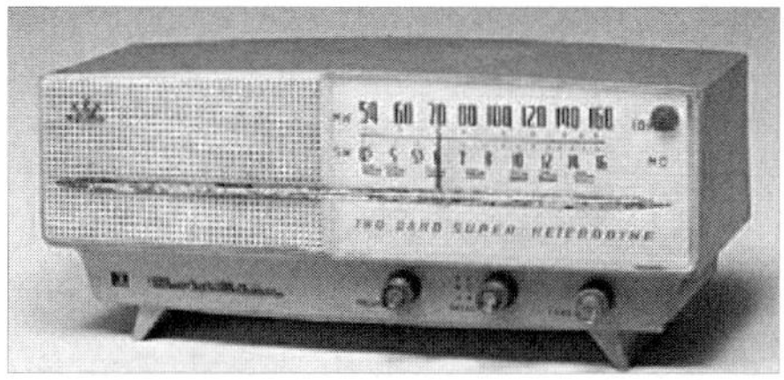

금성사가 생산한 국내 최초의 라디오 A-501

그러나 부산MBC(호출부호, HLKU)가 개국했던 1959년 4월, 시민들이 지니고 있던 라디오는 일제시대부터 사용하던 구형 라디오와 미군부대에서 흘러나온 미국산 라디오, 일본에서 밀수입된 라디오가 전부였다. 우리나라가 라디오를 자체 생산한 시기는 부산 MBC가 개국한 후 7개월이 지난 1959년 11월 15일로, 금성사(지금의 LG전자)에서 진공관식 A-501형 라디오 80대를 생산한 것이 처음이었다.[19]

한 가구당 지출총계가 5만 9천 환이었던 그 시대에 라디오 가격은 한 대에 2만여 환이었으니 집안의 가보쯤으로 생각될 만큼 비쌌고 그런 연유로 소수의 부유층만이 라디오를 가질 수 있었던 형편이었다. 그나마 경상남도를 통틀어 라디오는 4만 3천여 대였으니 부산MBC

19) 금성사는 1959년 11월, 최초의 국산 라디오인 A-501을 만들어냈다. 〈국제신보〉 1959년 11월 4일자에 보도된 내용은 '국산 라디오 등장'이란 제목과 함께 값싸고 외국제품에 비해 손색이 없다는 평을 실었다. A-501 라디오는 왕관마크와 금성의 영문표식 등이 왼쪽에 새겨져 있었고 국산화율은 60%로 우리나라 전자공업 발전에 있어 기록될 만한 일이었다. 이 시스템을 만들어 내기 위해 서독인 헹케(H. W. Henke)를 기술고문격으로 초빙, 판매이익금 중 2%를 지급한다는 조건으로 생산설비 및 부품을 들여온 것이다. 또한 이 제품을 개발하는 데 참여한 사람으로 하동중학교 교사였던 김해수(金海洙) 씨가 금성사가 공채한 1기생으로 기능공 2명과 함께 일본제 라디오인 산요를 모델로 설계를 시작했다. A-501이라는 모델 이름의 A자는 AC(교류전기)에서, 5자는 5구식 라디오란 것이고, 1은 제 1호란 의미였다. 초기 생산은 약 80대로 알려져 있고 5종류의 컬러로 소비자 취향에 따라 선택할 수 있게 했다. A-501의 당시 판매가격은 약 2만 환 정도였다.

가청구역의 라디오는 불과 3만여 대를 밑도는 형편이었고, 청취인구를 최대치로 계상해도 18만여 명에 불과했다(1가구당 6명).[20] 당시 부산의 일간지는 약 7만 부가 발행되었다.

일본의 민방들이 흑자경영을 하는 것에서 용기를 얻었다고는 하지만 당시의 부산 경제수준, 라디오 보급상황, 부산 상공업계의 경영실태는 일본의 그것과는 비교하기 어려운 실정이었다. 게다가 일본 민방은 수십 년간의 광고 관련 노하우를 축적한 광고대행사들의 영업이라는 든든한 배경이 있었지만, 부산은 광고영업에서 광고제작에 이르는 모든 과정을 독립적으로 수행해야만 하는 구조였다. 그럼에도 불구하고 부산MBC는 탄생되었다. 부산MBC 초대사장 김상용과 그에게 민방을 세우자는 제안을 했던 정환옥. 이들이 민방을 설립하겠다는 결의를 굳혔던 사유를 《부산MBC 10년사》는 다음과 같이 기록하고 있다.

> 한편 부산지방은 일본 商放의 영향으로 일반 청취자들의 商業放送에 대한 이해가 국내 어느 지역보다 높은 수준에 있어, 상방 설립의 소지가 마련된 셈으로, 부산지방의 상업발전과 함께 장차 商放이 기업으로서도 성공할 수 있는 전망이 있으며….

부산시민들이 일본 민방을 통해서 들려오는 광고방송에 대해서 비교적 '익숙하다'는 것과 광고방송에 대한 '이해가 높은 수준에 있다'는 것은 내용에서 상당한 차이가 있다고 여겨진다. 방송광고에 익숙하다는 사실만을 갖고 그것을 이해의 정도가 높다고 판단한 것은 문제가 있다는 것이다. 1961년, 부산에 거주하는 약 110만 명의 인구 가운데 12세 이상의 학력구성비를 들여다보면, '국졸 이하'가 71.6%이

20) 〈표 3-3〉 참조.

고, '전문학교 이상'은 불과 3.8%에 지나지 않았다.[21] 역사의 기술에서 "만일"이라는 가정이 부질없는 것이긴 하지만, 만일 그들이 철저하게 당시의 경제지표를 살피고 시장을 조사하고, 라디오 보급현황과 상공인들의 방송광고에 대한 인식이나 이해 등의 문제들을 섬세하게 검토하고 분석했다면 부산MBC는 1959년에 태어나서는 안 되는 방송사였다. 실제로 개국 당시, 보도과장을 지낸 전응덕은 그의 저서 《이 사람아 목에 힘을 빼게》에서 "개국 준비과정에서 언제쯤 경영수지를 맞춘다는 식의 정교한 경영계획은 없었다. 사실 그 생각을 깊이 했더라면 개국을 하지 못했거나 개국이 늦어졌을지 몰랐다"고 증언하고 있다.[22]

그때나 지금이나 자본·사람·시스템·기회는 서울에 몰려있었고 부산은 상대적으로 매우 취약한 상태였다. 특히 방송전문가는 거의 서울에서 활동하고 있었다. 그럼에도 불구하고 부산MBC는 "잘될 끼다"며 부푼 희망의 돛을 올렸다. 먼 바다에 태풍이 몰아치고 있는데, 바로 그 바다를 향해서 항해의 돛을 올린 셈이다. 개국을 위한 시험방송(3월 10일부터 시작)에서 상품을 내걸고 모집했던 수신카드가 불과 3,536점이었다는 사실에서 당시의 상황이 얼마나 위태로운 것이었는지 추측할 수 있었다. 그러나 개국의 주인공들은 이 숫자에 큰 의미를 두지는 않았던 것으로 보인다. 위험이 있는 곳에 기회가 있는 것이었을까? 부산MBC의 출발은 그토록 위태로웠다. 하지만 그러한 과감한 도전이 있었기에 한국 최초의 민방이라는 영예를 가질 수 있었고, 그로써 숱한 전설을 만들어 갈 수 있었다.

---

21) 백성기, "부산문화방송 초창기의 방송편성과 프로그램." 백성기는 제1회 《부산시통계연보》(1962년)에서 자료를 추출하여 그의 논문에서 재구성하였다.

22) 전응덕, 《이 사람아 목에 힘을 빼게》(중앙 M&B, 2002년), 47~48쪽.

2) 부산MBC의 고난

부산에 거주하는 사람들은 일본 민방을 통해 광고방송을 듣기는 해도 CM에 관한 이해와 인지도가 높지 않았고 구매력도 매우 낮은 수준이었다. 당시만 해도 광고라고 하면 신문이나 잡지의 광고를 연상하던 시절이었고, 기업의 선전을 담당하는 직원들조차 방송광고는 돈 많은 대기업들이나 하는 것으로 생각하고 있었다. 게다가 당시 우리나라의 기업들은 대기업으로의 터전을 닦기 이전이어서 광고제작비와 동시에 전파료를 지불하면서까지 광고를 할 만한 여력이 부족한 형편이었다. 적은 광고비 투자로 큰 효과를 얻어야 했던 대부분의 기업 입장에서는 방송광고는 리스크가 큰 모험처럼 여겨졌다. 따라서 광고방송을 처음으로 접하게 된 청취자들에게는 KBS와 전혀 다른 감각의 새로운 상업방송을 실감나게 들려주는 동시에 광고주들에게는 전파를 통한 광고가 기존의 인쇄매체 광고와 효율성에서 어떻게 차별되는가를 인식시켜야 했다. 때문에 시험방송을 내보내면서 "즐거운 프로, 무료의 봉사, 방송으로 맺어지는 가정과 공장", "즐거운 프로, 사기 좋은 안내, 당신의 사실 물건 라디오를 듣고서"와 같은 상업방송을 설명하는 안내멘트를 지속적으로 방송했다.

부산MBC가 개국한 1959년, 우리나라엔 두 곳의 광고대행사가 있었다. 1957년 8월 15일, 〈한국일보〉가 매체 최초로 광고주를 위한 광고대행을 전담할 전속 대행사 '한국광고사'를 한국 최초로 설립했고, 1958년 2월 5일엔 광고회사 'AD KOREA'가 창설되었다. 그러나 이들 회사는 광고제작 시스템을 갖고 있지는 않았고, 주로 신문광고를 대행했으며 부산MBC가 이들 회사와 광고와 관련된 업무제휴를 했다는 흔적이 없다. 다만, 우리나라 최초의 텔레비전 방송사였던 HLKZ TV가 화재로 소실되고 방송이 중단되자 AFKN TV가 한국어 방송을 매일 30분씩 할애해 주어 HLKZ TV 스태프가 임시방송을 하면서 한편으로는 '신민방송프로덕션'이라는 광고회사를 설립하여 광고제작 활동을 했다. 이 프로덕션은 서울 사이다의 극장용 광고를 만들면서 화면은 실사로 음향은 우리나라 최초로 징글즈(*Jingles*: CM송의 올바른 용어)로 제작했다. 그리고 부산MBC로부터 대행수수료를 받는 것을 인정받았는데, 이것은 우리나라 최초로 방송광고 대행을 한 것이며 광고주는 삼일제약이었다.[23)]

부산MBC는 처음부터 광고섭외에서 광고제작까지를 독자적으로 감당해야만 했다. 따라서 개국 당시부터 업무부서의 비중을 높였고 담당사원을 선정하는 기준도 광고 섭외력에 두었다. 업무직원들이 중심이 되어 시험방송 기간에 불철주야로 광고주 발굴에 나선 결과 개국일인 4월 15일에 조선맥주와 경남모직 등 17개의 광고주와 계약하는 성과를 올렸다. 그러나 개국하고 불과 3개월이 지났을 때 회사는 벌써 초기 출자금을 모두 날릴 만큼 경영부실에 빠져들어 거의 문을 닫을 지경에 이르고 말았다. 개국 이후 KBS와 차별되는 프로그램으로 청취율은 급속하게 높아졌으나 방송출력이 1kW에 머물러 가청지역이 제한적인데다 라디오 광고의 특성이나 효과에 대한 이해가 부족했던 광고주들이 당장 눈앞에 들어나는 광고효과가 없다는 이유로 방송중단을 요구하는 사례가 많아진 것이 큰 요인이었다.

회사는 새로운 경영주를 물색해야만 했고, 한편으로는 비상경영체제로 전환시킬 필요가 있었다. 이에 업무부장을 정환옥 상무가 겸직으로 맡았고, 서울 지사장을 겸직하고 있었던 김영출 상무에게도 프로그램 제작지원뿐 아니라 광고유치에 더욱 분발할 것을 주문했다. 또 전응덕 보도과장을 비롯한 보도과 직원 전원을 업무부 선전과원으

---

23) 한국광고단체연합회, 《한국광고 100년》, 1996년, 통사 중 1950년대.

로 겸직 발령을 내는 등 전 사원을 광고요원화했다(1959년 10월 8일자). 이때의 보도과 사원들의 명단은 다음과 같다.

보도과장 / 전응덕
기자 / 박재영, 이상철, 조재필
아나운서 / 최창식, 이성규, 이규홍, 윤미자, 이성화24)

각 프로그램에 소개되는 CM은 생방송으로 소화하는 예가 많았다. 개국 당시는 스튜디오 사정도 나빴지만 아나운서나 성우 심지어 전속 가수들도 공개방송의 경우는 미리 제작된 CM을 내보내지 않고 생방송으로 처리하는 때가 많았다. 어떤 스폰서는 보다 효과적으로 자기들의 상품이 선전될 수 있도록 담당 아나운서를 공장으로 초대해 상품 제조과정을 견학시키는 열성을 보이기도 했다. 윤미자 아나운서는 CM방송의 연기에서 발군의 실력을 발휘해 서울MBC 개국 때 뽑혀갔다가 새로 문을 여는 동아방송(DBS)에 발탁되었다.

또한 〈OB 파티〉의 경우처럼 프로그램 타이틀에 광고주의 이름을 붙여서 적극적으로 새로운 광고주를 발굴하거나 기존의 광고주를 유지하는 유인책까지도 동원했다. 프로그램 타이틀에 스폰서의 이름을 붙인 사례는 1956년에 개국한 HLKZ TV의 〈유니버설 레코드 아워〉라는 프로그램에서도 찾을 수 있는데, 부산MBC는 이를 보다 적극적으로 활용해서 광고주 개발에 나섰다.

새로운 광고주 개발방안으로 업무부 직원들은 광고를 할 만한 기업이나 상품을 물색해서 미리 그들을 위한 CM을 만들어 들려주고 상품의 특성에 따른 효율적인 방송시간대를 알려주는 방법도 시행했다. 광고주 발굴을 위한 포트폴리오 작업과 프레젠테이션을 했던 것이다.

---

24) 개국 당시엔 아나운서가 보도과 소속이었다.

3) 개국 당시의 업무부 사원들

조선준(趙先俊)

업무부장. KBS 부산방송국과 마산방송국에서 20여 년간 근무한 경력의 소유자로 정환옥 상무의 추천으로 1959년 1월 6일자로 입사했다. 이후에 입사하는 업무부 직원들 대부분은 조 부장의 추천이었고, 대체로 인적 네트워크가 튼실한 인물에 맞추어졌다. 조선준 씨는 후일 서울MBC로 옮겨 역시 광고실무자로 일했고 중역을 지냈다.

김원건(金元健)

업무부 조사기획과장. "다년간 은행원으로 재직하면서 실업계에 지인이 많다"는 추천사유로 1959년 3월 20일자로 입사했다.

장일생(張日生)

업무부 업무과장. "다년간 은행원으로 근무하면서 대구와 부산에 지인이 많다"는 추천사유로 김원건 과장과 같은 일자에 입사했다.

김정희(金貞姬)[25]

1959년 5월 1일자로 입사했다. 이보다 약 20여일 전인 4월 10일경, 창사 기념식 준비를 진행하던 중 기념식장의 시설물을 시공하던 업자가 공사를 마치지도 않고 야간도주하는 사태가 발생했다. 이에

25) 이화여대와 동아대대학원에서 수학하고 부산MBC를 거쳐 1977년에 부산대 미술학과의 교수로 취임하여 정년에 이르는 기간에 8번의 개인전, 6번의 국전 특선과 입선, 수백여 회의 그룹전 등 활발한 활동을 펼친 김정희는 '꽃그림으로 일관된 자기의 세계를 구축한 화가'라는 평가를 들었다. "동양화에서의 氣韻論 연구"를 비롯한 3편의 논문을 발표하였고, 도쿄예술대학의 연구교수를 지냈다.

김 정 희

당황한 회사는 당시 이화여대 대학원(미술전공)에 재학중 잠시 고향인 부산에 내려와 쉬고 있던 김정희 씨를 급히 수배해서 미완의 기념식장 공사를 끝내줄 것을 부탁하게 되었고, 이 일이 계기가 되어 입사하게 되었다. 김정희 씨를 추천한 당시의 인사기록카드는 다음과 같이 기록하고 있다.

> 예능방면(배우, 성우)에도 특이한 재능의 소유자로서 만일의 경우 방송부 제작과에도 찬조출연할 수 있으며, 업무부는 대외인사, 특히 상공인을 상대해야 되는 업무이므로 간접적 서비스의 일조(一助)에도 필요한 인물임.

광고유치에서 여성의 또 다른 역할을 기대하는 회사의 고심이 엿보이는 대목이다. 김정희 씨는 6개월 후인 11월 25일에 신병 때문에 사직하게 되는데, 후일, 당시 총무부장으로 재직하던 김영태(설립자 김상용 사장의 장남, 1959년 10월 15일자로 퇴사)와 결혼했다. 이로써 부산MBC 사내커플 제 1호의 기록을 세운 김정희 씨는 후일 부산대 미술학과 교수로 재직하였고 김영태 씨는 의사로 현재에 이르고 있다.

서보영(徐輔榮)

일본에서 전문학교 3학년 수료 후 귀국하여 조선상호은행 마산지점에서 첫 직장생활을 하였고, 산청중학교, 진영중학교, 창신농고를 거쳐 부산 금성고교 교사로 재직하던 중 1959년 9월 15일자로 업무부에서 근무하기 시작하였다. 서보영은 이에 앞서 3개월간 견습사원으로 근무한 끝에 발령을 받았다. 서보영은 업무과장을 끝으로 퇴사

했으며 조선맥주(주)로 옮겨 후일 상무이사를 지냈다.[26]

강태진(姜泰晋)

1959년 11월 13일자로 촉탁으로 위촉되면서 근무를 시작했다. 광고 신탁액의 5%를 지급한다는 조건으로 회사와 계약했다. 도쿄 중앙대학 법학부를 졸업하고 조선방직 총무부장과 경남도청 등에서 오랜 공직경력을 쌓았고, 의령군과 하동군의 군수를 역임한 화려한 경력의 소유자였다. 기업광고 이외에 관공서의 공지사항과 학원광고 등을 유치했다. 강태진 씨의 발탁은 광고 섭외부문에서 시행된 최초의 아웃소싱 형태의 계약이었다.

권영두(權寧斗)

서울 지사장 김영출(金榮出) 상무가 서울지사의 영업을 강화할 필요가 있다는 건의를 했고, 이를 받아들인 회사는 적임자를 찾던 가운데 김지태 회장의 동향인으로 서울지사에서 이미 지사장의 보조자로 근무하고 있던 권영두를 발령했다. 입사일은 1959년 11월 27일자.

광고업무는 예나 지금이나 "얼굴"을 파는 업무이다. 일본에서는 광고 섭외자를 '외교'라고 불렀다. 광고 한 건 따기 위해서 광고주의 집 청소도 마다하지 않는다는 것이 일본 외교들의 철학이었다. 특히 학맥이나 인맥을 중시하는 우리 사회에서 광고섭외를 담당하는 직원을 선정하는 기준을 인적 네트워크에 두었던 것은 당연한 일로 받아들여졌다.

한편 CM과 스폿의 광고카피는 대부분 방송부장 이수열(李壽烈)[27]

26) 서보영의 조선맥주 상무이사 승진은 1968년 9월 24일자 〈동아일보〉 '본사내방'에 보도되었다.

27) 1928년생으로 KBS에서 아나운서로 방송생활을 시작하였고, 부산MBC

손형식 PD

김소림 작가(울산문화방송 사우회 조규상 회장 제공)

과 현업 PD 손형식(孫亨植)이 썼고, 손형식이 1961년 2월에 퇴사하자 그 무렵부터 방송작가 김정(金靜, 예명 김소림)이[28] 전담해서 광고카피를 썼다.

김정은 동아대 법과대학 4년 중퇴생으로 밀양 세종고등학교 전임강사를 하던 중 〈루터란 아워 성탄절 특집극〉에 당선(1959년 12월 25일)되고, 부산MBC가 공모한 제 2회 6·25기념 방송극에서 입선(1960년)된 후 작가(스크립터)로 활동하면서 〈도토리 드라마, 5분극〉, 〈일요가정, 15분극〉, 〈입체극장, 30분극〉, 〈신인무대, 30분〉, 〈라디오 백화점, 디스크자키 프로〉, 〈명랑 포스트, 10분 유머극〉 등 드라마와 오락프로그램의 대본을 쓰는 한편 CM과 스폿광고 카피 일체를 썼다. 김정은 1962년 10월 1일자로 업무과에 발령받아 정규직원으로 일하게 되었는데, 업무부에 근무하면서도 종전에 해오던 프로그램의 대본을 계속해서 쓰겠다는 각서(사진)를 쓰기도 했다. 후일(1964년 8월) 그는 우리나라 최초의 방송광

방송부장, 동양방송의 부장과 KBS의 기획심의위원을 지냈다. 제 1회 부산시 문화상을 받았으며, 서울예전 교수를 지내기도 했다.

28) 김정(김소림)은 황해도 출신으로 반공포로로 석방된 이력을 지니고 있다. 대한민국 방송상 민방공로부문을 수상하였고, 울산문화방송 보도부장, 편성국장을 역임했다. 저서로는 《라디오 CM》, 《법의 기적》, 수필집 《魚眼境》이 있고, 나카오 료이치의 《요료법의 기적》, 기노시타 시게타로〔木下繁太朗〕의 《기적의 프로폴리스》, 신도 요시하루가의 《반신욕》 등 번역책이 있다.

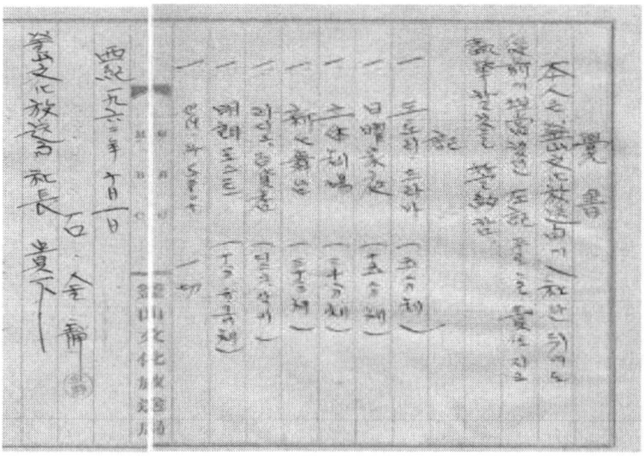

김정(예명: 김소림)이 작성한 각서

김소림의 《라디오 CM》

고 입문서인 《라디오 CM》을 발표했다.[29]

초창기의 대표적인 카피라이터였던 김정의 《라디오 CM》에 수록된 된 몇몇 CM의 예(例)를 여기에 옮겨본다.

◎ 정보형 광고

★ 함흥 개장국

여름철의 건강비결에 대해서 현대병원 김 박사의 말씀은

김박사: 글쎄요. 저의 건강법이란 약도 아니고 주사도 아닙니다. 그저 개장국을 먹는 일이지요. 그 개장국은 충무로 2가에 있는 함흥 개장국입니다. 헤헤 ….

Ann: 여러분도 잊지 마시고 꼭 한 번 들려주세요. 함흥 개장국집.

---

29) 김소림(김정), 《라디오 CM》(삼협출판사, 1964년). 이 책은 'CM의 구성', 'CM의 내용', '카피', 'CM을 효과적으로 하기 위해', '외국의 CM', 'CM의 특색과 이점', '앞으로의 CM', '상품별 CM문안 예' 등 8개 항목으로 저술되었다. 김정은 이 책 이외에도 "CM제작소고", "광고방송의 전망" 등 광고와 관련된 논문을 〈방송문화연구〉지에 발표하였다.

★ 寶狗元, 補陽元

Ann: 보구원, 보양원은 날이 갈수록 그 효력에 대한 신용이 높아지고 있습니다. 그 한 예로 보구원, 보양원을 복용하신 체험자는

체험자: 네, 한 달이 못돼서 몸이 건강하고 살이 이렇게 찌는군요. 글쎄요, 거리에 나가보면 저보구 이 나이에 레슬링 선수냐고 웃지 않겠습니까? 헤헤.

Ann: 지금 장안에서 호평을 받고 있는 신행약품의 보구원, 보양원은 여러분의 가정에서도 복용하셔서 건강해지시기 바랍니다.

◎ 유명인을 이용한 증언식(證言式)광고

★ 박카스

인기배우 김희갑 씨의 등장

예, 제가 김희갑입니다. 그런데 제 직업이란 것이 밤낮 없이 연달은 촬영에 과로하고 또 게다가 술고래가 돼나서 … 헤헤,

어디 쇳덩어린들 견딜 수 있겠습니까?

거 뭐니 뭐니 해도 건강이 제일입니다.

예, 그래서 말입니다요, 전 이렇게 박카스를 주머니에 아주 넣고 다니죠.

자, 당신에게도 권해볼까요?

네? 아니, 제 얼굴이 박카스를 닮았다고요?

헤헤, 좋습니다. 나도 박카스.

당신도 박카스.

◎ 대화로 엮은 광고

★ 파리 양화점

소년: 아저씨! 다 닦았어요.
남: 응, 옜다. 수고했다.
소년: 그런데, 아저씨, 이 구두는 어디서 맞췄어요?
남: 왜?
소년: 처음 봤어요. 아주 멋진데요?
남: 그래? 바로 파리 양화점에서 맞췄지. 파리 양화점.

★ 단학 포마드

여자: 저, 실례지만 올해 춘추가 어떻게 되시나요?
남자: 허어, 내년이 내 환갑이라오.
여자: 네, 그런데 머리가 … .
남자: 윤기가 있단 말이군.
네, 단학 포마드를 쓰면 이렇게 됩니다.
바로 단학 포마드.

◎ 즉흥형

★ 금곡소주

남 1: 여보게! CM은 말이야 구질구질해서 정말 듣기 싫어
남 2: 쉿! 청취자와 스폰서가 듣고 계시는데 그게 무슨 소리야?
남 3: 허지만 말이야, 그 CM은 싫어도 금곡소주는 정말 좋거든.
남자: 허긴 그래. … 금곡소주가 좋구말구 … 핫핫.

◎ 과장광고의 예

★ 미원

(前 CM)

남: 여보, 왜 밥상이 허전할까?

여: (애교 있게) 아이 당신도 잔소리 ….

남: 아냐, 뭔가 빠진 것 같아서 ….

여 Ann: 식욕은 곧 건강을 의미합니다.
여러분의 단란한 식탁에 조미료 미원을 잊지 않으셨어요?
국내 최고의 조미료 미원은 우리들 가정의 훌륭한 요리사입니다.

남 Ann: 그리고 조미료 미원은 영양가치가 풍부한 영양소일뿐더러 뇌신경 발육에 특효가 있어 건뇌제로도 사랑받고 있습니다.
식탁엔 언제나 조미료 미원, 음식 맛을 낼 때는 신선로표 미원, 일제 아지노모토를 능가하는 조미료 미원.[30)]

(後 CM)

Ann: 여러분! 식탁을 받고 잔소리 하시는 분이 계시다면
그 사람의 인물됨을 짐작할 수 있습니다.
그러나 같은 재료로 만든 음식에 잔소리를 듣게 되었다면
그것은 주부들의 책임이 아닐까요?
신선로표 조미료 미원은 99%의 순도를 자랑하는 국내 최고의 조미료입니다.
명랑한 식탁에 조미료 미원.

---

30) '최고', '특효', '영양가치가 풍부', '99% 순도' 등 과장광고에다 경쟁관계에 있는 다른 회사의 제품을 상대적으로 비하하는 광고로, 당시엔 이런 식의 광고가 전혀 규제를 받지 않았다. 방송법이 제정되기 이전이었기 때문이다.

4) 광고방송의 틀을 짜다

신문이나 잡지 같은 인쇄매체를 통한 광고에서 상품선전의 효과를 맛 본 광고주들은 자신들의 경험을 앞세워서 인쇄광고의 선전문안 그대로 CM을 만들 것을 고집하는 경우가 많았고, 그러다보니 방송에 어울리지 않는 한자나 상업용어가 나열되는 CM이 제작되기도 했다. 이런 광고주들을 상대하는 일이 결코 쉽지가 않았다. 심지어는 자기식의 CM이 아니면 광고를 중지하겠다는 엄포도 불사하는 광고주가 많았다.[31] 설상가상으로 당시 CM은 시간을 무시하는 것이 당연한 것처럼 인식되어 10초나 20초짜리 스폿이 실제로는 거의 2배의 시간으로 방송되는 경우가 허다했다. 그 결과 타임CM과 스폿CM의 구분이 명확하지 않게 되었고 늘 덕을 보는 쪽은 스폿CM 스폰서들이었다. 반드시 해결되어야 할 문제였다. 업무직원들은 드디어 용단을 내려 스폰서의 압력을 뿌리치고 광고시간을 정확하게 맞추는 작업을 진행시켜 나갔고, 한편으로는 새로운 CM 포맷을 개발하는 데 총력을 기우려 '커머셜 송'(*commercial song*), 즉 CM송이라는 한국 최초의 음악광고를 제작하기에 이르렀다.

부산MBC에게 지워진 가장 긴요한 과제는 방송광고의 효용성에 대한 설득논리를 개발하는 것이었다. 당시의 유력한 스폰서는 시대복장(주), 조선맥주, 조선방직, 흥아타이어 등이었는데, 이들을 어렵사리 광고주로 이끄는 데까지는 성공했지만, 그럼에도 불구하고 방송계약기간이 남아있는 데도 방송중단을 요구해 오는 경우가 많았다. 방송효과에 대한 의문과 광고비가 지나치게 비싸다는 이유였다. 회사로서는 개국 이후 끊임없이 들어가는 시설투자비와 제작비의 과

31) 《부산문화방송 30년사》, 446쪽.

부하, 게다가 출력이 1kW밖에 되질 않아 가청지역이 제한적이라는 핸디캡까지 겹쳐 많은 어려움에 부딪치게 되었다. 여기에다 개국한 그 해 9월 중순에 사상 최대의 피해를 안겨준 태풍 사라호로 시민들의 구매력이 현저하게 떨어져 더더욱 스폰서 구하기가 어려운 상태가 되었다. 이런 사정들로 개국 첫해에 무려 천7만 6천 환의 적자를 냈다. 수개월 동안 직원들의 급료는 물론 방송작가들의 원고료도 주지 못하는 지경에 이르게 되었다.[32] 회사는 또다시 비상경영체제에 들어갔다. 1959년 11월 30일자로 기구를 개편하고 업무부에 업무과와 선전과를 두고, 업무과엔 업무계, 사업계, 조사기획계를 두었다.

업무계: 광고주 획득, 모집. 계약채결에 관한 업무
사업계: 공연에 관한 사항, 부대사업, 기타 일체에 관한 사항
조사기획계: 광고주 여론조사에 관한 사항. 청취자 여론조사, 청취자 통계, 광고주 획득에 관한 기획 및 대책수립에 관한 사항, 지사, 지국의 광고주 획득 후원 및 자료제공에 관한 사항, 대리점 설치 및 폐지에 관한 사항, 기타 제 기획에 관한 사항
선전과: 회사 선전광고 일체에 관한 사항

사업계를 신설한 것은 회사가 광고수입 이외의 부가수입이라는 것에 눈을 돌리면서 비즈니스 영역의 외연확대에 나선 것이었다. 이때의 부산MBC 전 사원은 40명(사원 37명, 임원 3명)이었고, 모두가 급료도 제때에 받지 못하는 어려움 속에서도 난국을 돌파하겠다는 의지로 고군분투하고 있었다.

회사는 광고주 유치를 위한 역량을 최대한으로 끌어올리는 노력으로 조직의 활성화를 꾀하는 한편 인적 네트워크가 튼실한 영업직원을

32) 《부산문화방송 10년사》, 121~122쪽.

발굴하는 노력을 기울였고, 한편으로는 상업방송의 기능과 방송에 대한 책임윤리를 밝히는 방송윤리 및 방송약관을 만들어서 기업주들에게 보냈다. 이러한 일련의 시도는 상당한 효과를 얻어 경영수지의 개선이 서서히 나타나기 시작하였다.

방송윤리규정은 모두 6개 항목으로 되어 있는데 광고주를 위한 광고방송의 사명과 책임을 분명히 밝히고 있다. 다음은 부산MBC가 제정한 도덕요강 전문이다.

▪ 부산문화방송 도덕요강

1. 본 방송은 사회도의와 국가가 제정한 관계법규에 의거 전파를 통하여 국민의 복지편의와 문화향상을 도모함을 그 사명으로 한다.
2. 본 방송은 방송 신입자의 정신, 제품 또는 봉사의 진실과 정확한 실태를 사회일반에 호소하고, 더욱 그 반응을 정당히 파악하여 그에 대한 국민 신뢰를 획득함에 있음.
3. 본 방송은 일부 기업주들의 제품 또는 상품의 허위과장으로 인한 소비대중의 혼돈을 방지하고, 그의 정당한 실황과 전달을 매개함에 있음.
4. 본 방송은 타인을 중상하고 자기를 과대 또는 허위평가하는 방송 신입을 절대 배격한다.
5. 본 방송은 신입자와 더불어 방송사항 및 제품 또는 상품에 대하여 그 책임을 확인한다.
6. 본 방송관계자는 상기 방송윤리를 항시 유지하며 그 구체화에 최대의 성의와 노력을 경주하여야 한다.

한편 방송약관은 모두 9장 29조로 되어 있다. 제 1장 총칙에는 광고방송의 주체와 광고의 종류를 설명했고, 제 2장은 광고 길이와 횟수, 제 3장 방송요금, 제 4장 광고운행, 제 5장 광고신청, 제 6장 방송사고시 처리, 제7장 광고물 제작, 제8장 광고요금과 제작비 지불, 제9장 부칙으로 구성되어 있다. 이 약관은 그 내용이 다소 바뀌긴 했으나 현재까지 방송사와 스폰서 간의 약속으로 작성되어 오고 있다.[33]

▪ 방송약관

제1장 총 칙

제1조 본 방송약관에 있어 호칭의 편의상 주식회사 부산문화방송을 갑이라 칭하고, 갑이 인정하는 放送申込者를 을이라 칭하며, 갑의 방송시설을 통하여 취급되는 방송은 別定이 없는 한 본 약관에 의한다.

제2조 갑이 행하는 방송은 전부 관계법규 및 대한민국 민간방송기준과 갑이 정하는 방송기준에 의한다.

제3조 방송순서의 편성방침은 갑이 이를 정한다.

제4조 갑이 행하는 방송은 〔타임 세일즈〕 및 〔스폿 아나운스먼트〕의 2종으로 구분한다. 〔타임 세일즈〕란 일정한 방송시간에 申込하여 방송하는 순서를 말한다. 〔스폿 아나운스먼트〕는 순서와 순서 간의 특정시간에 순서와 관계없이 방송하는 아나운스먼트를 말하나, 〔스폿 아나운스먼트〕의 방송시간은 1회 2초에서 20초로 한다.

제2장 申込

제5조 〔타임스 세일즈〕는 원칙적으로 주 1회 이상 3개월 단위로 정한다. 〔스폿 아나운스먼트〕는 원칙적으로 35회 이상의 회수로서 정한다.

제6조 〔타임스 세일즈〕의 방송시간은 그 시간을 40초로 단축한 것

33) 《부산문화방송 10년사》, 96~100쪽.

으로 한다.

제 7조 〔타임스 세일즈〕의 1順序에 삽입하는 상업문의 시간은 다음과 같다.

5분 순서-1분 이내	30분 순서-3분 이내
10분 순서-2분 이내	45분 순서-4분 30초 이내
15분 순서-2분 20초 이내	60분 순서-6분 이내
25분 순서-2분 50초 이내	

상업문 시간 중에는 〔테마〕음악 및 〔소개 아나운스먼트〕 등을 포함한다.

제 8조 乙이 방송을 청할시에는 갑이 정한 방송 신입서에 의하고, 신입시간은 1개년을 한도로 한다.

제 3장 요금

제 9조 방송요금은 갑이 제정한 요금표에 의한다.

제 10조 요금을 개정할 경우, 新料金은 公表와 동시에 실시한다. 단, 신입기간 중인 경우에는 4주일 후부터 적용한다.

제 11조 신입기간 중이라도 을은 30일 전 예고에 의하고, 갑은 10일전 예고에 의하여 신입을 해소할 수 있다. 단, 〔스폿 아나운스먼트〕에 관하여서는 다음 예고기간의 10분의 1로 한다.

제 12조 신입의 해소가 을에 의한 경우는 기방송분에 대한 횟수 할인을 적용치 않고, 갑에 의한 경우는 신입에 의한 횟수 할인을 통용한다.

제 13조 갑은 공공적 필요에 의하거나 또는 갑이 필요하다고 인정한 경우에, 순서 및 〔스폿 아나운스먼트〕 방송중지, 중단, 이동, 혹은 특별중계방송을 할 수 있다.

제 5장 계속

제 14조 을이 신입의 계속을 희망하는 경우, 순서는 신입 만료일

전, 〔스폿 아나운스먼트〕는 3일 전까지 갱신신입을 하여야 한다. 단, 갑의 필요에 의하여 계속을 중지 혹은 중단할 수 있다.

제15조 천재, 비상사태의 발생, 정전 기타 불가항력에 의하여 순서 및 〔스폿 아나운스먼트〕의 일부 또는 전부의 방송이 불가능할 경우 갑은 그 책임을 부담치 않는다.

제16조 을의 책임하의 사유에 의하여 순서 및 〔아나운스먼트〕의 방송이 불가능할 경우, 을은 방송요금을 부담하는 동시에 그 시간을 충당할 목적으로 사용된 순서 제작 실비를 부담한다. 이 경우에 을의 의뢰에 의하여 갑이 순서를 제작하고 있을 경우에는 출연자의 해약, 기타 사용된 비용도 을이 부담한다.

제17조 갑의 책임하의 사유에 의하여 순서 및 상업문의 일부 또는 전부의 방송이 불가능할 경우, 갑은 을에 대하여 左의 각항에 산출된 금액을 청구할 수 없다.

1. 순서: 순서의 방송시간에 대한 중단시간의 비율을 방송요금에 乘한 금액
2. 상업문: 상업문의 방송시간에 대하여 중단시간의 비율을 방송요금에 乘한 금액

제18조 전조(제17조)의 경우 갑은 을에 대하여 그 결정금액 이외의 손해배상의 의무를 부담하지 않는다.

제7장 제작

제19조 순서는 원칙적으로 갑이 제작하나 을이 제작할 수도 있다.

제20조 순서, 상업문 및 〔스폿 아나운스먼트〕의 내용은 전부 관계법규 및 대한민국 민간방송 기준과 갑이 정한 방송기준에 의하여야 한다.

제21조 갑이 순서를 제작할 경우, 을은 그 상업문을 제작일 3일전까지 갑에 제출하여야 한다.

제22조 을이 순서, 상업문 및 〔스폿 아나운스먼트〕를 제작할 경

우, 갑의 순서, 편성방침에 순종하여야 한다. 이 경우, 순서는 내용의 명세를 방송일의 20일 전, 녹음테이프는 방송일의 3일전까지 갑에게 제출하여야 한다. 갑은 전항의 순서, 상업문 및 〔스폿 아나운스먼트〕의 내용에 관하여 부적당하다고 인정할 경우, 수정 또는 중지할 수 있다.

제 23조 갑을 중 누가 순서를 제작할 경우라도 출연자가 불가피한 사유로 방송불능할 경우, 代人으로 충당할 수 있다.

제 24조 을의 의뢰에 의하여 갑이 방송하는 순서의 상업문 일체의 제작비는 갑이 정한 제작비 규정에 의하여 을이 부담한다.

제 8장 지불

제 25조 을은 제 9조 및 제 24조에 의한 방송요금과 제작비 지불에 있어서 아래와 같이 정하고, 을은 이를 갑에게 지불한다.

1항, 제 8조에 의한 방송 신입시 총방송요금 및 총제작비의 3분의 1,

2항, 매월 말일까지 방송한 방송요금 및 제작비를 마감계산하고, 을은 翌月 5일까지 이를 갑에게 지불함.

제 9장 부칙

제 26조 본 申込에 관하여 만일 갑을 간에 분쟁이 발생할 경우, 부산지방법원을 관할재판소로 정하는 데 동의한다.

부산MBC는 창사 초기부터 광고유치와 프로그램 제작을 위해 서울에 지사를 설치했다. 서울지사는 두 가지 목적에서 설치 운영되었다. 첫째는 프로그램 제작지원이고, 둘째는 광고유치였다. 초창기는 주요 방송프로그램의 작가와 출연자(연기자)가 거의 서울에서 활동하고 있었기 때문에 서울지사 운영이 필요했다. 나중에는 이런 불편과 막중한 경비 때문에 서울에다 방송국을 하나 더 만들자는 의견이 나와 실제로 허가를 따내고 개국을 한 것이다. 서울MBC는 그렇게 해서 탄생되었다. 그때나 지금이나 큰 기업은 본사를 서울에 두고 있다. 때문에 서울지사 설치는 반드시 필요한 조치였다. 4·19혁명 당시엔 취재활동도 서울지사를 활용했다. 그만큼 서울지사의 비중이 컸다. 초대 지사장은 김종만 전무와 부산상고 동기동창인 김영출 상무가 맡았다.

5) 광고요금 책정

방송광고요금 책정은 국내엔 어떤 전례도 없었기 때문에 신문광고요금과 잡지, 일본 상업방송의 방송요금 등을 참고로 했다. 특히 부산과 인구가 비슷했던 일본의 '중부일본방송'과 '나고야(名古屋)방송'의 요금을 기준으로 삼고 그것을 부산 실정에 맞도록 조정해서 결정했다.[34] 회사로서는 최저한도로 정한 것이었으나 아직 방송광고에 대한 이해가 부족한 스폰서들은 다른 매체의 광고요금보다 비싸다는 생각을 갖고 있었다. 방송광고요금 책정을 위해서 역시 일본 민방을 본떠서 시간등급을 A, B, C, D의 4등급으로 구분하고, 요금도 '타임'과 '스폿', '안내' 등 종류에 따라 각각 달리 정했다. 또한 광고방송 횟수 할인제도를 만들어 주 1회 이상, 주 3회 이상, 주 6회 이상, 3개월 이상, 6개월 이상 계속 방송하는 스폰서에게는 최하 5%에서 15%까지의 할인혜택을 주었다, 광고요금의 할인제도 역시 일본 민방에서 벤치마킹한 것이었다.

스폿광고의 경우도 타임요금과 같이 방송횟수와 기간에 따라 할인제를 실시하는 한편 5초와 10초짜리 미니스폿 요금도 책정했으며 안내방송도 20초짜리 1건당 요금을 3천 환으로 정하는 등 방송요금(광

34) 《부산문화방송 30년사》, 447쪽.

〈표 3-6〉 타임CM 요금(주 1회 3개월간 13회 방송, 단위: 환)

시급 \ 시간	A	B	C	D
40분	432,000	324,000	281,000	173,000
35분	396,000	297,000	257,000	158,000
30분	360,000	270,000	234,000	144,000
25분	324,000	243,000	211,000	130,000
20분	288,000	216,000	187,000	115,000
15분	252,000	189,000	164,000	101,000
10분	216,000	162,000	140,000	87,000
5분	180,000	135,000	110,000	72,000

출처: 《부산문화방송 10년사》.

〈표 3-7〉 시간등급

<table>
<tr><th></th><th>6–7</th><th>7–8</th><th>8–9</th><th>9–12</th><th>12–13</th><th>13–18</th><th>18–19</th><th>19–22</th><th>22–23</th><th>23–24</th></tr>
<tr><td>평일</td><td>C</td><td>A</td><td>B</td><td>C</td><td>A</td><td>C</td><td>B</td><td>A</td><td>C</td><td>D</td></tr>
<tr><td>휴일</td><td>C</td><td colspan="2">A</td><td>B</td><td>A</td><td colspan="2">B</td><td>A</td><td>C</td><td>D</td></tr>
</table>

〈표 3-8〉 스폿요금(월 15회 방송, 단위: 환)

시간 \ 시급	A	B	C
20초	70,000	50,000	40,000
뉴스 및 시보의 직전, 직후 20초	75,000	60,000	45,000

출처: 《부산문화방송 10년사》.

〈표 3-9〉 미니스폿 요금

10초	25회	80,000환
5초	25회	50,000환

출처: 《부산문화방송 10년사》.

〈표 3-10〉 스폿 할인료

기간 \ 횟수	월 15회 이상	월 30회 이상	월 60회 이상
1개월 이상	5%	10%	15%
3개월 이상	15%	20%	25%
6개월 이상	20%	25%	30%

출처: 《부산문화방송 10년사》.

고상품)도 다양하게 만들어 스폰서 유치에 대비했다.

6) CM방송의 기초를 닦다

처음엔 일본 민방의 광고를 모방하면서 출발했다. 그러나 시간과 경험이 쌓이면서 점차 한국적 아이디어와 나름대로의 광고카피 논리를 개발해나갔다. 초창기에 광고카피를 썼던 이수열, 손형식, 김정(소림) 등은 명실상부한 우리나라 방송광고의 기초를 닦은 개척자들이었고, 그러한 기초는 1961년 12월에 서울MBC가 태어나면서 꽃을 피우게 되는 토대가 되었다.

대체로 라디오 광고의 특성은 다른 매체가 가지고 있지 않는 여러 특징이 있다.

- 라디오 광고는 청각에 호소하는 광고다.
- 청취자 층을 자유로이 만들 수 있다. 방송시간의 선택이나 프로그램의 기획을 통해 판매상품에 적합한 청취자를 창출할 수 있다.
- 광고 문구는 청취자를 독점할 수 있다. 라디오는 시간매체이므로 광고문(CM)이 나갈 때는 그 광고문안만 듣게 된다.
- 일정한 요일과 방송시간으로 소비자와의 연결을 맺어 광고효과를 올릴 수 있다. 연속극, 노래자랑 등 인기 프로그램 등이다.

- 라디오 광고의 생명은 일순간이다. 짧은 시간을 최대한으로 활용할 수 있다. 그리고 광고요금이 싸다.
- 라디오는 청취자에게 친밀감을 준다. 감정적 소구에 적합하다.
- 라디오는 다른 일을 하면서도 들을 수 있다.
- 라디오는 여러 사람이 동시에 함께 들을 수 있는 매체다.[35)]

사실은 이러한 광고이론이 정립된 것도 부산MBC 개국 이후 많은 세월이 지난 1960년대 후반이다.

35) 유붕노, 《신광고론》(일조각, 1990), 182~183쪽.

5. 부산MBC 초창기의 CM

앞에서도 기술한 것처럼 초창기 CM은 방송광고를 전문으로 하는 PD는 물론 카피라이터, CM 성우 등 전문가가 없었다. 일반 프로그램을 제작하는 PD가 광고문안을 썼고 녹음을 했다. 또 CM송의 경우는 전속가수들이 노래했다. 특히 〈히트 퍼레이드〉 같은 프로그램에서는 전·후 또는 중간에 전속가수들이 생방송으로 처리하기도 했다.

이런 악조건 가운데서도 새롭고도 보다 효과적인 광고 스타일의 개발을 놓고 고심하던 제작진은 한국 방송사상 최초의 노래하는 CM, 즉 CM송을 세상에 내놓게 된다. 그것이 우리나라 방송광고의 새로운 지평을 활짝 열어젖힌 진로소주 CM송이었다. 이 광고는 방송을 타자말자 그야말로 폭발적인 대중의 반응을 얻기에 이른다. 이토록 진로 CM송이 인기를 얻자 대영제약의 '셀민', 삼진제약의 '카바마인', 동양제약의 '카보민', 유유산업의 '비타엠', '샘표간장', '닭표간장', '럭키치약', '가스활명수' 등 많은 스폰서들이 앞다투어 CM송으로 승부수를 던졌고, 작곡을 맡은 허영철 부산MBC 경음악단장은 일이 밀려 하룻밤 사이에 2~3건의 CM송을 작곡하기도 했다.

1) 진로소주

진로소주는 당시 지방기업으로서 방송광고의 덕을 톡톡히 본 기업 가운데 하나로 기록되고 있다. 진로소주는 처음부터 CM송으로 승부를 걸었다. 당시의 CM송[36]은 비록 일본 민방의 CM송 방송광고에서

36) 1970년대에 들어서면서 CM송 경쟁시대가 되어 한때 어린이들의 정서생활에 영향을 미친다 해서 논란의 대상이 된 적도 있다. 그러나 대중에

아이디어를 얻어 만든 것이긴 하지만 우리의 초기 방송광고사를 화려하게 빛낸 광고 아이템이었다. 카피는 손형식 PD가 썼고, 작곡은 허영철[37]이 했다.

허영철 경음악단장

★ 진로소주 CM송(손형식 작사, 허영철 작곡)

야야야 야야 차차차
야야야야야야야 차차차
진로 진로 진로 진로
야야야야야야야 차차차
향기가 코끝에 풍기면 혀끝이 짜르르하네
술술 진로소주 한 잔이 파라다이스
가난한 사람들의 보너스
진로 한 잔이면 걱정도 없이
진로 한 잔하고 크~하면 진로 파라다이스[38]

대한 광고효과가 크게 부각되면서 CM송의 중요도도 크게 높아져 전문 작곡가와 기획회사들이 CM송의 제작에 적극 참여하고 있다.

37) 허영철 단장은 만주의 음악전문학교에서 공부했고, 작곡과 편곡뿐 아니라 색소폰 연주도 뛰어났다. 서울에서 무궁화악단을 조직해 활동하고 있던 중 6·25전쟁 직전 부산공연을 왔다가 발이 묶였고, 전쟁 중엔 선무공작대 악장으로 활약했다. 휴전 후 김상용 사장이 경영하는 백화당 카바레에서 일하게 되었고, 그 인연으로 악단장이 되었다. 우리나라 CM송 작곡가 제 1호였던 그는 가요발전에도 크게 기여했다. 그가 배출한 대중예술가로 작곡가 정풍송, 김준규, 가수 진송남, 양병철 등이 있으며, 조용필이 노래한 〈사랑은 아직도 끝나지 않았네〉는 그가 작곡한 히트가요 가운데 하나이다.

38) 진로 CM송 듣기/http://www.jinro.com(진로그룹 공식 사이트).

이로써 부산MBC는 우리나라 방송 최초로 CM송을 만든 방송사가 되었다. 이 CM송이 전파를 타고 나가자 어른 아이 할 것 없이 입과 입으로 퍼지면서 진로는 매출에서 놀랄 만한 성장을 거두었다. 차차차 리듬으로 작곡된 진로소주 CM송은 그후 CM송의 대명사가 되었고 심지어 운동경기장에서도 응원가로 불렸고, 애니메이션으로 만든 극장용 광고도 높은 인기를 차지하였다.

한국 최초의 CM송 〈진로〉

진로소주 CM송은 소주가 무엇인지조차 모르는 어린이들도 흥얼거리게 만들었던 공전의 빅 히트곡이었다. 골목마다 어린이들이 부르는 진로 CM송 소리가 전국을 떠들썩하게 하자 교육상 문제가 있다는 물의가 일어났을 정도였는데, 여론을 감안하여 처음의 가사를 부분적으로 고쳐 부르게 되었다. 처음엔 "진로 한 잔하고 크~하면"이라고 되어 있던 가사 중 '크~'라는 표현을 '쭉'이라는 다소 부드러운 표현으로 바꾸었던 것이다. 차차차 선풍은 라디오방송을 활용한 진로의 선전활동이 거둔 최초의 본격적인 개가(凱歌)였으며 우리나라 광고사의 새로운 장을 개척한 획기적인 사건이었고, 전설처럼 두고두고 회자(膾炙)되었다.

잇따라 나온 CM송으로는 '닭표간장'과 '가스활명수'가 있는데, 이들 CM송이 대중의 인기를 끌게 된 것을 계기로 방송광고의 활성화가 이루어졌다. 당시 진로소주 CM송은 부산MBC 전속가수들이 합창으로 불렀는데, 특히 〈히트퍼레이드〉와 〈싱싱싱〉과 같은 공개방송프로그램에서는 전속가수들이 항상 생방송으로 CM송을 불렀다. CM송 중간에 '크~'라고 술맛을 묘사하는 부문은 당시 인기성우였던 전운(작고)의 목소리였다.

진로소주 CM송은 방송의 역사와 마찬가지로 외래문화의 소산임에도 불구하고 당시에 유행했던 어떤 대중가요에도 못지않은 높은 인기를 차지한 노래였으며, 하나의 문구를 여러 번 반복해야 한다는 광고캠페인의 원리를 그대로 반영시킨 독창적인 곡이었다. 더욱이 이 커머셜송이 기업을 성장시키는 데 큰 도움을 주었을 뿐 아니라 우리 광고 시장에서 커머셜송이 성장할 수 있는 기틀을 마련해주었다는 평가를 듣고 있다. 진로소주 CM송은 우리나라 커머셜송의 효시이자 우리 방송광고 역사상 가장 오랜 세월을 거쳐 대중의 사랑을 크게 받은 기념비적인 광고이기도 하다.

진로주조는 부산MBC 광고에 힘입어서 회사발전의 큰 전기를 맞았다. 그리고 그 어려운 시절, 라디오에서 흘러나오는 소주광고를 들으며 서민들은 소주 한 잔에 고단한 삶의 무게를 덜었다.

1961년 말까지 유일한 민간상업방송으로 독주하던 부산MBC는 진로소주를 비롯해 여러 개의 CM송을 제작했다. 그 가운데 '다이야 맥주'의 경우는 시리즈 CM송을 만들어 방송함으로써 이 곡 역시 시리즈 커머셜송의 효시가 되었다. 차차차 리듬으로 제작된 이 CM송은, 5월은…, 6월은…, 7월은… 식으로 구성된 가사(*Copy*)가 독창적이었다.

그 밖에 도돔바 리듬의 동산유지 코티비누(이수열 작사, 허영철 작곡), 민요조의 금곡소주, 청로(淸露)소주(이수열 작사, 허영철 작곡), 상수제약(上壽製藥)의 백수환(白壽丸) 등이 그 무렵에 만들어진 걸작 CM송들이다.[39] 이처럼 개성적이고 당시 시민들이 즐겨하는 대중가요의 리듬을 채택한 걸작들이 있었는가 하면 사가조(社歌調)를 벗어나지 못한 CM송들도 많았다.

2) 1959~1961년에 방송된 유명광고

☆ 프로그램 CM(의약품)

헤모구론, 종근당제약

효과: (종소리 3번)
남: 종표 "헤모구론"! (Echo)
여: 정확한 약효와 엄정한 약품관리 이것은 종표의 생명입니다.
남: 헤모구론은 무려 10종의 조혈소와 피로회복을 겸한 최신 빈혈

39) 《부산문화방송 30년사》, 449쪽.

치료제입니다.

여: 헤모구론은 위장 장애와 변비 등의 부작용이 없이 한 알 한 알이 붉은 피를 만드는 강력 조혈제입니다.

남: 모든 빈혈엔 (종소리 BG)
종표 "헤모구론"!

아로나민, 일동제약

우렁차게

남: 아로(Echo) 아로나민!

남: 새 시대의 새로운 활성비타민!

여: 아로나민(Echo)

남: 근육에!

여: 신경에!

남: 온몸에 새로운 힘을 부어주는

남여: 일동제약의 (Echo) 아로나민!

여: 새로 발견된 아로나민은 지금까지의 비타민제와 달라
허비되지 않고 온몸 구석구석에까지 스며들어
피로를 쫓고 넘치는 활동력을 부어준답니다.

남: 현대인의 새로운 건강제 아로나민은

여: 온몸이 나른하고 입맛이 없을 때

남: 팔다리가 저리고 어깨가 쑤실 때

여: 오래 두고 낫지 않는 변비로 고생하실 때 우수한 효과를 나타냅니다.

남: 영양과 치료를 겸한 일동제약의 아로나민!

미원, (주)미원

남: 여보, 왜 이렇게 밥상이 허전할까?

여: (애교 있게) 아이, 당신두 잔소리 …

남: 아냐, 뭐가 빠진 것 같아서…
여: 아이참, 조미료 미원을 잊었군요.
여자아나운서: 식욕은 곧 건강을 의미합니다.
여러분의 단란한 식탁에 조미료 미원을 잊지 않으셨어요?
국내 최고의 조미료 미원은 우리들 가정의 훌륭한 요리삽니다.
남자아나운서: 그리고 조미료 미원은 영양가치가 풍부한 영양소일 뿐더러 뇌신경 발육에 특효가 있어 건뇌제로서도 사랑을 받고 있습니다.
식탁에는 언제나 조미료 미원
음식 맛을 낼 때는 신선로표 미원.
일제 '아지노모토'를 능가하는 조미료 미원.

☆ 스폿 CM(의약품 및 기타)

판토, 삼성제약

남: 판토(남) 판토(여) 판토(남) 판토(여) 판토(남)! (Echo)
여: 스피디한 효과! 정확한 치료!
남: 절찬을 받고 있는 '판토'는 여러분이 만들어낸 해열진통제입니다.
여: 악성감기에 '판토'!
남: 몸살에 '판토'
여: 두통에 '판토'
남: 생리통에 판토(여) 판토(남) 판토(여) 판토(남) 판토(여)! (Echo)
남: 스피디한 효과! 정확한 치료에
남: 판 판 '판토'! (Echo)

박카스, 동아제약

(남여 아나운서)
남: 품질과 신용을 자랑하는 동아제약은 언제나 여러분의 보건향상

을 위하여 노력하고 있습니다.

여: 동아제약의 '박카스'는 간장의 기능을 보호강화하고 영양을 온몸에 공급해서 체력을 향상시키고

남: 신진대사를 도와 하루하루 생활에 활력과 스태미나를 줍니다.

여: 체력증강에 박카스!

남: 피로회복에도 박카스!

여: 박카스는 피부를 아름답고 윤택하게 한답니다.

남: 피부미용에 박카스!

여: 술과 담배는 간장을 해치기 쉽습니다.

남: 술 드시기 직전에 박카스!

여: 동아제약의 종합영양제 박카스! (Echo)

샘표간장, 샘표장유

CM / (남여 아나운서, 성우)

남: 요즘 당신 음식솜씨가 갑자기 늘었어?

여: 당신두! 뭐가 그렇게 달리진 것 있어요? 있다면 요즘 장을 샘표로 바꿨을 뿐인걸요.

남: 샘표간장이 그렇게 좋소?

여: 예! 샘표간장을 쓴 후부터는 아버님도 입맛이 좋으시다고 하시고 애들도 샘표간장만 찾으니 얼마나 기쁜 일이예요.

남: 난 당신의 솜씨가 갑자기 달라졌나 했더니 그 비밀이 샘표간장이었군!

여: 가을철의 미각을 한층 돋우는 데 샘표간장!

남: 노인이나 애들이나 밥 맛 나는 샘표간장!

여: 식탁의 여왕 '샘표' '샘표간장!'

여: 주부 여러분의 음식 솜씨는 온 가족의 입맛을 좌우합니다.
가을철의 미각을 돋우게 하는 데는 샘표간장을 써보세요.
품질관리가 잘되어 위생적인 샘표간장은 아침저녁 식탁에

노인이나 어린이들의 입맛을 한층 북돋아드릴 것입니다.
간편하게 쓰실 수 있고 맛을 자랑하는 샘표간장은 가정의
상비품으로 되어 있습니다. 간장은 샘표간장![40]

샘표간장 CM song / 작곡 김호길

보고는 몰라요~ 들어서도 몰라요~
맛을 보고 맛을 아는 샘표간장 간장~ 샘표간장~
복동이 엄마도 샘~샘~ 샘이 나서 샘표간장.
빛깔을 보세요. 향긋한 냄새. 입맛을 당기는 샘표간장~.[41]
간장은 역시 샘표간장

이 CM송은 1961년 초, 부산MBC를 통해 첫 전파를 탄 이래 45년 만인 지난 2006년 5월, 원조 샘표간장 CM송 가수 김상희에 의해 다시 전파를 타서 화제를 모았다. 샘표간장이 창립 60주년을 기념하면서 리바이벌된 이 CM송은 중·장년층에는 향수를, 신세대에게는 호기심을 유발하는 복고마케팅의 일환으로 기획되었다.

이밖에도 개봉관을 대상으로 한 극장CM을 개발한 것도 부산MBC가 효시가 될 것이다. 극장CM은 녹음방송을 하지 않고 프라임타임에 생방송으로 운행했다. 방송시간에 맞춰 아나운서가 준비된 원고를 읽었다. 극장에서 상영되는 영화의 경우는 가변성이 많아 특정 영화가 롱런할 때는 15일 동안 같은 내용을 생방송으로 처리하기도 했다. 또한 극장 이름 앞에 크레디트를 달아 개개의 극장에 차별화를 시도했다. 개국 초기부터 오랫동안 방송한 부산극장의 경우, "와이드 스크린과 전통에 빛나는 부산극장에서는"이라는 크레디트를 달아서 방송했다. 그만큼 CM 카피 작성에서 진화가 이루어지고 있었다.

40) 한국광보문화정보원, 《CM라이브러리》, 356~359쪽.
41) 관련 사이트/ http://www.sempio.com(샘표간장 공식 사이트).

3) 창사 당시의 주요 광고주

1959년 4월 15일에 창립된 부산MBC는 그해 12월 9일과 10일, 이틀에 결쳐서 국제극장에서 제 1회 '문화방송제'를 개최했다. 첫 방송을 내보내고 4개월여 만에 심각한 경영난에 봉착하여 회사의 경영권이 김상용 사장에게서 조선견직의 김지태 회장에게 넘어가는(1959년 9월 23일) 대격변을 맞았다. 적자에 허덕이는 회사를 어떻게든 살려내야 하는 절박한 사태였다. 난국을 돌파하는 모멘텀으로 회사는 '문화방송제'라는 대대적인 행사를 기획했다. '보여주는 라디오'를 지향한 이 행사는 신생 방송사인 부산MBC의 존재를 시민들에게 확실하게 인식시키겠다는 비장한 각오가 실려 있었고, 회사는 여기에 거의 운명을 걸다시피 했다.

부산에서 일간신문을 발행하는 4개 신문사(〈부산일보〉, 〈국제신보〉, 〈민주신보〉, 〈자유민보〉)가 후원하고 조선견직, 부산견직 등 무려 66개 업체가 스폰서로 등장한 이 행사는 구름처럼 밀려드는 방청객을 정리하기 위해 기마경찰대가 동원될 만큼 폭발적인 관심과 인기를 모았다. 결과는 대성공이었다. 부산MBC의 이미지를 확실하게 시민들에게 심어주었고, 아울러 민방에 대한 이해도와 친근감을 높이는 데도 성공했다. 극장무대에 마련된 임시스튜디오에서 〈가요청백전〉, 〈MBC파티〉, 〈입체극장〉, 〈만담공원〉, 김정구 등 12명 인기가수로 구성된 〈히트퍼레이드〉 등의 프로그램으로 운영된 우리나라 최초의 본격적인 방송제였다.

회사는 약 20일 후, 1960년 1월 1일, 오전 11시부터 오후 1시까지 주간방송시간을 연장했다. 적은 인원으로 낮방송을 연장하는 것이 쉽지 않았지만 '문화방송제'에서 불붙은 부산MBC에 대한 대중의 관심은 방송시간 연장으로 시너지 효과를 일으켜 결과적으로 그해 2월부터는 재정수입에 활기가 돌기 시작했다. 곧 이어서 그해 3월 7일엔 숙원의 10kW 출력증강이 이루어져 가청지역의 확장에도 박차를 가했다.

당시의 주요 광고주는 대부분 제약회사라는 특징이 있다. 1961년 12월, 서울MBC가 개국하고 첫달(12월)이 지난 후 결산했을 때 전체 광고주의 73%가 제약회사였다는 기록을 보아서도 부산MBC 역시 다를 바 없었다. 당시의 주요 광고주는, 헤모구론, 원기소, 샘표간

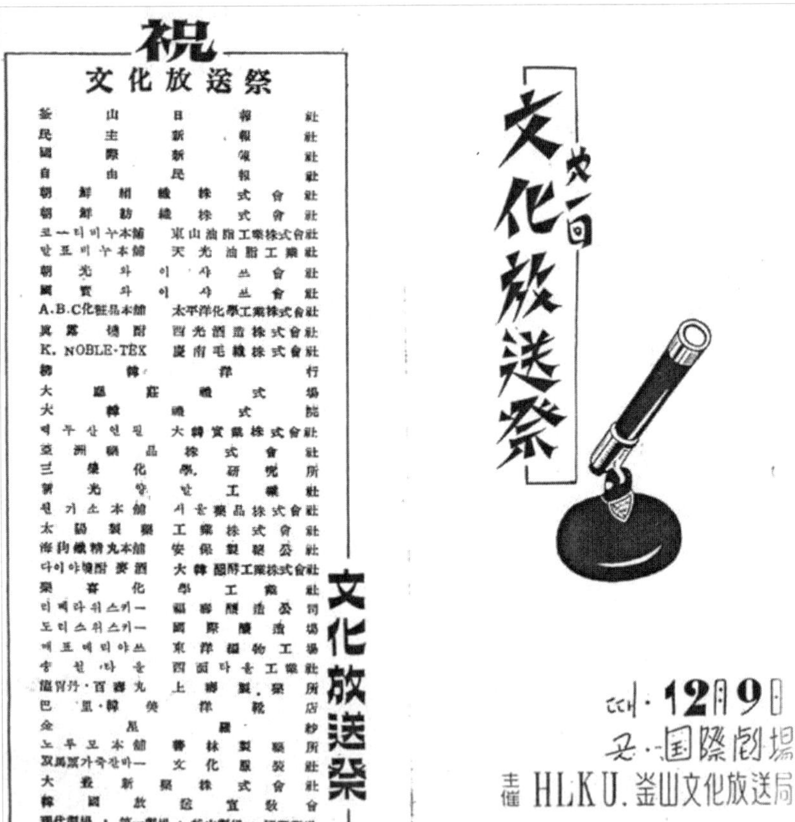

제 1회 '문화방송제' 포스터

장, 훼스탈, 미향비누, 유파스짓(유유산업), 파라솔크림, 코티벌꿀비누, 유한양행(기업광고), 골덴텍스(제일모직), 금성선풍기, 비타엠, 단발구론산(천도약품), 뷔너스크림, 비락, 말표비누, 송월타올 등이었다.

제1회 부산문화방송제의 광고주는 다음과 같다.
송월타올, 조선맥주, 경남모직(노벨텍스), 조선견직, 조선방직, 동산유지(코티비누), 천광유지(말표비누), 조광와이샤쓰, 국제와이샤쓰, ABC화장품, 서광주조(진로소주), 유한양행, 대청장 예식장, 대한예식장, 대한실업(백두산연필), 아주약품, 삼영화학, 신광양말, 서울약품(원기소), 태양약업, 안보제약(해구신정환), 대한주정(다이야소주, 맥주), 낙희화학, 복수양조(리베라위스키), 국제양조(도리스위스키), 동양직물(매표 메리야스), 상수제약소(건위단, 백수환), 파리 한미양화점, 금성나사, 보림제약(노루모), 문화복장사(쌍마표 가죽잠바), 대풍신약, 한국방송선교회, 현대극장, 제일극장, 국제극장, 부산극장

4) 서울MBC의 개국과 방송광고

1961년 12월 2일, 서울에서 한국문화방송이 개국했다. 개국의 주역들은 정환옥 상무, 김영출 상무, 전응덕 보도과장, 주수광, 윤미자 아나운서 등 경영에서 현업까지 총 18명의 부산MBC 사람들이었다. 특히 광고 실무자로 부산MBC 초대 업무부장이었던 조선준(趙先俊)이 발탁되었다. 당시 서울엔 〈한국일보〉가 운영하던 광고대행사 '한국광고사' 등 두 곳의 광고대행사가 있었지만 그들은 주로 신문광고에 역점을 둔 영업을 해왔기에 서울MBC의 출현은 강력한 라이벌이 등장한 형국이었다. 그들에 대한 대항마로 선택된 인물이 부산에

서 야전경험을 풍부하게 쌓은 조선준이었다.

서울MBC의 등장으로 광고 섭외업무와 광고제작업무의 주도권은 부산에서 서울로 옮겨갔다. 산업과 사람, 시스템과 자본이 몰려있는 서울로 주도권이 옮겨가는 것은 당연했다. 프로그램 편성에서도 광고에서도 큰 변화가 몰려왔다. 백지장에 금 긋고 편성표를 만들던 편성독립의 시대가 저물었고, 광고에서도 서울이 벌어들인 광고판매액에서 일정분을 받아오는 지방방송사로 밀려나기 시작했다. 1959년 4월부터 2년 8개월간의 고군분투의 세월을 거치면서 쌓은 민방 경영의 노하우를 통해서 서울MBC라는 잘 생긴 동생을 만들었다는 뿌듯한 자부심도 잠시뿐, 부산MBC는 그때부터 문화방송 네트워크의 한 지방사로 위상이 바뀌는 씁쓸함을 감내해야만 했으며, 전설은 그렇게 에필로그에 닿았다.

▪참고문헌

九州朝日放送, 《九州朝日放送 30年史》, 1983.
김광수, 《광고학》, 한나래, 1999.
김문성, 《한국광고 100년》, 광고정보센터.
김민환, 《한국언론사》, 나남, 1999.
김민환·김광수 공저, 《한국방송광고의 발달사》, 2000.
문화방송, 《문화방송 30년사》, 1992.
박우용 편저, 《세계방송년표》, LG상남언론재단, 2001.
부산MBC, 《부산문화방송 10년사》, 1969.
______, 《부산문화방송 30년사》, 1989.
______, 《부산문화방송 50년사》, 2009.

부산MBC사우회, 《부산문화방송사우회 10년》, 2002.
신인섭, 《한국광고발달사》, 일조각, 1980.
______, 《일본의 광고》, 나남, 1993.
______, 《세계의 광고》, 언론연구원총서 9, 1990년, 한국언론연구원.
______, 《한국광고사》, 나남, 1986.
신인섭 · 서범석 공저, 《한국광고사》, 나남, 1998.
______, 《눈으로 보는 한국 광고사》, 나남, 2001.
유붕노, 《신광고론》, 일조각, 1993.
이화자, 《광고발달사》, 호남대출판부, 2004.
제일기획, 《광고연감 2008》, 2008.
전응덕, 《이 사람아 목에 힘을 빼게》, 중앙 M&B, 2002.
통계청, 《한국의 사회지표》, 《한국 주요 경제지표》.
《커머셜 송 20년사》, KOSIS.
한국광고단체연합회, 《한국광고 100년》 上, 下, 1996.
한국광고학회, 《한국의 광고》, 1995.
한국방송광고공사, 《일본의 방송광고》, 방송광고연구총서 15호.
한민의 외, 《광고경영론》, 학현사, 1994.
Advertising Age 2008, May 05, 2008.

부 록

1. 1960.6.1 AM 주간기본편성표 (부산MBC-R)
2. 1961.4.15 AM 주간기본편성표 (부산MBC-R)
3. 1962.4.15 AM 주간기본편성표 (부산MBC-R)
4. 1962.9.1 AM 주간기본편성표 (부산MBC-R)

1. 1960.6.1 AM 주간기본편성표(부산MBC-R)

<table>
<tr><th>시</th><th>분</th><th>월</th><th>화</th><th>수</th><th>목</th><th>금</th><th>토</th><th>일</th></tr>
<tr><td rowspan="7">6</td><td>00~15</td><td colspan="6">희망의 서곡</td><td>마음의 하모니</td></tr>
<tr><td>15~20</td><td colspan="6">바다들의 메모</td><td>금처럼 은처럼</td></tr>
<tr><td>20~25</td><td colspan="6">줄넘기 셋넷</td><td>희망의 속삭임</td></tr>
<tr><td>25~35</td><td colspan="6">부두까지 십분</td><td rowspan="3">방송상아탑</td></tr>
<tr><td>35~40</td><td colspan="6">우리들의 발언</td></tr>
<tr><td>40~55</td><td colspan="6">오픈 더 윈도우</td></tr>
<tr><td>55~00</td><td colspan="7">釜日뉴스</td></tr>
<tr><td rowspan="7">7</td><td>00~10</td><td colspan="7">어깨동무 내동무</td></tr>
<tr><td>10~15</td><td colspan="6">5분의 주인공</td><td rowspan="2">유쾌한 프롬나드</td></tr>
<tr><td>15~25</td><td colspan="6">멜로디 꽃다발</td></tr>
<tr><td>25~30</td><td colspan="6">가족일기</td><td rowspan="2">가요 데파트</td></tr>
<tr><td>30~40</td><td colspan="6">가요 드라이브</td></tr>
<tr><td>40~50</td><td colspan="7">주부수첩</td></tr>
<tr><td>50~00</td><td colspan="6">스쿨 송</td><td>모도모아문예</td></tr>
<tr><td rowspan="6">8</td><td>00~05</td><td>주간
캘린더</td><td>일항
에티켓</td><td>옛말에
가로되</td><td>상식
노트</td><td>백만인의
의학</td><td>행복의
열쇠</td><td rowspan="2">현대의 진리</td></tr>
<tr><td>05~15</td><td colspan="6">아빠 다녀오세요</td></tr>
<tr><td>15~25</td><td colspan="6">노래 없는 동요</td><td rowspan="2">아침 예방</td></tr>
<tr><td>25~35</td><td colspan="6">시네라마 뮤직</td></tr>
<tr><td>35~50</td><td>트로트
&
트로트</td><td>블루스
&
블루스</td><td>왈츠
&
왈츠</td><td>탱고
&
탱고</td><td>맘보
&
맘보</td><td>룸바
&
룸바</td><td>국제전망</td></tr>
<tr><td>50~00</td><td colspan="6">즐거운 아베크 송</td><td>십분 하와이안</td></tr>
</table>

(계 속)

시	분	월	화	수	목	금	토	일
9	00~15							일요가정
	15~30							푸른 리본
	30~50							가요제전
	50~00							오늘의 극장
10	00~10							마이크를 거리로
	10~30							청취자 로터리
	30~45							뮤직인터뷰
	45~00							여성학교
11	00~05	훼이드 인 마치						
	05~35	히트퍼레이드(재)	만담공원(재)	인기가수퍼레이드(재)	가요콩쿠르(재)	악극무대(재)	가요대전(재)	싱싱싱(전속)
	35~40	해외토픽						
	40~55	라디오 메신저						우리 가곡집
	55~00	釜日뉴스						
12	00~40	노래꽃동산						골든 버라이어티
	40~50	OK 고스톱						뮤직프리즘
	50~00	마감 후의 뉴스						

시	분	월	화	수	목	금	토	일
6	30~35	노래의 날개						
	35~40	물가변동과 주식시세						
	40~55	새 소식 어린이 콘서트	새 소식 어린이꽃 다발	새 소식 어린이 과학 교실	새 소식 너도 나도 잘한다	새 소식 학교자랑	새 소식 별하나 나하나	새 소식 선생님 말씀
	55~00	釜日뉴스						

(계 속)

<table>
<tr><th>시</th><th>분</th><th>월</th><th>화</th><th>수</th><th>목</th><th>금</th><th>토</th><th>일</th></tr>
<tr><td rowspan="7">7</td><td>00~10</td><td>체인
스케치
1</td><td rowspan="2">학생
세계</td><td>생활
상식</td><td rowspan="2">육해공
아워</td><td>생활상담</td><td rowspan="2">어린이
극장</td><td rowspan="4">어린이상다기</td></tr>
<tr><td>10-20</td><td>경제
토론</td><td>문화
칵테일</td><td>사회진단</td></tr>
<tr><td>20~25</td><td colspan="6">동심을 싣고</td></tr>
<tr><td>25~30</td><td colspan="6">KU 게시판</td></tr>
<tr><td>30~40</td><td colspan="5">폴카 카니발</td><td>스폿
퀴즈</td><td>금주의 SP</td></tr>
<tr><td>40~50</td><td colspan="5">가는 정 오는 마음</td><td>토요
샹데리아</td><td rowspan="2">스포츠
다이제스트</td></tr>
<tr><td>50~00</td><td colspan="6">MBC 프레스</td></tr>
<tr><td rowspan="5">8</td><td>00~10</td><td>체인
스케치
2</td><td colspan="5">재즈자키</td><td>휴일의 합창</td></tr>
<tr><td>10~20</td><td colspan="7">노을 속의 옴니버스</td></tr>
<tr><td>20~30</td><td colspan="7">추억의 멜로디</td></tr>
<tr><td>30~50</td><td colspan="5">희망열차</td><td>청춘파라
다이스</td><td>오리골의 선물</td></tr>
<tr><td>50~00</td><td colspan="6">민요강산</td><td>라디오 휴게실</td></tr>
<tr><td rowspan="4">9</td><td>00~10</td><td>체인
스케치
3</td><td rowspan="2">가요
콩쿠르</td><td rowspan="2">악극
무대</td><td rowspan="2">가요
대전</td><td rowspan="2">히트
퍼레이드</td><td rowspan="3">특집
오락실</td><td>만담공원</td></tr>
<tr><td>10~30</td><td rowspan="2">인기가
수 퍼
레이드</td><td rowspan="3">루터란 아워</td></tr>
<tr><td>30~40</td><td colspan="4">가요인생</td></tr>
<tr><td>40~00</td><td colspan="6">럭키카라반</td></tr>
</table>

(계 속)

<table>
<tr><th>시</th><th>분</th><th>월</th><th>화</th><th>수</th><th>목</th><th>금</th><th>토</th><th>일</th></tr>
<tr><td rowspan="5">10</td><td>00~15</td><td>체인
스케치
4</td><td colspan="6">라디오 브리지</td></tr>
<tr><td>15~30</td><td rowspan="2">아리랑
대학</td><td colspan="4">유혹의 댄스파티</td><td>방송
음악회</td><td>부부살롱</td></tr>
<tr><td>30~40</td><td colspan="4">음악편지</td><td rowspan="2">나의 曲
그대의
作詞</td><td rowspan="2">스타와
팬의 광장</td></tr>
<tr><td>40~50</td><td colspan="5">여인의 소파</td></tr>
<tr><td>50~00</td><td colspan="7">종합뉴스</td></tr>
<tr><td rowspan="6">11</td><td>00~10</td><td>체인
스케치
5</td><td>시사
토픽</td><td>신문
춘추</td><td>시사
토픽</td><td>신문
춘추</td><td rowspan="2">고전
음악회</td><td rowspan="2">녹음 위클리</td></tr>
<tr><td>10~25</td><td colspan="5">밤의 향연</td></tr>
<tr><td>25~40</td><td colspan="5">클래식 궁전</td><td>사랑의
앨범</td><td rowspan="2">선데이
팝 콘서트</td></tr>
<tr><td>40~45</td><td colspan="6">시조 한 수</td></tr>
<tr><td>45~55</td><td colspan="6">별의 설계</td><td>밤의 수필</td></tr>
<tr><td>55~00</td><td colspan="7">아듀 살롱</td></tr>
</table>

2. 1961.4.15 AM 주간기본편성표(부산MBC-R)

<table>
<tr><th>시</th><th>분</th><th>월</th><th>화</th><th>수</th><th>목</th><th>금</th><th>토</th><th>일</th></tr>
<tr><td rowspan="8">6</td><td>00~10</td><td colspan="6">희망의 서곡</td><td rowspan="2">마음의 하모니</td></tr>
<tr><td>10~15</td><td colspan="6">재건체조</td></tr>
<tr><td>15~20</td><td>오늘의 교양</td><td>아침의 시</td><td>오늘의 교양</td><td>아침의 시</td><td>오늘의 교양</td><td>아침의 시</td><td>금처럼 은처럼</td></tr>
<tr><td>20~30</td><td colspan="6">아침의 세미클래식</td><td>스윙의 한때</td></tr>
<tr><td>30~35</td><td colspan="7">방송순서 안내</td></tr>
<tr><td>35~45</td><td colspan="6">명랑포스트</td><td rowspan="2">명곡의 순례</td></tr>
<tr><td>45~55</td><td colspan="6">어깨동무 내동무</td></tr>
<tr><td>55~00</td><td colspan="7">뉴스</td></tr>
<tr><td rowspan="6">7</td><td>00~10</td><td colspan="7">연속소설</td></tr>
<tr><td>10~15</td><td colspan="6">하모니로 즐겁게</td><td rowspan="2">즐거운 일요산책</td></tr>
<tr><td>15~25</td><td colspan="6">멜로디의 꽃다발</td></tr>
<tr><td>25~40</td><td colspan="7">백만인의 극장 안내</td></tr>
<tr><td>40~50</td><td colspan="7">주부수첩</td></tr>
<tr><td>50~00</td><td colspan="6">가요 드라이브</td><td rowspan="2">가요 데파트</td></tr>
<tr><td rowspan="7">8</td><td>00~05</td><td>여러분의 경제</td><td>여러분의 의학</td><td>여러분의 법률</td><td>여러분의 경제</td><td>여러분의 의학</td><td>여러분의 법률</td></tr>
<tr><td>05~15</td><td colspan="6">아빠 다녀오세요</td><td>가요제전</td></tr>
<tr><td>15~25</td><td colspan="6">노래 없는 동요</td><td rowspan="2">푸른 리본</td></tr>
<tr><td>25~35</td><td colspan="6">은막의 주제곡</td></tr>
<tr><td>35~40</td><td colspan="6">재건가요의 아침</td><td rowspan="3">휴일의 대중가요</td></tr>
<tr><td>40~50</td><td colspan="6">리듬의 순례</td></tr>
<tr><td>50~00</td><td colspan="6">가정유치원</td></tr>
</table>

(계 속)

<table>
<tr><th>시</th><th>분</th><th>월</th><th>화</th><th>수</th><th>목</th><th>금</th><th>토</th><th>일</th></tr>
<tr><td rowspan="4">9</td><td>00~15</td><td colspan="6" rowspan="8"></td><td>일요가정</td></tr>
<tr><td>15~30</td><td>아침예방</td></tr>
<tr><td>30~50</td><td>감미로운 음악</td></tr>
<tr><td>50~00</td><td>국제전망</td></tr>
<tr><td rowspan="4">10</td><td>00~20</td><td>여성광장</td></tr>
<tr><td>20~30</td><td>생활상담</td></tr>
<tr><td>30~45</td><td>오전음악회</td></tr>
<tr><td>45~00</td><td>청취자
로터리</td></tr>
<tr><td rowspan="5">11</td><td>00~05</td><td colspan="6">훼이드 인 마치</td><td rowspan="2">(재)
봄철
오락회</td></tr>
<tr><td>05~35</td><td>(재)
히트퍼
레이드</td><td>(재)
만담
공원</td><td>(재)
아마추어
스테이지</td><td>(재)
가요
콩쿠르</td><td>(재)
아리랑
대학</td><td>(재)
가요
대전</td></tr>
<tr><td>35~40</td><td colspan="6">일기예보, 물가안내</td><td>해외토픽</td></tr>
<tr><td>40~55</td><td colspan="6">라디오 메신저</td><td>우리 가곡</td></tr>
<tr><td>55~00</td><td colspan="7">뉴스</td></tr>
<tr><td rowspan="2">12</td><td>00~40</td><td colspan="6">노래 꽃동산</td><td>선데이
가요자키</td></tr>
<tr><td>40~55</td><td colspan="6">OK 고스톱</td><td rowspan="2">청취자의
소리</td></tr>
<tr><td></td><td>55~00</td><td colspan="6">마감 후 뉴스</td></tr>
</table>

<table>
<tr><td rowspan="8">5</td><td>00~10</td><td colspan="7">노래의 날개</td></tr>
<tr><td>10~15</td><td colspan="7">일기예보, 방송안내, 물가안내</td></tr>
<tr><td>15~20</td><td colspan="5">동심을 싣고</td><td rowspan="2">나와
나의
레코드</td><td rowspan="4">(공개)
가족
합창전</td></tr>
<tr><td>20~30</td><td>상공안내</td><td>농산안내</td><td>수산안내</td><td>신문주평</td><td>영화 평</td></tr>
<tr><td>30~40</td><td colspan="5">어린이 연속 과학소설</td><td rowspan="2">음악
편지</td></tr>
<tr><td>40~45</td><td colspan="5">민요합창</td></tr>
<tr><td>45~55</td><td>어린이
콘서트</td><td>동화
꽃다발</td><td>어린이
과학교실</td><td>유치원
순례</td><td>학교
자랑</td><td>별 하나
나 하나</td><td>선생님
말씀</td></tr>
<tr><td>55~00</td><td colspan="7">뉴스</td></tr>
</table>

(계 속)

<table>
<tr><th>시</th><th>분</th><th>월</th><th>화</th><th>수</th><th>목</th><th>금</th><th>토</th><th>일</th></tr>
<tr><td rowspan="6">6</td><td>00~15</td><td colspan="7">백만인의 극장 안내</td></tr>
<tr><td>15~25</td><td>즐거운 아베크송</td><td>기쁨의 코러스</td><td>즐거운 아베크송</td><td>기쁨의 코러스</td><td>즐거운 아베크송</td><td>금주의 SP</td><td rowspan="2">가는 정 오는 마음</td></tr>
<tr><td>25~30</td><td colspan="6">KU 게시판</td></tr>
<tr><td>30~40</td><td colspan="6">노래는 없어도</td><td rowspan="3">(공개) 어린이 상타기</td></tr>
<tr><td>40~50</td><td colspan="5">로맨틱 스토리</td><td>토요 샹데리아</td></tr>
<tr><td>50~00</td><td colspan="6">MBC 프레스</td></tr>
<tr><td rowspan="5">7</td><td>00~10</td><td colspan="6">재즈 휴게실</td><td>휴일의 합창</td></tr>
<tr><td>10~20</td><td colspan="7">노을 속에 안내</td></tr>
<tr><td>20~30</td><td colspan="7">추억의 멜로디</td></tr>
<tr><td>30~50</td><td colspan="5">희망열차</td><td>청춘파라다이스</td><td rowspan="2">노래 흉내 콩쿠르</td></tr>
<tr><td>50~00</td><td colspan="6">민요강산</td></tr>
<tr><td rowspan="3">8</td><td>00~30</td><td>아마추어 스테이지</td><td>가요 콩쿠르</td><td>아리랑 대학</td><td>가요 대전</td><td>히트퍼레이드</td><td>대결 오락회</td><td>만담공원</td></tr>
<tr><td>30~50</td><td colspan="6">럭키 홈</td><td rowspan="2">루터란 아워</td></tr>
<tr><td>50~00</td><td colspan="6">헤파톤 아워</td></tr>
<tr><td rowspan="4">9</td><td>00~15</td><td colspan="6">라디오 브리지</td><td>스포츠 다이제스트</td></tr>
<tr><td>15~30</td><td colspan="6">밤에만 흐르는 멜로디</td><td rowspan="2">입체극장</td></tr>
<tr><td>30~50</td><td colspan="6">연속방송극</td></tr>
<tr><td>50~00</td><td colspan="7">종합뉴스</td></tr>
</table>

(계 속)

<table>
<tr><th>시</th><th>분</th><th>월</th><th>화</th><th>수</th><th>목</th><th>금</th><th>토</th><th>일</th></tr>
<tr><td rowspan="7">10</td><td>00~10</td><td colspan="6">가요인생</td><td rowspan="2">녹음
위클리</td></tr>
<tr><td>10~15</td><td colspan="6">밤의 향연</td></tr>
<tr><td>15~25</td><td colspan="6">수호지</td><td rowspan="2">마음의
거울</td></tr>
<tr><td>25~30</td><td colspan="6">시조 한 수</td></tr>
<tr><td>30~40</td><td>시사토픽</td><td>신문
춘추</td><td>시사토픽</td><td>신문
춘추</td><td>시사
토픽</td><td>여인의
소파</td><td>고전
음악회</td></tr>
<tr><td>40~55</td><td colspan="5">클래식 궁전</td><td>사랑의
앨범</td><td>밤의
수필</td></tr>
<tr><td>55~00</td><td colspan="7">별의 설계</td></tr>
</table>

3. 1962.4.15 AM 주간기본편성표 (부산MBC-R)

<table>
<tr><th>시</th><th>분</th><th>월</th><th>화</th><th>수</th><th>목</th><th></th><th>토</th><th>일</th></tr>
<tr><td rowspan="8">6</td><td>00~10</td><td colspan="6">희망의 서곡</td><td rowspan="2">마음의 하모니</td></tr>
<tr><td>10~15</td><td colspan="6">재건체조</td></tr>
<tr><td>15~20</td><td colspan="6">오늘의 교양</td><td rowspan="2">생활의 등대</td></tr>
<tr><td>20~30</td><td colspan="6">아침의 세미클래식</td></tr>
<tr><td>30~35</td><td colspan="6">MBC 안내</td><td>금처럼 은처럼</td></tr>
<tr><td>35~45</td><td colspan="6">명랑포스트</td><td rowspan="2">명곡의 순례</td></tr>
<tr><td>45~55</td><td colspan="6">1035의 코러스</td></tr>
<tr><td>55~00</td><td colspan="7">뉴스(釜山日報)</td></tr>
<tr><td rowspan="7">7</td><td>00~10</td><td colspan="7">연속소설</td></tr>
<tr><td>10~15</td><td colspan="6">하모니로 즐겁게</td><td rowspan="4">즐거운 일요산책</td></tr>
<tr><td>15~25</td><td colspan="6">멜로디 꽃다발</td></tr>
<tr><td>25~30</td><td colspan="6" rowspan="2">음악 속의 쇼핑</td></tr>
<tr><td>30~40</td></tr>
<tr><td>40~50</td><td colspan="7">주부수첩</td></tr>
<tr><td>50~00</td><td colspan="6">가요드라이브</td><td rowspan="2">가요 데파트</td></tr>
<tr><td rowspan="7">8</td><td>00~05</td><td>여러분의 경제</td><td>여러분의 의학</td><td>여러분의 법률</td><td>여러분의 경제</td><td>여러분의 의학</td><td>여러분의 법률</td></tr>
<tr><td>05~15</td><td colspan="6">아빠 다녀오세요</td><td>가요제전</td></tr>
<tr><td>15~25</td><td>일일수상</td><td>건설의 아침</td><td>일일 수상</td><td>건설의 아침</td><td>일일수상</td><td>건설의 아침</td><td rowspan="2">푸른 리본</td></tr>
<tr><td>25~35</td><td colspan="6">은막의 주제곡</td></tr>
<tr><td>35~40</td><td colspan="6">재건가요의 아침</td><td rowspan="2">휴일의 대중음악</td></tr>
<tr><td>40~55</td><td colspan="6">리듬의 순례</td></tr>
<tr><td>55~00</td><td colspan="7">뉴스</td></tr>
</table>

(계 속)

<table>
<tr><th>시</th><th>분</th><th>월</th><th>화</th><th>수</th><th>목</th><th></th><th>토</th><th>일</th></tr>
<tr><td rowspan="7">9</td><td>00~10</td><td colspan="6">라틴뮤직살롱</td><td rowspan="2">일요가정</td></tr>
<tr><td>10~20</td><td colspan="6">가정 유치원</td></tr>
<tr><td>20~25</td><td></td><td rowspan="5">가
정
시
간</td><td colspan="4">그대에게 한 곡</td><td rowspan="2">아침예방</td></tr>
<tr><td>25~30</td><td></td><td colspan="4">오늘의 메모</td></tr>
<tr><td>30~40</td><td></td><td colspan="4">여성살롱</td><td>감미로운 음악</td></tr>
<tr><td>40~50</td><td></td><td colspan="4">연속소설</td><td>생활상담</td></tr>
<tr><td>50~00</td><td></td><td colspan="4">알뜰한 살림</td><td>국제전망</td></tr>
<tr><td rowspan="3">10</td><td>00~30</td><td>주말연속극(재)</td><td>주말연속극(재)</td><td>회전무대(재)</td><td>인생극장(재)</td><td>추리극(재)</td><td>예술극장(재)</td><td>입체극장(재)</td></tr>
<tr><td>30~50</td><td>MBC뮤직홀(협주곡)</td><td>MBC 뮤직홀(오페라)</td><td>MBC 뮤직홀(심포니)</td><td>MBC 뮤직홀(외국민요)</td><td>MBC 뮤직홀(샹송)</td><td>오전 음악회(재즈)</td><td>오늘의 극장</td></tr>
<tr><td>50~00</td><td colspan="6">음악에 실은 화제</td><td>청취자 로터리</td></tr>
<tr><td rowspan="4">11</td><td>00~30</td><td>히트 퍼레이드(재)</td><td>만담 공원(재)</td><td>아마추어 스테이지(재)</td><td>가요 콩쿠르(재)</td><td>노래바꿔 부르기(재)</td><td>가요 대전(재)</td><td>MBC 파티(재)</td></tr>
<tr><td>30~45</td><td colspan="6">라디오 메신저</td><td>일요유머</td></tr>
<tr><td>45~55</td><td colspan="6">당신이 이기세요</td><td>우리 가곡</td></tr>
<tr><td>55~00</td><td colspan="7">뉴스</td></tr>
<tr><td rowspan="3">12</td><td>00~40</td><td colspan="6">노래꽃동산</td><td>선데이 가요자키</td></tr>
<tr><td>40~55</td><td colspan="6">OK 고스톱</td><td rowspan="2">청취자의 음악</td></tr>
<tr><td>55~00</td><td colspan="6">마감 후 뉴스</td></tr>
<tr><td rowspan="3">1</td><td>00~20</td><td colspan="6">연속방송극(재)</td><td>KU 메거진</td></tr>
<tr><td>20~40</td><td colspan="6">문화 에이전시</td><td rowspan="2">900의 선물 퀴즈자키</td></tr>
<tr><td>40~00</td><td colspan="6">가요일기</td></tr>
</table>

(계 속)

<table>
<tr><th>시</th><th>분</th><th>월</th><th>화</th><th>수</th><th>목</th><th></th><th>토</th><th>일</th></tr>
<tr><td rowspan="8">5</td><td>00~10</td><td colspan="7">노래의 날개</td></tr>
<tr><td>10~15</td><td colspan="7">일기예보 · 방송안내 · 물가</td></tr>
<tr><td>15~20</td><td colspan="5">동심을 싣고</td><td rowspan="2">나와
나의
레코드</td><td rowspan="7">싱싱싱</td></tr>
<tr><td>20~30</td><td>상공안내</td><td>농산
안내</td><td>수산
안내</td><td>신문주평</td><td>영화평</td></tr>
<tr><td>30~40</td><td colspan="6">애기나오라(어린이 연속소설)</td></tr>
<tr><td>40~45</td><td colspan="5">이주일의 노래</td><td rowspan="2">편지
받으세요</td></tr>
<tr><td>45~55</td><td>어린이
콘서트</td><td>즐거운
노래
모음</td><td>어린이
과학
문답</td><td>유치원
순례</td><td>학교자랑</td></tr>
<tr><td>55~00</td><td colspan="6">뉴스(釜山日報)</td></tr>
<tr><td rowspan="6">6</td><td>00~10</td><td colspan="6">재즈탄생</td><td>금주의 SP</td></tr>
<tr><td>10~25</td><td colspan="6">흘러간 세월 흘러간 노래</td><td rowspan="2">가는 정
오는 마음</td></tr>
<tr><td>25~30</td><td colspan="6">KU 게시판</td></tr>
<tr><td>30~40</td><td colspan="6">노래는 없어도</td><td rowspan="3">어린이
상타기
(공개)</td></tr>
<tr><td>40~50</td><td colspan="6">로맨틱 스토리</td></tr>
<tr><td>50~00</td><td colspan="6">MBC 프레스</td></tr>
<tr><td rowspan="5">7</td><td>00~10</td><td colspan="7">라디오 백화점</td></tr>
<tr><td>10~20</td><td colspan="7">노을 속에 안내</td></tr>
<tr><td>20~30</td><td colspan="7">추억의 멜로디</td></tr>
<tr><td>30~50</td><td colspan="5">희망열차</td><td>청춘파라
다이스</td><td rowspan="2">노래흉내
콩쿠르
(공개)</td></tr>
<tr><td>50~00</td><td colspan="6">민요강산</td></tr>
</table>

(계 속)

<table>
<tr><th>시</th><th>분</th><th>월</th><th>화</th><th>수</th><th>목</th><th></th><th>토</th><th>일</th></tr>
<tr><td rowspan="3">8</td><td>00~30</td><td>아마추어 스테이지 (공개)</td><td>가요 콩쿠르 (공개)</td><td>노래바꿔부르기(공개)</td><td>가요 대전 (공개)</td><td>히트 퍼레이드 (공개)</td><td>MBC 파티 (공개)</td><td>만담공원</td></tr>
<tr><td>30~50</td><td colspan="6">럭키홈</td><td rowspan="2">루터란 아워</td></tr>
<tr><td>50~00</td><td colspan="6">비타민 아워 가요 코러스</td></tr>
<tr><td rowspan="4">9</td><td>00~15</td><td colspan="6">라디오 브리지</td><td rowspan="2">스포츠 다이제스트</td></tr>
<tr><td>15~30</td><td colspan="6">밤에만 흐르는 멜로디</td></tr>
<tr><td>30~50</td><td colspan="6">연속방송</td><td>추억의 꽃마차(공개)</td></tr>
<tr><td>50~00</td><td colspan="7">종합뉴스</td></tr>
<tr><td rowspan="3">10</td><td>00~10</td><td colspan="5">가요인생</td><td rowspan="2">아리랑 대학 (공개)</td><td>음악편지</td></tr>
<tr><td>10~30</td><td>인생앨범</td><td>가요 앨범</td><td>추억의 노래</td><td>야담</td><td>상송의 밤</td><td>마음의 거울</td></tr>
<tr><td>30~00</td><td>회전무대</td><td>인생 극장</td><td>추리극</td><td>예술극장</td><td>입체극장</td><td>주말 연속극</td><td>주말연속극</td></tr>
<tr><td rowspan="6">11</td><td>00~10</td><td>뉴스해설</td><td>신문 춘추</td><td>뉴스 해설</td><td>신문춘추</td><td>뉴스해설</td><td>신문 춘추</td><td rowspan="2">MBC살롱</td></tr>
<tr><td>10~15</td><td colspan="6">시조 한 수</td></tr>
<tr><td>15~25</td><td colspan="5">연속소설 수호지</td><td>사랑의 앨범</td><td rowspan="2">밤의 수필</td></tr>
<tr><td>25~30</td><td colspan="6">오늘의 마지막 뉴스</td></tr>
<tr><td>30~55</td><td colspan="6">클래식 궁전</td><td>세계의 명곡</td></tr>
<tr><td>55~00</td><td colspan="6">별의 설계</td><td>꿈길의 멜로디</td></tr>
</table>

4. 1962.9.1 AM 주간기본편성표 (부산MBC-R)

<table>
<tr><th></th><th>시</th><th>분</th><th>월</th><th></th><th>수</th><th>목</th><th>금</th><th>토</th><th>일</th></tr>
<tr><td rowspan="8">C</td><td rowspan="8">6</td><td>00~10</td><td colspan="7">희망의 서곡</td></tr>
<tr><td>10~15</td><td colspan="6">재건체조 · 일기예보</td><td rowspan="2">생활의 등대</td></tr>
<tr><td>15~20</td><td colspan="6">오늘의 농사 R</td></tr>
<tr><td>20~30</td><td colspan="6">아침의 세미클래식</td><td>휴일을
즐겁게</td></tr>
<tr><td>30~35</td><td colspan="6">MBC 안내</td><td rowspan="3">명곡의 순례</td></tr>
<tr><td>35~45</td><td colspan="6">영어교실 R</td></tr>
<tr><td>45~50</td><td colspan="6">1035의 코러스</td></tr>
<tr><td>50~00</td><td colspan="7">뉴스(釜山日報)</td></tr>
<tr><td rowspan="7">A</td><td rowspan="7">7</td><td>00~10</td><td colspan="7">연속소설 R</td></tr>
<tr><td>10~15</td><td colspan="6">여러분 잠깐만 R</td><td rowspan="2">즐거운
일요산책</td></tr>
<tr><td>15~25</td><td colspan="6">멜로디 꽃다발 R</td></tr>
<tr><td>25~30</td><td colspan="7">도토리 드라마</td></tr>
<tr><td>30~40</td><td colspan="7">음악 속의 쇼핑</td></tr>
<tr><td>40~50</td><td colspan="7" rowspan="2">라이브 주부수첩
가요 드라이브
가요 데파트</td></tr>
<tr><td>50~00</td></tr>
<tr><td rowspan="6">B</td><td rowspan="6">8</td><td>00~15</td><td colspan="6">흐르는 하모니</td><td>가요제전</td></tr>
<tr><td>15~25</td><td colspan="6">계절의 향기</td><td rowspan="2">푸른 리본</td></tr>
<tr><td>25~35</td><td colspan="6">은막의 주제곡</td></tr>
<tr><td>35~40</td><td colspan="6">세계의 화제 R</td><td rowspan="2">일요가정</td></tr>
<tr><td>40~55</td><td colspan="6">리듬의 순례</td></tr>
<tr><td>55~00</td><td colspan="7">NEWS</td></tr>
</table>

(계 속)

	시	분	월		수	목	금	토	일
	9	00~10	라틴뮤직살롱						일요연기 우리가곡 생활상담
		10~20	가정유치원						
		20~25	가정시간	그대에게 한 곡					
		25~35		오늘의 메모					
		35~45		연속소설 R					
		45~50	고향을 찾아서 R	여성 살롱 R	알뜰한 살림 R	여성 일기 R	남녀 방담 R	안녕하세요 R	
		50~00							여성뉴스
	10	00~30	주말 연속극 (재)	주말 연속극 (재)	오색의 화원 (재) P	예술 극장 (재)	오페라 시어터 (재)	목요 연속극 (재)	입체극장(재)
		30~50	MBC 뮤직홀 (협주곡)	MBC 뮤직홀 (오페라)		MBC 뮤직홀 (외국민요)	MBC 뮤직홀 (샹송)	MBC 뮤직홀 (재즈)	오전음악회
		50~00	음악에 실은 화제						청취자로터리
	11	00~30	히트퍼레이드 (재)	만담 공원 (재)	웃겨보세요 (재)	가요 콩쿠르 (재)	노래바꿔부르기	가요 대전 (재)	추억의 꽃마차(재)
		30~45	유쾌한 핸들						일요유머
		45~50	당신이 이기세요						
		50~00	뉴스(釜山日報)						
A	12	00~40	노래꽃동산						선데이가요자키
		40~55	가요휴게실						청취자의 음악
		55~00	마감 후 뉴스						
C	1	00~20	연속방송극(재)						KU 매거진
		20~40	문화에이전시						900의 선물
		40~00	가요일기						퀴즈자키

(계 속)

<table>
<tr><th></th><th>시</th><th>분</th><th>월</th><th></th><th>수</th><th>목</th><th>금</th><th>토</th><th>일</th></tr>
<tr><td rowspan="8"></td><td rowspan="8"></td><td rowspan="8"></td><td colspan="6" rowspan="8"></td><td>흥겨운 재즈</td></tr>
<tr><td>국악의 향연</td></tr>
<tr><td>내일의 건설</td></tr>
<tr><td>경제뉴스</td></tr>
<tr><td>심포니 감상실</td></tr>
<tr><td>오후의 민요</td></tr>
<tr><td>전화 리퀘스트</td></tr>
<tr><td>NEWS</td></tr>
<tr><td rowspan="8">C</td><td rowspan="8">5</td><td>00~10</td><td colspan="6">노래의 날개</td><td rowspan="3">MBC 리셉션
L</td></tr>
<tr><td>10~15</td><td colspan="6">日豫·放案·物價</td></tr>
<tr><td>15~20</td><td colspan="6">동심을 싣고</td></tr>
<tr><td>20~30</td><td colspan="5">상공안내</td><td>나와 나의
레코드</td><td rowspan="3">금주의 SP</td></tr>
<tr><td>30~40</td><td colspan="5">어린이 연속소설</td><td>주간 어린이 소식</td></tr>
<tr><td>40~45</td><td colspan="5">이주일의 노래</td><td rowspan="2">어린이
연속극</td></tr>
<tr><td>45~55</td><td colspan="5">어린이 콘서트</td><td rowspan="6">FM 퀴즈 L</td></tr>
<tr><td>55~00</td><td colspan="6">뉴스(釜山日報)</td></tr>
<tr><td rowspan="6">B</td><td rowspan="6">6</td><td>00~10</td><td colspan="5">히트자키</td><td>토요 샹데리아</td></tr>
<tr><td>10~25</td><td colspan="5">오늘의 싱거</td><td>가요 코러스</td></tr>
<tr><td>25~30</td><td colspan="6">KU 게시판</td></tr>
<tr><td>30~45</td><td colspan="5">노래는 없어도</td><td rowspan="2">가요 주마등</td></tr>
<tr><td>45~50</td><td colspan="5">라디오 만화</td><td rowspan="2">어린이 상타기
L</td></tr>
<tr><td>50~00</td><td colspan="6">MBC 프레스</td></tr>
</table>

(계 속)

<table>
<tr><th></th><th>시</th><th>분</th><th>월</th><th></th><th>수</th><th>목</th><th>금</th><th>토</th><th>일</th></tr>
<tr><td rowspan="12">A</td><td rowspan="5">7</td><td>00~10</td><td colspan="7">라디오 백화점</td></tr>
<tr><td>10~20</td><td colspan="7">노을 속에 안내</td></tr>
<tr><td>20~30</td><td colspan="7">추억의 멜로디</td></tr>
<tr><td>30~50</td><td colspan="5">희망열차</td><td>청춘파라다이스</td><td rowspan="2">(다이야 아워) (공개) 노래흉내 콩쿠르</td></tr>
<tr><td>50~00</td><td colspan="6">민요강산</td></tr>
<tr><td rowspan="3">8</td><td>00~30</td><td>웃겨보세요 P (공개)</td><td>가요 콩쿠르 L (공개)</td><td>노래바꿔부르기 P (공개)</td><td>가요 대전 L (공개)</td><td>히트퍼레이드 L (공개)</td><td>추억의 꽃마차 L (공개)</td><td rowspan="2">오색의 화원 P</td></tr>
<tr><td>30~50</td><td colspan="6">럭키 나이트 연속무대 R</td></tr>
<tr><td>50~00</td><td colspan="7">골든 트리오 R</td></tr>
<tr><td rowspan="4">9</td><td>00~15</td><td colspan="6">라디오 브리지</td><td rowspan="2">V표 스위트홈 퍼레이드</td></tr>
<tr><td>15~30</td><td colspan="6">밤에만 흐르는 멜로디</td></tr>
<tr><td>30~50</td><td colspan="6">연속방송극 P</td><td rowspan="2">루터란 아워 P</td></tr>
<tr><td>50~00</td><td colspan="6">종합뉴스</td></tr>
<tr><td rowspan="3">B</td><td rowspan="3">10</td><td>00~10</td><td colspan="5">가요인생</td><td rowspan="2">만담 공원 P</td><td>주간 종합뉴스</td></tr>
<tr><td>10~30</td><td>인생 앨범 P</td><td>가요 앨범 P</td><td>추억의 노래 P</td><td>세계를 돌면서 P</td><td>샹송의 밤 P</td><td>스크린뮤직</td></tr>
<tr><td>30~00</td><td>신인 무대</td><td>예술 극장 P</td><td>오페라 시어터 P</td><td>목요연속극 P</td><td>입체 극장 L</td><td>주말 연속극 P</td><td>주말연속극 P</td></tr>
<tr><td rowspan="5">C</td><td rowspan="5">11</td><td>00~10</td><td>뉴스 해설</td><td>신문 춘추</td><td>뉴스 해설</td><td>신문 춘추</td><td>뉴스 해설</td><td>신문 춘추</td><td rowspan="2">MBC 살롱(좌담)</td></tr>
<tr><td>10~15</td><td colspan="5">시조 한 수</td><td rowspan="2">사랑의 앨범 R</td></tr>
<tr><td>15~25</td><td colspan="5">심야의 무드</td><td>밤의 수필</td></tr>
<tr><td>25~55</td><td colspan="5">클래식 궁전</td><td>아나운서 코너</td><td>세계의 명곡</td></tr>
<tr><td>55~00</td><td colspan="6">별의 설계</td><td>꿈길의 멜로디</td></tr>
</table>

찾아보기

(용 어)

ㄱ ~ ㄴ

ㄷ ~ ㄹ

ㅁ ~ ㅂ

ㅅ ~ ㅇ

ㅈ ~ ㅊ

ㅋ ~ ㅌ

ㅍ ~ ㅎ

기 타

찾아보기

(인 명)

ㄷ ~ ㄹ

ㅈ ~ ㅎ

▪ 저자약력

최화웅 (崔和雄, 1943년생)

부산대 정치학과 졸업, 동대학 행정대학원 졸업
부산 MBC 기자(1971년 10월 1일~1999년 6월 18일)
부산 MBC 사회부장, 부산평화방송 보도국장
한국방송학회 회원
동명대 신방과 겸임교수
부산언론인클럽 사무총장
제 11회 한국방송대상(작품상) 수상
제 1회 방송문화진흥대상(보도부문) 수상
제 10회 부산문화대상(연구지원부문) 공동수상
저서: 《탈 TV시대의 이해》(1997) 외 5권
piochoi@kornet.net

백성기 (白晟基, 1940년생)

부산대 법학과 졸업, 동대학 대학원 박사과정 수료
부산 MBC PD(1968년 5월 9일~1997년 9월 6일)
제 17차 아시아·태평양방송연맹(ABU) 총회 한국대표
부산 MBC 편성제작국장, 부산교통방송 편성제작국장
경성대 신방과 겸임교수
제 10회 부산문화대상(연구지원부문) 공동수상
부산시 문화관광 해설사
저서: 《방송편성의 이해와 실제》(1999) 외 1권
bsk531@hanmail.net

곽근수 (郭根秀, 1943년생)

연세대 신학과 졸업, 동아대 언론홍보대학원 졸업
부산 MBC PD(1971년 1월 6일~2001년 12월 31일)
부산 MBC 광고사업국장
경성대 신방과 강사
부산시향 정기연주회 해설자
(사) 부산축제문화진흥회 집행위원장
제 10회 한국방송대상 음악기획부문 수상
제 10회 부산문화대상(연구지원부문) 공동수상
광고대행사 케이스컴 대표이사 역임
(사) 부산 MBC 사우회 사무처장 겸 총무이사
저서: 《우리가 사랑하는 사람들》(1987) 외 3권
gomark24@paran.com